会计学专业系列教材
KUAIJIXUE ZHUANYE XILIE JIAOCAI

管理会计学

GUANLI KUAIJIXUE

（第五版）

主　编 ◎ 韩文连

首都经济贸易大学出版社
Capital University of Economics and Business Press
·北　京·

图书在版编目(CIP)数据

管理会计学/韩文连主编. --5版. --北京:首都经济贸易大学出版社,2018.9
ISBN 978-7-5638-2821-0

Ⅰ.①管… Ⅱ.①韩… Ⅲ.①管理会计 Ⅳ.①F234.3

中国版本图书馆CIP数据核字(2018)第131545号

管理会计学(第五版)
主编 韩文连

责任编辑	田玉春
封面设计	砚祥志远·激光照排 TEL:010-65976003
出版发行	首都经济贸易大学出版社
地　　址	北京市朝阳区红庙(邮编100026)
电　　话	(010)65976483 65065761 65071505(传真)
网　　址	http://www.sjmcb.com
E-mail	publish@cueb.edu.cn
经　　销	全国新华书店
照　　排	北京砚祥志远激光照排技术有限公司
印　　刷	北京市泰锐印刷有限责任公司
开　　本	710毫米×1000毫米 1/16
字　　数	365千字
印　　张	20.75
版　　次	2001年7月第1版 2008年7月第2版 2013年1月第3版 2015年9月第4版 **2018年9月第5版** 2018年9月总第20次印刷
印　　数	80 501~85 500
书　　号	ISBN 978-7-5638-2821-0/F·1550
定　　价	43.00元

第五版前言

作为会计的重要分支，管理会计以服务于单位内部管理需要为主要对象，通过利用相关信息，有机融合财务与业务活动，在单位规划、决策、控制和评价等方面发挥重要作用。财政部于2014年10月27日，制定发布了《关于全面推进管理会计体系建设的指导意见》，该指导意见提出中国特色的管理会计体系是一个由理论体系、指引体系、人才体系、信息系统建设、咨询服务等各部分构成的有机整体。2016年6月财政部印发了《管理会计基本指引》、2017年10月9日颁布《管理会计应用指引第100号——战略管理》等首批22项管理会计应用指引，该应用指引是贯彻落实指导意见和基本指引的具体体现，形成以管理会计基本指引为统领、以管理会计应用指引为具体指导、以管理会计案例示范为补充的管理会计指引体系。通过大力加强管理会计工作，强化管理会计应用，有助于推动企业建立和完善现代企业制度，实现管理升级，增强核心竞争力和价值创造力，进而促进经济转型升级；有助于推进行政事业单位加强预算绩效管理、决算分析和评价等工作，更好地为经济社会发展服务。

此次修改本着适应国家主导下大力推进管理会计在企业应用的要求，完善管理会计的理论和案例库建设，使修订后的教材在管理会计理论体系上更加趋于完善，增加的案例分析更加有助于提高学生对管理会计理论的理解及分析和解决企业实际问题的能力。

本次教材的修订工作由首都经济贸易大学会计学院的韩文连、李慧丽老师完成。

2018年2月

编者

前　言

管理会计作为一门将现代化管理与会计融为一体的综合性学科,与财务会计并列形成现代会计的两大分支。

本书系统地阐述了管理会计的基本理论和方法,考察了管理会计在企业发展过程中的历史作用,并从管理的预测决策、过程控制和业绩评价等职能要求出发,全面地介绍了管理会计的预测与决策的科学方法,详细地介绍了为企业整体确立明确目标与任务的全面预算的编制,以及结合成本的特点进行有效的计划与控制的标准成本系统的建立等。依据行为科学的原理,对企业如何建立有效的内部管理组织保证体系——责任会计也做了较深入的分析,并且通过作业成本法与传统管理会计的比较,对作业成本法的理论与方法进行了专题性的研究,其目的是为了适应信息时代对现代会计发展的要求,不断提高核算信息与管理的相关性。

同时,本书还通过大量的案例分析,对企业如何运用管理会计的理论与方法分析和解决实际问题做了有益的探讨,使本书不仅具有理论上的系统性,同时还具有方法上的可操作性。但限于编者自身的水平,难免有错误和疏漏,恳请读者批评指正。

本书由首都经济贸易大学会计学院杨世忠教授主审,韩文连副教授任主编。各章的编写分工为:第一章、第八章、第九章由韩文连执笔;第二章、第四章由李慧丽执笔;第三章由曹健执笔;第五章由昝颖执笔;第六章由周晓莹执笔;第七章由林清芳执笔。

本书可用做高等院校财会专业的专业教材,同时还可用做实务界管理人员、财会人员的培训教材和进修、提高的重要参考用书。

最后,谨在此向所有关心和支持本书写作出版的同志表示感谢。

编　者

2011 年 7 月

目　录

第一章

总　论

学习要点与要求

管理会计是管理科学和会计科学相结合的产物。它的形成与发展是会计发展史上一个重要的里程碑。较之财务会计，管理会计的形成与发展的动因及职能、内容、方法等方面都有其显著的特点。

通过本章的学习，学生应该了解管理会计的形成与发展过程，掌握管理会计的基本概念、职能、内容和特点，为以后各章的学习奠定基础。

第一节　管理会计概述

管理会计(Managerial Accounting)作为现代企业会计信息系统中的一个子系统，是从传统会计中分离出来的、为适应企业不断加强和完善经营管理的要求而产生的一门新兴的会计学科，是现代管理科学理论和方法运用于会计领域的结果，也是社会生产力发展到一定阶段的必然产物。

一、管理会计的形成

西方主要资本主义国家产业革命之前，由于市场规模较小，企业的组织形式比较单一，主要是独资与合伙的形式，会计的主要任务是事后记账、算账，谈不上参与管理职能。到了 18 世纪末和 19 世纪初，产业革命的发生使当时的资本主义国家特别是英国的生产力得到了空前的发展，生产规模随着市场的开拓迅速扩大，竞争越来越激烈，企业的组织形式发生了重大变革，出现了股份有限公司。资本的所有权与经营权相分离，对会计的要求也相应提高，会计不仅要发挥反映的职能，更要发挥监督的职能，从而促使注册会计师职业的产生和发展。进入19世纪末20世纪初，随着生产规模的发展，企业对内部经营管理越来越重视，强调计划与控制。这就对会计提出了新的要求，会计不仅要进行事后记账、算账，更重要的是要做到事中控制，这一时期产生了标准成本法，强调预算的控制作用，通过差异分析寻找企业降低成本的途径，并对管理人员的业绩做出客观的评价。标准成本法、预算控制、差异分析可以说是管理会计的雏形，但当时管理会计还从属于财务会计的范畴。管理会计真正形成是在第二次世界大战以后，资本主义经济迅速发展，大量的军用产品生产企业向民用产品生产企业转换，市场竞争接近白热化，一些企业由于经营不善而破产、倒闭。因此会计不仅要事后算账、事中控制，更要做到事前预测和决策。于是，管理会计从财务会计中分离出来，成为会计的一个独立分支，形成了由预测决策会计、控制会计和责任会计组成的较完整的体系，被当时的会计界所认可，在大中型制造企业也得到了普遍的运用。可见，管理会计的产生与社会生产力的发展息息相关。

二、管理会计的发展

西方管理科学的发展对管理会计的产生与发展起到了不可替代的作用，是促使管理与会计结合的重要条件。依据西方管理科学的发展，可以将管理会计的形成与发展概括为三个阶段。

（一）成本决策与财务控制阶段（20世纪20年代—20世纪50年代）

这一阶段的时间跨度为20世纪初至20世纪50年代，管理理论的代表人物是被西方誉为“科学管理之父”的泰罗（F · W · Taylor）。他在1911年出版了《科学管理原理》一书，阐述了科学管理理论的内涵。科学管理的主要内容有四部分：①差别计价工资制，即对同一种工作设有两种不同的工资率计付工薪，对用时少、质量高的工人按高工资率支付工资，对用时长、质量差的工人按低工资率支付工资，以此激励工人努力工作。②工时研究与标准化，即将一项工作分解为多种基本的组成部分，做出测试，然后根据其合理性重新进行安排，以确定最佳的标准工作方法。同时，对工具、机器、原料和作业环境等进行改进，并使与任务有关的所有要素都最终实行标准化。③职能工长制，即将责任分为执行职责和计划职责，在不同岗位配备不同的责任人，以解决综合管理人才短缺的矛盾。④例外管理，即提供给企业经理人员的应是简洁明了、具有对比性的报告，其内容应该只包括以往正常情况下未出现过的或标准的各种例外情况，节约了经理人员的宝贵时间，使其有更多时间对重大问题进行决策分析。

泰罗的科学管理理论使得当时注重于事后记账、算账的传统会计模式面临严峻挑战，于是，与泰罗同时代的埃墨森（Emerson）在成本管理上实行了标准人工成本法,亨·甘特(Gunter)又将标准人工成本法推广到材料和制造费用的成本管理中。预算控制也是科学管理原理引入会计的产物,19 世纪末至 20 世纪初,美国小城镇率先实施了公共预算制度,以后逐渐推广到美国各州,并从单项预算发展为企业的全面预算。1912 年 6 月美国国会公布了《预算和会计法》,对民间企业推行预算控制起了决定性的影响。

在科学管理理论的影响下,1912 年美国会计学者奎因坦斯(Quintance)出版的专著《管理会计——财务管理入门》首次提出了"管理会计"术语,但书中只是把管理会计局限于企业内部财务管理的范畴。1924 年麦金西出版了专著《管理会计》,同时,布利斯也出版了专著《通过会计进行管理》,这些著作被西方誉为早期管理会计学的代表作。标准成本制度与预算控制制度在美国的推广,标志着管理会计的理论体系已初具雏形。

(二)管理控制与决策阶段(20 世纪 50 年代—20 世纪 80 年代)

这一阶段的时间跨度为 20 世纪 50 年代至今,世界经济进入了第二次世界大战后发展的新时期,日益高涨的第三次技术革命浪潮推动社会生产力迅猛发展,生产高度自动化和社会化,产品更新周期大大缩短,一系列新兴产业部门层出不穷,资本的国际化加剧,企业的组织规模不断扩大,出现了大量的集团公司、跨国公司,企业产销规模庞大,管理层次繁多,企业间的竞争越来越激烈,单纯依靠大规模的技术革新已经无法应对外部市场的急剧变化。面对瞬息万变的外部环境,企业的管理人员意识到,欲使本企业在市场竞争中立于不败之地并且提高自身的价值,必须对市场变化进行正确预测,在科学预测的基础上做出决策。由此,管理会计的工作重心从规划控制、差异分析向事前的预测、决策转移。同时,为了适应企业的庞大规模,绝大多数集团公司实行了分权管理模式,业绩考核就变得非常重要。在业绩考核过程中,如何恰当、合理地评价被考核者的业绩,充分调动企业各部门及其每一位员工的工作积极性,提高工作效率,也就是如何评价人的行为活动,成为管理会计研究的重点。20 世纪 60 年代以来,行为科学被应用于管理会计,使管理会计理论得到了不断的丰富和充实,成为管理会计的理论支柱之一。

(三)强调企业价值创造阶段(20 世纪 90 年代至今)

20 世纪 80 年代以来,随着科学技术领域中新技术的不断涌现,经济结构、产业结构和产品结构都发生了巨大的变化,使管理理论和实践受到极大的冲击与挑战,国外学者率先提出了战略管理的理念。企业的管理不仅要协调内部的各种关系,还应该协调企业内部与外部环境的关系,使企业在变幻莫测的市场中生存下去并不断发展。与战略管理相适应的战略管理会计(Strategic Management Accounting)自然成为各国学者研究和探索的新课题。一般观点认为,战略管理会计以取得整体竞争优势为主要目标,以战略观念审视企业外部和内部信息,强调财务与非财务信息、数量与非数量信息并重,为企业战略及企业战术的制订、执行和考评,揭示企业在整个行业中的地位及其发展前景,建立预警分析系统,提供全面、相关和多元化信息而形成的战略管理与管理会计融为一体的新型的管理会计体系和方法。与此相适应,以作业成本计算和作业管理(ABC and ABM)和平衡计分卡(BSC)、经济增加值(EVA)、适时制(JIT)、全面质量管理(TQM)等新型基于战略的管理会计方法和工具应运而生。该阶段重新审视了管理会计理论对实务的指导作用,摆脱了与管理决策相关性越来越差、远离管理实践的复杂数学模型,构建了一系列实用易懂的现代管理会计新方法。

美、英等西方发达国家,主要通过以下方式发展管理会计:一是以发布管理会计理论研究成果、总结提炼管理会计案例示范等方式,指导和发展管理会计最佳实践;二是以发布管理会计公告等方式,建立多层次的管理会计指引体系,引导和提升单位管理会计实务工作水平;三是以开展管理会计人才评价等方式,构建符合单位实务需要的、多层次的管理会计专业人才能力框架,引导和促进单位加强管理会计人才的培养和任用。

三、管理会计在中国的发展

在我国,虽然管理会计相关理论引入较晚,但我国实践早已有之,不乏成功探索和有益尝试。如新中国成立之初,以成本为核心的内部责任会计,包括班组核算、经济活动分析和资金成本归口分级管理等;20世纪70年代末期到80年代末的以企业内部经济责任制为基础的责任会计体系;20世纪90年代后的成本性态分析、盈亏临界点与本量利依存关系、经营决策经济效益的分析评价等,都属于管理会计的范畴。河北邯郸钢铁公司实行的"模拟市场,成本否决"可谓成本管理在我国企业应用的典范。宝钢集团于1993年起推行标准成本制度,历经多年探索,不断完善,在增强员工成本意识、控制成本、支持决策等方面发挥了重要作用。如今,包括全面预算管理、平衡计分卡等绩效评价方法,作业成本法、标准成本法等成本管理方法在内的管理会计工具陆续在我国企业中运用,单位对管理会计的应用意识有所增强,应用水平有所提高。国家开发银行、中国电信、北汽福田、三一重工等一批企业专门设置了管理会计机构或岗位,积极开展管理会计工作,取得了较好成效。同时,管理会计在行政事业单位预算编制、执行、决算分析和评价等工作中也得到了一定应用。一些行政事业单位建立了适应单位内部财务和业务部门畅通联系的信息平台,及时掌控预算执行和项目进度,深入开展决算分析与评价,及时发现预算执行中存在的问题并提出改进意见和建议,财政财务管理水平和资金使用效益不断提高。

在我国,尽管管理会计已有一些探索和应用,但总体上看,管理会计在服务经济社会发展,对单位经营情况和支出效益进行深入分析,制定战略规划、经营决策、过程控制和业绩评价等方面,急需充分发挥其应有的作用。管理会计总体上与发展需要有一定差距,突出体现在理论研究不足、系统指导缺乏、实践处于自发状态、管理会计人才素质有待提高、管理会计信息化水平满足不了管理需要，以及咨询服务规模和水平有限等方面。

为做好管理会计体系建设工作，实现我国管理会计跨越式发展，财政部于2014年10月27日，制定发布《关于全面推进管理会计体系建设的指导意见》，提出了“争取3—5年内，在全国培养出一批管理会计人才，力争通过5—10年左右的努力，基本建成中国特色的管理会计体系”的总目标。2016年6月，财政部印发了《管理会计基本指引》，为单位（包括企业和行政事业单位）加强管理会计工作提供指导。该基本指引作为应用指引的统领，为应用指引的制定规定了原则和框架。2017年10月9日财政部制定了《管理会计应用指引第100号——战略管理》等首批22项管理会计应用指引，该应用指引体系是一套立足于管理会计实践、服务单位管理会计应用的指导性文件，该体系通过分领域、分工具方法构建，注重指导性、应用性、开放性、操作性，这在全球管理会计领域具有开创性。应用指引的制定，将提升我国在全球管理会计领域的话语权和影响力。

通过推进管理会计理论体系建设，强化理论创新和应用转化，能够有效引领和指导管理会计实践应用；能够对管理会计的基本概念、框架、工具方法等进行系统总结，为形成和丰富完善指引体系提供参考；能够不断提供新的理念和知识内容，为管理会计人才培养提供知识储备，为设计管理会计咨询服务方案提供系统的工具方法体系和先进理念支撑。

第二节 管理会计的基本概念

一、管理会计的定义

美国会计学会于1958年和1966年先后两次为管理会计做出了如下定义：“管理会计是指在处理企业历史和未来的经济资料时，运用适当的技巧和概念来协助经营管理人员拟订能达到合理经营目的的计划，并做出能达到上述目的的明智的决策。”他们将管理会计的活动领域限定于微观，即企业环境。

1981年，美国全国会计师联合会的一个下属委员会在其颁布的公告中指出：“管理会计是为管理当局用于企业的计划、评价和控制，保证适当使用各项资源并承担经营责任而进行确认、计量、累积、分析、解释和传递财务信息等的过程。”公告还指出：管理会计同样适用于非营利的机关团体；管理会计的活动领域不应仅限于“微观”，还应扩展到“宏观”。

1982年，美国成本与管理会计师协会给管理会计下了一个范围更为广泛的定义。该定义认为，除了外部审计以外的所有会计分支（包括：簿记系统、资金筹措、财务计划与预算、财务控制、财务会计和成本会计等）均属于管理会计的范畴。

1988 年 4 月,国际会计师联合会在其发表的《论管理会计概念(征求意见稿)》一文中明确表示:“管理会计可定义为:在一个组织中,管理部门用于计划、评价和控制的(财务和经营)信息的确认、计量、收集、分析、编报、解释和传输的过程,以确保其资源的合理使用并履行相应的经营责任。”

世界著名管理会计大师、哈佛大学教授卡普兰(Kaplan)在其所著的《高级管理会计(AdvancedManagementAccounting)》一书中开门见山地指出:管理会计是为了提供有助于经理人员做出计划与控制决策的信息系统。它包括信息收集、信息分类、信息加工、信息分析以及信息传递等。

1997 年,美国管理会计师协会(IMA)新的定义为:“管理会计是提供价值增值,为企业规划设计、计量和管理财务与非财务信息系统的持续改进过程,通过此过程指导管理行动、激励行为、支持和创造达到组织战略、战术和经营目标所必需的文化价值”。这是美国管理会计职业团体对于管理会计最新的阐述,它的外延比较丰富,包括了财务和非财务信息,为组织的战略、战术和操作性三个层次目标服务。

上述有关管理会计的描述,其基本观点是:管理会计是“向企业管理当局提供信息以帮助其进行经营管理的会计分支,是会计与管理的直接融合”;“管理会计(学)是一门新兴的综合性边缘学科,是一个服务于企业内部经营管理的信息系统”。

二、管理会计的目标

管理会计是为了适应企业加强内部经营管理,提高竞争力的需要而产生和发展起来的,因此,管理会计的最终目标是提高企业的经济效益,帮助管理当局对资源的最优化使用做出决策。为实现这一最终目标,管理会计应实现以下两个分目标。

(一)为管理和决策提供信息

管理会计应向管理当局提供以下经选择和加工的信息:一是与决策、计划、控制和评价企业经营活动有关的各类信息(包括历史的信息和未来的信息)。这些信息有利于各级管理者加强对经营过程的控制,实现最佳化经营。二是与维护企业资产安全、完整及资源有效利用有关的各类信息。三是与股东、债权人及其他企业外部利益关系者决策有关的信息,这些信息将有利于投资、借贷及有关法规的实施。

(二)参与企业的经营管理

在现代管理理论的指导下,管理会计正在以各种方式积极参与企业的经营管理,将会计核算推向会计管理。从实践角度看,管理会计以制定各种战略、战术及经营决策、帮助协调组织工作等方式参与管理,不仅有利于各项决策方案的落实,而且有利于企业在总体上兼顾长期利益、中期利益和短期利益的最佳化运行。

三、管理会计的职能

管理会计的职能,是指管理会计在企业管理中所承担的职责和具备的功能。

从管理会计的产生和发展的过程来看，其职能是随着社会经济的日益发展而逐步扩大的。管理会计使现代会计由传统的财务会计的反映监督职能，扩大到了预测、决策、规划、控制及评价职能，管理会计在职能上侧重于“创造价值”，致力于解析过去、控制现在与筹划未来的有机结合。

（一）预测职能

管理会计的预测职能，是指利用财务会计提供的资料及其他相关信息，采用科学的方法，按照企业未来的总目标和经营方针，对利润、销售、成本及资金等重要经济指标进行科学的预测分析，为企业经营决策提供信息。

（二）决策职能

决策作为企业经营管理的核心，贯穿于企业管理的各个方面和整个过程。会计工作作为管理的有机组成部分，必定要参与企业的经营决策。管理会计的决策职能，主要体现在根据企业的决策目标，搜集、整理有关的信息资料，包括有关的历史信息和对未来的预测信息；采用科学的方法计算、评价决策方案的指标并做出正确的财务评价，以选出最优的行动方案。

（三）规划职能

管理会计通过编制各种计划和预算来实现其规划职能。它是以经营决策为基础，把通过决策程序选定的有关方案所确定的目标分解落实到各有关的计划和预算中去，从而有效地配置企业的各项资源，以期获得最大的经济利益，为过程控制和责任考核评价奠定基础。

（四）控制职能

控制的目的是为了使实际经营活动按预期计划进行，以求最终达到或超过预期目标。管理会计的控制职能是指将经济过程的事前控制和事中控制有机地结合起来，正确计量计划的执行情况，并将执行过程中实际与计划的偏差进行分析，促使有关方面及时采取相应的措施，改进工作，以保证企业经营活动的正常进行。

（五）评价职能

管理会计通过建立责任会计制度来实现其评价职能。在责任会计制度下，企业内部将划分为不同层次的责任单位，它们均有各自明确的责任、权限及所承担的义务。通过考核评价各有关方面的责任指标的执行情况，奖优罚劣，奖勤罚懒，以保证经济责任制的贯彻执行。

四、管理会计的内容

建立在管理会计职能基础上的内容，大致可分为预测决策会计、规划控制会计及责任会计三部分。

（一）预测决策会计

预测决策会计以预测经济前景和做出经营决策为核心，具体包括预测分析和决策分析。

(二)规划控制会计

规划控制会计是在决策目标和经营方针已明确的前提下,为实施决策方案而进行的有关规划和控制,以确保目标的实现。它包括全面预算和成本控制。

(三)责任会计

责任会计是为了保证目标的实现,将全面预算中确定的指标按各个内部管理层次(即责任中心)进行分解,以明确各个责任中心的责权利。通过考核评价各责任中心的业绩,以调动企业全体职工的积极性。

管理会计中的成本性态分析、变动成本法和本量利分析等重要内容,其基本理论和基本方法贯穿在预测、决策、规划控制及责任会计的整个过程之中,渗透在企业内部管理的各个领域之中。

五、管理会计的方法

企业管理可分为战略管理、预算管理、成本管理、营运管理、投融资管理、绩效管理、风险管理等七大领域,每一领域在实践中形成了各自适用的管理会计工具方法。

在战略管理领域,管理会计可以通过应用战略地图、价值链管理等工具方法,从战略分析、制定、实施、评价和调整等环节,指导单位加强战略管理的科学性和有效性,促进单位实现战略目标。

在预算管理领域,管理会计可以通过应用滚动预算管理、零基预算管理、弹性预算管理、作业预算管理、全面预算管理等工具方法,促进单位提高预算编制、执行、控制、分析、报告、考核的水平,促进单位加强预算管理,提高资源配置的合理性和有效性。

在成本管理领域,管理会计可以通过应用目标成本管理、标准成本管理、变动成本管理、作业成本管理、生命周期成本管理等工具方法,促进单位优化成本结构,削减无效成本,拓展成本控制和分析维度,提高成本控制和分析精度,提高成本管理水平。

在营运管理领域,管理会计可以通过应用本量利分析、敏感性分析、边际分析、标杆管理等工具方法,强化营运控制,提高营运效率和质量,优化单位营运管理。

在投融资管理领域,管理会计可以通过应用贴现现金流法、项目管理、资本成本分析等工具方法,降低投融资风险,健全投融资决策机制,优化融资结构,提高投资效益。

在绩效管理领域,管理会计可以通过应用关键指标法、经济增加值(EVA)、平衡计分卡等工具方法,提升绩效管理水平,激发管理活力,促进单位可持续发展。

在风险管理领域,管理会计可以通过应用风险管理框架、风险矩阵模型等工具方法，全面梳理单位风险环节，提供有效风险应对方案，提升单位风险管理水平，为单位基业长青保驾护航。

第三节 管理会计与财务会计的关系

管理会计与财务会计作为现代会计的两个分支，两者既存在着密切的联系，又各自具有明显的特征。因此，为了更全面地把握管理会计的特点，首先需要了解两者的联系，然后在此基础上再进一步进行两者的比较。

一、管理会计与财务会计的联系

（一）两者目标一致

一般认为，财务会计是通过记账、算账、报账，向企业以外的投资者、债权人、银行、税务机关等报告企业财务状况和财务成果，并为决策者提供所需的信息；而管理会计则是通过运用一系列的专门方法，选择、计算、分析数据，为企业管理当局提供决策所需的信息，并用来满足企业计划控制、预测决策的需要。这只表明管理会计与财务会计两者服务对象的侧重点有所不同，并不意味着两者在这个问题上是完全割裂的。实际上，财务会计提供的许多重要财务信息，对企业管理当局同样需要；同样的，管理会计提供的许多重要经济管理信息，以及根据这些信息所确定的目标、方针、计划等，企业外部的投资者、债权人等也需要有所了解。尤其是有关企业如何有效地实现其资源配置，保持良好的财务状况，取得最大的经济效益等问题，均与投资人、债权人有着密切的联系。从这个意义上讲，管理会计与财务会计尽管服务对象上有所侧重，但它们的最终目标是一致的。

（二）两者基本信息来源相同

管理会计要有效地实现其预测决策、规划控制、业绩考核评价职能，就要从不同的渠道取得多种形式的资料。其中，最基本、最重要的是会计核算资料。管理会计对财务会计提供的有关数据，进行必要的加工、分析，使之成为企业管理当局预测决策、规划控制及业绩考核评价的科学依据。

二、管理会计与财务会计的区别

作为与财务会计并存的相对独立的会计子系统，管理会计也具备其特殊性。管理会计与财务会计的区别可以归纳为以下几个方面：

（一）管理会计侧重于为企业内部管理提供服务

管理会计运用一系列特定的理论与专门方法，对企业的各种信息资料进行加工，向企业管理当局提供有关经营决策等方面的信息，以利于他们确定企业经营目标，制定经营决策方案，进行经营规划，控制经营活动，使企业的资源得以最优配置,以取得最佳经济效益。财务会计则主要是为企业外部有经济利害关系的投资者、债权人、银行、税务等服务的,使他们能够及时、准确地了解企业的财务状况和经营成果,以保障他们各自的经济利益。正是由于管理会计与财务会计工作的侧重点不同,所以管理会计又称为“内部会计”,财务会计又称为“外部会计”。

(二)管理会计不受公认的会计原则或《企业会计准则》的严格限制和约束

财务会计为了如实反映一个企业的财务状况和经营成果,必须严格遵守公认的会计原则或《企业会计准则》,并以此为准绳,严格按照有关会计程序处理日常经济业务,不能发生偏差。管理会计作为一门从传统财务会计中分离出来的新兴学科,是集行为科学、管理科学、系统论、运筹学等为一身的边缘性学科,其工作的开展,完全取决于企业管理当局在预测决策、规划控制等方面工作的实际需要,而不受公认的会计原则或《企业会计准则》的严格限制和制约。

(三)管理会计侧重于预测决策、规划控制及业绩考核评价

现代会计的职能分别由财务会计与管理会计来实现。财务会计侧重于对企业生产经营全过程的事后反映和监督,而且要求其职能的实现要体现全面性、系统性、连续性、真实性和准确性。管理会计贯穿于规划、决策、控制、评价等各个管理环节,融合业务活动的全过程,形成完整的循环,贯穿于单位管理水平提升的始终。管理会计侧重于对企业生产经营活动的事前预测、决策、规划;对事中的控制和对经营全过程中各责任单位、个人业绩的考核评价,使会计职能渗透到企业管理的各个方面,从而在总体上体现出现代会计是企业管理的重要组成部分,是企业价值管理的核心。

(四)管理会计无固定的核算程序,计算方法比较复杂

从核算程序与计算方法上看,管理会计与财务会计的区别主要体现在以下两点:

1. 财务会计的核算程序固定,严格遵循凭证、账簿、报表的程序,对企业的经济活动进行记录、汇总和报告。管理会计没有固定的核算程序,而是由企业根据需要,采用多种计算评价方法进行规划控制。

2. 财务会计所采用的计算方法简便,不涉及复杂的数学计算,而管理会计则大量运用数学方法,有些涉及高等数学,计算方法较为复杂。

(五)管理会计的会计报告无固定的编报时间,内容不确定,可采用非货币计量单位

从对会计报告的要求上看,管理会计与财务会计的区别主要体现在以下三点:

1. 财务会计要定期编制财务报表,主要是按月、季、年编制;管理会计在任何时期均可视管理需要编制会计报告,没有固定的编报时间。

2. 财务会计的报告格式统一,内容确定,包括资产负债表、损益表和现金流量表等;管理会计的报告无统一的格式,内容也不确定,而是针对管理上的需要进行

定量和定性两方面的分析。

3. 财务会计报告采用统一的货币计量单位;而管理会计可以采用非货币计量单位。财务会计报告中的各项数据都要准确;管理会计只需近似的数值。

(六)对会计人员素质的要求不同

财务会计要求从业人员具有较强的操作能力以及对法规制度的理解能力,要具有一丝不苟的工作态度。管理会计要求从业人员具备较宽的知识面和深厚的专业造诣,具有较强分析问题、解决问题的能力及果断的应变能力,大量重要工作由复合型高级人才来承担。

总之,管理会计与财务会计相比较,具有许多显著的特点,它是有别于财务会计的另一会计理论和方法体系,但它毕竟同财务会计存在着许多密切联系。它们二者作为现代会计的两个分支,共同完成着现代会计的职能。因此,应该将管理会计与财务会计有机地结合起来,取长补短,相互促进,建立具有中国特色的管理会计,从而达到推动企业整体管理水平提高的目的。

第四节 管理会计工作组织

一、管理会计人员的作用

财务会计人员工作的重点是反映、监督。管理会计人员工作的重点是依据财务会计对经济业务处理所形成的资料和信息对企业的重要经济业务活动进行规划决策、控制和评价等。在实际中,不论企业规模大小,均有相当部分的管理会计人员工作跨越会计部门与生产经营部门之间,作为多功能团队的重要成员。管理会计人员由管理系统中的专业信息支持人员转变为决策者与合作伙伴,新的职责与角色要求他们更多的了解企业各个方面——制造过程、核心技术、研究开发、市场营销、竞争对手以及供应链等,以制定正确的战略计划,为内部管理者提供有关他们应该做什么和如何做的决策信息,而不能只反映是什么或过去怎样。

随着企业内外部环境的不断变化,会计人员特别是管理会计人员必须具备很强的分析问题解决问题的能力,有效地解读相关的执业指南及环境信息,准确地对之加以理解和运用。如:评价各项资源(人力、财力、物资、环境等)的配置状况,协助并参与对企业各项资源的高效管理;根据财务部门掌握的财务会计信息,综合分析研究企业经营管理中存在的问题,找出薄弱环节,提出改进措施,供管理层参考;等等。

二、管理会计机构设置

(一)西方国家的管理会计机构设置

管理会计在西方企业组织系统中的设置和地位如图 1 – 1 所示。企业的组织结构因企业性质不同而不尽一致。在公司制企业中,设有董事会和总经理。总经理之下设有销售、工程技术、财务、人事、生产等几个主要管理部门,每个部门由一名副总经理负责。在财务副总经理之下,设有财务主任和主计长。财务主任负责筹资、投资、保险和对外财务往来等项工作。主计长相当于我国企业中的总会计师,负责所有会计方面的工作,如财务会计、管理会计、税务会计等工作,具体来说包括:编制计划和进行控制、编制报告和解释情况、评价经济活动并接受咨询、税务管理、向政府机关报告、保护资产安全、进行经济评估等。

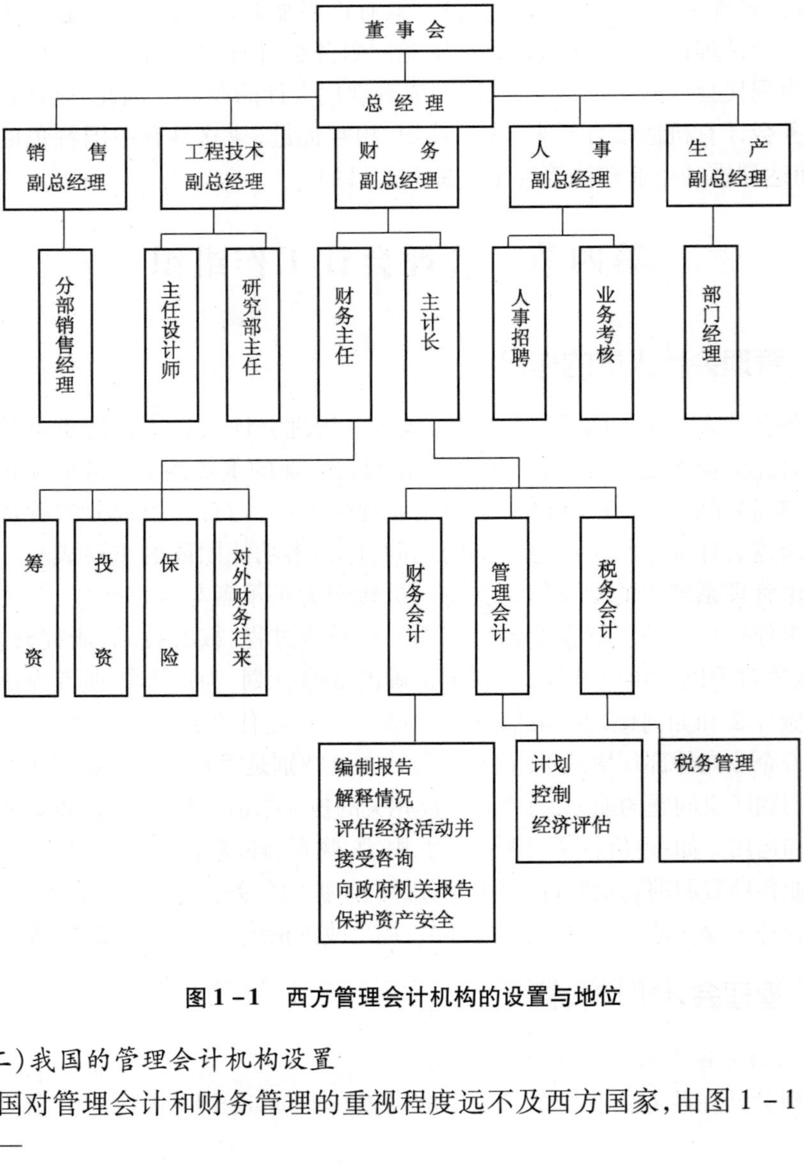

图1-1　西方管理会计机构的设置与地位

（二）我国的管理会计机构设置

我国对管理会计和财务管理的重视程度远不及西方国家,由图1-1可以看出，在西方国家，现代企业会计的两大分支——财务会计和管理会计都是置于主计长的领导之下，会计部门和财务部门是两个独立的、平行的部门，各自有不同的职责范围。在我国，并没有明确地独立设置财务部门来履行与财务管理有关的职能，管理会计的工作也没有专门的机构和人员来负责，一般由财务会计人员兼做这方面的工作。也有一些比较大的企业，设立了管理会计组，但管理会计工作不够经常化。目前我国统管企业财务管理工作和会计工作的是总会计师，企业管理会计的具体工作由下级会计主管人员负责，其组织结构如图 1－2 所示。

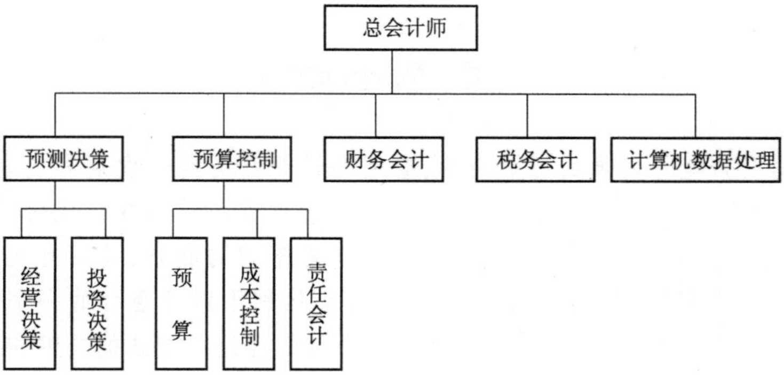

图 1－2 我国管理会计机构的设置与地位

总之，为了组织好管理会计工作、充分发挥管理会计的职能，企业要重视管理会计工作，健全管理会计机构设置，根据实际需要配备合适的管理会计人员。管理会计人员要明确自己的角色和作用，科学运用管理会计的基本原理和方法，为企业提供质量较高的管理会计信息。企业要不断提高管理会计人员的自身素质，增强他们的业务技能。

三、管理会计师的职业化发展历程

英国在 1919 年就成立了成本会计师协会，1972 年该协会更名为成本和管理会计协会，侧重于成本和管理会计的研究与实践，主要是为企业内部管理服务。由于该协会的影响显著，后来该协会被英国皇家特许机构批准而成为一名正式成员。其后，随着英国对管理会计认识的提高，加之该协会较高的专业水平，该协会于 1986 年更名为特许管理会计师协会（CIMA）。

美国于 1919 年成立了全国会计师协会，1969 年下设管理会计实务委员会，该协会自 1972 年开始举办管理会计师资格考试。为了帮助管理会计师们应对道德问题，管理会计实务委员会于 1982 年颁布了《管理会计师道德行为准则》，在 1983 年又出台并实施了《管理会计公告 1C——管理会计师道德行为标准》，这些标准主要涉及胜任能力、保密、诚信、客观性等方面，1986 年颁布了《管理会计师共同知识体系》。1991 年全国会计师协会更名为管理会计师协会（IMA），从而成为美国管理会计师的专业组织。美国管理会计师协会是一个民间志愿性质的组织，其会员包括会计人员、财务专家、学者等。注册管理会计师利用其高度的执业技能来协助管理当局掌握企业情况，拟订和执行未来策略，更为重要的是美国的注册管理会计师是企业高层管理人才的后备人力资源储备。

英美等国通过资格验证、理论研究和倡导最高的职业道德和职业行为，有力地促进各自国家管理会计师职业化的发展。

本章小结

管理会计产生与发展的历史表明，管理会计是社会经济发展和科学技术进步的要求，是管理科学化、现代化的产物，与传统的财务会计构成现代会计的两大分支。管理会计与传统的财务会计相比，既存在着密切的联系，又具有显著的特点。侧重于为企业内部的经营管理服务是管理会计区别于财务会计的一个重要标志。全面了解管理会计的特征，是系统掌握管理会计的理论与方法的关键和基础。

思考题

1. 管理会计的产生与发展的根本原因是什么？
2. 管理会计的职能是什么？如何理解管理会计的职能作用？
3. 管理会计的职能与目标有何关系？
4. 管理会计的内容核心是什么？
5. 管理会计与财务会计的区别与联系是什么？如何从其区别中把握管理会计的特征？

第二章

成本性态分析与成本计算方法

学习要点与要求

本章从分析成本与业务量之间的依存关系开始,介绍不同的成本性态(如固定成本和变动成本)。成本性态分析是管理会计预测、决策和控制的主要基础。本章在介绍构成产品成本和期间费用的各项成本费用在各种产品之间的分配方法的基础上,围绕财务会计和管理会计在产品成本构成和期间损益计算方面的差异,重点介绍完全成本法和变动成本法在损益计算以及存货价值确认计量方面的异同。

通过本章的学习,应了解和掌握成本按照不同标准的分类;间接费用的分配方法;变动成本法和完全成本法产品成本构成内容的异同;变动成本法和完全成本法期间损益出现差异的原因。

第一节　成本分类与成本性态分析

在会计学中,成本是指一定条件下企业为生产一定产品所发生的各种耗费的货币表现。在管理会计中,成本是指企业在生产经营过程中对象化的、以货币表现的、为达到一定目的而应当(或可能)发生的各种经济资源的价值牺牲或代价。

企业在生产过程中发生的各种成本费用,要被分配到各种产品、劳务及管理所需的其他对象上去。成本分配过程的改进,也已成为近年来管理会计领域的一个主要进展,其目的在于不断提高成本分配的准确性,为决策者提供质量更高的信息,以做出更准确的决策。

要准确地分配各项成本费用,首先必须将成本进行必要的分类。

一、成本分类

(一)成本按可辨认性分类

成本的可辨认性,是指成本的发生与特定的归集对象之间的联系。按照这一标志可以将成本分为直接成本和间接成本两大类。

1. 直接成本。它是指那些与特定的归集对象有直接联系,能够明确判断其应归属对象的成本。例如,生产某种产品的原材料成本。

2. 间接成本。它是指那些与特定的归集对象并无直接联系或无法追踪其归属对象的成本。对于这类成本需要采用一定的方法在受益对象之间进行分配。例如,同时生产几种产品的工人的工资属于间接成本。

(二)成本按经济用途分类

成本按经济用途不同,可以分为生产成本和非生产成本。这种分类是其他各种分类方法的基础。

1. 生产成本。它是指在生产过程中为制造产品而发生的成本,其中包括直接材料、直接人工和制造费用三个项目。

(1)直接材料,是指生产中用于直接构成产品实体的主要部分的原材料成本。

(2)直接人工,是指在生产中对原材料进行直接加工,使之变成产成品所耗用的人工成本。

(3)制造费用,又称为间接制造费用。它是指在生产过程中发生的不能归入直接材料、直接人工的所有其他成本支出,通常包括间接材料、间接人工、其他间接费用三个部分。例如,生产使用的固定资产折旧费、机器设备维护修理费,以及生产使用的照明费、动力费和设备保险费等。

随着企业生产机械化、自动化水平的不断提高,制造费用在产品生产成本中所占的比重不断增加。对于一个在生产过程中采用先进技术的企业,其影响之一就是改变了产品的成本结构。例如,一个传统的人工密集型企业的成本结构可能是:直接材料占45%;直接人工占45%;制造费用占10%。

同样,还是这个企业,在采用了先进技术,实行了自动化生产后,成本结构就可能发生如下变化:直接材料占30%;直接人工占30%;制造费用占40%。

2. 非生产成本,亦称非制造成本。它是指生产成本以外的成本,包括推销成本和行政管理成本两大类。

(1)推销成本,是指在流通领域中为推销产品而发生的各项成本费用。我国现行企业会计制度将其称之为销售费用。它包括广告费、送货运费、销售人员工资、销售佣金以及销售部门费用(办公费、差旅费、修理费)等。

(2)行政管理成本,是指企业行政管理部门为组织生产所发生的成本。我国现行企业会计制度将其归入管理费用和财务费用。

成本按经济用途分类是完全成本计算法进行损益计算的基础。

（三）成本按性态分类

这里所说的成本性态，是指成本总额与特定业务量之间的依存关系。换句话说，成本性态是指成本在业务量变化时所表现出来的某种特性。此处的业务量通常指产量或销量。

研究成本对于业务量的依存性，进行成本性态分析，从数量上具体掌握成本与业务量之间的规律性的联系，可以帮助企业正确地进行最优管理决策和改善经营管理绩效。成本按其性态不同可以分为固定成本、变动成本和混合成本三大类。

1. 固定成本。它是指在一定条件下（一定时期和一定业务量范围内），其总额不随业务量变化而变化的那部分成本。固定成本具有以下两个特性：

其一，固定成本总额具有不变性。将固定成本的这一特性绘制在直角坐标图上，则是一条平行于 x 轴的直线。如果固定成本总额为 a，则固定成本总额 $y=a$（见图 2－1）。

其二，单位固定成本（以下用 a/x 表示）在业务量变动时，具有反比例变动性。由于固定成本总额的不变性，在业务量增加时，单位产品所负担的固定成本必然会随着业务量的变动呈现出反比例变动趋势。单位固定成本模型为 $y=a/x$，绘制在直角坐标图上则是一条反比例曲线（见图 2－2）。

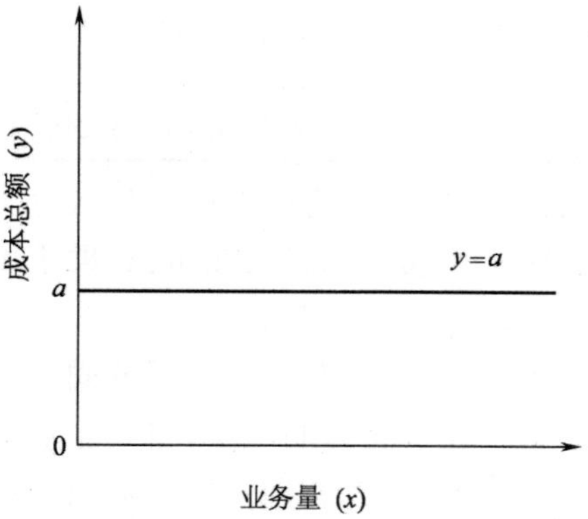

图 2－1　固定成本总额性态模型

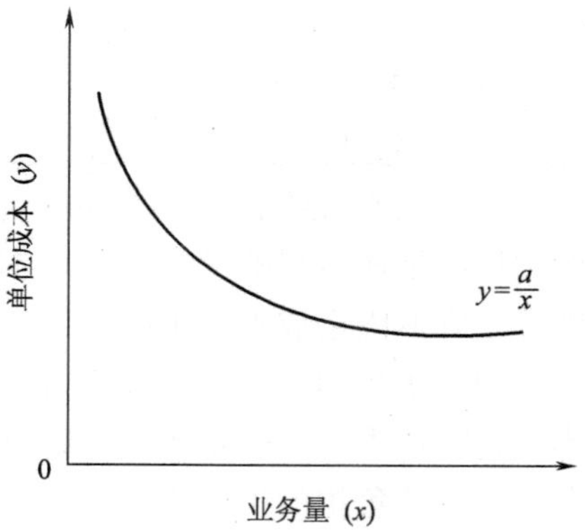

图 2－2　单位固定成本性态模型

为了进一步说明固定成本总额及单位产品固定成本分摊数额的特性，现举例予以说明。

【例 2－1】某电器公司生产电热水器，每台电热水器使用管径为 76mm 的金属管，切割该金属管所用的切割机是企业租用的，年租金为60 000元，共可切割

240 000只金属管。

从表2－1可知，产量在0～240 000只的范围内变动时，租金总额保持不变。随着产量的增加，每只产品所负担的固定成本数额（即单位固定成本）却发生了变化，在60 000～240 000只范围内，每只金属管分摊租金成本从1元降至0.25元。可见，单位固定成本随着产量的增加而呈现出递减的反比例变动趋势。

表2－1　　固定成本总额及单位固定成本与产量的关系

76mm金属管的产量（只）	机器年租金（固定成本总额，元）	单位产品固定成本分摊额（单位固定成本，元/只）
0	60 000	—
60 000	60 000	1.00
120 000	600 00	0.50
180 000	60 000	0.33
240 000	60 000	0.25

固定成本总额及单位固定成本数额的变动规律，还可以通过表格简单归纳（见表2－2）。

表2－2　　固定成本与产量的关系

产量变动	产量增加	产量减少	结论
固定成本总额	不变	不变	与产量无关
单位固定成本	下降	上升	与产量成反比例变化

固定成本按照其是否受管理当局短期决策行为的影响，还可以进一步区分为约束性固定成本和酌量性固定成本两类。区分这两类成本的意义在于：有助于不断寻求降低固定成本的正确途径。

（1）约束性固定成本，是指不受管理当局短期决策行为影响的那部分固定成本。这类成本反映的是形成和维持企业最起码生产经营能力的成本，也是企业经营业务必须负担的最低成本。例如，厂房和机器设备折旧费、保险费、不动产税，以及管理人员薪酬等都属于这一类成本。

由于企业的生产经营能力一旦形成，在短期内就不能轻易削减，因此这类成本具有很大的约束性。除非改变企业的经营方向，否则在实务中不能简单设想从总额上采取措施来降低这类成本，只能从合理、充分地利用其创造的生产经营能力的角度着手，通过提高产品的产量来相对降低其单位成本数额。

（2）酌量性固定成本，是指受管理当局短期决策行为的影响，可以由管理当局决定其在不同经营时期内发生数额大小的那部分固定成本。这类成本包括：根据企业的经营状况和经营方针而确定的在一定预算期间内安排开支的广告费、新产品研制开发费、经营性租赁费以及职工培训费等。由于这类成本在一定的预算执行期内是固定不变的，与当期产量无关，而且在尚未编制预算之前，又可以由企业管理当局根据企业发展的需要和企业的财力来进行安排，因此，人们也称它为可调整固定成本。

对于这部分固定成本，可以从降低其成本发生总额的角度予以考虑。也就是说，应该在预算编制时做到精打细算、认真决策，在保证生产经营高质量、高效率运行的前提下，尽量减少这部分成本的支出总额。通常情况下，我们提到的降低固定成本总额，就是针对酌量性固定成本而言的。

2. 变动成本。它是指在一定条件下，其总额会随着业务量的变动成正比例变动的那部分成本。例如，前面提到过的直接材料、直接人工的发生额就是随着业务量的变化成正比例变动的成本。变动成本具有如下两个特性：

其一，变动成本总额（用 bx 表示）的正比例变动性。将变动成本的这一特性反映在直角坐标图上，则是一条以单位变动成本 b 为斜率的经过原点的直线。变动成本总额性态模型的方程式为 $y = bx$。如图 2－3 所示。

其二，单位变动成本（用 b 表示）的不变性。由于变动成本总额是按照一个固定的比率随着产量的递增（或递减）而成正比例变动，这个固定的比率就是单位变动成本，因此单位变动成本不受产量增减变动的影响，它是固定不变的。这一特性反映在直角坐标图上，则是一条平行于横轴的直线，所以单位变动成本的性态模型应为 $y = b$。如图 2－4 所示。

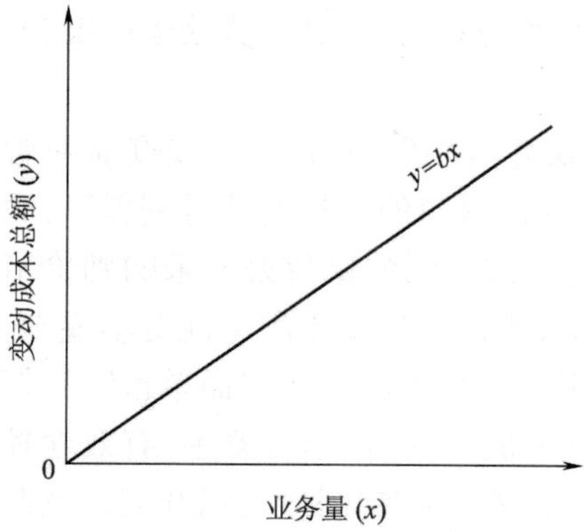

图 2－3　变动成本总额性态模型

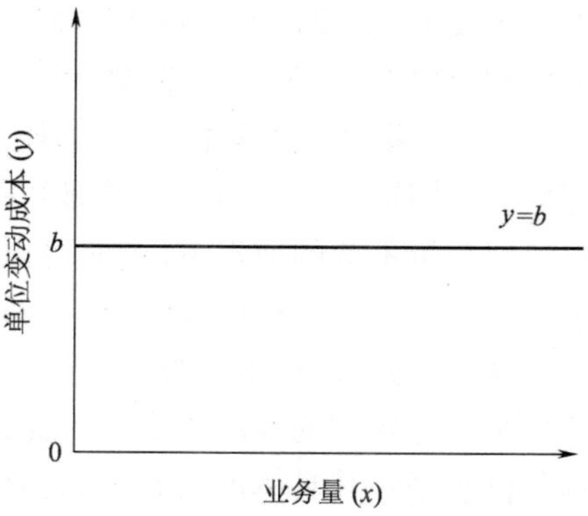

图 2－4　单位变动成本性态模型

仍然沿用上述电热水器生产企业为例。假设在切割 76mm 金属管时需要耗用电力资源，而电力资源的消耗成本为：切割每一个管段需要耗电 0.1 千瓦小时，电费为2 元/千瓦小时。这样,每一个管段的电力成本为 0.20 元。金属管段在不同生产量下的电力成本如表 2 –3 所示。

表 2 –3　　变动成本总额及单位变动成本与产量的关系

76mm 管段产量(只)	电力成本(变动总成本,元)	单位变动成本(元/只)
0	0	0.20
60 000	12 000	0.20
120 000	24 000	0.20
180 000	36 000	0.20
240 000	48 000	0.20

可见,随着 76mm 管段产量的增加,电力总成本(即变动总成本)随之呈直线正比例上升趋势,而单位变动成本数额则一直保持不变。

变动成本可按其发生的原因进一步划分为技术性变动成本和酌量性变动成本。

(1)技术性变动成本,是指单位成本受客观因素决定,其消耗量由技术因素决定的那部分变动成本。例如,热电厂的锅炉必须使用某地生产的燃烧值在一定千焦以上的工业用精煤,在这种情况下,燃烧成本就成了随着发电量成正比变动的技术性变动成本。所以,技术性变动成本是一种单价一定、消耗量随着产量发生变动的变动总成本。因此要想降低这类成本,就应该从消耗量入手,努力减少和控制消耗量,从而达到降低这类变动总成本的目的。通常可采用的做法有:改进设计,改革工艺技术,实现技术革新和技术革命;提高材料综合利用率,提高劳动生产率、产出率和合格率;避免浪费,降低单耗。

(2)酌量性变动成本,是指单耗受客观因素决定,而其单位成本主要受企业管理部门短期决策行为影响的那部分成本。例如,在原材料的质量能够得到保障,而单位消耗量不变的前提下,企业可以从不同的地区或不同的供货渠道采购到价格水平不尽相同的某种原材料,企业采购原材料的成本消耗就属于酌量性变动成本。可见,酌量性变动成本与技术性变动成本正好相反,它是消耗量一定而单价受到短期决策行为影响的变动成本。因此,要想降低这类成本,应从单价着手,有效地控制单价水平。其具体做法有:降低原材料采购成本,严格控制制造费用开支以及改善成本效益关系来予以实现。

3. 混合成本。它是介于固定成本和变动成本之间,既随着业务量变动而变动,但又不呈正比例变动的那部分成本。这类成本通常同时包含固定成本和变动成本两种因素。

从混合成本的定义可见,混合成本与业务量之间的关系比较复杂。按照混合成本的不同变动趋势,可以将混合成本进一步划分为阶梯式混合成本、标准式混合成本、延期变动成本和曲线式混合成本四类。

(1)阶梯式混合成本。其特点是:当业务量在一定范围内增长变化时,成本总额不变,此时类似于固定成本;当业务量增长突破一定产量范围时,成本总额会突然跳跃上升,并且在新的业务量变化范围内保持固定不变,直到出现下一个新的跳跃为止。将此类混合成本的变动趋势反映在坐标图上,其成本总额随着业务量的增长呈现出阶梯状增长趋势。

在企业中,质量检查人员的工资则属于阶梯式混合成本。当企业业务量的增长超过一定限度时,就要增加新的质检人员,因此,质检人员的工资总额就会出现跳跃上升的情况。

【例2-2】某企业销售数量(x_1)在1 000件以内时,需要租用一台卡车,每台卡车月租金(a_1)为2 000元,以后每增加1 000件产品的销售量,就需要在原有基础上增加租入一台卡车,这样,卡车的月租金总成本呈阶梯状上升趋势(见图2-5)。

阶梯式混合成本可视其相关范围的大小,设法用一个直线方程式 $y=a+bx$ 来模拟它。

(2)标准式混合成本。其特点是由明显的固定成本和变动成本两部分合成。它通常有一个初始量,这是这类成本的固定部分。在此基础上,随着产量的增加,成本成正比例增长,这是标准式混合成本的变动部分。其性态模型如图2-6所示。

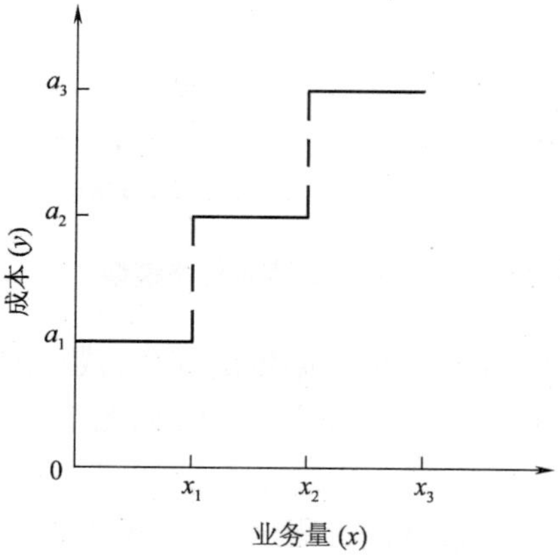

图2-5　阶梯式混合成本性态模型

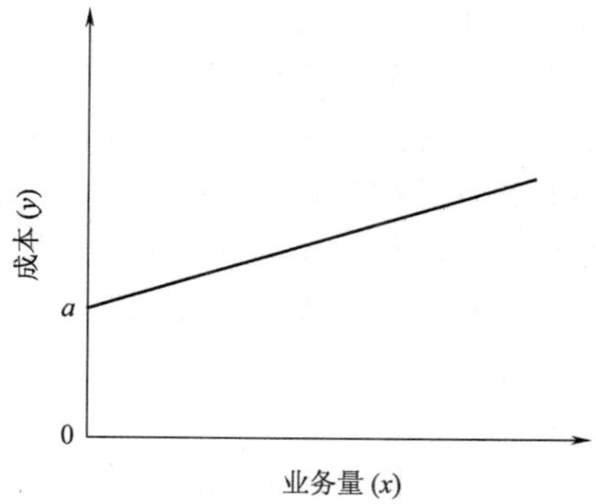

图2-6　标准式混合成本性态模型

在企事业单位中,电话月租费则属于标准式混合成本,其费用由按固定数额计收的月租费和按通话时间计算的通话费两部分合成。另外,还有机器设备的维护、修理费,公用事业服务费(包括水、电、蒸汽、冷气、电话及其他有关服务)等基本上都属于这种情况。这些费用中的固定部分代表着为提供服务所必需的最基本和最低的支出部分;其变动部分则属于随着服务的实际耗用量而增长的部分。以生产设备的维护保养和修理费用而言,为了保证生产设备经常处于完好和随时可开动的状态,需要发生一定量的必不可少的维护保养费;设备开动以后,随着运转时数的增加,保养、维护费也会随之相应增加。这项费用的前一部分为最低的基本开支,后一部分是在其前一部分的基础上,随着产量的增长而呈正比例递增的变动成本。所以,上述费用都符合标准式变动成本的模式。

(3)延期变动成本。这类成本的特点是:当业务量在一定范围内变动时,其成本总额保持不变;当业务量突破这个限度,其超额部分的成本就相当于变动成本。例如,有些企业实行以固定工资加超额计件奖励工资作为工资总和时,职工在完成正常工作定额之前,不论其产量完成多少,都只能取得固定工资;职工完成的产量超过正常定额时,除了可取得基础工资之外,还会得到按超额产量件数计算的超额工资。此外,基本工资加加班工资以及基本工资加浮动工资也属于这类成本类型。此类成本的性态模型如图 2－7 所示。

(4)曲线式混合成本。这类成本的特点是:通常有一个初始量,相当于固定成本。在此基础上成本随着产量增加而增加,但成本与产量之间并不存在线性关系,在坐标图上通常表现为一条抛物线。曲线式混合成本具体又可分为递减型曲线混合成本和递增型曲线混合成本两种。递减型曲线混合成本的特点是:成本的增长幅度小于产量的增长幅度;总成本线的斜率随着产量的增长而呈递减趋势,反映在直角坐标图上是一条凸形曲线,如图 2－8 所示。递增型曲线混合成本的特点是:成本的增长幅度随着产量的增长呈现出更大幅度的变化;成本的斜率随着产量的增长而呈递增趋势,反映在坐标图上为一凹形曲线,如图 2－9 所示。

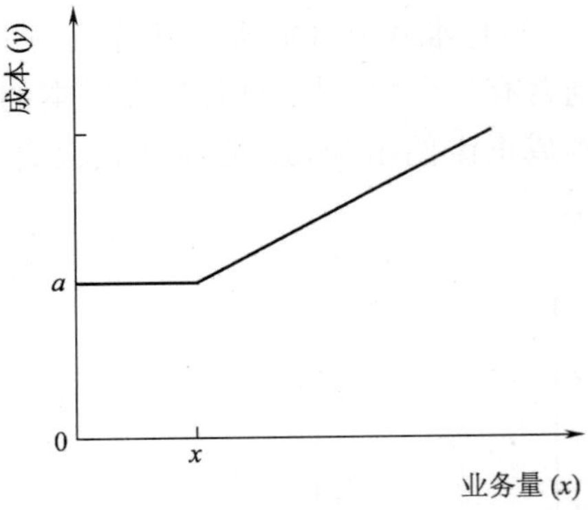

图 2－7　延期变动成本性态模型

上述各种混合成本都可以直接或者间接地用一条直线方程 $y = a + bx$ 去模拟它。让混合成本等于或近似等于 $y = a + bx$(标准式混合成本方程式),进而起到分解混合成本的作用,为进一步分析、研究混合成本奠定基础。

如上所述,将成本按照三种不同的标准可以划分为:直接成本和间接成本;生产成本和非生产成本;固定成本、变动成本和混合成本。这些分类是对同一成本数据(如固定资产折旧、生产工人工资、动力费等)按照不同的标准所进行的分类,而不是对于三组不同的成本所进行的分类。

将成本按照性态进行分类是管理会计一系列重要方法之基础，因此它在管理会计中是一个重要的基础概念。在成本按照性态进行分类时，我们曾经提到过成本在业务量变动时所表现出来的不同特性是有一定的前提条件的。这里所说的一定的前提条件就是相关范围。

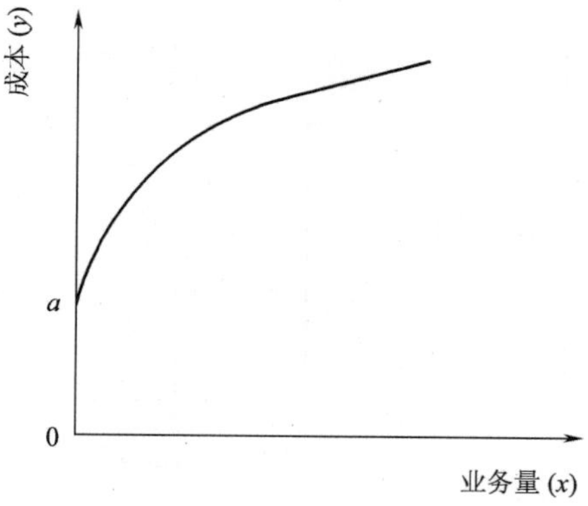

图 2－8 递减型混合成本性态模型

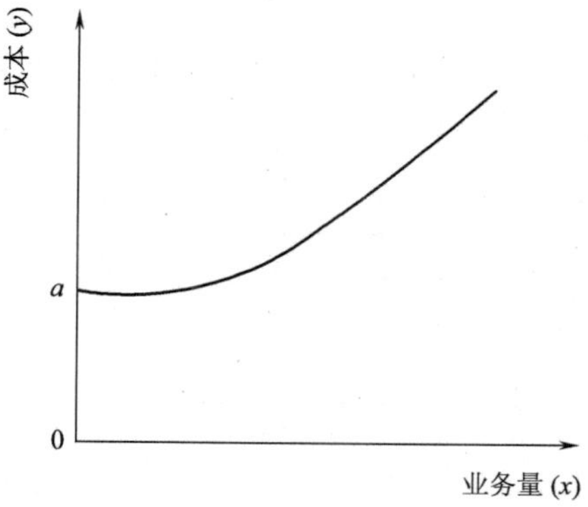

图 2－9 递增型混合成本性态模型

二、相关范围

研究成本性态，必须充分考虑相关范围的影响。相关范围是指不会改变固定成本和变动成本性态的有关期间，业务量的特定变动范围。换句话说，只要在相关范围内，不论时间多长，产量增减变动幅度多大，固定成本总额的不变性和变动成本总额的正比例变动性都将存在。但是，如果超出这一特定范围，成本的特性就有可能发生变化。因为从较长时期看，或者是从产量的无限变动看，没有绝对不改变数额的成本，也不可能存在绝对正比例变动的成本。

（一）固定成本的相关范围

固定成本的相关范围表现在：固定成本总额的不变性不仅受业务量的影响，而且还会受到期间的影响。例如：某企业租用设备一台，每年租金为30 000元，这台设备的年产量为12 000件。企业若增加租入设备一台，则年租金会上升到60 000元，企业的最高年产量可达到24 000件；若企业决定放弃这种产品的生产，租金成本则会下降为零。上述固定成本针对不同的产量和不同的期间所表现出的特性，可通过图 2－10 予以描述。由图 2－10 可见，企业生产产品在 0～12 000件时，租金成本总额为30 000元，产量在此范围内波动，成本总额将保持不变，此时租金成本为固定成本。这个产量范围就是使租金成本总额保持固定不变的相关范围。当产量超过 12 000 件时，则租金成本将会发生变动。此外，从不同的年度来看，第一年租入设备一台的租金成本总额为30 000 元,但是到了第二年可能会由于通货膨胀等原因,使得同样租入一台设备的租金成本总额有所上升,而第三年可能会由于技术进步(设备老化)等原因,使得同样租入一台设备的租金总额有所下降,此时的租金成本总额就可能会低于30 000元。因此,固定成本总额为30 000元的相关范围是一年期限,超出了一年的期限,成本总额就有可能发生变动。

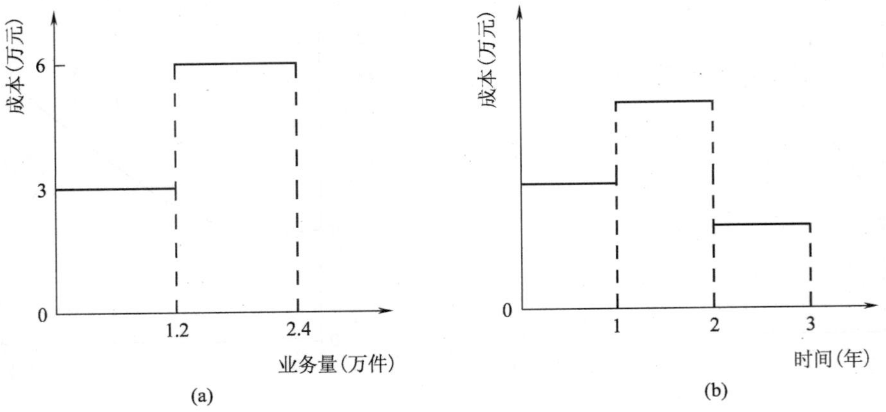

图 2－10　固定成本的相关范围

(二)变动成本的相关范围

变动成本的相关范围表现在:一旦超过相关范围,变动成本也不再表现为完全的线性关系,而是非线性关系。如果以某企业原材料消耗数量为例,企业在投产的初期和生产批量较小时,可能会由于工人的劳动熟练程度较低或企业的劳动生产率较低等原因,使得原材料单位消耗数量较高,废品或不合格品也可能会较多。随着工人生产经验的不断积累,业务量的不断增加,这种局面会逐步得到改善,使得单位产品所消耗的原材料数量和人工成本呈逐渐下降的趋势。这时,这些成本的总额将会表现为一条凸形曲线。当生产量继续增长到一定水平后,各种原材料消耗及人工效率水平会相对稳定在一个固定的水平上,并且在一定业务量范围内,有关的单位成本不再随着业务量的变化而发生改变,此时,有关成本总额表现为一条正比例直线方程式,此项成本成为真正意义上的变动成本。我们将这个能够使成本总额保持正比例递增关系的业务量变动范围称为变动成本的相关范围。如果业务量继续增长突破相关范围,则可能会出现一些新的不经济因素。比如,随着产量加大,工人劳动强度增加,使得废品率上升等。这些因素使得单位成本重新出现逐渐上升的趋势,这时,这些成本的总额将会表现为一条凹形曲线。

以上我们研究的是变动成本的总额。如果从变动成本的单位数额来看,在相关范围内外，变动成本的单位数额的变化趋势也会在业务量变化时表现出不同的趋势。这种成本随着业务量的变化而呈现出的不同变化趋势，可用图2－11来表示。

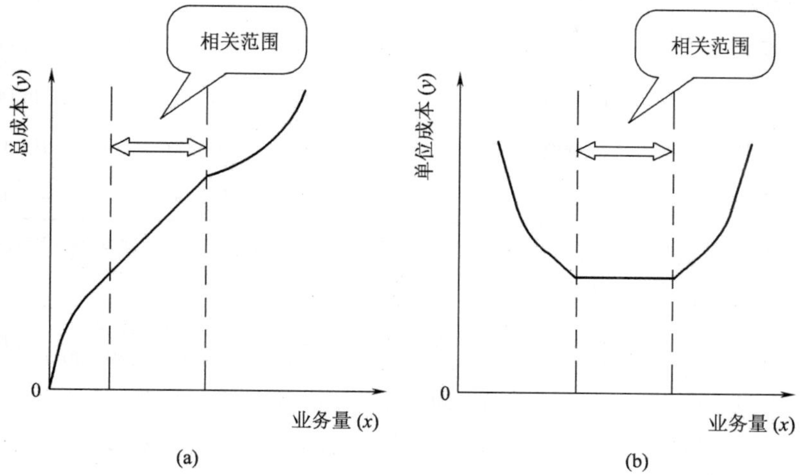

图2－11　变动总成本和单位变动成本相关范围

（三）研究相关范围的意义

从以上论述可以看出，固定成本和变动成本的特性都是在相关范围内存在的。这就告诉我们，各项成本具有相对性、暂时性和可转化性的特点。因此，要根据客观情况对于成本性态做出正确的判断，而不应对成本性态做出某种绝对的理解。

由于成本性态具有相对性，因此不能盲目照抄成本性态分析结论。同时，成本性态具有暂时性，因此不能机械地把过去的成本性态分析结论看成是一成不变的。成本性态还具有可转化性，即使是在同一时空条件下，某些成本项目也会在固定成本和变动成本之间相互转化。

三、混合成本的分解

混合成本分解为固定成本与变动成本，常见的分解方法有项目分解法、合同确认法、技术测定法及历史资料分析法。

（一）项目分解法

项目分解法，是指按照费用性质和事先规定的比例，将其逐项分解，最后分类汇总以确定固定成本和变动成本的方法（见表2－4）。

表 2-4

单位:元

分类 / 费用项目	固定成本	变动成本	混合成本	合　计
甲项费用	300 000			300 000
乙项费用		28 000		28 000
丙项费用	12 000	14 000		26 000
丁项费用	20 000	60 000	20 000	100 000
合　计	332 000	102 000	20 000	454 000

假设在丁项费用的混合成本无法细分的情况下,则可根据其固定成本部分和变动成本部分的比重来划分。

$$\text{丁项费用固定成本比重}=\frac{\text{丁项费用固定成本}}{\text{丁项费用固定成本}+\text{丁项费用变动成本}}=\frac{20\ 000\text{ 元}}{20\ 000\text{ 元}+60\ 000\text{ 元}}=0.25$$

丁项费用变动成本比重 = 1 - 丁项费用固定成本比重 = 1 - 0.25 = 0.75

$$\text{丁项费用混合成本中的固定成本}=\text{丁项费用混合成本}\times\text{丁项费用固定成本比重}=20\ 000\text{ 元}\times0.25=5\ 000\text{ 元}$$

丁项费用变动成本 = 20 000 元 × (1 - 0.25) = 15 000 元

丁项费用全部固定成本 = (20 000 + 5 000)元 = 25 000 元

丁项费用全部变动成本 = (60 000 + 15 000)元 = 75 000 元

各项费用的固定成本合计 = (332 000 + 5 000)元 = 337 000 元

各项费用的变动成本合计 = (102 000 + 15 000)元 = 117 000 元

(二)合同确认法

合同确认法是根据合同的具体数额或有关单位的明文规定来确认费用性质的方法。例如,电话局规定,除每月向用户收取一定基数的电话费用之外,还要根据用户电话使用次数来计收费用。对用户而言,无论使用电话的次数是多少,每月都必须向电话局交纳一定的基础费用。这一基础费用便是固定成本,而根据使用电话次数计交的费用则是变动成本。合同确认法一般要配合项目分解法来运用。

(三)技术测定法

技术测定法是利用工程项目财务评价技术方法所测定的正常生产过程中投入与产出的关系,分析确定在实际业务量基础上固定成本和变动成本水平,并揭示其变化规律的一种方法。例如,汽车的保养费用,一方面,无论汽车载货量大小和行驶里程远近,都要定期保养,都要发生保养费用;另一方面,汽车载货量大小和行驶里程远近又与汽车各部件的损耗有关。损耗大,保养费用高;损耗小,保养费用则低。所以,人们把最低限度的保养费用作为基数,当成固定成本来看待,在此基础之上的保养费用便是变动成本。技术测定法有时也要配合项目分解法来使用。

上述三种混合成本的分解方法的共同点在于:它们都是直接根据费用的性质

来判断和归集固定成本和变动成本的。下面再来介绍历史资料分析法。

(四)历史资料分析法

历史资料分析法包括高低点法、散布图法和一元直线回归法三种。

1. 高低点法。在初等几何中,我们曾经学过两点确定一条直线的定律,即只要知道直线上的两个点,直线方程就可以求出。高低点法正是利用这一基本定律来求解混合成本的直线方程式的。

高低点法是通过观察相关范围内各期业务量与相关成本所构成的所有坐标点,从中选择出业务量最高和最低两个坐标点,并据此来推算混合成本中的固定成本总额(a)和单位变动成本(b)的一种成本分解方法。

如前所述,我们已经将全部混合成本按直线方程做出线性成本关系的简化假设(即将各种复杂的混合成本类型,用标准式混合成本的图形和直线方程式来近似代替它们,以达到简化的目的)。在这一前提条件下,混合成本将符合如下成本方程式:

$$y = a + bx$$

式中:y——混合成本总额;

a——固定成本总额;

b——单位变动成本;

x——业务量(产量或销售量)。

$$b = \frac{\text{高点与低点成本之差}}{\text{高点与低点业务量之差}}$$

$$a = \text{最高点的混合成本总额} - b \times \text{最高点的业务量}$$

或

$$a = \text{最低点的混合成本总额} - b \times \text{最低点的业务量}$$

【例2-3】已知A公司某年上半年生产准备成本及工时数如表2-5所示,要求用高低点法进行混合成本分解。

表2-5　A公司资料

月　份	产量(x,件)	混合成本(y,元)
1	4	120
2	5	140
3	6	170
4	7	190
5	9	230
6	8	235

解题步骤:

(1)设混合成本方程式为 $y = a + bx$。根据上述资料可以选定,最高点坐标

(x_2, y_2)为(9,230);最低点坐标(x_1, y_1)为(4,120)。

(2)将最高、最低点坐标值代入公式:

$$b = \frac{y_2 - y_1}{x_2 - x_1} = \frac{(230 - 120)\text{元}}{(9 - 4)\text{件}} = 22\text{ 元/件}$$

(3)将最高点坐标(9,230)及 $b = 22$ 元/件,代入公式计算 a:

$$a = 230\text{ 元} - 22\text{ 元/件} \times 9\text{ 件} = 32\text{ 元}$$

(4)答:该项混合成本的成本性态模型为:$y = 32 + 22x$。其中:固定成本部分为32 元;变动成本部分为 $22x$ 元;单位变动成本为 22 元/件。

应引起大家注意的是:选择最高、最低点坐标应该按照自变量(即业务量)的高低为标准,而不是按照因变量(即成本)的高低来进行选择。所以,在本例中,虽然 6 月的成本数额为最高数值,但该月的产量数据并非最高,因此,不能把这一点的数据作为最高点坐标。最高点坐标应选择 5 月的产量和成本数据。

高低点法的优点在于:分解计算简便易行,便于理解。但由于本法是以全部业务量中的最高、最低两个点的坐标来确定一条直线,并用这条直线来模拟全部历史成本资料,这样,就有可能使建立起来的直线方程式不具有代表性,从而导致较大的计算误差。因此,本法只适用于成本变化趋势比较稳定的企业。

2. 散布图法。此法是将观察得到的历史成本数据描绘在坐标图上,坐标图的横轴代表业务量,纵轴代表混合成本数额。这样,历史成本数据就形成若干个散布在坐标图上的点,由此而绘制的图形即为散布图。

散布图法的成本分解步骤如下:

(1)将各期业务量以及相应的混合成本数据的历史资料作为点坐标,将其标注在平面直角坐标图上。

(2)以目测的方式画出一条直线,使其尽可能通过或接近所有坐标点。

(3)用目测法画出的直线向 y 轴作延长线并读出这条线和 y 轴交点的数值。此数值即为混合成本总额中的固定成本部分,即 a。

(4)在直线上任意取一点 $P(x_0, y_0)$,将这一点的坐标带入下列公式,计算单位变动成本 b:

$$b = \frac{y_0 - a}{x_0}$$

(5)将 a,b 数值代入下式,并写出混合成本分解后的方程式。

$$y = a + bx$$

【例 2-4】仍以例 2-3 中表 2-5 的资料为例,用散布图法进行混合成本的分解。

解:首先,将 6 个月的成本点坐标分别标注在坐标纸上,绘制出散布图。如图 2-12 所示。

然后,目测出一条成本直线,此直线在 y 轴上的截距 $a = 30$;而后,在直线上任

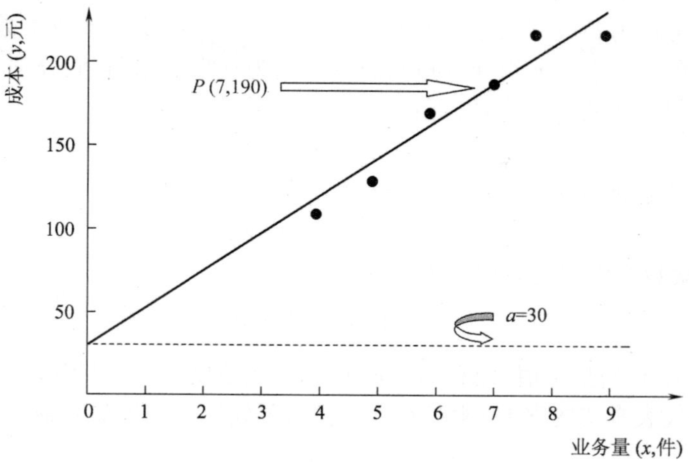

图 2-12 散布图

取一点 P,测定其坐标为(7,190),于是可以计算求出:

$$b=\frac{(190-30)\text{元}}{7\text{ 件}}=22.86\text{ 元/件}$$

所以,该项混合成本分解后的成本模型为:

$$y=30+22.86x$$

从数学上讲,我们目测所绘制出的这条混合成本直线和在直角坐标图上所标注出的历史成本点之间,应满足如下关系:坐标图上各个历史成本点到达这条目测出的成本直线的垂直距离之和为最小。若能满足上述条件,即称这条目测出的成本直线为最适当的成本直线。

由于散布图法是在考虑到所有历史资料基础之上绘制出的成本直线,因而使其图形可以反映全部成本的变动趋势,具有形象直观、易于理解的特点,较高低点法只使用两点来确定一条直线的做法更为科学、准确。但是,由于本法所绘制出的成本直线是依据目测而得出的,所以其成本分解后的 a,b 数值可能会因人而异,从而影响结果的客观性。

3. 一元直线回归法。前面已经提及,与散布图中所示各点最为接近的直线是最适当的成本直线,即这条直线最能代表所有成本点的发展趋势。那么,如何才能得到这条最适当的成本直线呢?答案就是利用数学上的一元直线回归法来进行成本分解。

所谓一元直线回归法,就是利用微分极值的原理对若干期业务量和成本的历史资料进行计算处理,利用数学公式计算出固定成本(或混合成本中的固定部分)a 和单位变动成本(或混合成本中的变动部分之单位数额)b 的一种成本分解方法。

最小二乘法原理及回归直线方程的数学推导过程如下:

假设存在一条直线 $y=a+bx$，它最能代表各成本数据 (x_i, y_i) 的平均水平，则这条直线就可称为各成本数据点的回归直线。回归直线要求各成本数据点与该直线的总误差最小。设有 n 组业务量与成本数据为观察数据，它们分别为 x_i 和 y_i，各组数据与回归直线的误差为 d_i，则：

$$d_i = y_i - y$$

由于只考虑成本误差，所以当 $x=x_i$ 时，$y=a+bx_i$，即：

$$d_i = y_i - y = y_i - a - bx_i$$

n 组观察数据引起的总误差为：

$$\sum_{i=1}^{n} d_i = d_1 + d_2 + \cdots + d_n$$

由于 d_i 中有的是正值，而有的是负值，简单相加会使其相互抵消，计算出来的 $\sum d_i$ 并不能代表真实的误差，所以不宜这样简单处理。如果取其绝对值，则：

$$\sum_{i=1}^{n} d_i = |d_1| + |d_2| + \cdots + |d_n|$$

上式虽然可以使 $\sum d_i$ 正确地代表总误差，但是不便于进行后续计算处理。所以改取误差的平方和，即：

$$D = \sum_{i=1}^{n} d_i^2 = d_1^2 + d_2^2 + \cdots + d_n^2 = \sum_{i-1}^{n} (y_i - a - bx_i)^2 \tag{2.1}$$

当误差的平方和（D）的数值最小时，所确定的直线就是代表性最好的回归直线。根据数学分析中的极值原理，要使 D 达到最小值，只需对式（2.1）中的 a，b 分别求偏导数，并令它们等于零，即：

$$\frac{\partial D}{\partial a} = -2\sum_{i=1}^{n} (y_i - a - bx_i) = 0 \tag{2.2}$$

$$\frac{\partial D}{\partial b} = -2\sum_{i=1}^{n} (y_i - a - bx_i) x_i = 0 \tag{2.3}$$

由式（2.2）可得：

$$\sum_{i=1}^{n} (y_i - a - bx_i) = 0$$

$$\sum_{i=1}^{n} y_i - na - \sum_{i=1}^{n} bx_i = 0$$

$$na = \sum_{i=1}^{n} y_i - b \cdot \sum_{i=1}^{n} x_i$$

$$a = \frac{1}{n} \cdot \sum_{i=1}^{n} y_i - \frac{b}{n} \cdot \sum_{i=1}^{n} x_i \tag{2.4}$$

由式（2.3）可得：

$$\sum_{i=1}^{n} x_i y_i - a\sum_{i=1}^{n} x_i - b\sum_{i=1}^{n} x_i^2 = 0 \tag{2.5}$$

将式（2.4）代入式（2.5），可得：

$$b = \frac{n\sum_{i=1}^{n} x_i y_i - \sum_{i=1}^{n} x_i \sum_{i=1}^{n} y_i}{n\sum_{i=1}^{n} x_i^2 - \left(\sum_{i=1}^{n} x_i\right)^2} \tag{2.6}$$

将式(2.6)代入式(2.4),可得:

$$a=\frac{\sum_{i=1}^{n}x_i^2\sum_{i=1}^{n}y_i-\sum_{i=1}^{n}x_i\sum_{i=1}^{n}x_iy_i}{n\sum_{i=1}^{n}x_i^2-\left(\sum_{i=1}^{n}x_i\right)^2} \tag{2.7}$$

根据式(2.6)和式(2.7),便可以计算出回归直线的系数 a 和 b。

【例2-5】仍用例2-3的资料来说明一元直线回归法的计算及成本分解过程。

解:(1)根据历史资料观察数据列表,计算出 n,$\sum x_i$,$\sum y_i$,$\sum x_iy_i$,$\sum x_i^2$ 和 $\sum y_i^2$ 的数值(见表2-6)。

表2-6

月份	产量(x,件)	混合成本(y_i,元)	x_iy_i	x_i^2	y_i^2
1	4	120	480	16	14 400
2	5	140	700	25	19 600
3	6	170	1 020	36	28 900
4	7	190	1 330	49	36 100
5	9	230	2 070	81	52 900
6	8	235	1 880	64	55 225
合计	$\sum x_i=39$	$\sum y_i=1\ 085$	$\sum x_iy_i=7\ 480$	$\sum x_i^2=271$	$\sum y_i^2=207\ 125$

(2)按照下列公式求出直线方程系数 a,b 值:

$$\begin{cases}a=\dfrac{\sum_{i=1}^{n}x_i^2\sum_{i=1}^{n}y_i-\sum_{i=1}^{n}x_i\sum_{i=1}^{n}x_iy_i}{n\sum_{i=1}^{n}x_i^2-\left(\sum_{i=1}^{n}x_i\right)^2}\\[2ex] b=\dfrac{n\sum_{i=1}^{n}x_iy_i-\sum_{i=1}^{n}x_i\sum_{i=1}^{n}y_i}{n\sum_{i=1}^{n}x_i^2-\left(\sum_{i=1}^{n}x_i\right)^2}\end{cases}$$

代入表2-6中相关数值后,a,b 值为:

$$a=\left(\frac{271\times1\ 085-39\times7\ 480}{6\times271-39^2}\right)\text{元}\approx22.05\text{ 元}$$

$$b=\left(\frac{6\times7\ 480-39\times1\ 085}{6\times271-39^2}\right)\text{元/件}\approx24.43\text{ 元/件}$$

(3)答:混合成本分解所得到的方程为 $y=22.05+24.43x$。其中:固定成本部分为22.05元;变动成本部分为 $24.43x$ 元;单位变动成本为24.43元/件。

由于本方法采用了微积分极值的原理,因此它的计算结果是三种方法中最为准确的一种。运用本方法要求 x 与 y 之间具有相关性。但是本方法计算工作量较大,过程比较烦琐。随着电算化技术的不断普及,本法将会得到更加广泛的应用。

第二节 成本分配法

要计算产品的成本,就要将生产过程中的各种耗费,采用一定的标准分配到各种产品上去,从而为生产决策和期间损益计算提供依据。

一、生产和非生产间接成本的处理

从本章第一节的内容已经获知,成本按照可辨认性可以分为直接成本和间接成本。企业在生产环节中所发生的间接成本(或间接费用),通常称为"生产间接成本";而在销售及管理等非生产环节所发生的间接成本(或间接费用),通常称为"非生产间接成本"。

生产间接成本包括设备维修成本、产品质量控制成本、产品设计部门的设计成本和生产车间管理成本。非生产间接成本包括财会部门成本、非生产性薪金、推销成本、销售费用和企业管理费用。

在通常情况下,非生产间接成本不计入产品和劳务的成本之中。生产间接成本是否计入产品和劳务的成本中,应视具体的损益计算方法而定,具体应如何处理,将在后续内容中进一步详细介绍。

二、产品或劳务的成本计算程序

为了正确地计算产品或者劳务的成本,必须按照一定的步骤进行。一般来说,产品或劳务成本计算的步骤如下:

收集相关成本信息

↓

按产品或劳务分配直接成本

(直接成本直接计入各种产品或者劳务)

↓

将生产间接成本归集到"制造费用"账户

↓

按照产品或劳务来分配"制造费用"

(间接成本分配计入各产品或劳务)

三、成本分配基本方法

(一)直接成本的分配——直接追溯法

直接追溯,是指将与某一成本对象存在特定或实物联系的成本,直接确认分配至该成本对象上去的方法。这种方法可以通过实地观察来完成。例如,某企业是自行车生产企业,以自行车为产品成本计算对象。某种自行车产品需耗费材料和人工,其实际耗用轮胎和其他零部件数量以及生产耗用的人工工时,均较容易观察到,从而可以将材料和人工成本直接分配到成本计算对象——某种自行车上去。

从理论上讲,直接追溯法要求所有的成本都能直接分配到各成本对象上去。在实际工作中,采用实地观察法得出某一成本对象所消耗的所有资源的准确数据,常常缺乏现实性和可行性。可见直接追溯法对于直接成本的处理比较适用,而对于间接成本往往不能直接追溯至成本对象,或者直接追溯不具有经济可行性。因此,我们在财务会计实务中采用了另一种方法来分配间接成本,那就是间接成本分摊法。

(二)间接成本的分配

1. 分摊法。生产间接成本可以划分为:①只与某一个生产车间相关的间接成本。例如,在某个车间工作的辅助生产工人的薪金。②同时与几个车间相关的间接成本。这时必须按照某一公平基础把这一成本在几个车间之间进行分配。例如,可以按照使用厂房的面积来分配企业支付的租金费用。③辅助生产车间的总成本,包括材料、人工以及其他应归属于这一部门的成本和费用。

某项不需要估计和假设而可以直接归属于某一车间(或部门)的间接成本,可采用直接追溯法直接分配给该车间(或部门)。但是,大多数间接成本的发生常常同时与几个生产车间或者与整个企业相关,而并非只与一个车间相关。所以,对于这样的间接成本就不可能直接分配给某一个车间,而应将某种比较合理的基础作为标准,分配给与它相关的各个车间(或部门)甚至整个企业。

用于将间接成本分配给各个车间的基础有很多,但对于不同的成本项目应选择“最能实际反映成本发生情况”的标准为分配依据。例如,厂房的租金费用在进行分配时,应选择各车间的使用面积作为最合理的分配依据。其理由是:租金通常是按照面积大小计算支付的,如果某个车间使用的厂房面积比较大,它就应该承担较高的租金成本。

其他的分配基础还有:直接人工工时(制造业最常用的生产间接成本分配基础)、机器工时(可用于分配各项能源成本)、固定资产价值(用于分配折旧费、保险费等成本费用)、体积(可用于分配热、气等动力成本)、各部门人数、(可用于分配食堂等部门的费用或清洁费用)。

选定了合理的分摊标准之后,进行间接成本分配的过程则比较简单。其具体步骤可归纳如下:

第一步,确定待分配费用总额。

第二步,选定分配基础(标准)。

第三步,计算分配率:

$$\text{某项间接成本分配比率}=\frac{\text{某项待分配的成本或费用总额}}{\text{相关各车间分配基础合计}}$$

第四步，分配间接成本给各个相关车间：

$$\text{某车间应负担的该项成本}=\text{某项间接成本分配率}\times\text{该车间分配基础数额}$$

【例2－6】现有10 000元间接成本，需要在4个生产车间之间按生产工人人工工时数分配，这4个车间的生产工人工时数分别为：200，300，100，400。则该项间接成本的分配可以计算如表2－7。

表2－7　该项间接成本分配表

生产车间	生产人工工时（小时）	分配金额（元）
一车间	200	2 000
二车间	300	3 000
三车间	100	1 000
四车间	400	4 000
合　计	1 000（分配基础合计）	10 000（待分配费用总额）

$$\text{分配率}=\frac{\text{待分配费用总额}}{\text{分配基础合计}}=\frac{10\ 000\text{元}}{(200+300+100+400)\text{小时}}=10\text{元/小时}$$

$$\text{一车间间接成本}=10\text{元/小时}\times 200\text{小时}=2\ 000\text{元}$$

2. 作业成本法。

（1）作业成本法的起因。随着越来越多的企业采用先进的生产技术和设备，带来的重要影响之一就是改变了这些企业产品的成本结构。对于一个传统的人工密集型企业来说，产品的成本结构可能为如下比例：直接材料占40%；直接人工占40%；制造费用占20%。

同样还是这个企业，当它采用了先进的技术设备之后，实现了生产自动化，则成本结构就可能会变为如下比例：直接材料占30%；直接人工占30%；制造费用占40%。

显然，无论采用什么样的技术生产产品，产品的材料投入应该是一样的。然而，自动化生产可以降低浪费和减少损失，从而实现单位产品材料成本的降低。

假定业务量不变，但是在产品生产过程中，提高先进技术设备的使用程度，则企业直接人工成本在产品成本中所占的比重会大大下降。

先进技术设备的成本（通常数额较大）和操作这些先进技术设备的非直接生产人员的成本属于企业的间接成本。随着科技的飞速发展和这些技术成果在生产领域中的不断被应用，使得企业出现了间接成本增加而直接成本下降的趋势，这也使得间接成本逐渐成为企业生产成本中所占比重最大的成本。此时，如果按照分摊法计算成本，则这些大幅度增加的间接成本将按其总数，以各车间或人工工时为分配标准分配给与该间接成本相关的各个车间。

然而,随着会计核算水平的不断提高,更多的人开始对分摊法所提供的会计核算资料的准确性提出质疑。他们认为,此时的间接成本与企业生产产品的数量似乎没有直接联系。因此,按产量或直接人工工时来分配间接成本会歪曲有关的成本计算数据,其结果将会对企业的业绩产生不利的影响。

基于上述原因,人们开始寻求一种更为合理且有效、准确的分配间接成本的方法,此时便产生了作业成本法。

主张使用作业成本法的人认为,在采用先进技术设备从事生产的企业中,企业的间接成本的最佳分配方法就是以产生间接成本的原因(亦称之为成本动因)为基础,将其分配于各种不同的产品。

所谓成本动因,就是指那些产生间接成本的原因。成本动因是可以通过观察得到,并且是可以计量的。例如,材料加工整理所发生的材料处理准备成本的发生,通常是由于签发领料单所引起的,因此可以确认,签发领料单是材料处理准备成本的成本动因。所以,应对各个部门和生产车间所签发的领料单中的数量进行统计,并以统计数据为依据来分配各个部门应负担的材料处理准备成本。

作业成本法是一种成本计算方法的专用名词,在这种方法下,间接成本要按其成本动因来进行分配。由于作业成本法对生产间接成本的处理方法和所采用的分配基础不同,因而它和一般成本计算法有所区别。至于直接成本的分配,作业成本法和一般的成本计算方法完全一致。

(2)作业成本法的计算程序。其计算程序如下:

第一,在分配生产间接成本之前,首先要确定产生各项相关间接成本的动因是什么。

第二,一旦各项间接成本的成本动因确定之后,必须收集有关这些成本动因出现次数的信息,并确定与这些成本动因相关的车间和部门都有哪些。

第三,按照每项间接成本的动因次数,将其分配到相关部门中去。

现将常见的生产间接成本与成本动因列示于下:

间接成本	成本动因
生产计划成本 质量控制成本 机器操作准备成本	→在一定时期内生产周期的次数
收货处理成本	→收货次数
一般维修成本	→机器工时

上述前三项成本可能与企业生产周期的次数有关:生产周期越长,周期次数越少,这些成本也就越少;反之,这些成本就会越多。

当然,产生前三项成本可能还有其他的成本动因。例如:产品生产计划和机器操作准备的复杂程度;为控制产品质量而规定的质量检查次数;等等。要确定间接成本的正确成本动因,就必须找到对各项间接成本产生重大影响的动因。

由于收货次数的多少决定收货处理成本的大小,因此可以将收货次数确定为收货处理成本的动因。

通常认为,一般的维护修理费用是由于持续使用厂房设备的时间长短而导致其发生额的大小的。或者可以说,机器设备的使用程度决定了维修成本的大小,所以,可以推断出其最合理的成本动因就是机器工时。

综上所述,对成本分配所使用的方法有三种:直接追溯法、分摊法和作业成本法。在这三种方法中,直接追溯法最为准确,因为它是依赖于可实际观察的直接因果联系,将费用直接划归其应归属的车间。作业成本法利用成本动因来分配费用,其准确性次之。它依赖于因果因素的判断(即动因的确定)来分配成本到各个相关车间或者部门,所以其准确程度取决于动因对于因果联系的表述质量,而要找到合适的动因并且评价其对因果联系的质量,往往需要付出比直接追溯法和分摊法大得多的代价。从这里也就不难看出,分摊法的优点就在于它的简单性和实际操作的低成本。分摊法是以上三种方法中最不准确的,实际工作中应尽可能避免或减少使用此法。在许多情况下,提高成本计算准确性所带来的收益,往往会超过与成本动因追溯相关的计量成本,所以从长远看,作业成本法还是利多弊少的一种新的成本计算方法。

第三节　变动成本法与完全成本法

一、变动成本法的含义

变动成本法是以成本性态分析为前提,在计算产品成本时只将变动生产成本计入产品成本中,而将固定生产成本以及非生产成本全部作为当期的期间成本(即在损益表中作为收入项目的一个直接扣减项目)来进行处理的一种成本计算方法。其理论依据是固定生产成本作为维持生产能力成本不应该递延,应该视其为期间成本。

变动成本法产生以后,人们把传统的成本计算方法统称为完全成本法或吸收成本法。

完全成本法是指在组织成本计算过程中,以成本按照经济用途的分类为前提,将全部生产成本作为产品成本的构成内容,而将非生产成本作为期间成本,按照传统的损益确定程序计量损益的一种成本计算方法。

二、变动成本法与完全成本法的区别

(一)产品成本内容方面的区别

变动成本法要求将所有的成本分为变动成本和固定成本两大类。其中:生产成本中的变动成本作为产品成本的构成内容,它们包括直接材料、直接人工和变动性制造费用三项;生产成本中的固定成本(固定制造费用)和非生产环节发生的全部成本一并作为期间成本处理。

在完全成本法下,企业发生的全部成本分为生产成本和非生产成本两类。产品成本包括生产环节发生的全部成本,即直接材料、直接人工和制造费用的全部(其中既有变动性制造费用,又有固定性制造费用),而只有非生产成本才作为期间成本处理(见表2-8)。

表2-8 变动成本法与完全成本法的区别

项　目	变动成本法	完全成本法
成本的划分	变动成本 　变动生产成本 　　直接材料 　　直接人工 　　变动性制造费用 　变动非生产成本 　　变动销售费用 　　变动管理费用 固定成本 　固定生产成本——固定性制造费用 　固定非生产成本 　　固定销售费用 　　固定管理费用	生产成本 　直接材料 　直接人工 　制造费用 非生产成本 　销售费用 　管理费用
产品成本包含的内容	变动生产成本 　直接材料 　直接人工 　变动性制造费用	生产成本 　直接材料 　直接人工 　制造费用
期间成本包含的内容	变动非生产成本 　变动销售费用 　变动管理费用 固定成本 　固定制造费用 　固定管理费用 　固定销售费用	非生产成本 　销售费用 　管理费用

【例2-7】某企业月产20件产品,耗用直接材料100元,直接人工120元,发生

变动性制造费用80元，固定性制造费用60元。

解：(1)采用完全成本法计算，则：

产品总成本 =(100 +120 +80 +60)元 =360元

产品单位成本 =360元÷20件 =18元/件

(2)采用变动成本法计算：

产品总成本 =(100 +120 +80)元 =300元

产品单位成本 =300元÷20件 =15元/件

(二)产成品和在产品存货估价方面的区别

采用完全成本法时，各会计期间发生的全部生产成本要在完工产品和在产品之间进行分配。完工产品在销售时，全部成本在已销产品和库存产成品之间进行分配，这样，已销产品、库存产成品和在产品中都包含了一部分固定成本。也就是说，各会计期末的产成品和在产品存货是按照全部成本计价的，其中既有变动生产成本(直接材料、直接人工和变动性制造费用)又有固定性制造费用。

采用变动成本法时，由于只将变动生产成本计入产品成本中，无论是在产品、库存产成品还是已销产品成本中都只包含变动生产成本，所以，期末在产品和产成品存货的价值中均不包含固定性制造费用。

综上所述，可以得到如下结论：采用变动成本法对期末在产品和库存产成品的计价金额，必然会低于采用完全成本法时的计价金额。

【例2－8】续例2－7。假设本期生产的20件产品在当期已销售18件，期末产成品库存数量为2件，当期期初没有在产品存货，则：

完全成本法下期末存货价值 =18元/件 ×2件 =36元

变动成本法下期末存货价值 =15元/件 ×2件 =30元

以上计算表明：完全成本法下的期末存货中吸收了6元固定性制造费用；而变动成本法的存货中却没有包含固定成本。

(三)损益计算方面的区别

由于变动成本法与完全成本法对于生产环节发生的固定性制造费用的处理不同，所以，它们计算出来的损益也会不同。

【例2－9】若例2－7中产品的销售单价为25元/件，变动推销及其管理费用为2元/件，固定推销及管理费用为50元/月，则：

若采用完全成本法，固定生产成本计入产品成本中。这样，只有当这些产品实现销售时，才会和变动成本一起转化为销售当期的费用，抵减销售当期的收入。其损益计算如表2－9所示。

若采用变动成本法，由于固定性制造费用不计入产品成本，全额作为当期的期间成本抵减当期收入，其损益计算结果如表2－10所示。

表 2－9 损益计算表(完全成本法) 单位:元

销售收入(25×18)			450
减:销货成本			
期初存货:	0		
+)本期生产成本(20×18)	360		
可供销货成本(0+360)	360		
-)期末存货(18×2)	36		324
毛　利		126	
减:推销及管理费用(2×18+50)		86	
利润		40	

表 2－10 损益计算表(变动成本法) 单位:元

销售收入(25×18)			450
减:销货成本			
期初存货:	0		
+)本期生产成本(15×20)	300		
可供销货成本(0+300)	300		
-)期末存货(15×2)	30		270
边际贡献(制造)		180	
减:期间成本			
固定性制造费用	60		
变动推销及管理费用(2×18)	36		
固定推销及管理费用	50		146
利　润		34	

两种成本计算方法的结果显示:采用变动成本法计算的损益比采用完全成本法计算的损益少 6 元。究其原因在于:本期销售数量少于本期的生产数量,使得期末存货增加了 2 件。在采用完全成本法时,这两件存货的成本中吸收了 6 元固定制造费用(固定制造费用分配 =60 元 ÷20 件 =3 元/件,两件存货共吸收固定制造费用 =3 元/件 ×2 件 =6 元)。如果这 2 件存货将在下一个期间被销售,这 6 元将由下一个会计期的损益来负担,在本期损益中只负担了当期发生的 60 元固定生产成本中的 54 元(60 元 －6 元)。而采用变动成本法时,期末产成品存货不会负担固定制造成本。换句话说,本期发生的 60 元固定成本将全部由本期的收入负担。这样,在变动成本法中,当期转销的全部成本就比完全成本法多了 6 元,从而使得计

算出的利润比完全成本法少了6元。

采用变动成本法时，损益计算表的编制格式有两种：一种如表2－9所示，称之为变动成本法损益表；还有一种如表2－11所示，称之为边际贡献式损益表。后一种形式在计算边际贡献时不仅要扣除生产过程发生的变动成本，而且还要扣除推销及管理环节发生的变动成本，由此而得出的边际贡献称之为“产品”边际贡献，即：

$$\begin{cases}\text{收入}-\text{变动生产成本}=\text{制造边际贡献}\\ \text{收入}-\text{变动生产成本}-\text{变动销售及管理成本}=\text{产品边际贡献}\end{cases}$$

或

$$\text{制造边际贡献}-\text{变动销售及管理成本}=\text{产品边际贡献}$$

表2－11　　损益表(边际贡献式)　　单位：元

销售收入：(25×18)		450
减：变动成本		
变动销货成本(15×18)	270	
变动推销及管理成本(2×18)	36	306
边际贡献(产品)		144
减：固定成本		
固定制造成本	60	
固定推销及管理费用	50	110
利　润		34

下面用一组连续实例来进一步说明变动成本法的特点。

【例2－10】仍然沿用例2－7的有关资料，但是假定销售及管理环节发生的成本全部是固定性成本，金额为86元。如果将例2－7中的资料假定为第一期，则它的下一期为第二期，并依此类推。假定第二期的生产量仍然为月产20件，当期销售20件，期末存货计价采用先进先出方法。

采用完全成本法，期初存货在本期被销售掉时会释放出固定性制造费用，从而增加本期的固定制造费用总额；期末存货则会吸收固定性制造费用，从而减少本期的固定制造费用总额。

第二期期初：

2件存货释放固定制造费用＝3元/件×2件＝6元

第二期期末：

2件存货吸收固定制造费用＝3元/件×2件＝6元

(第二期的固定性制造费用分配率＝60元÷20件＝3元/件)

期初存货释放固定制造费会增加本期的固定制造费用总额，使本期的固定制造费用总额上升为66元(60元＋6元)；期末存货吸收固定制造费用，从而减少本期的固定制造费用总额，使本期的固定制造费用总额从 66 元下降到 60 元。由于期初、期末释放和吸收的固定制造费用数额相等，使得完全成本法下，计入当期损益表中的固定制造费用数额即为当期发生的固定制造费用数额 60 元。

在变动成本法下，计入损益表中的固定制造费数额永远都是当期发生的数额，因此变动成本法的固定制造费用每月都是 60 元（假定固定制造费用水平没有发生变化）。所以，我们得到如下结论：当期初存货释放的固定制造费用 = 期末存货吸收的固定制造费用时，完全成本法与变动成本法计入当期损益表的固定制造费用的数额相等，因而，完全成本法的利润 = 变动成本法的利润（见表 2－12 和表 2－13）。

表 2－12　损益计算表（完全成本法第二期情况）　单位：元

销售收入（25×20）		500
减：销货成本		
期初存货（18×2）	36	
＋）本期生产成本（18×20）	360	
可供销货成本	396	
－）期末存货（18×2）	36	360
毛　利		140
减：期间成本		
销售及管理成本		86
利　润		54

表 2－13　损益计算表（变动成本法第二期情况）单位：元

销售收入	500
减：销货成本	
变动成本（15×20）	300
边际贡献	200
减：期间成本	
固定制造成本	60
销售及管理成本	86
利　润	54

【例 2－11】假设例 2－7 的企业在第三期产品的月产量上升为 30 件，本期的期末存货仍然为 2 件，其他条件不变，则：

第三期期初：

2 件存货会释放固定制造费用 = 3 元/件 × 2 件 = 6 元

第三期期末：

2 件存货会吸收固定制造费用 = 2 元/件 × 2 件 = 4 元

（第三期固定制造费用分配率 = 60 元 ÷ 30 件 = 2 元/件）

所以，期初存货释放的固定制造费用大于期末存货吸收的固定制造费用，其结果是：使采用完全成本法计算损益时记入当期损益表中的固定制造费用总水平高于本期固定制造费用的发生额，即实际记入数额为 62 元（60 元 + 6 元 － 4 元），则完全成本法计入当期损益的总成本就会比变动成本法高出 2 元。这样，完全成本法的利润会小于变动成本法的利润，两种方法的损益差额为 2 元（见表 2－14 和表 2－15）。

表2－14　损益计算表（完全成本法第三期情况）　单位：元

销售收入（25×30）		750
减：销货成本		
期初存货（18×2）	36	
+）本期生产成本（17×30）	510	
可供销货成本	546	
-）期末存货（17×2）	34	512
毛　利		238
减：期间成本		
销售及管理成本		86
利　润		152

表2－15　损益计算表（变动成本法第三期情况）　单位：元

销售收入	750
减：销货成本	
变动成本（15×30）	450
边际贡献	300
减：期间成本	
固定生产成本	60
销售及管理成本	86
利　润	154

【例2－12】假设第四期产品的月产量为15件，期末总存货数量仍然为2件，则：

第四期期初：

存货释放固定制造费用＝2元/件×2件＝4元

第四期期末：

存货吸收固定制造费用＝4元/件×2件＝8元

（第四期固定制造费用分配率＝60元÷15件＝4元/件）

此时，期初存货释放固定制造费用小于期末存货吸收固定制造费用，其结果是：使计入完全成本法计算的当期损益中的固定制造费用总额为56元（60元＋4元－8元），而此时变动成本法损益计算表中的固定制造费用总额仍为60元，两种成本计算法下固定制造费用差额为4元。这样，完全成本法下计入当期的成本总额小于变动成本法下计入当期的成本总额。所以，此时完全成本法的利润大于变动成本法的利润，其差额为4元（见表2－16和表2－17）。

表2－16　损益计算表（完全成本法第四期情况）　单位：元

销售收入（25×15）		375
减：销货成本		
期初存货（17×2）	34	
+）本期生产成本（19×15）	285	
可供销货成本	319	
-）期末存货（19×2）	38	281
毛　利		94
减：期间成本		
销售及管理成本		86
利　润		8

表2－17　损益计算表（变动成本法第四期情况）单位：元

销售收入	375
减：销货成本	
变动成本（15×15）	225
边际贡献	150
减：期间成本	
固定生产成本	60
销售及管理成本	86
利　润	4

从以上连续几个期间损益计算结果中可以看到:两种损益计算方法出现差异,主要原因在于期末、期初存货价值的变化,它会引起计入当期损益表中的固定制造费用水平发生变化,从而导致两种方法计算的利润出现差异。如果期初、期末存货释放和吸收的固定制造费用水平相等,那么,两种成本计算法计算的当期利润应该是相同的(第二期情况)。

可见,在变动成本法下,营业净利润真正成了反映企业销售量多少的晴雨表,即:销售量大的一期,利润就高;销售量小的一期,利润就低;前后两期销售量相同,则会产生相同的利润数额。这有利于促使企业重视市场销售环节。但是完全成本法确定的营业净利润指标则不具备这个功能,因其利润不仅会受到销售量的影响,同时还会受到生产量及存货价值变动的影响。

三、变动成本计算法的应用

变动成本计算的基本原理是美国的哈里斯(M. J. Harris)在 1936 年首先提出来的,至今已经有半个多世纪了。当初,这种成本计算方法并没有引起广泛的社会重视,因此也很少被企业实际应用。直到 20 世纪 50 年代末期,由于企业内部决策的重要性日益突出,加之企业也广泛开展预算管理,强烈要求会计部门能够提供与之相适应的成本核算资料,至此,变动成本法才被世人所瞩目。时至 20 世纪 70 年代以后,变动成本法在西方国家的应用已相当普遍,它对于加强企业内部的经营管理发挥了良好的作用。

(一)采用变动成本法的必要性

经营管理者通常认为,在成本水平不变的情况下,多销售就可以多得利。这种观念符合经济学理论的价值原理。但是,完全成本法所确定的利润会受到存货价值变动的影响,使得在销售量不变的情况下,利润也会产生很大的波动。经理人员对这种现象不仅深感迷惑,而且也使得他们在确定销售量时,难以把握预期的利润。

下面将列示两种方法的长期损益计算表,以说明这一点。

【例 2-13】某企业生产产品 A,其单位售价为 10 元/件,单位变动生产成本为 4 元/件。该企业固定生产成本年发生额为24 000元,连续三年的销售量均为6 000件,近三年的产量分别为6 000,8 000和4 000件,固定销售及管理费用年发生额为6 000元。如果采用完全成本法,产品单位成本各年不同(由于这三年的产量不同),具体计算结果如下:

第一年产品单位成本 = 4 元/件 + 24 000 元 ÷ 6 000 件 = 8 元/件

第二年产品单位成本 = 4 元/件 + 24 000 元 ÷ 8 000 件 = 7 元/件

第三年产品单位成本 = 4 元/件 + 24 000 元 ÷ 4 000 件 = 10 元/件

这三年的比较损益表如表 2-18 所示。从表 2-18 中可以清楚地看到,尽管这三年的销售量相同,利润却有很大的波动。

从比较损益表2－18中我们可以看出：由于各期销售量相同，所以各期的销售

表2－18　　比较损益表(完全成本法)　　单位：元

项目	第一年	第二年	第三年	合计
产量(件)	6 000	8 000	4 000	18 000
销量(件)	6 000	6 000	6 000	18 000
期末存货(件)	0	2 000	0	0
单位产品成本(元/件)	8	7	10	—
销售收入	60 000	60 000	60 000	180 000
销货成本：				
期初存货	0	0	14 000	0
本期生产	48 000	56 000	40 000	144 000
可供销货	48 000	56 000	54 000	144 000
期末存货	0	14 000	0	0
	48 000	42 000	54 000	144 000
毛利	12 000	18 000	6 000	36 000
销售及管理费用	6 000	6 000	6 000	18 000
利润	6 000	12 000	0	18 000

收入相同，利润产生波动的原因显然是由于成本不同所造成的。在销售量相同的各年中，各年变动成本总额是相同的，只是已销产品负担的固定成本数额不同。采用完全成本法时，固定生产成本要计入产品成本中，这样在当年内销售的产品，其成本作为销货成本用于抵减当期收入，而在当年没有被出售的产品，其成本只能作为期末存货成本被列作资产的价值。因此，当第一年固定制造费用发生额为24 000元时，第一年生产的产品全部在当年实现了销售，所以这些固定生产成本就作为销货成本的一部分，全部在当期被转销。第二年产量大于销售量，期末有2 000件产成品存货，发生的24 000元固定生产成本作为生产产品的总成本而参加成本分配。这样，由存货负担了6 000元(3元/件×2 000件)，而随着销货成本转销的固定生产成本只有18 000元(3元/件×6 000件)，因此，当年发生的固定制造成本中有6 000元被存货吸收，没有成为当期销货成本的一部分，使第二年的固定生产成本转销额比第一年少了6 000元，所以，第二年比第一年的利润多了6 000元。到了第三年，销售量大于生产量，当年的销货成本不仅要负担本年发生的固定生产成本总额24 000元，而且由于销售了上年转来的存货，还要负担存货吸收的6 000元固定生产成本，使得第三年由销货负担的固定生产成本总计达到30 000元。第三

年销售收入与第二年相同(产品销售数量相同),但负担的固定生产成本却比第二年高12 000元(30 000元 - 18 000元),使得第三年的利润比第二年下降了12 000元,形成了很大的利润波动。

完全成本法的利润波动,有时甚至会使得经营管理人员无所适从。因为在某一期销售数量增加的时候,不仅不会提高利润,反而会使利润下降。假设例2-13中,该企业第一年产品的生产数量为6 000件,销售数量为4 000件;第二年产品的生产数量为4 000件,销售数量增加到6 000件。那么,第二年的利润反而会比第一年的利润少了4 000元。其具体计算参见表2-19。

表2-19　　**损益计算表(完全成本法)**　　单位:元

项　目	第一年	第二年
生产量(件)	6 000	4 000
销售量(件)	4 000	6 000
销售收入(10元/件)	40 000	60 000
减:销货成本		
期初存货	0	16 000
本期生产	(8×6 000) 48 000	(10×4 000) 40 000
可供销货	48 000	56 000
期末存货	(8×2 000) 16 000	0
	32 000	56 000
毛利	8 000	4 000
减:销售及管理费	6 000	6 000
利润	2 000	(2 000)

分析出现这种反常现象的原因可以看到:这是由于固定成本计入产品成本中并随着存货跨越会计期间进行摊销,使得第二年的成本增加数额(24 000元)超过了销售收入的增加数额(20 000元)所致(见表2-20)。

表2-20　　单位:元

销售收入增加(10×2 000)	20 000
销货成本增加	
其中:变动成本增加(4×2 000)	8 000
固定成本增加(本期32 000 - 上期16 000)	16 000
总成本增加	24 000
利润净增加	(4 000)

利润的这种异常波动，不仅会妨碍经营管理者进行正确决策，而且对于企业的经营管理也是十分有害的。因为在其他条件不作任何改变的情况下，仅仅依靠增加存货的办法就能使企业的利润增加，这会助长盲目生产的现象发生，从而造成资金的浪费。

假设例 2－13 中的企业，预计当年的产销量均可达到6 000件。这时企业要想提高盈利水平，本应通过增加销售和降低成本来实现，但该企业在实际执行过程中，却只采用了增加产量2 000件，而产品销售量不变的做法，最终同样可以使利润增加6 000元（见表 2－21）。

表 2－21　　增加产量即可增加利润　　单位：元

项　目	预　算	实　际
销售收入	60 000	60 000
减：销货成本		
期初存货	0	0
本期生产	48 000	56 000
可供销货	48 000	56 000
期末存货	0	14 000
	48 000	42 000
毛　利	12 000	18 000
减：销售及管理费用	6 000	6 000
利　润	6 000	12 000

原因分析：上述计算结果表明，采用完全成本计算法可以通过增产不增销的方式，将固定生产成本转入存货中一部分，从而减少转销本期发生的固定生产成本数额，达到了减少当期销货成本总额的目的，使得当期的利润上升。

所以，按照完全成本法确定的利润，不仅受销售量和成本水平的影响，而且还受生产数量的影响，这既不符合经济学原理，也不易被管理人员所理解和掌握；同时，还给经营管理造成很大的不便。要改变这种不合理的现象，其办法就是放弃固定生产成本在存货和销货之间进行分配的做法，改由销货负担全部的固定生产成本，即采用变动成本法计算期间损益。

若采用变动成本法计算例 2－13 中各年的损益情况，就可以清楚地看到：只要销售量相同，就会产生相同的利润数额（见表 2－22）。

（二）变动成本法的优点和缺点

1. 变动成本法的优点。变动成本法是应企业加强内部管理的需求而产生的，由于它能够揭示出产量与成本之间的变化规律,因而有助于企业加强成本管理,强化预测、决策各项管理职能。它的主要优点表现在以下几个方面:

表 2-22 变动成本法下利润与销售量保持一致 单位:元

项目	第一年	第二年	第三年	合计
生产量(件)	6 000	8 000	4 000	18 000
销售量(件)	6 000	6 000	6 000	18 000
期初存货量(件)	0	0	2 000	0
期末存货量(件)	0	2 000	0	0
单位产品变动成本(元/件)	4	4	4	—
销售收入	60 000	60 000	60 000	180 000
减:销货成本				
期初存货	0	0	8 000	0
本期生产	24 000	32 000	16 000	72 000
期末存货	0	8 000	0	0
	24 000	24 000	24 000	72 000
边际贡献	36 000	36 000	36 000	108 000
减:期间成本				
固定制造费用	24 000	24 000	24 000	72 000
销售及管理费用	6 000	6 000	6 000	18 000
	30 000	30 000	30 000	90 000
利润	6 000	6 000	6 000	18 000

(1)能够促使企业重视市场销售,做到以销定产。因为变动成本法下的利润直接反映企业经营状况的好坏,有助于促使企业树立市场观念,重视销售,努力开发市场,做到以销定产,减少和避免因盲目生产而造成的损失和浪费。

(2)简化了成本核算过程。采用变动成本计算法,将固定生产成本直接列入期间成本中,可以减少固定生产成本在已销产品和存货之间的分配过程,从而简化了核算,同时也减少了由于分配标准的多样性而产生的主观随意性,提高了核算资料的准确性。

(3)强化成本分析控制,有利于促进企业降低成本。一般来说,变动生产成本的升降,能够反映供应部门和生产部门的实际业绩;而变动销售费用和变动管理费用的高低,则能够反映销售部门和管理部门的实际业绩。成本升降原因是多方面的,采用变动成本法计算的成本,不仅便于制定合理的标准来控制成本,而且便于分清有关因素对成本升降的影响,从而做到正确评价各部门的业绩,并找到降低成本的途径和有力措施。

(4)便于开展本量利分析,从而为科学的预测和短期经营决策奠定基础。变动成本法是本量利分析的前提;通过分析利用变动成本法所提供的成本及边际贡献等有关指标,可以完成成本预测和短期经营决策等多方面的工作。

2. 变动成本法的局限性。

(1)变动成本法的产品成本概念不符合公认的会计准则。按照公认的会计准则来理解,成本是指生产者领域中为生产产品而发生的全部生产成本,产品成本无疑应该包括固定生产成本。变动成本法所提供的成本资料不符合这个定义。而会计准则是受到广泛的支持和认可的,因此变动成本法所确定的有关资料不能用于对外公开发布。

(2)变动成本法不能适应长期决策的需要。由于变动成本法是建立在成本性态分析的基础之上的,因此,本法是以相关范围的假定为存在前提的。然而在长期决策中,固定成本和变动成本的水平不可能维持长期不变,这种变化必然突破相关范围。因此变动成本法所提供的资料,不适合于长期决策的需要。

(三)统一的成本计算系统

企业的会计系统具有对内和对外双向服务的职能。企业一方面要定期发布各种财务报表,以便为企业外部利益集团服务,另一方面还要通过灵活多样的方式和方法,为企业内部经营管理服务。

通过前面的介绍已经知道,使用完全成本法为内部经营管理服务时具有很大的局限性,但是按照公认会计准则的要求,企业还是要提供符合完全成本法要求的会计报表。企业为了兼顾内部和外部两方面的需求,就不能单纯使用变动成本法,而应设法同时满足这两方面的需求。

兼顾两方面的要求,并不意味着就要搞两套平行的成本计算系统,因为那样做工作量太大。最合理的解决办法是设立统一的成本计算系统,即以变动成本法为基础,同时对它作适当的调整和变通,以适应编制对外报表的需求。其具体做法是:

1. 把日常核算建立在变动成本法的基础之上,即“生产成本”“产成品”“产品销售成本”等账户都只登记变动成本。

2. 对于“制造费用”,开设“变动制造费用”账户,以此核算生产过程中发生的变动制造费用,期末将发生额汇总后转入“生产成本”账户。同时设置“存货中的固定制造费用”账户,用来归集、核算本期发生的固定制造费用。期末将已经实现销售的产品应分摊的固定制造费用从该账户的贷方直接转入“本年利润”账户的借方,用以抵减当期销售收入,从而计算出当期实现利润的数额。可见,“本年利润”账户的期末余额反映的是按照完全成本法计算的年内累计实现利润数额，而应该由期末在产品和产成品负担的固定制造费用部分，作为期末余额留在“存货中的固定制造费用”账户上。

3. 根据有关账户资料加以调整，最终分别编制完全成本法的损益表和资产负债表，以及变动成本法的损益表和资产负债表。

下面通过一个实例来进一步说明统一的成本计算系统账务处理程序。

【例 2－14】某企业采用统一成本计算系统，其账务处理程序如图 2－13 所示。该企业当期发生的主要经济业务说明如下：

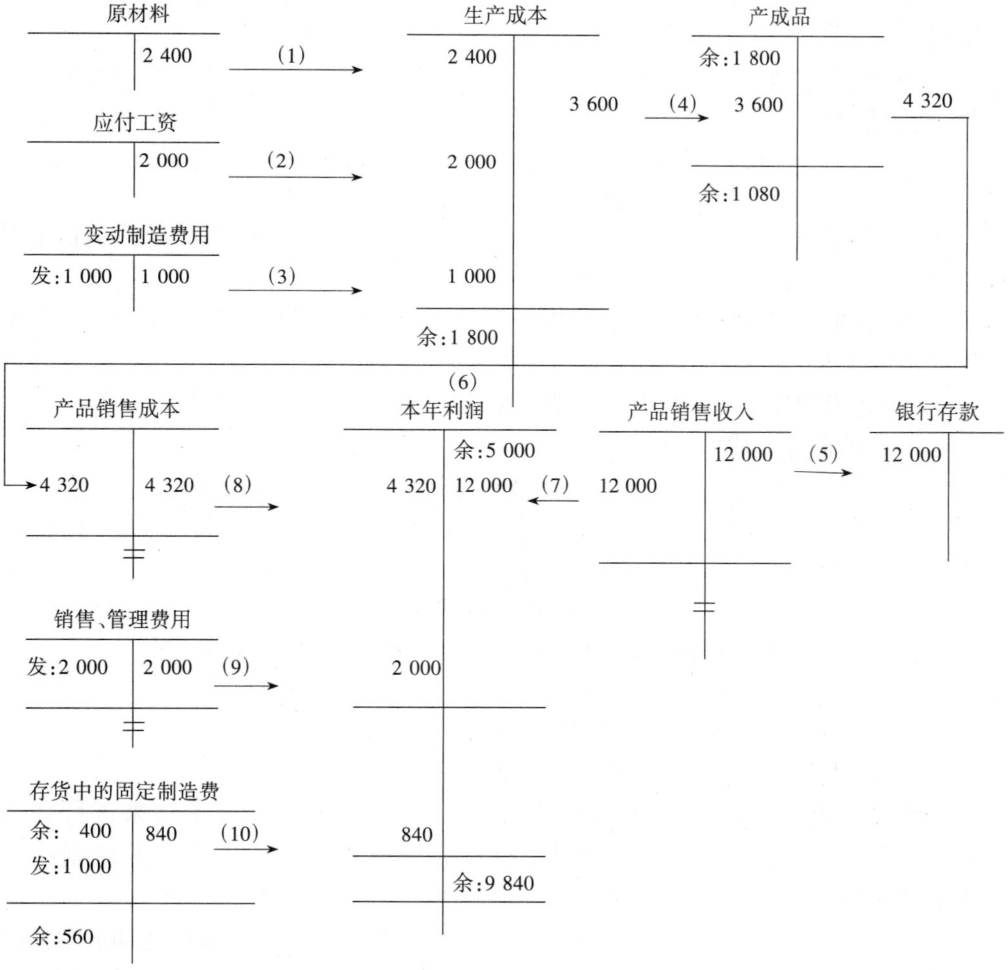

图 2－13　统一成本计算系统账务处理程序

(1) 当月投产 200 件产品，领用原材料 2 400 元。

(2)当月发生生产工人工资2 000元,计入产品成本。

(3)当月发生变动制造费用1 000元,计入当期产品成本。

(4)当月完工产品数量为100件,月末在产品数量为100件(约当完工产品50件),则:

$$\text{费用分配率}=\frac{(2\ 400+2\ 000+1\ 000)\text{元}}{(100+50)\text{件}}=36\text{元/件}$$

$$\text{完工产品成本}=36\text{元/件}\times100\text{件}=3\ 600\text{元}$$

$$\text{在产品成本}=36\text{元/件}\times50\text{件}=1\ 800\text{元}$$

(5)本月销售产品共计120件,销售单价为100元,已取得销售收入并存入银行。

(6)结转已销产品的生产成本。期初存货和本期完工产品的成本均为36元/件,期初存货数量为50件,则:

$$\text{已销产品变动生产成本}=36\text{元/件}\times120\text{件}=4\ 320\text{元}$$

$$\text{期末产成品存货成本}=36\text{元/件}\times(50+100-120)\text{件}=1\ 080\text{元}$$

(7)将已经实现的销售收入转入“本年利润”账户。“本年利润”账户期初余额为5 000元。

(8)将本期实现销售的产品销售变动成本转入“本年利润”账户的借方,以便于同销售收入进行对比,最终计算出本年利润。

(9)将当期发生的销售及管理费用结转到本年利润账户的借方。

(10)按照完全成本法结转已销产品应负担的固定制造费用,则:

$$\text{固定制造费用分配率}=\frac{\text{上月结存固定费用}+\text{本月发生固定费用}}{\begin{matrix}\text{本月已销}\\\text{产品数量}\end{matrix}+\begin{matrix}\text{期末在产品}\\\text{约当产量}\end{matrix}+\begin{matrix}\text{期末产成品}\\\text{库存数量}\end{matrix}}$$

$$=\frac{(400+1\ 000)\text{元}}{(120+50+30)\text{件}}=7\text{元/件}$$

$$\text{本月已销产品负担的固定成本}=7\text{元/件}\times120\text{件}=840\text{元}$$

$$\text{在产品应负担的固定成本}=7\text{元/件}\times50\text{件}=350\text{元}$$

$$\text{产成品应负担的固定成本}=7\text{元/件}\times30\text{件}=210\text{元}$$

最后,计算“本年利润”账户的期末累计实现利润数额。

在统一成本计算系统中,“本年利润”账户是按照完全成本法来进行登记的,它的有关数据结果可以直接用于编制完全成本法的损益表。其编制结果见表2-23。

变动成本法的损益表与完全成本法不同,其主要区别在于:采用变动成本法扣减的固定生产成本是本期发生金额,而并非本期已销产品应负担数额;本期固定生产成本的发生数额是“存货中固定制造费用”账户的借方发生额合计,即1 000元。变动成本法损益计算如表2-24所示。

表 2-23 损益计算表(完全成本法)

单位:元

销售收入		12 000
销货成本:		
变动成本	4 320	
固定成本	840	5 160
毛 利		6 840
销售及管理费用		2 000
利 润		4 840

表 2-24 损益计算表(变动成本法)

单位:元

销售收入		12 000
销货成本(变动成本)		4 320
边际贡献		7 680
期间成本:		
固定制造费用	1 000	
销售及管理费用	2 000	3 000
利润		4 680

为了编制完全成本法的资产负债表,我们需要将“存货中的固定制造费用”账户的期末余额数,分别附加到“在产品”和“产成品”账户的余额上去,以便计算出采用完全成本法列示的产成品、在产品等期末存货的价值。

产成品成本 = 产成品账户期末余额 + 产成品应负担的固定制造费用

= 1 080 元 + 210 元 = 1 290 元

在产品成本 = 在产品账户期末余额 + 在产品应负担的固定制造费用

= 1 800 元 + 350 元 = 2 150 元

完全成本法下,资产负债表的其他数据直接来自有关账户的余额,包括“未分配利润”项目,也可以根据“本年利润”账户余额来确定。完全成本法的资产负债表有关项目数额见表 2-25。

表 2-25 资产负债表(完全成本法) 单位:元

资产:		负债及所有者权益:	
×××		×××	
产成品	1 290	×××	
在产品	2 150	×××	
×××		未分配利润	9 840

差额 6 400 元

在采用变动成本法编制资产负债表时,我们遇到的主要问题就是要把“本年利润”账户的余额,调整为采用变动成本法计算的利润数额。由于“本年利润”账户的期末余额是按照完全成本法计算出的利润数,它与变动成本法的利润数额差别在于:存货中吸收了固定制造费用 560 元(“存货中的固定制造费用”账户期末余额)。对于变动成本法来说,这 560 元是应该作为期间成本与当期销售收入进行抵减,所以,变动成本法的利润应该比完全成本法少 560 元,即利润期末余额应该为

9 280元。现将变动成本法的资产负债表列示于下(见表2－26)。

表2－26　　资产负债表(变动成本法)　　单位:元

资产:		负债及所有者权益:	
×××		×××	
产成品	1 080	×××	
在产品	1 800	×××	
×××		未分配利润	9 280

差额6 400元

采用两种方法编制资产负债表时,只有“产成品”“在产品”“未分配利润”三个项目数字不同,其他被省略掉的项目数字是相同的。这两张表中,“资产”方和“负债及所有者权益”方有关项目的差额均为6 400元。可见,两张表中填制项目数字正确,不会影响整个资产负债表的平衡关系。

本章小结

本章从成本分类和成本性态分析着手,在对企业成本进行透彻分析的基础上,深入地分析了以不同成本分类为基础的成本计算方法的异同点,从而进一步揭示出变动成本法和完全成本法在损益计算方面的不同对企业产生的深刻影响。管理会计对成本计算方法的研究,其目的是为了提供更加准确的、有利于企业决策者进行有效管理的成本信息。本章是进行短期决策、长期投资决策、规划控制以及业绩评价的坚实基础。

案例一　某公司基本生产车间间接成本的分配

一、资料

某公司由五个生产部门组成。这些部门的生产成本总额如下:

间接成本:装配车间为70万元;成品车间为60万元;包装车间为50万元;维修车间为30万元;实验室为15万元。

各辅助部门提供的服务情况如表2－27所示。

表 2－27　各辅助部门、生产车间提供服务情况

	生产车间			辅助部门	
	装配车间	成品车间	包装车间	维修车间	实验室
维修车间	30%	30%	25%	5%	10%
实验室	40%	30%	30%	0	0

试采用直接分配法(辅助、生产车间之间的交互服务可以略去不计)计算并且确定基本生产车间的间接成本总额。

二、分析

首先,应确认本题中的待分配费用是两个辅助部门的间接成本。

本问题的最终目标是要将辅助部门的间接成本分配给基本生产车间,使基本生产车间的间接成本为各车间发生的间接成本和辅助生产车间分配来的间接成本之和。

1. 将维修车间的间接成本分配给各基本生产车间:

$$费用分配率=\frac{辅助生产车间待分配费用}{各个基本生产车间耗用辅助生产车间费用的比例}$$

$$=\frac{30\text{ 万元}}{30\%+30\%+25\%}=35.294\ 1\text{ 万元}$$

装配车间应负担的费用数额 = 35.294 1 万元 × 30% ≈ 10.6 万元

成品车间应负担的费用数额 = 35.294 1 万元 × 30% ≈ 10.6 万元

包装车间应负担的费用数额 = 35.294 1 万元 × 25% ≈ 8.8 万元

2. 将实验室的间接成本分配给各基本生产车间:

$$费用分配率=\frac{15\text{ 万元}}{40\%+30\%+30\%}=15\text{ 万元}$$

装配车间应负担的费用数额 = 15 万元 × 40% = 6.0 万元

成品车间应负担的费用数额 = 15 万元 × 30% = 4.5 万元

包装车间应负担的费用数额 = 15 万元 × 30% = 4.5 万元

3. 计算汇总各个基本生产车间应负担的间接成本总额:

装配车间应负担的费用总额 = (70 + 10.6 + 6.0)万元 = 86.6 万元

成品车间应负担的费用总额 = (60 + 10.6 + 4.5)万元 = 75.1 万元

包装车间应负担的费用总额 = (50 + 8.8 + 4.5)万元 = 63.3 万元

案例二　某集团公司下属两个工厂利润差异的分析

一、资料

某集团公司有两个下属企业，其中一个设置在北京，另一个建在广州。两个下属企业都将自己的产品按照统一售价提供给集团公司。这两个企业2018年1月1日至2018年12月31日会计年度有关计算资料见表2－28和表2－29。

表2－28　　单位：元

项　　目	北京工厂	广州工厂
产量（件）	10 000	30 000
销售量（件）	10 000	10 000
单价（元/件）	12	12
生产成本：		
材料（每件4元）	40 000	120 000
人工（每件3元）	30 000	90 000
变动生产成本（每件2元）	20 000	60 000
固定生产成本	50 000	50 000
生产成本合计	140 000	320 000

表2－29　　损益表　　单位：元

项目	北京工厂	广州工厂
销售收入	120 000	120 000
销售成本	140 000	106 667
利润（或亏损）	（20 000）	13 333

集团公司经理对于这两家工厂在同样的销售数量下所取得的不同经营成果感到困惑，他们希望财务人员能够通过上述资料，解释两家工厂利润不同的原因。

假定年初两家工厂存货数量均为零。要求：

1. 确定两家工厂计算固定制造费用分配率的产量基础。

2. 确认包含在损益表中的存货价值。

3. 以10 000件产量为基础，重新计算固定制造费用分配率并重新编制损益表，损益表中要清晰地反映产成品期末存货价值。

二、分析

1. 利用题目中已经给出的有关成本数据资料以及损益表中的计算结果，可以确认北京工厂由于当年产销平衡，所以，对固定制造费用分配时产量确认为10 000件。而广州工厂当年生产数量为30 000件，销售数量为10 000件，所以，固定制造费用分配率是以当期生产数量为30 000件计算的。其具体计算结果如下：

北京工厂：

$$固定制造费用分配率=\frac{50\ 000\ 元}{10\ 000\ 件}=5\ 元/件$$

$$已销产品负担的固定制造费用=5\ 元/件\times 10\ 000\ 件=50\ 000\ 元$$

可见，北京工厂当期发生的固定制造费用5万元全部随着已销产品转化成当期的销货成本。

广州工厂：

$$固定制造费用分配率=\frac{50\ 000\ 元}{30\ 000\ 件}=1.666\ 67\ 元/件$$

$$已销产品负担的固定制造费用=1.666\ 67\ 元/件\times 10\ 000\ 件=16\ 667\ 元$$

$$期末存货吸收固定制造费用=1.666\ 67\ 元/件\times 20\ 000\ 件=33\ 333\ 元$$

可见，由于广州工厂当期销售产品的数量只有全部生产数量的1/3，所以，在采用完全成本法计算损益时，期末存货会吸收当期发生的全部固定制造费用的2/3（因为期末存货数量为当期生产数量的2/3），即5万元×（2/3）=33 333元。所以，当期发生的全部固定制造费用的2/3没有在销货成本中列支，却转化成了隐性成本，被期末存货吸收。广州工厂当期销货成本比北京工厂减少33 333元，这样，当期企业利润高于北京工厂33 333元［13 333元－（－20 000元）］。这就是导致两个工厂销售量相同而利润不同的原因所在。

2. 广州工厂期末存货价值计算过程如下：

$$产品单位变动成本=(4+3+2)\ 元/件=9\ 元/件$$

$$单位产品固定制造费用=1.666\ 67\ 元/件$$

$$单位产品总成本=(9+1.666\ 67)\ 元/件=10.666\ 67\ 元/件$$

$$期末存货价值=10.666\ 67\ 元/件\times 20\ 000\ 件=213\ 333\ 元$$

或

$$期末存货价值=9\ 元/件\times 20\ 000\ 件+33\ 333\ 元=213\ 333\ 元$$

3. 如果以10 000件产量为基础,重新确定固定制造费用分配率并重新编制损益表,则广州工厂损益计算结果如表2-30所示。

以上计算表明:如果两家工厂都采用同样的产量基础来计算固定制造费用分配率,则在销售数量相同的情况下,两家工厂损益计算结果应该是相同的。

表2-30　　广州工厂损益表　　单位:元

销售收入	120 000
销货成本	
本期生产成本:	
变动成本(9×30 000)	270 000
固定成本(5×30 000)	150 000
减:期末存货[(9+5)×20 000]	280 000
	140 000
毛　利	(20 000)
减:销售及管理成本	0
利　润	(20 000)

注:固定制造费用分配率=50 000元/10 000件=5元/件。

另外还有一点应该说明的是:北京工厂采用完全成本法计算的损益结果与采用变动成本法计算的损益结果应该是完全相同的。这是由于当期产销数量平衡,期末没有存货,因此当期发生的固定生产成本全部转化为当期销货成本的一部分,所以产销平衡时,期末存货数量为零,会使固定制造费用全额列入损益表,与当期销售收入相抵减,而不是只列支固定制造费用的一部分。

思考题

1. 如何区分直接成本和间接成本?

2. 成本按经济用途可以分为哪几类?

3. 固定成本的进一步分类是什么?研究它的目的何在?

4. 变动成本的进一步分类是什么?进一步分类的目的何在?

5. 混合成本有哪几种类型?它们各自有哪些特点?

6. 什么是固定成本和变动成本的相关范围?固定成本在相关范围内、外呈现出什么样的形态?变动成本在相关范围内、外又呈现出什么样的形态呢?

7. 研究相关范围的意义何在?

8. 采用高低点法时如何计算a和b的数值?高低点法适用于什么样的企业?

9. 散布图法和高低点法相比较哪一种方法更为准确?企业应如何选择成本分解的方法?

10. 某企业1~6月的有关产量和总成本资料如表2-31所示。

试用高低点法和散布图法将总成本分解为固定成本和变动成本,并写出分解后的成本直线方程。

表 2-31

月份	1	2	3	4	5	6
产量(件)	4 000	8 000	6 000	2 000	12 000	10 000
总成本(万元)	35	65	42.5	30	75	70

11. 一元直线回归法如何进行混合成本的分解？a,b 值计算公式是什么？本方法的优缺点及应用范围如何？

12. 什么是作业成本法？什么是成本动因？作业成本法的计算程序分为哪几个步骤？

13. 你如何评价成本分配的三种方法？

练习题

1. 试判别下列图形的成本模型。

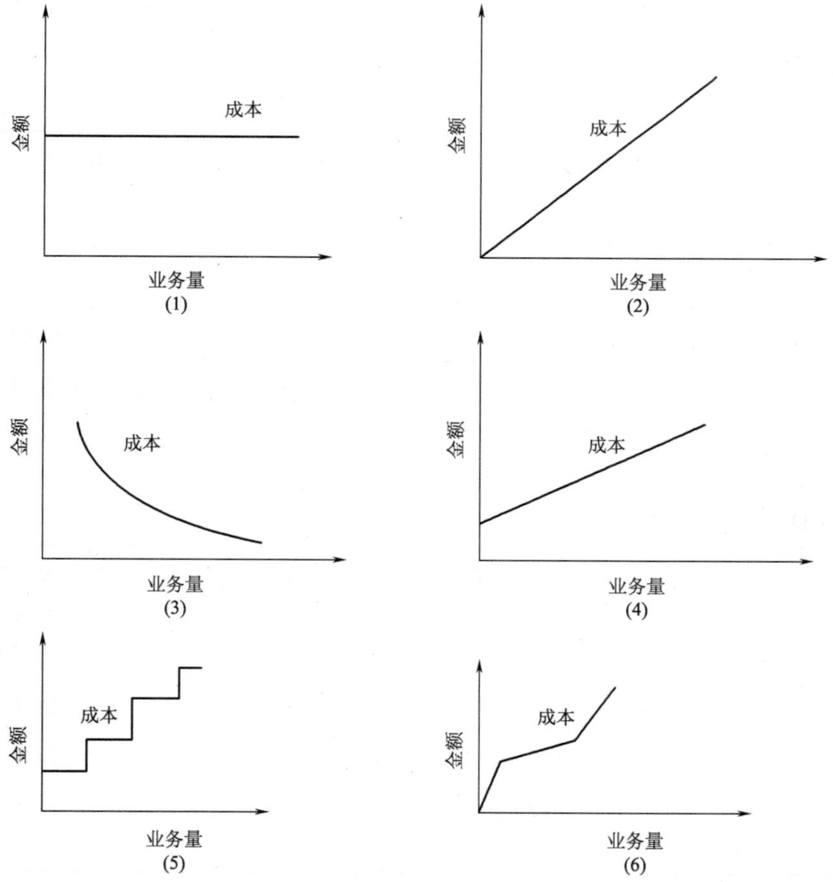

2. 假设某工厂只生产一种产品，第一年和第二年两年的生产量分别为30 000件和24 000件，销售数量分别为20 000件和30 000件，存货计价采用先进先出法，每件产品售价为 15 元。生产成本：变动成本为 5 元/件；固定性制造费用每年发生额为180 000元。销售与管理费用假定全部是固定性费用，每年发生额为25 000元。

要求：

（1）根据以上资料，分别采用变动成本法和完全成本法计算确定第一年和第二年的净利润。

（2）具体说明第一年和第二年分别采用两种成本计算法确定的净利润发生差异的原因。

3. 某工厂生产日历，由于生产能力的限制，虽然所有的销售都发生在第四季度，但工厂必须全年从事生产。日历销售单价为 20 元/本，单位变动成本为 10 元/本，每年固定制造成本为 20 万元，管理费用（全部固定）每年8 000元。本年营业状况如表 2－32 所示。

要求：

（1）使用变动成本法计算每个季度的收益情况。

（2）使用完全成本法计算每个季度的收益情况。

表 2－32

单位：本

时间	生产量	销售量
第一季度	100 000	0
第二季度	120 000	0
第三季度	130 000	0
第四季度	150 000	500 000

4. 某工厂历史数据表明，物料用品费用在相关范围内的变动情况如表 2－33 所示。

要求：采用高低点法进行物料用品费用的分解。

表 2－33

直接人工小时（万小时）	物料用品费用（万元）	直接人工小时（万小时）	物料用品费用（万元）
9.5	39.7	7.5	31.7
9.0	37.7	6.6	28.1
8.7	36.5	5.8	23.9
8.2	34.5	5.0	21.7
7.8	32.9		

5. 某工厂的历史成本数据表明维修成本在相关范围内的变动情况如表 2－34。

要求:使用回归直线法进行维修成本的分解。

表 2－34

机器工作工时(小时)	维修成本(元)	机器工作工时(小时)	维修成本(元)
50	120	30	80
30	110	20	70
10	60	60	150
50	150	40	110
40	100	20	50

6. 四丰公司 2018 年生产一种产品,产品的有关资料如下:

本年度生产量为 5 000 件,销售单价为 20 元/件,直接材料为 20 000 元,直接人工为15 000 元,变动制造费用为 20 000 元,固定性制造费用为 20 000 元,推销及管理费用(全部固定)为 10 000 元。

要求:

(1)按照完全成本法和变动成本法计算单位产品成本。

(2)假设本年度销售产品 4 000 件,期初无存货,请按照完全成本法和变动成本法计算该公司当年的利润。

7. 某公司的领导正在研究 2017 年和 2018 年的利润表。2017 年税前利润为 65 000 元,2018 年税前利润为55 000元。他们不理解为什么销售额增加了 50% 而利润却降低了10 000元。成本会计人员分析其原因,认为这是由于 2018 年各营业能力为正常营业能力的 2/3,固定制造费用并没有因此而减少。该公司的损益表以表2－35中的资料为依据编制而成。

要求:

(1)采用完全成本法编制这两年的比较损益表。

(2)采用变动成本法编制这两年的比较损益表。

(3)评述上述两种方法的不同计算结果。

表 2－35

项　　目	2017 年	2018 年
销售收入(16 元/件)	320 000 元	480 000 元
固定制造费用(总额)	180 000 元	180 000 元
销售及管理费用(全部固定)	35 000 元	35 000 元
期末产成品存货(标准成本)	110 000 元	0

续表

项目	2017 年	2018 年
年产量	30 000 件	20 000 件
期初产成品存货	0	110 000 元
单位成本(标准成本):		
单位变动成本	5 元/件	5 元/件
单位固定制造费用	6 元/件	6 元/件

8. 某工厂生产一种产品,第一年和第二年生产的数量分别为170 000件和140 000件,销售量分别为140 000件和160 000件,存货计价采用先进先出法,每单位产品的售价为 5 元/件。生产成本:单位变动生产成本为 3 元/件(其中直接材料为 1. 30 元/件,直接人工为 1. 50 元/件,变动性制造费用为 0. 20 元/件);固定性制造费用每年发生额为150 000元。销售及行政管理费:变动性费用为销售收入的5%,固定性费用每年发生额为65 000元。

要求:

(1)根据上述资料,分别采用变动成本法和完全成本法计算确定第一年和第二年的净收益。

(2)具体说明第一年和第二年分别采用两种成本计算法确定的净收益发生差异的原因。

(3)设立有关账户,按照变动成本计算法记录反映第一年和第二年发生的有关业务,并且通过"存货中的固定性制造费用"账户,在账户体系中,按完全成本法计算确定第一年和第二年对外编制的损益表中的净收益和资产负债表中的产成品项目应列示的数字。

9. 某电冰箱厂连续两年亏损,厂长召集有关部门的负责人开会研究扭亏为盈的办法。有关会议纪要如下:

厂长:我厂去年亏损 500 万元,比前年还糟。银行对于连续三年亏损的企业将停止贷款,如果今年不扭亏为盈,企业将被迫停产。

销售处长:问题的关键是我们以每台冰箱1 600元的价格出售,而每台冰箱的成本是1 700元。如果提高售价,面临竞争,冰箱就卖不出去,因而出路只有想办法降低成本,否则,销售越多,亏损越大。

生产处长:我不同意。每台冰箱的制造成本只有1 450元,我厂的设备和产品工艺是国内最先进的,技术力量强,熟练工人多,控制物耗成本的经验得到行业学会的认可。问题在于生产线的设计能力是年产 10 万台,目前因为销路打不开,去年只生产 4 万台,所销售的 5 万台中,还有 1 万台是前年生产的。由于开工不足,内部矛盾增加,人心已经涣散。

厂长：成本到底是怎么回事？

财务处长：每台冰箱的变动生产成本是1 050元，全厂固定制造费用总额是1 600万元，销售和管理费用总额是1 250万元。我建议，生产部门满负荷生产，通过提高产量来降低单位产品负担的固定制造费用。这样，即使不提价、不扩大销售也能使企业扭亏为盈，渡过危机。为了减少风险，今年应追加50万元来改进产品质量，这笔费用计入固定制造费里；追加50万元做广告宣传；追加100万元做职工销售奖励。

试问：

(1)去年亏损的500万元是怎样计算出来的？

(2)如果采纳财务处长的意见，今年能够盈利多少？请你对该意见谈谈自己的看法。

练习题参考答案

1. (1)单位产品变动成本或固定总成本(相关范围内)。

(2)变动成本总额。

(3)单位产品固定成本。

(4)标准式混合成本。

(5)步增成本。

(6)变动总成本在相关范围内外的情况。

2. (1)变动成本法下净利润：第一年亏损5 000元；第二年盈利95 000元。完全成本法下净利润：第一年盈利55 000元；第二年盈利65 000元。

(2)(略)

3. (1)使用变动成本法计算的各季度收益如下：

第一、第二、第三季度均亏损52 000元，第四季度盈利4 948 000元，全年总盈利4 792 000元。

(2)使用完全成本法计算的各季度收益如下：

第一、第二、第三季度均亏损2 000元，第四季度盈利4 798 000元，全年总盈利4 792 000元。

4. 采用高低点法进行物料用品费用分解的结果为：$a = 17\ 000$元；$b = 4$元/工时。所以，$y = 17\ 000 + 4x$。

5. $a = 28.4$；$b = 2.044\ 44$。所以，$y = 28.4 + 2.044\ 44x$。

6. (1)完全成本法下单位产品成本为15元/件；变动成本法下单位产品成本为11元/件。

(2)完全成本法下当年利润为10 000元，变动成本法下当年利润为6 000元。

7. (1)采用完全成本法计算的这两年的比较损益分别为65 000元和55 000元。

(2)采用变动成本法计算的这两年的比较损益分别为5 000元和115 000元。

(3)(略)

8. (1)变动成本法下的净收益:第一年为 30 000 元;第二年为65 000元。完全成本法下的净收益:第一年为 56 471 元;第二年为 49 244 元。

(2)(略)

(3)经过调整之后,"本年利润"账户第一年末的余额应为 56 471 元;第二年末的余额应为 49 244 元。库存产成品价值:第一年为 116 471 元;第二年为40 714元。

9. (1)利润 =50 000 台 ×1 600 元/台 -50 000 台 ×1 700 元/台 = -500 万元。

(2)采用完全成本法计算的利润为 525 万元;采用变动成本法计算的利润为 -300万元。

第三章

作业成本法

学习要点与要求

作业成本法是将间接费用成本更准确地分配到作业、生产过程、产品及服务中的一种成本计算方法，它不仅能提供相对准确的成本信息，而且还能提供改善经营管理的非财务信息。本章从作业成本法的产生与发展过程入手，对作业成本法的有关基本概念、程序及作用作了全面的分析。

通过本章的学习，要求掌握作业成本法的基本理论，了解作业成本法对传统管理会计的冲击及其在企业经营管理中的作用。

第一节　作业成本法的产生与发展

自20世纪初管理会计诞生以来，先后出现了"标准成本""预算控制""差异分析""成本性态分析""变动成本法""本量利分析""责任会计"等成本管理方法。它们的出现对提高会计与管理的相关性起到了重要的作用。但近20年来，在电子技术革命的基础上产生了高度自动化的先进制造企业，带来了管理观念和管理技术的巨大变革，适时制(JIT)采购与制造系统，以及与其密切相关的零库存、单元制造、全面质量管理等崭新的管理观念与技术应运而生。在先进制造环境下，许多人工已被机器取代，因此，直接人工成本的比例大大下降，固定制造费用大幅度上升。70年前的间接费用仅占直接人工成本的50%～60%，而今天大多数公司的间接费用占直接人工成本的400%～500%；以往直接人工成本占产品成本的40%～50%，今天却不到10%，甚至仅占产品成本的3%～5%。产品成本结构如此重大的变化,使得传统的“数量基础成本计算”(如以工时、机时为基础的成本分摊方法)不能正确反映产品的消耗,从而不能正确核算企业自动化的效益,不能为企业决策和控制提供正确有用的会计信息,其最终后果是企业总体获利水平下降。

作业成本法(Activity – BasedCosting,简称 ABC)是西方国家 20 世纪 80 年代末开始研究,并从 90 年代后在先进制造企业首先应用起来的一种全新的企业管理理论和方法。

作业成本计算与传统成本计算不同的是,分配基础(成本动因)不仅发生了量变,而且发生了质变。它不再仅限于传统成本计算所采用的单一数量分配基准,而是采用多元分配基准;它不仅局限于多元分配基准,而且集财务变量与非财务变量于一体,并且特别强调非财务变量(产品的零部件数量、调整准备次数、运输距离、质量检测时间等)。这种量变和质变、财务变量与非财务变量相结合的分配基础,由于提高了它与产品实际消耗费用的相关性,因而能使作业成本会计提供“相对准确”的产品成本信息。

作业成本法是为了改进成本核算信息的准确性而产生的,但其发展促使了成本核算和成本管理的范围与企业经营管理范围的一致,推动了企业整体管理水平的提高。这样不仅可以保证成本信息的准确性,而且还可使成本管理方法在较低层面获得相关的成本信息,大大提高了成本管理的有效性。从这个角度讲,作业成本法改变了成本管理方法的信息基础,使作业成本法在新的成本信息支持下,对传统成本管理方法进行批判继承,提供与企业管理和决策相关的成本信息,为企业改善经营管理提供非财务信息。作业成本法突破了“成本会计与生产相连”的传统观点,使成本会计在非制造行业或企业里得到推广应用。目前,不仅制造业在应用作业成本法,而且金融公司、财务公司、健康卫生业、商业批发及零售公司等也在应用此法。

第二节　作业成本法的基本原理

一、作业成本法的基本概念

作业成本法、作业成本计算是一个以作业为基础的管理信息系统。它以作业为中心,而作业的划分是从产品设计开始到物料供应,从生产工艺流程(各车间)的各个环节、质量检验、总装到发运、销售的全过程。通过对作业及作业成本的确认、计量,最终计算出相对真实的产品成本。同时,通过对所有与产品相关联的作业活动的追踪分析,为尽可能消除“不增值作业”,改进“增值作业”,优化“作业链”和“价值链”,增加“顾客价值”,提供有用信息,促使损失、浪费减少到最低限度,提高决策、计划、控制的科学性和有效性,最终达到提高企业的市场竞争能力和盈利能力、增加企业价值的目的。

（一）作业的概念

作业是工作的各个单位。作业的类型和数量会随着企业的不同而不同，常见的分类方法是将作业按作业水平的不同，分为单位水平作业、批水平作业、产品水平作业及设备水平作业四类。

1. 单位水平作业。它是生产单位产品时所从事的作业。例如，直接材料和直接人工成本等。这种作业的成本与产量呈正比例变动，如果产量增加一倍，则直接人工成本也会增加一倍。

2. 批水平作业。它是生产每批产品而从事的作业。例如，对每批产品的机器准备、订单处理、原料处理、检验及生产规划等。这种作业的成本与产品批数呈正比例变动，是该批产品所有单位产品的固定（或共同）成本。例如，机器从生产某批产品转向生产另一批产品时，就需要对机器进行准备。当生产批数越多时，机器准备成本就越多，但与产量多少无关。

3. 产品水平作业。它是为支援各种产品的生产而从事的作业。这种作业的目的是服务于各项产品的生产与销售。例如，对一种产品编制材料清单、数控规划、处理工程变更、测试线路等。这种作业的成本与单位数和批数无关，但与生产产品的品种呈正比例变动。

4. 维持水平作业。它是为维持工厂生产而从事的作业。例如，工厂管理，暖气、照明及厂房折旧等。这种作业的成本为全部生产产品的共同成本。

（二）作业成本计算法

作业成本计算法是把企业消耗的资源，按资源动因分配到作业，以及把作业收集的作业成本，按作业动因分配到成本对象（产品）的核算方法。作业成本法的理论基础是：生产导致作业的发生；作业消耗资源并导致成本的发生；产品消耗作业。因此，作业成本计算法下的成本计算程序，就是把各资源库的成本分配给各作业，再将各作业成本库的成本分配给最终产品或劳务。

（三）成本动因

成本动因是决定执行作业所需的工作量和工作耗费的因素。这些因素既包括本作业与前一作业相关的因素，也包括本作业内部的因素。成本动因解释了作业（或作业链）发生的原因。例如，搬运工作的发生，是因为在生产布局时车间与仓库没有安排在一块所致。或者说，由于车间与仓库之间存在距离，引起搬运工作的发生。作业的发生也可由前一事件所引起，例如，顾客的订单引起生产一批零件的计划。成本动因不仅能解释作业产生的原因，而且还能解释执行工作所需耗费的增减变动。例如，从前一作业收到的零件有缺陷，则会增加本作业所需的耗费。

（四）价值链

价值链是开发、生产、营销和向顾客交付产品与劳务所必需的一系列作业的价值。价值链的形成过程与作业链的形成过程是一致的。根据作业成本法原理,产品消耗作业,作业消耗资源。其具体关系是:每完成一项作业就消耗一定量的资源,同时又有一定价值量的产出转移到下一个作业,直至最后一个步骤将产品提供给顾客。伴随作业的转移,价值也在转移。作为全部作业的集合体的产品,同时也表现为全部作业的价值集合。通过价值链分析,能使企业清楚地认识到每一价值链活动所产生的成本,将其与竞争对手的相应价值链成本进行对比分析,从而合理地将经营成本和资产进行分摊,找出降低成本的策略,进而获得成本优势,使企业在竞争中长期处于有利地位。

二、作业成本法的核算对象

在作业观念下,企业的生产经营过程被区分为互补、互斥的若干作业,这些作业分别以各自不同的形式吸纳资源价值,又分别以不同的方式为最终产出提供服务。产品成本表现为各类资源流出的价值,经由作业流入产品这个物质聚合体的价值和。由于每种资源被多种作业吸纳,每项作业又服务于多种产品,因此,要计算产品成本并同时满足成本控制和生产过程分析的要求,资源、作业、最终产品等都有必要作为成本计算对象,成为归集和分配价值耗费的独立环节。

(一)资源

资源是企业生产耗费的最原始形态。如果把整个企业看成是一个与外界进行物质交换的投入产出系统(作业系统),则所有进入该系统的人力、物力、财力等都属于资源范畴。因此,资源可以简单地区分为货币资源、材料资源(对象资源)、人力资源、动力资源(手段资源)等几类。

以资源作为成本计算对象,是指在资源层次对资源进行分类,为每类资源设立资源库,从而在价值形成的最初形态上反映被最终产品吸纳的各类资源的耗费价值。

把资源作为成本计算对象,有利于在资源层次把握各类耗费的合理有效性。资源是一个物质范畴,它进入作业系统并非都被消耗,即使被消耗,也不一定是对最终产出有意义的消耗。因此,在计算产品成本时,一般只把有意义的资源耗费价值计入作业成本,而无益于产品形成的资源耗费价值则应通过期间费用汇集,不计入作业成本。

(二)作业

作业无疑是作业成本计算法下最基本的成本计算对象。在作业分类的基础上,应对各项作业设立成本库,汇集各项作业实际吸纳的有效资源耗费价值。由于作业可区分为增值作业和非增值作业,因而一般也只将增值作业耗费价值计入产品成本,而非增值作业耗费价值计入期间费用。将作业作为成本计算对象,不仅有利于相对准确地计算产品成本,还有利于成本分析和考核。既然作业吸纳了资源,那么,搞清了作业状况,就搞清了资源耗费状况;减少了作业就堵塞了资源耗费的渠道。这都为降低产品成本提供了基本依据。

(三)最终产品

最终产品作为成本计算对象,体现了成本计算的终极目标。应分别不同产品开立成本计算单,按作业种类设立成本项目,汇集参与各该产品制造的各作业转入的价值。

需要指出的是,以上论述只是就小规模制造企业而言。对于大型制造企业,一般可以按产品系族将其划分为若干个制造中心。每个制造中心一般只生产同一系族产品,相当于一个集供、产、销于一体的小型企业。如果某个企业或制造中心包含的作业种类很多,我们还可以依据工作组合的可独立性和工作组合内容的可分解性,将这些作业区分为一个个作业中心。每个作业中心包含若干项同类项作业,共同负责完成某一项特定的产品制造功能。这时,作业中心和制造中心也应作为成本计算对象归集和分配价值耗费。这种情况下,作业中心和制造中心既是成本计算对象,又是责任考核中心。

三、作业成本计算的程序

第一步:确认和计量各种资源耗费,将资源耗费价值归集到各资源库。资源是企业生产耗费的最原始形态。如果把整个企业看成是一个与外界进行物质交换的投入产出系统,则所有进入该系统的人力、物力、财力等都属于资源范畴。因此,资源可以简单地区分为货币资源、材料资源(对象资源)、人力资源、动力资源(手段资源)四类。有关各类资源耗费的信息可从企业的总分类账得到。值得一提的是:作业成本计算法并不改变企业所耗资源的总额,它改变的只是资源总额在各种产品之间的分配额以及资源总额在存货和销售成本之间的分配额。

第二步:把资源分配到作业成本库。作业量的多少决定着资源的耗用量,资源耗用量的高低与最终的产出量之间没有直接关系。这种资源耗用量与作业量的关系一般被描述为资源动因。所谓资源动因,是指资源被各作业消耗的方式和原因。资源动因反映了作业对资源的消耗状况,因而它是把资源库价值分解到各作业库的依据。

确立资源动因的原则是:①某一项资源耗费能直观地确定其为某一特定产品所消耗,则直接计入该特定产品成本。此时资源动因也是作业动因,该动因可以认为是“终结耗费”。材料费往往适用于该原则。②如果某项资源耗费可以从发生领域上区分为各作业所耗,则可以直接计入各作业成本库。此时资源动因可以认为是“作业专属耗费”。各作业各自发生的办公费一般适用这种原则;各作业按实付工资额核定应负担工资费时,也适用这一原则。③如果某项资源耗费从最初消耗上呈混合耗费形态,则需要选择合适的量化依据,将资源耗费分解分配到各作业,这个量化依据就是资源动因。例如,动力费一般按各作业实用电力度数分配等。

在成本计算过程中,各资源库价值应根据资源动因一项一项地分配到特定范围内的各作业成本库中去,将每个作业成本库中转入的各项资源价值相加,就形成了作业成本库价值。

第三步:选择作业动因,将各作业成本库价值分配计入最终产品或劳务成本计算单,计算完工产品或劳务成本。

该成本计算步骤应遵循的作业成本计算规则是:产出量的多少决定着作业的耗用量,这种作业消耗量与产出量之间的关系也即前文曾述及的作业动因。

作业动因是将作业成本库成本分配到产品或劳务中去的标准,也是将作业耗费与最终产出相沟通的中介。既然作业是依据作业动因确认的,就每一项作业而言,其动因也就已经确立,成本计算在这一步骤并无障碍。例如,订单作业是批次动因作业,我们只需将该作业成本库成本除以当期订单份数即得分配率。将此分配率乘以某批产品所用的订单份数,即可得到应计入该批产品成本计算单"订单"成本项目中去的价值。

把成本库成本计入各产品成本计算单以后,如何得出完工产品成本是一个简单的问题。如果把作业成本计算法应用于财务会计,则在期末有必要在完工产品与在产品之间分配成本。此时,应根据成本计算单,分别各作业项目,将各作业项目价值除以该作业处理该产品约当产量数,便可得到单位产品成本中该作业项目要素价值;然后将各作业项目要素价值相加即为单位完工产品成本。如果作业成本计算法只作为一种管理会计手段,则用成本计算单追踪到产品全面完工即可。

以上论述了作业成本计算法下的成本计算程序,制约这一程序的关键概念是资源动因和作业动因。资源动因和作业动因合称成本动因。正是由于成本会计中在作业观念指导下导入成本动因概念,成本计算方法被改良了,用改良后的方法计算出的成本会计信息的决策相关性极大地提高了。

下面我们援引罗宾·库伯特和罗伯特·卡普兰在关于作业成本法的《计算成本的正确性:制定正确的决策》论文中所列示的作业成本计算方法。

【例3-1】某部门负责原材料及零配件的存货控制。该部门全年的总成本为500 000元,主要是人力成本。该部门共有员工12人,6人负责管理外购零配件,3人负责管理原材料,还有3人负责将原材料分配到车间。

解:这三项作业的成本分配过程是:

(1)将总成本分配到各个作业中心。根据实际分析,资源动因是作业人数,以此为基础得出每个作业中心的成本如下:

人均成本 = 500 000 元 ÷ 12 人 = (125 000 ÷ 3) 元/人

接收外购零配件作业的成本 = (6 × 125 000 ÷ 3) 元 = 250 000 元

接收原材料作业的成本 = (3 × 125 000 ÷ 3) 元 = 125 000 元

分配原材料作业的成本 = (3 × 125 000 ÷ 3) 元 = 125 000 元

(2)将作业成本分配到产品。根据实际分析,这里的作业动因是收货和发货的次数,而不是货物的数量。已知,今年外购零配件25 000批,原材料10 000批,共生产了5 000批产品。则可计算单位作业成本如下:

接收外购零配件单位作业成本 = 250 000 元 ÷ 25 000 批 = 10 元/批

接收原材料的单位作业成本 = 125 000 元 ÷ 10 000 批 = 12.5 元/批

分配原材料的单位作业成本 = 125 000 元 ÷ 5 000 批 = 25 元/批

(3)已知企业今年生产甲产品 1 000 件,全部甲产品由 10 条生产线装配而成,共耗用外购零配件 200 批,原材料 50 批。这样,甲产品应分配的存货控制间接费用为:

(10 × 200) 元 + (50 × 12.5 + 25 × 10) 元 = 2 875 元

将上述方法计算的结果与传统成本计算制度计算的结果相互比较,可以看出两个方法的差别:

已知企业全年共耗 400 000 小时,其中甲产品耗用了 1 000 小时。那么甲产品应该分配的存货控制间接费用为:

500 000 元 ÷ 400 000 小时 × 1 000 小时 = 1 250 元

通过上述结果的比较,以作业为基础的分配结果(2875 元)与以工时为基础的分配结果(1 250 元)发生了 230% 的差异。这表明产量低、复杂程度高的甲产品所负担的存货控制间接费用在传统成本制度下被少计了很多。

四、作业成本核算与传统成本核算的区别

在传统成本核算制度下,成本计算的目的是通过各种材料、费用的分配和再分配,最终计算出产品生产成本;在作业成本核算制度下,发生的间接费用或间接成本先在有关作业间进行分配,建立成本库,然后再按各产品耗用作业的数量,把作业成本计入产品成本。

作业成本核算与传统成本核算的区别主要表现为:

(一)成本核算对象不同

传统成本核算的对象是产品,作业成本核算的对象是作业。作业是企业为提供一定量的产品或劳务所消耗的人力、技术、原材料、方法和环境的集合体。

(二)成本计算程序不同

在传统成本核算制度下,所有生产成本都分配到产品中去。与传统成本制度相比,作业成本制度要求首先要确认费用单位从事了什么作业,计算每种作业所发生的成本;然后,以这种产品对作业的需求为基础,将成本追踪产品。作业成本采

用的分配基础是作业的数量化,是成本动因。

(三)成本核算范围不同

在传统成本核算制度下,成本的核算范围是产品成本。在作业成本制度下,成本核算范围有所拓宽,建立了三维成本模式:第一维是产品成本,第二维是作业成本,第三维是动因成本。作业成本制度下产出的这三维成本信息,不仅消除了传统成本核算制度扭曲的成本信息缺陷,而且信息本身能够使企业管理当局改变作业和经营过程。

(四)费用分配标准不同

在传统成本核算制度下,间接费用或间接成本的分配标准是工时或机器台时。在作业成本核算制度下,首先要确认费用单位从事了什么作业,计算每种作业所发生的成本;然后,以产品对这种作业的需求为基础,经过原材料、燃料和人力资源转换成产成品的过程将成本追踪到产品。因而作业成本采用的分配基础是作业的数量化,是成本动因。

第三节 作业成本法的作用

一、作业成本法有利于企业战略管理

战略管理是对企业的生产经营活动实行总体性管理的过程,是企业制定和实施战略的一系列管理决策与行动,其核心问题是使企业自身条件与环境相适应,求得企业的生存与发展,达到企业的预期目标。作业成本法将企业作为一个职能价值链来看待,这个职能价值链是由:①研究与开发;②产品、服务或生产过程的设计;③生产;④营销;⑤配送;⑥客户服务等一系列企业职能组成。企业通过这些职能逐步使其产品或劳务具有有用性,并以多职能为中心进行管理。传统成本法主要关注企业的生产职能,而忽视企业的其他职能。例如,产品设计职能,忽视投产前产品开发和设计阶段的成本管理。有资料表明[①]:产品成本的60% ~80%在产品设计阶段就已经确定了;产品成本的90% ~95%在产品工艺流程阶段就已经确定了。产品一旦投入生产,降低成本的潜力就不大。作业成本法把企业看成是多职能组合的价值链,立足于这种价值链进行管理,将成本视野向前延伸到产品的市场需求,分析相关技术的发展态势,将产品的设计向后延伸到顾客的使用、维修及处置阶段,尤其重视在产品投产前设计阶段的成本控制,这有利于企业实施战略管理。

① Peter B. B. Turney. ABC The Performance Breakthrough. 1996.

二、作业成本法下的成本信息具有“相对准确性”

在传统的成本制度下,对于产量高、复杂程度低的产品,其核算成本高于实际发生的成本;而产量低、复杂程度高的产品,其核算成本往往低于其实际发生的成本。所以,产品成本的准确性受到很大影响。在作业成本法下,产品成本的核算是以活动量成本驱动因素作为产品成本计算的基础,使成本核算与作业的分析有机地结合,提高了成本信息的相对准确性,从而提高了企业管理当局生产经营决策的科学性和正确性。

三、作业成本法有利于完善传统管理会计的预算控制及业绩评价系统

传统的预算控制制度是以标准和计划为依据,以差异分析为基础。由于费用分配基础的单一化,使得费用分析和业绩报告的可信程度不高。作业成本法下的预算和控制系统是将预算建立在作业分析的基础之上,使得以单一数量为基础的差异分析转向以成本动因为基础的多因素分析。同时,企业内部的业绩评价指标也由仅仅是单一的财务指标分析,发展成为财务指标与非财务指标相统一的分析体系。

总之,作业成本法给传统管理会计带来了冲击,促使了管理会计范围、对象、目的的进一步扩展以及理论体系的完善;使管理会计内容更具综合性,计量单位多样化,除货币量度外,时间、实物量成为必要补充;使管理会计的分析方法从主要重视定量分析发展到定量与定性分析相结合,甚至更加重视定性信息。“增加作业价值”的管理思路代替了传统的单纯“降低成本增效”的狭隘观念,作业成本法势必成为我国未来成本管理的核心方法。

本章小结

作业成本核算是一种以“成本驱动因素”理论为基本依据,根据产品生产或企业经营过程中发生和形成的产品与作业、作业链和价值链的关系,对成本发生的动因加以分析,选择“作业”为成本计算对象,归集和分配生产经营费用的一种成本核算方式。作业成本核算是基于传统成本核算制度下间接费用或间接成本分配不真实而提出来的。作业成本核算的基本思路是:产品消耗作业,作业消耗资源,生产导致作业的发生,作业导致间接费用或间接成本的发生。可以看出,作业成本的实质就是在资源耗费与产品耗费之间借助作业这一“桥梁”来分离、归纳、组合,然后形成各种产品成本。由于作业成本法的新思维,给传统管理会计带来了很大的冲击。作业成本法不仅有利于企业战略管理,同时也使得这种具有相对准确性的

会计信息对企业的预测决策、规划控制与业绩评价发挥了更大的作用。

案例分析

长江公司电热水器市场竞争力分析——成本分析

一、资料

长江股份有限公司生产电热水器,共有三种型号:DRL,DRM,DRH。它们的价格、成本水平不同。目前,公司面临激烈的市场竞争,致使DRL型号的产品价格要被迫下降,毛利率水平降低。为此公司对现有产品的竞争力进行了分析,同时还有人建议将现行的成本核算方法改为作业成本法。

各型号有关的成本资料如表3-1所示。现行的生产成本中的制造费用是按单一的人工小时来分配的,价格是成本的120%。

表3-1

项　　目	DRL	DRM	DRH
单位产品的材料成本(元/台)	25	62.50	105
单位产品的人工工时(小时/台)	1/2	1	1
预计产销量(台)	20 000	1 000	10 000

公司的直接人工成本为8元/小时;制造费用预计为441万元。通过对制造费用的分析后得出:与机械加工活动有关的费用为278万元;与存储活动有关的费用为59万元;与生产能力有关的费用为104万元。它们各自的成本动因是机器小时、材料订单和占用的空间面积。经分析认定,各型号产品对各资源的占有比例如表3-2所示。

表3-2

项　　目	DRL	DRM	DRH
机器小时	40%	15%	45%
材料订单	47%	6%	47%
占用的空间面积	42%	18%	40%

问题:1. 分别按照传统成本核算方法和作业成本法计算每个型号产品的成本。

2. 对不同成本计算制度下的成本信息进行评价。

3. 依据成本信息对公司应该采取的经营战略发表看法。

二、分析

1. 两种核算方法下每个型号产品的成本如表 3－3 和表 3－4 所示。

表 3－3 传统成本核算法下每个型号产品的成本 单位:元/台

项目	DRL	DRM	DRH
材料	25	62.5	105
人工	4	8	8
制造费用	105	210	210
合计	134	280.5	323

表 3－4 作业成本核算法下每个型号产品的成本 单位:元/台

项目	DRL	DRM	DRH
材料	25	62.5	105
人工	4	8	8
制造费用	91.3	639.6	194.4
合计	120.3	710.1	307.4

2. 在传统成本核算法下,各种型号产品产量的多少对产品成本的影响很大;而作业成本法下的成本水平与产品本身消耗企业资源的多少有着密切的联系。通过本例可以看出,DRM 产品的产量低,复杂程度高,在传统成本核算法下,其成本只有 280.50元/台,而在作业成本法下,其成本为 710.10 元/台。对于 DRL 型号的产品而言,作业成本法表明其具有一定的竞争力,并能够维持 20% 的成本利润率水平。

思考题

1. 什么是作业成本会计的规则?
2. 作业成本会计的程序有几个步骤?它与传统的成本计算程序有何不同?
3. 如何理解成本动因?
4. 如何理解作业成本会计信息的“相对准确性”?
5. 如何评价作业成本会计对传统管理会计的冲击?

练习题

1. 某公司生产甲、乙两种产品,现准备改变传统的成本计算方法而采用作业成本法。有关产品的成本信息如表 3－5 所示。

表 3－5

产品	产量(件)	主要成本(元)	机器工时(小时)	材料处理次数(次)	生产准备次数(次)
甲	200 000	700 000	50 000	700 000	100
乙	50 000	150 000	12 500	100 000	50

两种产品共消耗维修成本 250 000 元,材料处理成本 300 000 元,生产准备成

本450 000元,目前均按机器小时分配。

要求:

(1)采用现行成本核算方法和作业成本法分别计算甲、乙两种产品的成本。

(2)依据上述结果,评述作业成本法下的成本信息特征。

2. 某公司生产两种电话机,有关作业数据如表3-6所示。

表3-6

作业耗用量指标	无绳电话机	常规电话机	合　计
年生产量(台)	5 000	50 000	
主要成本(元)	39 000	369 000	408 000
直接人工工时(小时)	5 000	45 000	50 000
机器工时(小时)	10 000	90 000	100 000
生产循环次数(次)	10	5	15
转移次数(次)	100	50	150

作业成本数据(制造费用作业):

生产准备作业成本为60 000元;材料搬运作业成本为30 000元;用电作业成本为50 000元。

要求:

(1)计算各作业组的分配率。

(2)计算单位产品成本。

3. 某企业本月生产甲、乙两种产品,其中:甲产品技术工艺过程较为简单,生产批量较大;乙产品技术工艺过程较为复杂,生产批量较小。如表3-7所示。

表3-7

项目	甲产品	乙产品
产量(件)	10 000	2 000
直接人工工时(小时)	25 000	4 000
单位产品直接人工成本	12	10
单位产品直接材料成本	20	20
制造费用总额	232 000	

该公司根据各项作业的成本动因性质设立了机器调整准备、质量检验、设备维修、生产订单、材料订单、生产协调六个作业成本库,见表3-8。

表 3-8

作业成本库	可追溯成本	成本动因	作业量			成本动因分配率
			甲产品	乙产品	合计	
机器调整准备	50 000	准备次数	300	200	500	100
质量检验	45 000	检验次数	150	50	200	225
设备维修	30 000	维修工时	200	100	300	100
生产订单	55 000	订单份数	195	80	275	200
材料订单	25 000	订单份数	140	60	200	125
生产协调	27 000	协调次数	50	50	100	270
合计	232 000					

要求：用作业成本法来计算甲乙两种产品的单位成本。

练习题参考答案

1. 现行成本法下的成本：甲产品为 7.50 元/件；乙产品为 7 元/件。

作业成本法下的成本：甲产品为 7.3125 元/件；乙产品为 7.75 元/件。

2.（1）生产准备成本分配率为每次4 000元；材料搬运成本分配率为每次 200 元；用电成本为每机器小时 0.5 元。

（2）无绳电话单位成本为 20.8 元/台；常规电话单位成本为 8.88 元/台。

3. 甲产品单位成本 = 12 + 20 + 15.38 = 47.38（元），乙产品单位成本 = 10 + 20 + 39.13 = 69.13（元）。

第四章

本量利分析

学习要点与要求

本章是在第二章成本性态分析的基础上阐述成本、业务量、利润三者之间的数量依存关系，揭示出边际贡献、保本点、安全边际、营业杠杆等一系列重要的概念，为企业预测、决策规划和控制提供依据。

通过本章的学习，应深入理解和掌握的主要内容有：本量利方程；保本销售量(额)的测算；边际贡献及安全边际的计算；实现目标利润的销售量及销售额的测算；因素变动对保本点、保利点的影响；利润的敏感性分析及营业杠杆系数的计算与应用。

第一节　本量利关系

一、本量利分析的含义及其基本假定

(一)本量利分析的含义

本量利(Cost - Volume - Profit，CVP)分析，又称量本利分析，它是指在对成本按性态划分的基础上，就成本、业务量、利润三者之间的依存关系所进行的分析。即以数量化的会计模型或图形来揭示售价、销量、单位变动成本、固定成本总额以及利润等有关因素之间内在的、规律性的联系。通过对这种联系的研究，可为企业规划、控制，乃至决策提供必要的经济信息和相应的分析手段。

本量利分析是现代管理会计学的重要组成部分。运用本量利分析不仅可为企业完成保本、保利条件下应实现的销售量或销售额的预测，而且若将其与风险分析

相联系，还可为企业提供化解经营风险的方法和手段，以保证企业既定目标的实现；若将其与决策分析相结合，可帮助企业进行有关的生产决策、定价决策和投资项目的不确定性分析。此外，本量利分析还可成为编制全面预算和控制成本的基础。

（二）本量利分析的基本假定

为了便于揭示成本、业务量及利润三者之间的数量关系，在管理会计中述及本量利分析时通常以下述假定为前提：

1. 成本按性态划分且采用变动成本法假定。这是指所有的成本费用均按成本性态划分为变动成本与固定成本两大类，产品成本只由变动生产成本构成，固定成本（包括固定制造费用）全部作为期间成本处理，且有关成本性态模型已经建立完毕。

2. 相关范围及线性假定。这是假定在分析期间，业务量的变动不超越可保持售价、单位变动成本及固定成本总额不变的范围。因而在此情况下，不仅业务量与销售收入可保持正比例关系，而且业务量与成本总额也可呈现出完全线性关系。

3. 产销平衡与品种结构稳定不变假定。这是假定企业各期生产的产品总能在市场上找到销路，从而实现当期产与销的统一；在各品种生产条件下，当以价值形态表现的产销总量发生变化时，假定其各产品的销售额在全部产品销售总额中所占的比重并不发生变化。

4. 目标利润为营业利润假定。本量利分析中涉及的一个重要指标是利润。在我国，企业财务会计报表中，用于反映利润的指标主要包括产品销售利润、营业利润、利润总额以及净利润等。若从上述利润指标的形成与企业经常性的业务活动及业务量的相关性角度看，显然以营业利润作为本量利分析中的目标利润更为恰当。

以上有关本量利分析的一系列假定，显然是对企业日常具体而复杂的经济业务活动所进行的一种简单化的抽象，这种抽象结果不仅为深入揭示成本、业务量以及利润三者之间的内在联系创造了条件，而且也对初学者理解和掌握本量利分析提供了方便。但是我们也应该看到，企业现实的生产经营活动往往会超越上述假定，这就对本量利分析方法的实际应用提出了更高的要求，即切忌盲目套搬滥用。成功的运用必须结合企业自身的实际情况。在运用本量利分析原理进行预测或规划的基础上辅之以必要的调整或修正，或从更深层次的角度研究建立适合本企业特点的诸如在完全成本法条件下、产销不平衡条件下或非线性条件下的本量利分析模型，从而克服原有本量利分析方法的局限性，使其得到广泛的应用。

二、本量利分析的基本方程式

建立本量利方程式涉及的基本因素包括以下 5 个，即售价（p）、单位变动成本

(b)、产销量(x)、固定成本总额(a),目标利润(E)。依据上述诸因素之间的关系,即可建立有关本量利分析的基本方程式。

$$目标利润=销售收入-销售成本=销售收入-(变动成本总额+固定成本总额)$$
$$=售价\times销售量-(单位变动成本\times销售量+固定成本总额)$$

若以符号表述,量本利分析的基本方程为:

$$E=px-(bx+a)$$

值得说明的是,在上述关系式涉及的5个因素中,通常假定其中有3个为常量,则余下的两个因素势必构成因果函数关系,当已知二者之间的某一个因素时,即可求得另一个因素值。一般来说,当企业对某一特定期间的利润进行测算时,通常假定售价、单位变动成本及固定成本总额为常量,若已知该期间产销量可达到某一水平时,即可依据该关系式测算出可实现的目标利润额。

【例4-1】假定某企业只生产一种产品,该产品单位售价为50元/件,单位变动成本为30元/件,固定成本总额为20 000元。若计划期间预计可产销产品2 000件,则:

$$目标利润=(50\times2\ 000)元-(30\times2\ 000+20\ 000)元=20\ 000元$$

三、边际贡献及其相关指标的计算

(一)边际贡献的计算

边际贡献,又称贡献边际、贡献毛益、边际利润、创利额等。它是指产品销售收入扣除变动成本后的差额。边际贡献通常可分为单位边际贡献(以 cm 表示)和边际贡献总额(以 Tcm 表示)。其计算公式如下:

$$单位边际贡献=售价-单位变动成本$$

或

$$cm=p-b$$

$$边际贡献总额=销售收入总额-变动成本总额$$

或

$$Tcm=px-bx=cm\cdot x$$

(二)与边际贡献相关指标的计算

1. 边际贡献率的计算。边际贡献的另一种表现形式是边际贡献率。它是指边际贡献总额占产品销售收入总额的百分比,或单位边际贡献占产品售价的百分比,即每一元销售收入所能提供的边际贡献份额。边际贡献率一般以 cmR 表示,其计算公式如下:

$$边际贡献率=\frac{边际贡献总额}{销售收入总额}\times100\%=\frac{单位边际贡献}{售价}\times100\%$$

或

$$cmR=\frac{Tcm}{p\cdot x}\times100\%=\frac{cm}{p}\times100\%$$

边际贡献与边际贡献率不仅是本量利分析中所需借助的两个重要概念,而且由于两者可分别从绝对或相对数角度反映产品的创利水平,因此它们在企业决策活动中也常常作为选优的依据。

此外，若将边际贡献的概念引入本量利分析的基本方程式，则不难揭示边际贡献与目标利润和固定成本三者之间的关系。依据本量利基本方程式，则有：

$$\begin{aligned}\text{目标利润} &= \text{销售收入总额} - \text{变动成本总额} - \text{固定成本总额}\\ &= \text{边际贡献总额} - \text{固定成本总额}\end{aligned} \tag{4.1}$$

从式(4.1)不难看出，企业实现的边际贡献首先需要用于补偿固定成本。当边际贡献总额大于固定成本总额时，企业就会形成利润；相反，则会发生亏损。同理，若边际贡献总额等于固定成本总额，则企业将进入不盈不亏的临界状态。

由式(4.1)还可推导出以下两个等式：

$$\text{边际贡献总额}(Tcm) = \text{目标利润}(E) + \text{固定成本总额}(a)$$

$$\text{固定成本总额}(a) = \text{边际贡献总额}(Tcm) - \text{目标利润}(E)$$

2. 变动成本率的计算。与边际贡献率有着密切联系的另一个指标是变动成本率。它是指变动成本总额占产品销售收入总额的百分比，或单位变动成本占产品售价的百分比，即每一元销售收入所耗用的变动成本的份额。变动成本率一般以 bR 表示，其计算公式如下：

$$\text{变动成本率} = \frac{\text{变动成本总额}}{\text{销售收入总额}} \times 100\% = \frac{\text{单位变动成本}}{\text{售价}} \times 100\%$$

或

$$bR = \frac{bx}{px} \times 100\% = \frac{b}{p} \times 100\%$$

由于变动成本率与边际贡献率都是以销售收入为分母，并且变动成本与边际贡献之和等于销售收入，因此，二者之间的关系又可按以下方式表示：

$$\text{边际贡献率} = 1 - \text{变动成本率}$$

或

$$cmR = 1 - bR$$

$$\text{变动成本率} = 1 - \text{边际贡献率}$$

或

$$bR = 1 - cmR$$

边际贡献率与变动成本率的这种互补关系表明：凡变动成本率低的企业，其边际贡献率必然高，创利能力必然大；反之，其边际贡献率必然低，创利能力必然小。

为了说明上述各种指标的计算，现举例如下：

【例 4－2】依据例 4－1 的资料，计算有关边际贡献的各项指标及目标利润与变动成本率指标。

解：

$$\text{单位边际贡献}(cm) = p - b = (50 - 30)\text{元/件} = 20\text{ 元/件}$$

$$\text{边际贡献总额}(Tcm) = cm \cdot x = (20 \times 2\ 000)\text{元} = 40\ 000\text{ 元}$$

$$\text{边际贡献率}(cmR) = \frac{cm}{p} = \frac{20}{50} \times 100\% = 40\%$$

$$\text{目标利润}(E) = Tcm - a = 40\ 000\text{ 元} - 20\ 000\text{ 元} = 20\ 000\text{ 元}$$

$$\text{变动成本率}(bR) = 1 - cmR = 1 - 40\% = 60\%$$

第二节 保本点及保利点分析

一、保本点分析概述

所谓保本点(Break – Even – Point, BEP),又称盈亏临界点、盈亏平衡点、损益两平点。其概念的基本含义是指企业处于不盈不亏、不赔不赚、利润为零(或边际贡献总额等于固定成本总额)的业务量点。保本点分析是本量利分析中的一项重要内容,它是专门用于研究使企业处于保本状态下本量利关系的一种定量分析方法。进行保本点分析,不仅可为企业管理当局提供未来期间防止亏损发生应完成的极限业务量信息,而且为审视企业未来经营的安全程度,确定达到保本状态的开工率以及开展相应的保利分析创造条件。

二、保本点的确定

保本点就其表现形式来说通常有两种:一种是以实物量来表现,叫做保本销售量;另一种是以货币量来表现,叫做保本销售额。首先需要指出的是,不论是保本销售量还是保本销售额,在确定时由于涉及生产品种的多寡不同,因而其方法应有所不同。其次,在单一品种生产条件下,保本点既可以直接表现为保本销售量,也可以表现为保本销售额;在多品种生产条件下,虽然也可以按具体品种计算各自的保本销售量,但由于不同品种的保本销售量不能直接相加,因此其总的保本点通常只能表现为保本销售额,而不能表现为保本销售量。

(一)单一品种条件下保本点的确定

单一品种条件下,保本点的确定方法主要有以下两种:

1. 公式法。它是根据保本点的概念建立相应保本点的测算公式。

既然保本点是使企业利润为零或边际贡献总额等于固定成本总额的业务量点,显然保本点的销售量(x)应满足下述等式:

$$px - bx - a = 0$$

或

$$(p - b)x - a = 0$$

或

$$cm \cdot x = a$$

经整理得:

$$x_{(BEP)} = \frac{a}{p-b} = \frac{a}{cm} \tag{4.2}$$

即

$$保本销售量 = \frac{固定成本总额}{售价 - 单位变动成本} = \frac{固定成本总额}{单位边际贡献}$$

若将式(4.2)两边同乘以售价(p),则有:

$$p \cdot x_{(BEP)} = \frac{a}{p-b} \cdot p = \frac{a}{cm} \cdot p \tag{4.3}$$

显然,式(4.3)左方即为保本销售额,右方变形后得:

$$p \cdot x_{(BEP)} = \frac{a}{cmR} = \frac{a}{1-bR} \tag{4.4}$$

即
$$保本销售额 = \frac{固定成本总额}{边际贡献率} = \frac{固定成本总额}{1-变动成本率}$$

【例 4-3】依据例 4-1 的资料,计算保本销售量及保本销售额。

解:
$$保本销售量 = \left(\frac{20\ 000}{50-30}\right)件 = 1\ 000\ 件$$

$$保本销售额 = \frac{20\ 000\ 元}{40\%} = \frac{20\ 000\ 元}{1-60\%} = 50\ 000\ 元$$

2. 图解法。这是以绘图的方式来确定保本点位置的一种方法。图解法依据其绘图形式的不同而有多种,诸如传统式、边际贡献式、金额式以及利润业务量式,等等。以下仅以绘制传统式保本图(见图 4-1)为例,说明保本点的确定方法。

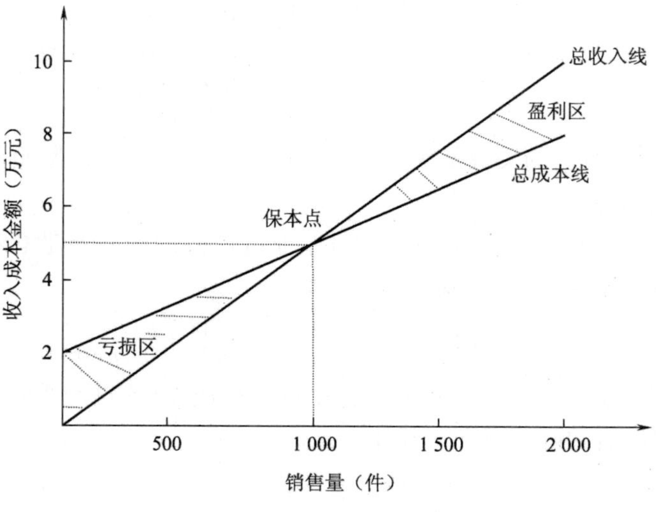

图 4-1

绘制保本图首先应建立直角坐标系,一般以横轴表示业务量,纵轴代表收入和成本金额。现结合例 4-3 的资料,就其绘制方法说明如下:

(1)在销售量轴上任选一整数(如 2 000 件),计算其相应的销售额为100 000元(2 000 件 ×50 元/件),并将该点标于坐标系中的恰当位置。以直线将该点与圆点相连接,即形成总收入线。

(2)以固定成本总额(20 000 元)为截距,任选一点销售量(如仍为2 000件),

计算其总成本金额为80 000元(2 000件 ×30 元/件 +20 000元),并将该点绘于坐标系中,以直线连接该点与截距,即形成总成本线。

(3)总收入线与总成本线相交之点即为保本点。保本点在横轴上的投影即为保本销售量,在纵轴上的投影即为保本销售额。本例保本销售量为1 000件,保本销售额为50 000元。

以图解法确定保本点,其优点是形象、直观,易于理解;但与公式法相比较,图解法过程比较麻烦,且易于产生一定的误差。

(二)多品种条件下保本点的确定

以上介绍了单一品种条件下保本点的确定方法,但很少有只经营一种产品的企业。在企业同时产销多种产品的条件下,其保本点的确定可采用以下几种方法:

1. 综合边际贡献率法。这是指以各产品共同形成的综合边际贡献率为基础,求解多品种条件下综合保本销售额及各产品保本销售额、销售量的一种方法。采用该方法,其综合保本销售额及各产品保本销售额、销售量的计算公式分别为:

$$\text{综合保本销售额} = \frac{\text{固定成本总额}}{\text{综合边际贡献率}}$$

$$\text{某产品保本销售额} = \text{综合保本销售额} \times \text{该产品销售比重}$$

$$\text{某产品保本销售量} = \frac{\text{该产品保本销售额}}{\text{该产品售价}}$$

显然,使用该方法的关键是确定综合边际贡献率。综合边际贡献率的确定方法主要有以下两种:

(1)总额法,即以一定期间(如 1 年)企业各产品的边际贡献总额与其销售收入总额之比来确定综合边际贡献率。其计算公式为:

$$\text{综合边际贡献率} - \frac{\text{各产品边际贡献之和}}{\text{各产品销售收入之和}} = \frac{\sum(cm \cdot x)}{\sum(p \cdot x)}$$

(2)加权平均法,即以各产品的销售比重为权数,对各自的边际贡献率通过加权求和而计算综合边际贡献率。其计算公式为:

$$\text{综合边际贡献率} = \sum(\text{某产品边际贡献率} \times \text{该产品销售比重}) = \sum_{i=1}^{n}(cmR_i \cdot W_i)$$

【例4-4】假定某企业某年的固定成本总额为6 600元,同时生产A,B,C三种产品,其有关产销量、售价、单位变动成本资料及其相关指标的计算结果如表4-1所示。要求计算该企业当年度的综合保本销售额及各产品保本销售额、销售量。

表4-1

项　目	A	B	C	合　计
产销量(件)	900	900	600	
售价(元/件)	20	10	5	
单位变动成本(元/件)	15	6	2	

续表

项　　目	A	B	C	合　计
单位边际贡献(元/件)	5	4	3	
边际贡献总额(元)	4 500	3 600	1 800	9 900
边际贡献率	25%	40%	60%	
销售收入(元)	18 000	9 000	3 000	30 000
销售比重	60%	30%	10%	

解:按总额法计算的综合边际贡献率如下:

$$综合边际贡献率=\frac{9\ 900}{30\ 000}\times100\%=33\%$$

按加权平均法计算的综合边际贡献率如下:

$$综合边际贡献率=25\%\times60\%+40\%\times30\%+60\%\times10\%=33\%$$

所以

$$综合保本销售额=\frac{6\ 600元}{33\%}=20\ 000元$$

$$A产品保本销售额=20\ 000元\times60\%=12\ 000元$$

$$A产品保本销售量=12\ 000元\div20元/件=600件$$

同理,可计算出B,C两种产品的保本销售额分别为6 000元和2 000元;B,C两种产品的保本销售量分别为600件和400件。

最后应该指出,综合边际贡献率法特别是其中的“加权平均法”,在求解多品种条件下的保本点时应用最为普遍,因而人们也常常将其称之为“加权平均法”。此外,综合边际贡献率法不仅可以用于多品种生产条件下的保本点分析,同样也可用于保利点分析(详见本节保利点分析)。

2. 联合单位法。这是将按一定固定比例组成的一组产品作为一个联合单位,在计算联合单价、联合单位变动成本的基础上进行保本点分析的一种方法。

采用联合单位法,首先需要确定联合单位。联合单位,即指一组产品中各自的销售比。这一比例通常可通过各产品的预计产销量除以其最大公约数而求得。其次,计算联合单价和联合单位变动成本。联合单价和联合单位变动成本可以一组产品中各自的销售比分别乘以其相应的售价和单位变动成本并求和取得。最后,可比照单一品种保本点的测算方法,计算出联合保本销售量及各产品的保本销售量。其计算公式如下:

$$联合保本销售量=\frac{固定成本总额}{联合单价-联合单位变动成本}$$

$$某产品保本销售量=联合保本销售量\times该产品销售比$$

【例4-5】依据例4-4的资料,用联合单位法进行保本点测算。

解:

$$联合单位销售比=\frac{900}{300}:\frac{900}{300}:\frac{600}{300}=3:3:2=A:B:C$$

$$联合单价=3\times20元/件+3\times10元/件+2\times5元/件=100元/联合单位$$

$$联合单位变动成本=3\times15\ 元/件+3\times6\ 元/件+2\times2\ 元/件=67\ 元/联合单位$$

$$联合保本销售量=\frac{6\ 600\ 元}{(100-67)元/联合单位}=200\ 联合单位$$

其中：

$$A\ 产品保本销售量=200\ 联合单位\times3=600\ 件$$

$$B\ 产品保本销售量=200\ 联合单位\times3=600\ 件$$

$$C\ 产品保本销售量=200\ 联合单位\times2=400\ 件$$

最后应该指出，采用联合单位法进行多品种保本点分析，主要适用于企业各产品的实物产出量之间能够保持某一较为稳定的比例关系，且各产品销路不成问题。此外，该方法同样可用于满足上述条件的保利点分析（详见本节保利点分析）。

3. 分算法。这是指将企业共同发生的固定成本，按照一定标准（如销售额、边际贡献、产品重量、长度、体积、工时等）分配给各产品，然后计算各产品保本点的一种方法。采用分算法，必要时也可将各产品的保本销售额汇总起来，从而得出综合保本销售额。分算法适用于那些虽然生产多种产品，但各产品基本上是封闭式生产的企业。

【例 4－6】依据例 4－4 的资料，采用分算法进行保本点测算（假定固定成本按销售比重分配）。

解：

$$固定成本分配率=\frac{6\ 600}{30\ 000}=0.22$$

$$A\ 产品应负担的固定成本=18\ 000\ 元\times0.22=3\ 960\ 元$$

$$B\ 产品应负担的固定成本=9\ 000\ 元\times0.22=1\ 980\ 元$$

$$C\ 产品应负担的固定成本=3\ 000\ 元\times0.22=660\ 元$$

$$A\ 产品保本销售量=\frac{3\ 960\ 元}{(20-15)元/件}=792\ 件$$

$$A\ 产品保本销售额=(792\times20)元=15\ 840\ 元$$

同理，可算出 B，C 两种产品的保本销售量分别是 495 件和 220 件，其相应的保本销售额分别为 4 950 元和1 100元。

4. 顺序法，又称分段法。它是指按照事先规定的品种顺序依次用各产品的边际贡献补偿整个企业的固定成本，并以此原理来确定企业保本点的一种方法。采用此方法通常要以事先了解各种产品的边际贡献率和计划销售额为前提，并按边际贡献率的高低确定品种顺序，且假定各品种就是按这种顺序先后出售的。确定品种顺序时有两种方式：一种是按边际贡献率由高到低排列品种顺序，称之为乐观排列；另一种是按边际贡献率由低向高排列品种顺序，称之为悲观排列。下面结合例 4－4 的资料说明顺序法的应用。

首先，依据前述资料编制顺序分析表（见表 4－2）。

依据表 4－2 进行分析时，需利用“累计损益”数据。具体地说，若能在⑦中找到“累计损益”金额为零的数据时，则该数据所在行的“累计销售收入”金额即可确定为保本销售额；若在⑦中找不到累计损益金额为零的数据时，可按下述公式计算保本销售额。

$$保本销售额=保本产品前累计销售额+\frac{|保本产品前累计损益金额|}{保本产品的边际贡献率}$$

表 4－2 **顺序分析表** 单位:元

品种	顺序	边际贡献率	销售收入	累计销售收入	边际贡献	累计边际贡献	固定成本	累计损益
		①	②	③	④＝①×②	⑤	⑥	⑦＝⑤－⑥
A	1	25%	18 000	18 000	4 500	4 500	6 600	－2 100
B	2	40%	9 000	27 000	3 600	8 100		1 500
C	3	60%	3 000	30 000	1 800	9 900		3 300

上式中所说的“保本产品”,是指“累计损益”栏中第一次出现正值时所对应的产品。以表 4－2 为例,计算保本销售额如下:

$$保本销售额=18\ 000\ 元+\frac{|2\ 100|}{40\%}元=23\ 250\ 元$$

最后值得说明的是:若采用顺序法,无论是按哪种方式排列品种顺序均具有较强的主观随意性,特别是各产品的实际销售活动并非依次按顺序先后完成,因此采用该法难免有所欠缺。

5. 主要品种法。如果企业经营的多种产品中有一种是主要产品,它所提供的边际贡献占整个企业的边际贡献总额的比重较大,其他则较小(或其他产品为不重要的副产品或没有发展前途),此时可将其视为单一产品生产企业,按该主要产品的有关资料进行保本分析。

三、与保本点有关的指标

(一)安全边际与安全边际率

1. 安全边际。它是指实际或预计销售量(额)超过保本销售量(额)后的差额。安全边际指标的主要作用,在于它可用来反映实际或预计的销售量(额)在多大范围内下降,而企业不至于发生亏损,或者说,企业可承受因市场波动而导致业务量减少的最大范围。显然,安全边际越大,企业的抗风险能力越强,发生亏损的可能性越小,其经营越安全;反之,安全边际越小,其抗风险能力越差,发生亏损的可能性也就随之提高,经营安全程度即下降。安全边际既可用销售量也可用销售额表示,前者称之为安全边际量,后者称之为安全边际额。其计算公式如下:

$$安全边际量=实际(或预计)销售量-保本销售量$$

$$安全边际额=实际(或预计)销售额-保本销售额$$

显然

$$安全边际额=安全边际量\times售价$$

2. 安全边际率。它是指安全边际量(额)与实际或预计销售量(额)之比。安全边际率是以相对数的形式表现企业经营安全与否的一项重要指标。显然,当安全边际率越高时，其经营越安全，发生亏损的可能性越小；反之，经营的安全性越低，发生亏损的可能性越大。安全边际率可按下述公式计算：

$$安全边际率=\frac{安全边际量(额)}{实际或预计销售量(额)}$$

在西方企业管理中，评价其经营安全与否，通常采用安全边际率指标。表4－3列示了安全边际率与评价企业经营安全程度的一般标准。

表4－3　　安全边际率与评价企业经营安全程度的一般标准

安全边际率	10%以下	10%～20%	20%～30%	30%～40%	40%以上
安全程度	危险	值得注意	较安全	安全	很安全

【例4－7】假定某企业只经营一种甲产品，该产品售价为30元/件，单位变动成本为18元/件，固定成本总额为19 200元，预计计划期间产销该产品4 000件，试计算该企业计划期间经营甲产品的安全边际及安全边际率。

解：(1)计算保本销售量(额)：

$$保本销售量=\frac{19\ 200元}{(30-18)元/件}=1\ 600件$$

$$保本销售额=(1\ 600\times30)元=48\ 000元$$

(2)计算安全边际(率)：

$$安全边际量=(4\ 000-1\ 600)件=2\ 400件$$

$$安全边际额=(4\ 000\times30-48\ 000)元=72\ 000元$$

或

$$安全边际额=(2\ 400\times30)元=72\ 000元$$

$$安全边际率=\frac{2\ 400元}{4\ 000元}=60\%$$

或

$$安全边际率=\frac{72\ 000}{(4\ 000\times30)元}=60\%$$

(二)安全边际率与销售利润率

若从保本点的角度看，当企业的业务量达到保本状态时，其固定成本总额即已全部得到补偿。因此，超过保本点，每增加一个单位的产销量，其边际贡献即为利润。同理，每增加一元的销售额，即按边际贡献率水平而获利。依据这一原理，就不难建立安全边际与利润之间的如下关系式：

$$销售利润=安全边际量\times单位边际贡献=安全边际额\times边际贡献率$$

$$销售利润率=安全边际率\times边际贡献率$$

上述关系式的推导如下：

$$\begin{aligned}销售利润&=销售收入-变动成本-固定成本\\&=销售量\times单位边际贡献-保本销售量\times单位边际贡献\\&=(销售量-保本销售量)\times单位边际贡献\\&=安全边际量\times单位边际贡献\end{aligned}$$

或

$$销售利润=销售收入\times边际贡献率-保本销售额\times边际贡献率$$

$$=（销售收入-保本销售额）\times 边际贡献率$$
$$=安全边际额 \times 边际贡献率$$

$$销售利润率=\frac{销售利润}{销售收入}=\frac{安全边际额 \times 边际贡献率}{销售收入}=\frac{安全边际额}{销售收入}\times 边际贡献率$$
$$=安全边际率 \times 边际贡献率$$

依据例4－7的资料及其计算结果，可计算该企业预期销售利润及销售利润率。

$$销售利润=2\ 400\ 件\times(30-18)元/件=28\ 800\ 元$$

$$销售利润=72\ 000\ 元\times\frac{30-18}{30}=28\ 800\ 元$$

$$销售利润率=60\% \times 40\% =24\%$$

（三）保本作业率

保本作业率，亦称保本点的开工率。它是由保本销售量（额）与正常经营（或开工）情况下的销售量（额）之比构成。其计算公式如下：

$$保本作业率=\frac{保本销售量（额）}{正常经营销售量（额）}$$

保本作业率表明企业保本的业务量在正常经营业务量中所占的比重。由于多数企业的生产经营能力是按正常经营条件下实现销售量来规划的，所以保本作业率实际上可表明，当企业的生产经营能力达到怎样的利用程度时才可保本。

【例4－8】依据例4－7的资料及有关计算结果，并假定该企业正常经营销售量为4 000件。要求计算其保本作业率。

解：
$$保本作业率=\frac{1\ 600}{4\ 000}=40\%$$

或
$$保本作业率=\frac{48\ 000}{120\ 000}=40\%$$

上述计算结果表明，该企业保本作业率必须达到正常经营业务量的40%方可保本；否则，低于这一比率，企业将会发生亏损。

四、保利点分析

保利点分析，是指在保证目标利润实现的前提下开展的本量利分析，换言之，也就是在盈利条件下进行的本量利分析。应该看到，前述的保本点分析仅是企业本量利分析内容的一部分，即假定利润为零时的本量利分析。由于保本经营并非企业的最终目的，确定保本点只是为了管理者建立一道经营中的预警线，企业经营的最终目的还是为了获取盈利。因此，为保证预定目标利润的顺利实现，企业应在保本分析的基础上进一步开展保利点分析，即分析为实现目标利润应完成的业务量，应控制的成本水平，以及应达到的价格水平等。

值得说明的是，尽管现实中的成本、业务量和利润等诸因素之间存在着错综复杂的制约关系，但为便于简化分析起见，在揭示任何一个因素与目标利润之间的关系时，通常均假定其他因素是已知或不变的。因此，保利点分析实质上是在目标利润已定的前提下，孤立抽象地逐一研究目标利润与业务量、成本、价格等因素间的数量关系。说明这一点对于保利点分析的实际应用具有一定的现实意义。

(一)实现目标利润应完成的业务量

实现目标利润应完成的业务量，又称"保利点业务量"。它通常有下述两种表现形式，即实现目标利润的销售量和实现目标利润的销售额。其计算公式如下：

$$\text{实现目标利润的销售量}=\frac{\text{固定成本总额}+\text{目标利润}}{\text{售价}-\text{单位变动成本}} \tag{4.5}$$

$$\text{实现目标利润的销售额}=\frac{\text{固定成本总额}+\text{目标利润}}{\text{边际贡献率}} \tag{4.6}$$

或
$$\text{实现目标利润的销售额}=\text{实现目标利润的销售量}\times\text{售价}$$

【例4-9】某企业只能产销一种A产品，其单位售价为32元/件，单位变动成本为20元/件，固定成本总额为22 000元。若计划年度目标利润确定为20 000元，试计算为实现上述目标应完成的销售量和销售额。

解：
$$\text{实现目标利润的销售量}=\frac{(22\ 000+20\ 000)\text{元}}{(32-20)\text{元/件}}=3\ 500\text{件}$$

$$\text{实现目标利润的销售额}=\frac{(22\ 000+20\ 000)\text{元}}{37.5\%}=112\ 000\text{元}$$

或
$$\text{实现目标利润的销售额}=(3\ 500\times 32)\text{元}=112\ 000\text{元}$$

关于实现目标利润应完成业务量的测算还需指出以下两点：

第一，式(4.5)和式(4.6)仅适用于单一品种条件下保利点的测算。若企业生产多种产品，则其实现目标利润销售量或销售额的计算通常可采用"综合边际贡献率法"或"联合单位法"。前者是在计算出综合保利销售额的基础上，依据各产品的销售比重及售价分别算出各产品的保利销售额和销售量；后者是在计算出联合保利销售量的基础上，结合各产品的销售比和售价进而算出各产品的保利销售量和销售额。其有关计算公式如下：

采用综合边际贡献率法时：

$$\text{综合保利销售额}=\frac{\text{固定成本总额}+\text{目标利润}}{\text{综合边际贡献率}}$$

$$\text{某产品保利销售额}=\text{综合保利销售额}\times\text{该产品销售比重}$$

$$\text{某产品保利销售量}=\frac{\text{该产品保利销售额}}{\text{该产品售价}}$$

采用联合单位法时：

$$\text{联合保利销售量}=\frac{\text{固定成本总额}+\text{目标利润}}{\text{联合单价}-\text{联合单位变动成本}}$$

$$\text{某产品保利销售量}=\text{联合保利销售量}\times\text{该产品销售比重}$$

$$\text{某产品保利销售额}=\text{该产品保利销售量}\times\text{该产品售价}$$

【例4－10】依据例4－4的资料，并假定该企业第二年仍产销A，B，C三种产品，各产品的销售结构、售价及成本水平与上年相比没有变化，目标利润为4 950元。要求分别采用综合边际贡献率法和联合单位法计算其保利点的业务量。

解：依据例4－4和例4－5的计算，已知该企业综合边际贡献率为33%；A，B，C三种产品的销售比重分别是60%，30%，10%，联合单价为100元/件，联合单位变动成本为67元/件，三种产品的销售比为3∶3∶2。则

按综合边际贡献率法计算：

$$综合保利销售额 = \frac{(6\ 600 + 4\ 950)元}{33\%} = 35\ 000\ 元$$

$$A\ 产品保利销售额 = 35\ 000\ 元 \times 60\% = 21\ 000\ 元$$

$$A\ 产品保利销售量 = 21\ 000\ 元 \div 20\ 元/件 = 1\ 050\ 件$$

同理，可算出B，C产品的保利销售额分别是10 500元和3 500元；保利销售量分别为1 050件和700件。

按联合单位法计算：

$$联合保利销售量 = \frac{(6\ 600 + 4\ 950)元}{(100 - 67)元/联合单位} = 350\ 联合单位$$

$$A\ 产品保利销售量 = 350\ 联合单位 \times 3 = 1\ 050\ 件$$

$$A\ 产品保利销售额 = 1\ 050\ 件 \times 20\ 元/件 = 21\ 000\ 元$$

同理，可算出B，C两种产品的保利销售量和销售额。

第二，式(4.5)和式(4.6)中的目标利润通常是指税前利润。若企业进行保利分析时所依据的目标利润为税后利润，则可根据税前与税后利润之间的关系推导出实现目标税后利润应完成的销售量或销售额的计算公式。如以单一品种保利分析而言，其计算公式如下：

$$\begin{array}{l}实现目标税后\\利润的销售量\end{array} = \frac{固定成本 + 目标税后利润 \div (1 - 所得税税率)}{单位边际贡献}$$

$$\begin{array}{l}实现目标税后\\利润的销售额\end{array} = \frac{固定成本 + 目标税后利润 \div (1 - 所得税税率)}{边际贡献率}$$

【例4－11】依据例4－9的资料，并假定该企业计划年度目标税后利润为13 400元，所得税税率为33%，其他有关售价及成本水平不变。要求分别计算为实现上述目标应完成的销售量和销售额。

解：

$$\begin{array}{l}实现目标税后\\利润的销售量\end{array} = \frac{22\ 000\ 元 + 13\ 400\ 元 \div (1 - 33\%)}{(32 - 20)元/件} = 3\ 500\ 件$$

$$\begin{array}{l}实现目标税后\\利润的销售额\end{array} = \frac{22\ 000\ 元 + 13\ 400\ 元 \div (1 - 33\%)}{37.5\%} = 112\ 000\ 元$$

同理，在多品种条件下也可按上述相仿的方法进行目标税后利润的保利分析，对此不再赘述。

（二）实现目标利润应控制的成本水平

在企业目标利润已定的情况下，如果产品的售价与销售量受到市场的约束，而按目前的生产消耗水平又无法实现目标利润，此时就应考虑将成本降低并控制在一定的水平上才可实现目标利润。鉴于成本按性态可区分为变动成本与固定成本两部分，因此，对实现目标利润应控制的成本水平，可分别从单位变动成本与固定成本总额两方面加以确定。其计算公式如下：

$$\text{实现目标利润应控制的单位变动成本水平}=\frac{\text{销售收入}-\text{固定成本}-\text{目标利润}}{\text{销售量}}=\text{售价}-\frac{\text{固定成本}+\text{目标利润}}{\text{销售量}}$$

$$\text{实现目标利润应控制的固定成本水平}=\text{销售收入}-\text{变动成本}-\text{目标利润}=\text{边际贡献}-\text{目标利润}=\text{单位边际贡献}\times\text{销售量}-\text{目标利润}$$

【例 4－12】依据例 4－9 的资料，并假定该企业因受市场萎缩的影响当期只能产销产品 3 000 件，其他有关售价、固定成本及目标利润情况不变。要求计算实现目标利润应控制的单位变动成本水平。

解：

$$\text{实现目标利润应控制的单位变动成本水平}=32\text{ 元/件}-\frac{(22\ 000+20\ 000)\text{元}}{3\ 000\text{ 件}}=18\text{ 元/件}$$

若例 4－9 资料中变动成本已无潜力可挖，则实现目标利润应控制的固定成本水平为：

$$(32-20)\text{元/件}\times 3\ 000\text{ 件}-20\ 000\text{ 元}=16\ 000\text{ 元}$$

（三）实现目标利润的价格条件

在企业目标利润已定的情况下，如果销售量与成本分别受到市场需求与企业生产条件的约束而无法改变，此时就应考虑以怎样的销售价格才可实现目标利润。实现目标利润的销售价格的测算可按下述公式进行：

$$\text{实现目标利润的产品销售价格}=\frac{\text{变动成本}+\text{固定成本}+\text{目标利润}}{\text{销售量}}=\text{单位变动成本}+\frac{\text{固定成本}+\text{目标利润}}{\text{销售量}}$$

【例 4－13】依据例 4－9 的资料，并假定该企业当期最大产销量仅为3 000件，成本及目标利润不变。要求计算实现目标利润的价格水平。

解：
$$\text{实现目标利润的产品销售价格}=20\text{ 元/件}+\frac{(22\ 000+20\ 000)\text{元}}{3\ 000\text{ 件}}=34\text{ 元/件}$$

五、因素变动对保本、保利点及安全边际的影响

以上有关保本、保利点及安全边际的测算是在假定影响其各自指标的相关因素：售价、单位变动成本、固定成本总额、产品销售结构等事项均未发生变动的情况下进行的。但是，在企业的生产经营实践中，上述各因素往往总是处于不断的变化之中。显然，当其中某项因素或几项因素同时发生变动时，无论其变动的性质或幅度如何，均会导致保本、保利点及安全边际的改变。为此，了解这些因素的变动对上述指标的影响，把握其规律对于指导企业的管理与决策活动来说是十分有益的。

（一）有关因素变动对保本、保利点的影响

1. 价格变动对保本、保利点的影响。在固定成本、单位变动成本及目标利润不变的情况下，产品销售价格的提高会引起单位边际贡献和边际贡献率的提高，因而导致保本、保利点下降；反之，若产品销售价格降低，势必引起单位边际贡献及边际贡献率的降低，从而导致保本、保利点的提高。因此可以说，在其他因素不变的情况下，保本、保利点随价格变动呈反向变动关系。

值得说明的是，从保本、保利点降低的角度看，提高产品的售价对企业经营是有利的；但是从另一方面来看，价格的提高往往总是伴随着市场占有率（即销量）下降这一负面的影响。因此，依据前述原理，指导规划与决策时必须坚持辩证的观点，即价格的提高（或降低）将导致单位产品创利能力的增强（或减弱），进而使保本、保利点降低（或提高）以及产品销售量减少（或扩大）。只有从这两个方面来分析，才能最终做出有利于企业经营的选择。

【例4－14】假定某企业生产并销售一种产品，该产品售价为8元/件，单位变动成本为4元/件，固定成本为60 000元，目标利润为48 000元，则：

$$\text{保本销售量}=\frac{60\ 000\text{元}}{(8-4)\text{元/件}}=15\ 000\text{件}$$

$$\text{实现目标利润销售量}=\frac{(60\ 000+48\ 000)\text{元}}{(8-4)\text{元/件}}=27\ 000\text{件}$$

现假定产品售价每件提高1元，其他条件不变，则提价后：

$$\text{保本销售量}=\frac{60\ 000\text{元}}{(9-4)\text{元/件}}=12\ 000\text{件}$$

$$\text{实现目标利润销售量}=\frac{(60\ 000+48\ 000)\text{元}}{(9-4)\text{元/件}}=21\ 600\text{件}$$

可见，提高产品售价后企业的保本、保利点均有所下降。但在现实生活中，调高产品售价往往会招致企业原有销售量的减少。以例4－14来说，若调整价格后该企业销售量有所减少，但不低于21 600件，则调高产品售价对企业是有利的。因为它不仅可保证实现原有的目标利润，而且当销售量有可能超过21 600件时，可为企业增加新的获利机会。相反，若调整价格后该企业在市场上的销售量减少至21 600件以下，则调高产品的售价对企业是不利的。因为该企业原有的目标利润将无法实现。为此，分析价格变动对保本、保利点的影响时，必须结合市场销售量的变动情况。

2. 单位变动成本变动对保本、保利点的影响。在固定成本、单位产品售价及目标利润不变的情况下，单位变动成本降低，会引起单位边际贡献和边际贡献率的提高，从而导致保本、保利点的下降；相反，若单位变动成本提高，则会引起单位边际贡献和边际贡献率的降低，从而导致保本、保利点的升高。因此可以说，在其他因素不变的情况下，保本、保利点的变动与单位变动成本变动呈同向关系。

3. 固定成本变动对保本、保利点的影响。在产品售价、单位变动成本和目标利润不变的情况下，当固定成本增加时，会引起保本、保利点的提高；同理，当固定成本减少时，会导致保本、保利点的降低。因此可以说，在其他因素不变的条件下，保本、保利点的变动与固定成本变动呈同向关系。

4. 品种结构变动对保本、保利点的影响。当企业经营多种产品时，由于综合保本销售额和综合保利销售额按下述公式计算：

$$综合保本销售额=\frac{固定成本总额}{综合边际贡献率}$$

$$综合保利销售额=\frac{固定成本总额+目标利润}{综合边际贡献率}$$

因此，在固定成本与目标利润既定的情况下，综合保本销售额与综合保利销售额的高低取决于综合边际贡献率的大小，即当综合边际贡献率提高时，综合保本销售额及综合保利销售额均会降低；相反，若综合边际贡献率降低时，则综合保本销售额及综合保利销售额会随之提高。然而，又因为：

$$综合边际贡献率=\sum(某产品边际贡献率\times 该产品销售比重)$$

所以，在各产品的售价及单位变动成本不变的情况下（即各产品边际贡献率不变的情况下），增加边际贡献率较高的产品在全部产品销售中所占的比重，便可提高综合边际贡献率，从而使综合保本销售额和综合保利销售额降低；相反，若减少边际贡献率较高的产品占全部产品的销售比重，则会导致综合边际贡献率下降，从而使综合保本销售额和综合保利销售额提高。

【例4－15】某公司生产甲、乙两种产品，甲产品售价为50元/件，单位变动成本为20元/件，销售比重为40%；乙产品售价为60元/件，单位变动成本为42元/件，销售比重为60%。假定该公司固定成本为21 000元，目标利润为12 600元，则：

$$综合边际贡献率=\frac{50-20}{50}\times 40\%+\frac{60-42}{60}\times 60\%=42\%$$

$$综合保本销售额=\frac{21\ 000元}{42\%}=50\ 000元$$

$$综合保利销售额=\frac{(21\ 000+12\ 600)元}{42\%}=80\ 000元$$

若将甲、乙两种产品的销售比重互换，即提高甲产品的销售比重至60%，降低乙产品的销售比重至40%，其他条件不变。则：

$$综合边际贡献率=\frac{50-20}{50}\times 60\%-\frac{60-42}{60}\times 40\%=48\%$$

$$综合保本销售额=\frac{21\ 000元}{48\%}=43\ 750元$$

$$综合保利销售额=\frac{(21\ 000+12\ 600)元}{48\%}=70\ 000元$$

例4－15中，甲产品的边际贡献率为60%，乙产品的边际贡献率为30%，提高甲产品在全部产品中的销售比重，致使综合边际贡献率提高，从而使综合保本点和保利点下降。

5. 目标利润变动对保本、保利点的影响。由于保本点的基本公式为：固定成本/单位边际贡献（此式适合于单一品种）；固定成本/综合边际贡献率（此式适合于多品种）。保利点的基本公式为：（固定成本＋目标利润）/单位边际贡献（此式适合于单一品种）；（固定成本＋目标利润）/综合边际贡献率（此式适合于多品种）。因此，在售价、单位变动成本、固定成本及品种结构不变的情况下，目标利润的变动不会改变保本点，只会影响保利点，即保利点将会随目标利润的变动呈同向变动关系。

（二）有关因素变动对安全边际的影响

1. 价格变动对安全边际的影响。在其他因素不变的情况下，由于价格变动会引起保本点向反方向变动，因此，若预计销售量既定不变，则会使安全边际与价格变动呈同向关系。

2. 单位变动成本变动对安全边际的影响。在其他因素不变的情况下，由于单位变动成本变动会引起保本点向同方向变动，因此，若预计销售量保持不变，则安全边际与单位变动成本的变动呈反向关系。

3. 固定成本变动对安全边际的影响。固定成本变动对安全边际的影响同单位变动成本变动对其影响的结果相同。

第三节　利润预测与规划

一、利润的敏感性分析

（一）利润敏感性分析的意义及其假定

1. 利润敏感性分析的意义。所谓利润的敏感性分析，是指针对影响利润的各有关因素发生变动时，就其对利润的影响程度所进行的一种分析。依据前述本量利的基本方程式[$E=px-(bx+a)$]不难看出，影响利润的因素至少有4个，即售价、单位变动成本、产销量及固定成本。显然，上述4个因素中的任何一个因素发生变动时，都足以导致利润额发生变动。那么，这些因素在发生变化时对利润额的影响程度如何？研究揭示这一问题，即为利润的敏感性分析。不难理解，若某一因素略有变化，即可引起利润额发生较大幅度的变动，我们就可以说，利润对该因素敏感程度较高；反之，某一因素虽然发生较大幅度的变动，但其变动后使利润额的变化甚小，则我们可以说，利润对该因素的敏感程度较低。研究利润对各有关因素的敏感程度，一方面可为管理者提供实现目标利润应控制的重点信息，另一方面也可利用利润与各有关因素的敏感度关系进行利润的预测与规划。

2. 利润敏感性分析的假定。为了便于揭示利润对各有关因素的敏感程度，在进行敏感性分析时，通常需要建立如下假定：

(1)各因素单独变动假定，即假定上述因素中任何一项因素的变动均不会引起其他三项因素的变动。建立此假定的目的是为了清晰地反映出利润对各有关因素的敏感程度。

(2)各因素变动幅度相同假定，即假定各因素均以同等幅度变动。建立此假定的目的是为了使利润对各有关因素的敏感度分析建立在统一可比的基础上。

(二)利润敏感度指标的计算及其内在联系

利润敏感性分析的一项重要内容是计算利润对各有关因素的敏感度指标。敏感度指标计算的基本公式为：

$$\text{利润对某项因素的敏感度指标} = \frac{\text{该因素变动后引起利润的变动额}}{\text{利润基数}} = \frac{\Delta E}{E}$$

式中：ΔE——某项因素变动后引起的利润变动额；

E——利润基数。

假定影响利润的诸因素：售价(p)、单位变动成本(b)、产销量(x)、固定成本(a)，分别按1,2,3,4先后排序，且各因素均向有利于企业经营的方向变动，并设利润对上述各因素的敏感度指标为S_i($i=1,2,3,4$)，则有关利润敏感度指标的具体计算公式如下：

$$\text{利润对价格敏感度指标}(S_1) = \frac{\text{基期销售收入总额}}{\text{利润基数}} = \frac{px}{E}$$

公式推导：

$$S_1 = \frac{\Delta E}{E} = \frac{[p(1+R_1)x - bx - a] - [px - bx - a]}{E}$$

$$= \frac{px - p \cdot x \cdot R_1 - bx - a - px + bx + a}{E} = \frac{p \cdot x}{E}$$

$$\text{利润对单位变动成本敏感度指标}(S_2) = \frac{\text{基期变动成本总额}}{\text{利润基数}} = \frac{bx}{E}$$

公式推导：

$$S_2 = \frac{\Delta E}{E} = \frac{[px - b(1-R_2)x - a] - [px - bx - a]}{E}$$

$$= \frac{px - bx + bx \cdot R_2 - a - px + bx + a}{E} = \frac{bx}{E}$$

$$\text{利润对产销量敏感度指标}(S_3) = \frac{\text{基期边际贡献总额}}{\text{利润基数}} = \frac{cm \cdot x}{E}$$

公式推导：

$$S_3 = \frac{\Delta E}{E} = \frac{[(p-b) \cdot x(1+R_3) - a] - [(p-b)x - a]}{E}$$

$$=\frac{(p-b)\cdot x+(p-b)\cdot x\cdot R_3-a-(p-b)x+a}{E}$$

$$=\frac{(p-b)x}{E}\cdot R_3=\frac{cm\cdot x}{E}\cdot R_3$$

$$\text{利润对固定成本敏感度指标}(S_4)=\frac{\text{基期固定成本总额}}{\text{利润基数}}=\frac{a}{E}$$

公式推导：

$$S_4=\frac{\Delta E}{E}=\frac{[px-bx-a(1-R_4)]-[px-bx-a]}{E}$$

$$=\frac{px-bx-a+a\cdot R_4-px+bx+a}{E}=\frac{a}{E}$$

【例 4－16】假定某企业只产销一种产品，该产品售价为 50 元/件，单位变动成本为 30 元/件，固定成本总额为100 000元。若计划期预计产销产品10 000件，试计算完成计划时的利润额及利润对各有关因素的敏感度指标。

解 完成计划产销量的利润额＝(50－30)元/件×10 000 件－100 000 元＝100 000 元

$$\text{利润对价格的敏感度指标}(S_1)=\frac{50\times 10\,000}{100\,000}=5$$

$$\text{利润对单位变动成本的敏感度指标}(S_2)=\frac{30\times 10\,000}{100\,000}=3$$

$$\text{利润对产销量的敏感度指标}(S_3)=\frac{(50-30)\times 10\,000}{100\,000}=2$$

$$\text{利润对固定成本的敏感度指标}(S_4)=\frac{100\,000}{100\,000}=1$$

从例 4－16 资料的计算结果来看，该企业利润对价格因素的敏感度指标最高，其次是单位变动成本，然后是产销量，而对固定成本的敏感度指标最低。若以字母表示上述各因素敏感度指标并从高向低顺序排列，则可写成如下形式：$S_1>S_2>S_3>S_4$。

但是，应该看到利润对各有关因素的敏感度指标的这种排序并非是一成不变的。以本例来说，若单位变动成本小于单位边际贡献，则这种排序即应改写为如下形式：$S_1>S_3>S_2>S_4$。

由此可见，敏感度指标的这种排序不是唯一的，它取决于影响利润诸因素值之间的某种配置。尽管如此，也应看到它们之间仍存在着某种内在联系。若仔细观察分析上述各敏感度指标的计算公式，则不难归纳出如下结论：

第一，利润对价格的敏感度指标总是最高；

第二，假定在盈利条件下，利润对产销量的敏感度指标总是大于其对固定成本的敏感度指标；

第三，利润对价格的敏感度指标与利润对单位变动成本的敏感度指标之差等于利润对产销量的敏感度指标，即 $S_1-S_2=S_3$；

第四，利润对产销量的敏感度指标与其对固定成本的敏感度指标之差等于 1，即$S_3 - S_4 = 1$。

(三)利润敏感度指标在预测与规划中的应用

前面已指出,掌握利润对各有关因素敏感度指标的重要作用之一就在于依据敏感度指标进行利润的预测和规划。这里所说的预测,即指根据影响利润的某项或多项因素在计划期间可能实现的变动率,利用敏感度指标推测因素变动后可完成的目标利润的变动率。这里所说的规划,即指依据计划期目标利润的变动率,利用敏感度指标测算为实现目标利润变动率某因素应变动的水平。当然,在介绍本部分内容之前有必要指出,前述利润对各有关因素的敏感度指标,虽然揭示了因素变动对利润的影响程度,但在利用其进行利润的预测与规划时,还必须注意因素变动方向与利润变动方向的异同。显然,售价、产销量的变动会引起利润作同向变动,即价格、产销量的提高会导致利润的提高;反之则降低。而单位变动成本与固定成本变动会引起利润作反向变动,即成本上升利润下降;反之,则上升。

1. 测算单个因素变动对利润的影响程度。当影响利润的某项因素以任意幅度、任意方向单独变动时,其对利润的影响程度可按下式计算:

$$\frac{\text{某因素单独变动使}}{\text{利润变动的百分率}} = \frac{\text{该因素变动}}{\text{的百分率}} \times \frac{\text{该因素的}}{\text{敏感度指标}}$$

设 R_0 为利润变动率,R_i 为第 i 项因素变动的百分率,且 $R_i = D_i\%$。其中,D_i 为第 i 项因素变动的百分率,则上述公式可以字母表示如下:

$$R_0 = D_i \times S_i$$

在上式中,当变动的因素为成本因素时,可将“-”号置于算式之前。

【例4-17】依据例4-16中利润对各有关因素的敏感度指标的计算结果,并假定该企业计划期间产品售价提高5%,单位变动成本降低2%,要求分别计算这两项因素单独变动后对利润的影响程度。

解:依据例4-16的计算结果及本题意可知:$S_1 = 5$,$S_2 = 3$,$D_1 = 5\%$,$D_2 = -2\%$。

所以,当售价单独变动时:

$$\text{利润变动百分率}(R_0) = 5\% \times 5 = 25\%$$

当单位变动成本单独变动时:

$$\text{利润变动百分率}(R_0) = -(-2\%) \times 3 = 6\%$$

即:若售价提高5%,利润可增长25%;若单位变动成本降低2%,利润可提高6%。

2. 测算多个因素同时变动对利润的影响程度。当影响利润的多个因素以任意幅度、任意方向同时变动时,其对利润的影响程度可按下式计算。

多项因素同时变动使利润变动的百分率为:

$$R_0 = \left(D_1 + D_3 + \frac{D_1 \times D_3}{100}\right) \times S_1 - \left(D_2 + D_3 + \frac{D_2 \times D_3}{100}\right) \times S_2 - D_4 \times S_4$$

【例 4－18】依据例 4－16 中利润对各有关因素敏感度指标的计算结果，并假定该企业计划期间产品售价提高 4%，单位变动成本降低 3%，产销量降低 2%，固定成本提高 1%，要求计算上述 4 个因素同时变动后对利润的影响程度。

解：依据例 4－17 的计算结果及本题意可知：$S_1=5$，$S_2=3$，$S_3=2$，$S_4=1$；$D_1=4\%$，$D_2=-3\%$，$D_3=-2\%$，$D_4=1\%$。

所以，当各因素同时变动时，利润变动百分率为：

$$R_0=\left[4+(-2)+\frac{4\times(-2)}{100}\right]\times5\%-\left[(-3)+(-2)+\frac{(-3)\times(-2)}{100}\right]\times3\%-1\times1\%$$

$$=9.6\%-(-14.82\%)-1\%=23.42\%$$

即当上述 4 个因素按既定幅度和方向同时变动时，可使利润增长 23.42%。

3. 测算为实现目标利润变动率可分别采取的各单项措施。这是指在企业计划期目标利润已定的情况下，要求管理人员根据现有的生产经营条件，筹划并采取某些措施，以确保既定目标的实现。从前述测算单个因素变动对利润影响程度的关系式（$R_0=D_i\cdot S_i$）不难看出，若目标利润变动率（R_0）已定，则利用敏感度指标（S_i）便可求出第 i 项因素应完成的变动率。其计算公式如下：

$$\frac{为实现目标利润变动率}{某因素应变动的百分比}=\frac{目标利润变动率}{该因素敏感度指标}$$

若以字母表示，即为：

$$R_i=\frac{R_0}{S_i}$$

由于利润变动与价格、产销量因素的变动的方向相同，与成本因素变动的方向相反，因此，当求解的因素为成本因素时，可将“－”号置于该公式等号右前端。

【例 4－19】依据例 4－16 中利润对各有关因素敏感度指标的计算结果，并假定该企业计划期间目标利润修定为130 000元，要求计算为实现上述目标利润，各因素可分别采取的单项措施。

解：
$$目标利润变动率(R_0)=\frac{130\ 000-100\ 000}{100\ 000}=30\%$$

又因 $S_1=5$，$S_2=3$，$S_3=2$，$S_4=1$。

所以，要实现目标利润变动率，各因素可分别变动如下：

$$价格变动率(R_1)=\frac{30\%}{5}=6\%$$

$$变动后的价格=50\ 元/件\times(1+6\%)=53\ 元/件$$

或
$$单位变动成本变动率(R_2)=-\frac{30\%}{-3}=-10\%$$

$$变动后的单位变动成本=30\ 元/件\times(1-10\%)=27\ 元/件$$

或
$$产销量变动率(R_3)=\frac{30\%}{+2}=15\%$$

$$变动后的产销量=10\ 000\ 件\times(1+15\%)=11\ 500\ 件$$

或
$$固定成本变动率(R_4) = -\frac{30\%}{-1} = -30\%$$

$$变动后的固定成本 = 100\ 000\ 元 \times (1-30\%) = 70\ 000\ 元$$

所以,该公司要实现上述目标利润,可分别采取的措施是:售价提高6%,或单位变动成本降低10%,或产销量提高15%,或固定成本降低30%。

上述方法不仅可以用来作为实现目标利润而进行相关因素的规划分析,而且还可以用来进行保本状态下各因素变动的极限性分析。例如,若将目标利润变动率(R_0)确定为-100%,便可求得企业达到保本状态时的各因素变动的极限值,这对于企业进行预测分析具有重要的意义。

以例4-16所涉及的资料来说,可使企业达到保本状态的各因素变动的极限是:

$$价格的极限变动率(R_1) = \frac{-100\%}{5} = -20\%$$

$$最低价格 = 50\ 元/件 \times (1-20\%) = 40\ 元/件$$

$$单位变动成本的极限变动率(R_2) = -\frac{-100\%}{-3} = 33.33\%$$

$$最高单位变动成本 = 30\ 元/件 \times (1+33.33\%) = 40\ 元/件$$

$$产销量的极限变动率(R_3) = \frac{-100\%}{2} = -50\%$$

$$最低产销量 = 10\ 000\ 件 \times (1-50\%) = 5\ 000\ 件$$

$$固定成本的极限变动率(R_4) = -\frac{-100\%}{-1} = 100\%$$

$$最高固定成本 = 100\ 000\ 元(1+100\%) = 200\ 000\ 元$$

上述计算结果表明,当出现下列情况之一时,企业将进入亏损状态,即:售价降低超过20%,单位变动成本提高超过33%,产销量下降超过50%,固定成本提高超过100%。

二、营业杠杆系数

(一)营业杠杆系数的概念及其含义

营业杠杆系数,又称经营杠杆系数(简记为DOL),它是指利润变动率相当于产销变动率的倍数,或指利润变动率与产销变动率的比值。

营业杠杆现象源于固定成本的存在。不难看出,在产品售价和单位变动成本不变的情况下,边际贡献变动率势必等于产销变动率。若固定成本为零,边际贡献即为利润,此时利润变动率将与产销变动率一致,二者之间的比值恒为1。但是由于固定成本普遍存在,并且单位产品中所分摊的固定成本会随产销量的变动成反向变动关系,即产销量越大的单位产品中所负担的固定成本越小,单位产品获利能力就越高;反之,单位产品的获利能力就越低,从而最终导致利润变动率势必大于产销变动率。这就如同杠杆原理一样，当产销量发生一个较小的变动时，其利润就会按一定比例成倍地变动。为此，人们将这种现象称之为营业杠杆现象，将利润变动率相当于产销变动率的倍数称之为营业杠杆系数。

（二）营业杠杆系数的计算

根据营业杠杆系数的概念，其理论计算公式如下：

$$营业杠杆系数(DOL)=\frac{利润变动率}{产销变动率}=\frac{R_0}{R_3}$$

【例4－20】某企业只产销一种甲产品，该产品售价为20元/件，单位变动成本为12元/件，上年产销该产品250件，固定成本为1 000元。若计划期预计产销量可增加20%，试计算该企业的营业杠杆系数。

解：依据题目所给资料，计算其利润变动率（见表4－4）。

表4－4

项　　目	基期	计划期	变动值	变动率
销售量（件）	250	300	50	20%
边际贡献（元）	2 000	2 400	400	20%
固定成本（元）	1 000	1 000	—	—
利润（元）	1 000	1 400	400	40%

$$营业杠杆系数(DOL)=\frac{40\%}{20\%}=2$$

依据上述理论公式进行营业杠杆系数的计算不仅烦琐，而且常常不便于开展有关的预测分析。因此，在实际工作中营业杠杆系数的计算通常可按下式进行：

$$营业杠杆系数(DOL)-\frac{基期边际贡献}{基期利润}=\frac{Tcm}{E}$$

上式推导如下：

$$DOL=\frac{\Delta E/E}{R_3}=\frac{\Delta E}{E\times R_3}=\frac{Tcm+Tcm\times R_4-a-(Tcm-a)}{E\times R_3}=\frac{Tcm\times R_3}{E\times R_3}=\frac{Tcm}{E}$$

利用例4－20的资料，以该公式计算营业杠杆系数：

$$营业杠杆系数(DOL)=\frac{2\ 000元}{1\ 000元}=2$$

可见，两种方法所得的计算结果完全一致。

（三）营业杠杆系数在利润预测与规划中的应用

1. 已知计划期产销变动率，预测利润。若已知计划期的产销变动率，即可依据营业杠杆系数推测出完成产销变动率可获取的利润额。其计算公式如下：

$$利润额(E')=基期利润\times(1+产销变动率\times营业杠杆系数)=E\times(1+R_3\times DOL)$$

式中：E'——计划期变动后的利润。

【例4－21】依据例4－20的资料及其营业杠杆系数的计算结果，并假定该企业计划期产销量提高30%和降低10%，要求分别计算两种情形下企业可实现的利润。

解：(1)当产销量提高30%时：

$$利润额 = 1\,000 元 \times (1 + 30\% \times 2) = 1\,600 元$$

(2)当产销量降低10%时：

$$利润额 = 1\,000 元 \times [1 + (-10\%) \times 2] = 800 元$$

可见，若企业计划期产销量比基期提高30%，可实现利润1 600元；反之，若产销量降低10%，则只能实现利润800元。

2. 计划期目标利润已定，规划应实现的产销变动率。若企业计划期目标利润已定，在其他因素不变的情况下可依据下述公式测算出为实现目标利润应完成的产销变动率。其计算公式如下：

$$\begin{array}{c}保证实现目标利润应\\完成的产销变动率(R_3)\end{array} = \frac{计划期目标利润 - 基期利润}{基期利润 \times 营业杠杆系数} = \frac{E' - E}{E \times DOL}$$

【例4-22】依据例4-20的资料及有关指标的计算结果，并假定该企业计划期目标利润为1 300元，要求计算为实现上述目标利润应完成的产销变动率。

解：
$$\begin{array}{c}保证实现目标利润应\\完成的产销变动率(R_3)\end{array} = \frac{(1\,300 - 1\,000)元}{(1\,000 \times 2)元} = 15\%$$

即该企业为实现1 300元的目标利润，计划期产销量应比基期增长15%。

(四)营业杠杆系数与相关因素间的规律性联系

上述营业杠杆原理表明，当企业的产销量发生变动时，利润将以营业杠杆系数为其变动的倍数加以变动。当营业杠杆系数值越大时，利润受来自产销量变动的影响程度也就越大；反之，当营业杠杆系数值越小时，利润受来自产销量变动的影响程度就越小。显然，在企业销量稳步增长时期，保持较高的营业杠杆系数对增强企业的获利能力来说具有十分积极的意义。相反，在企业销量处于减退时期或供求市场处在极不稳定的情况下，降低营业杠杆系数对实现尽可能多的企业的利润或减少经营风险具有十分重要的作用。为此，研究营业杠杆系数与之相关因素之间的规律性联系，对于利用营业杠杆原理，增强企业的获利能力，减少经营风险是十分必要的。

营业杠杆系数与之相关因素之间的规律性联系表现为以下几个方面：

1. 在产品售价、单位变动成本及固定成本不变的情况下，产销量的提高将导致营业杠杆系数的降低；反之则提高。因而营业杠杆系数的变动与产销量变动的方向相反。

2. 在产品售价及销量不变的情况下，单位变动成本或固定成本的提高将导致营业杠杆系数的提高；反之则降低。因而营业杠杆系数的变动与单位变动成本及固定成本变动的方向相同。

3. 在销售量和成本因素不变的情况下，产品销售价格的提高会导致营业杠杆系数的降低；反之则提高。因而营业杠杆系数的变动与产品售价变动的方向相反。

4. 在固定成本不为零的情况下，营业杠杆系数恒大于1。

5. 在同一产销水平上，营业杠杆系数越大，利润变动的幅度也就越大，其营业风险也就越大。

第四节　不确定及非线性条件下的本量利分析

任何一门学科的理论及其方法体系，通常都是建立在一系列基本假定或公理之上的，本量利分析作为管理会计学科的一项重要内容同样也不例外，关于这一点已在本章第一节作了较为充分的说明，其目的就是为了以简捷明了的数学模型或图形来揭示成本、业务量及利润三者之间的规律性联系，同时也有助于初学者更好地把握其原理。但是，我们也应该看到，现实经济活动中的种种客观现象往往背离其假定，因此，应从实际出发，在可行的条件下放宽其假定，揭示超越某些假定条件下的本量利关系，对于深入开展本量利分析的研究，为企业提供更为恰当、合理的分析技术具有十分重要的意义。本节着重对不确定及非线性条件下的本量利分析方法加以说明。

一、不确定条件下的本量利分析

前已述及，本量利分析的前提条件之一是影响保本点、保利点的各因素，如成本、售价、产销量等。这些因素是完全肯定的，即不存在不确定的情况。然而，在现实的经济生活中，上述各因素往往会受到来自多方面因素的影响，从而难以事先完全肯定。在这种情况下，要进行充分恰当的分析，就不能不考虑上述各因素在未来期间的各种可能值及其相应的概率，即应借助概率分析的方法进行不确定条件下的本量利分析。

一般而言，采用概率分析的方法包括以下基本步骤：

第一，对有关产品在未来期间可能出现的多种价格及成本水平等进行充分的估计，并确定其相应的概率。

第二，计算每一种预期价格、成本水平组合下的保本点或保利点。

第三，计算每一种预期价格、成本水平组合下的联合概率。

第四，以联合概率为权数，对其各自组合下的保本、保利点进行加权求和，从而确定其相应的期望值。

现通过举例说明不确定条件下的本量利分析。

【例4－23】假定某企业经营甲产品，通过对该产品销售价格、单位变动成本和固定成本的综合考察，确认其可能达到的水平及相应概率。如表4－5所示。要求：计算综合保本点的销售量及销售额的期望值。若目标利润确定为1 000元，计算实现目标利润应完成产销量的期望值；若产品销量确定为 1 800 件，计算其可实现的期望利润。

表 4－5

项　目	单价(元/件)		单位变动成本(元/件)			固定成本(元)	
预计值	9	10	5	6	7	5 000	6 000
概率(P)	0.9	0.1	0.1	0.8	0.1	0.7	0.3

解：根据表 4－5 中的资料进行保本点、保利点和目标利润的概率分析计算，并将计算结果列于表 4－6 和表 4－7 中。

表 4－6　　　　**概率分析计算表(一)**

单　价(元/件)	单位变动成本(元/件)	固定成本(元)	组合	保本点销售量(件)	保本点销售额(元)	联合概率	期望销售量(件)	期望销售额(元)
①	②	③	④	⑤	⑥	⑦	⑧	⑨
	5 P＝0.1	5 000 P＝0.7	1	1 250	11 250	0.063	79	709
		6 000 P＝0.3	2	1 500	13 500	0.027	41	365
9 P＝0.9	6 P＝0.8	5 000 P＝0.7	3	1 667	15 000	0.504	840	7 560
		6 000 P＝0.3	4	2 000	18 000	0.216	432	3 888
	7 P＝0.1	5 000 P＝0.7	5	2 500	22 500	0.063	158	1 418
		6 000 P＝0.3	6	3 000	27 000	0.027	81	729
	5 P＝0.1	5 000 P＝0.7	7	1 000	10 000	0.007	7	70
		6 000 P＝0.3	8	1 200	12 000	0.003	4	36
10 P＝0.1	6 P＝0.8	5 000 P＝0.7	9	1 250	12 500	0.056	70	700
		6 000 P＝0.3	10	1 500	15 000	0.024	36	360
	7 P＝0.1	5 000 P＝0.7	11	1 667	16 667	0.007	12	117
		6 000 P＝0.3	12	2 000	20 000	0.003	6	60
合　计			—	—	—	1.000	1 766	16 012

关于表4－6，以第一行为例说明如下：

当产品售价为9元/件，单位变动成本为5元/件，固定成本为5 000元时：

$$保本销售量=\frac{5\ 000元}{(9-5)元/件}=1\ 250件$$

$$保本销售额=\frac{5\ 000元}{(9-5)\div 9}=11\ 250元$$

$$联合概率=0.9\times 0.1\times 0.7=0.063$$

$$期望销售量=1\ 250件\times 0.063\approx 79件$$

$$期望销售额=11\ 250元\times 0.063\approx 709元$$

其他各行计算依此类推，最后可得出保本点的期望销售量为1 766件，期望销售额为16 012元。

同理，可算得表4－7中的各行数据。最后可确定要实现1 000元的目标利润，应完成产销量的期望值约为2 097件。若产销量达到1 800件，可获取的利润期望值为280元。

表4－7　　概率分析计算表（二）

每件售价（元）	单位变动成本（元/件）	固定成本（元）	组合	实现1 000元目标利润的销售量（件）	联合概率	实现1 000元目标利润的销售量（加权）（件）	销售1 800件时的利润（元）	销售1 800件时的利润（加权）（元）
①	②	③	④	$⑤=\frac{③+1\ 000}{①-②}$	⑥	⑦＝⑤×⑥	⑧＝1 800×（①－②）－③	⑨＝⑥×⑧
9	5	5 000	1	1 500	0.063	94.50	2 200	138.60
		6 000	2	1 750	0.027	47.25	1 200	32.40
	6	5 000	3	2 000	0.504	1 008	400	201.60
		6 000	4	2 333.33	0.216	504	－600	－129.60
	7	5 000	5	3 000	0.063	189	－1 400	－88.20
		6 000	6	3 500	0.027	94.50	－2 400	－64.80
10	5	5 000	7	1 200	0.007	8.40	4 000	28
		6 000	8	1 400	0.003	4.20	3 000	9
	6	5 000	9	1 500	0.056	84	2 200	123.20
		6 000	10	1 750	0.024	42	1 200	28.80
	7	5 000	11	2 000	0.007	14	400	2.80
		6 000	12	2 333.33	0.003	7	－600	－1.80
合　计			—	—	1.000	2 096.85	—	280

在不确定条件下运用概率的方法进行本量利分析，由于考虑了多种可能及其相应概率，因此其分析结果将更为合理并贴近实际。

二、非线性条件下的本量利分析

前述的本量利分析是建立在收入、成本与产销量呈完全线性关系这一假定基础之上的，即假定产品的售价及单位变动成本不随产销量的变动而变动，可保持相对稳定。这一假定是会计学家从“相关范围”角度出发所作出的，因而在相关范围内仍然有效。但是，我们也应该看到，在激烈的市场竞争条件下，在产品的寿命周期不断缩短的今天，这种“相关范围”业已呈现出逐渐缩小的趋势，因而若从更宽泛的角度看，收入、成本与产销量并非像人们所假定的那样保持着完全线性关系。假如在市场供求关系的影响下，销售数量增加的同时，销售价格往往要下降，即所谓的薄利多销，此时销售收入与产销数量之间不再具有完全线性关系，而是呈现出收入增长率低于产销量增长率的曲线型关系。同样的，这种情况在成本总额与产销量之间也时有发生。例如，在某种产品生产的初期阶段，由于管理水平、操作方面的熟练程度和生产规模等因素的影响，其单位变动成本可能较高。然而，随着产量的增加，操作熟练程度的提高和管理水平的改善，其单位变动成本会呈现出下降的趋势；但当产量增加超过一定范围时，由于职工加班工资及其他相关费用的增加，又可能使单位变动成本呈上升趋势。这样，成本总额增长率与产销量增长率相比，也就出现了先高后低继而再高的情况，即成本总额与产销量之间呈现出曲线型关系，如图 4 - 2 所示。

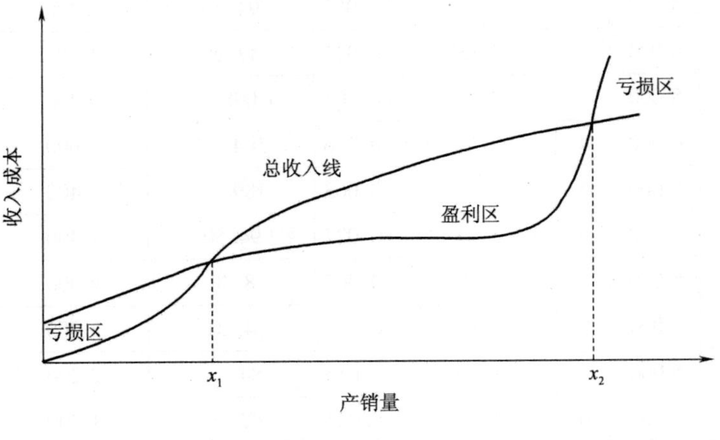

图 4 - 2

由图 4 - 2 不难看出，在非线性条件下进行本量利分析与传统的线性状态下的本量利分析相比，至少具有以下两点不同：一是保本点通常为两个或两个以上；二是存在着利润最大化问题。下面通过举例对其分别加以说明。

【例 4 - 24】假定某企业依据有关收入、成本及产销量的历史数据资料，运用非线性回归模式建立如下收入和成本函数式：

收入函数　$T_s(x)=200x-2x^2$；

成本函数　$T_c(x)=500+80x+2x^2$（其中，每单位 x 为 1 000 件）。

要求：根据上述资料，确定该企业的保本点及实现利润最大时的产销量。

解：(1)保本点计算如下：

因为

$$\text{利润}(E)=T_s(x)-T_c(x)=200x-2x^2-(500+80x+2x^2)$$
$$=-500+120x-4x^2$$

令 $E=0$，解得：$x_1=5$ 千件；$x_2=25$ 千件。

(2)确定最大利润时的产销量。利润最大化的条件是使利润函数的一阶导函数值等于零，二阶导函数值小于零，且就现实经济生活而言，产品产销量必须大于零。

即：$\frac{dE}{dx}=0$；$\frac{d^2E}{dx^2}<0$；且 $x\geqslant0$。

因为

$$E=-500+120x-4x^2$$

所以

$$\frac{dE}{dx}=120-8x \qquad \frac{d^2E}{dx^2}=-8<0$$

故有极大值。

令 $\frac{dE}{dx}=0$，解得：$x=15$ 千件。此时利润最大，其利润额为：

$$E=[(-500+120\times16-4\times15^2)\times1\ 000]\text{元}=400\ 000\text{元}$$

了解非线性条件下的本量利分析，有助于企业全面把握成本、业务量与利润之间的内在联系，为企业合理确定生产规模，实现最佳效益提供决策依据。

第五节　作业成本法下的本量利分析

某企业的管理人员一直使用本量利模型来预测企业达到目标利润时的产销量水平。

在传统预测方法下，甲产品的相关信息及管理人员的预测如表 4 - 8 所示。

表 4 - 8

项　　目	单位产销量变动成本（元/件）	固定成本（元）
直接材料	50	
直接人工	60	
变动制造费用	56.4	

续表

项　目	单位产销量变动成本(元/件)	固定成本(元)
固定制造费用		200 000
	单价(元/件)	金额(元)
售价	248.4	
目标利润		354 100

预测企业达到目标利润的产销量为：

(354 100 + 200 000)元 ÷ [248.4 − (50 + 60 + 56.4)]元/件 ≈ 6 757 件

作业成本法下，甲产品的相关信息及管理人员的预测如表 4－9 所示。

表 4－9

项目	成本动因	单位作业成本(元/件)	年作业量(件)	固定成本(元)
直接材料	产量(件)	50		
直接人工	产量(件)	60		
装配	机器工时(小时)	28.2	5 000	
材料采购	订单数量(张)	10	600	
物料处理	材料移动(次)	60	350	
起动准备	准备次数(次)	0.2	500	
质量控制	检验时间(小时)	21.05	2 000	
产品包装	包装次数(次)	25	200	
工程处理	工程处理时间(小时)	17.5	5 000	
管理				65 000
	单价(元/件)		金额(元)	
售价	248.4			
目标利润			354 100	

预测企业达到目标利润的产销量为：

(354 100 + 65 000 + 28.2 × 5 000 + 10 × 600 + 60 × 350 + 0.2 × 500 + 21.05 × 2 000 + 25 × 200 + 17.5 × 5 000)元 ÷ [248.4 − (50 + 60)]元/件 ≈ 5 215 件

作业成本法下达到目标利润的预计产销量为 5 215 件，明显与传统本量利模型下预测的结果不同。这种差别产生的原因主要是作业成本法下费用数据的计算，一方面要分析计算与各种业务量都无关的费用，同时还要分析与产量无直接关系但与其他业务量有关的费用。这样，使得企业在运用本量利分析模型进行利润预测的同时，掌握企业不同费用发生的动因，为进一步控制费用，实现利润目标奠定基础。

本章小结

本章介绍了本量利分析的含义及假定；本量利的基本方程式、边际贡献及相关指标的计算；保本点及保利点分析。在保本点分析中，较系统地阐述了在单一品种和多品种生产条件下确定保本点的各种方法。在保利点分析中，分别就实现目标利润应完成的销售量、销售额，应控制的成本水平必须争取的销售价格等分析测算方法加以说明，并就因素变动对保本、保利点及安全边际的影响加以揭示。此外，本章还对利润敏感性指标和营业杠杆系数的测算及应用做了说明，并对放宽假定条件下本量利分析的有关技术作了探讨性介绍。应该指出，全章所述及的内容是以本量利的基本方程式（即 $E = px - bx - a$）为核心展开的。保本点分析即以其为基础，在假定利润为零的条件下开展分析；而保利点分析则是保本点分析的一种拓展。至于利润的敏感性分析，则是在这一等式的基础上就各因素变动对利润影响程度所进行的分析。因此，从这一意义上说，本量利的基本方程式是全章所述理论与方法的基础和核心，紧紧抓住这一点对于深入了解全章内容具有重要意义。

案例分析

案例一　某小镇加油站本量利分析

一、资料

在某小镇中有一个加油站，油站内附设一杂货商店。该商店在本地社区的销售额每周可达1 800元。除此之外，到加油站买汽油的顾客也会光顾此商店。油站经理估计，平均每100元花费在汽油上的车主便会花费30元购买商店的商品，而且在汽油销售量波动时，这一比率仍维持不变。该商店在本地社区的销售与出售给车主的部分是相互独立的。现已知汽油的边际贡献率为18%，商品的边际贡献率为25%；现行汽油销售价格为0.6元/升，每周预计汽油销售量为16 000升；场地每周的固定成本是1 200元，每周员工薪金固定为800元。油站经理非常关心将来的销售额，因为近期某项公路发展计划可能会夺去油站的生意，而汽油销售是利润最为敏感的因素。要求：

1. 计算现行每周利润。
2. 以升为单位，计算汽油销售的保本点。
3. 如果汽油销售量减至8 000升，会有多少利润。

4. 由于公路发展，汽油销售量减至8 000升，但又想保持第1项计算得出的每周现行利润，假设成本不变，此时每升汽油的售价应为多少？

二、分析

1. 现行每周利润的计算如下：

项　　目	收入(元)	边际贡献率	边际贡献额(元)
汽油销售	9 600	18%	1 728
商品销售：			
关联	2 880	25%	720
本地社区	1 800	25%	450
合　计	14 280		2 898

$$固定成本=(1\ 200+800)元=2\ 000元$$

$$利润=(2\ 898-2\ 000)元=898元$$

2. 汽油销售保本点的计算。在计算汽油销售保本点时，可剔除本地社区商品销售的影响，即以固定成本总额减除本社区商品销售的边际贡献后的差额作为汽油销售引起固定成本支出部分。因此，汽油销售保本点的计算如下：

$$每升平均边际贡献=\frac{(1\ 728+720)元}{16\ 000升}=0.153元/升$$

$$保本点销售量=\frac{(2\ 000-450)元}{0.153元/升}=10\ 131升$$

3. 当汽油销售减至8 000升时，其利润计算如下：

项　　目	收入(元)	边际贡献率	边际贡献额(元)
汽油销售	4 800	18%	864
商品销售：			
关联	1 440	25%	360
本地社区	1 800	25%	450
合　计	8 040		1 674

$$固定成本=(1\ 200+800)元=2\ 000元$$

$$利润=(1\ 674-2\ 000)元=-326元$$

4. 销量减至8 000升，维持原有利润水平的汽油销售价格的计算。

要维持原有利润水平，汽油和关联销售所需边际贡献为：

$$(1\ 728+720)元=2\ 448元$$

由于汽油的边际贡献率为18%，因此其变动成本为0.492元/升。当销售量为8 000升时，其变动成本总额为3 936元。

设调整后的汽油价格为 p 元/升，则关联销售为：

$$0.3\times 8\,000p=2\,400p$$

因为　$(8\,000p-3\,936)+0.25\times 2\,400p=2\,448$

所以　$p=0.7423$

即欲维持原有利润水平，调整后的汽油售价约为 0.74 元/升。

案例二　信达公司本年度利润的敏感性分析

一、资料

信达公司产销单一产品，在过去的数年中，销售量以稳定的增长率上升，但近年来由于同类厂家日益增多，使得该产品的市场竞争日趋激烈。公司经理认为，下一年度销售量要保持原有的增长率，必需推出有力的广告。为此，公司的会计师为协助经理筹划此项动议，提供了该公司本年度有关产销的情况及财务资料如下：

①单位变动成本	
直接材料	36 元/件
直接人工	14 元/件
制造费用	10 元/件
合　计	60 元/件
②固定成本总额	480 000 元
③单位销售价格	100 元/件
④本年度预计销量	20 000 件
⑤所得税税率	40%

公司预计下年度销售目标为 22 000 件产品。

要求：

1. 计算本年度税后净利润。

2. 计算本年度保本点。

3. 计算本年度利润对各有关因素的敏感度指标。

4. 若计划年度公司经理预计追加的广告费支出将使固定成本上升的幅度为 10%，试计算在此情况下企业可实现的税后净利润。

5. 若计划年度增加广告费后，欲维持上年的税后净利润水平，试计算计划年度应完成的产销变动率。

6. 若计划年度期望目标税后利润为210 000元,试计算公司可追加的广告费限额。

二、分析

1. 本年度税后净利润为:

$$[(100-60)\times 20\ 000-480\ 000]元\times(1-40\%)=192\ 000元$$

2. 本年度保本销售量为:

$$480\ 000元\div(100-60)元/件=12\ 000件$$

3. 利润对价格的敏感度指标为:

$$(100\times 20\ 000\div 320\ 000)\times 1\%=6.25\%$$

利润对单位变动成本的敏感度指标为:

$$(60\times 20\ 000\div 320\ 000)\times 1\%=3.75\%$$

利润对产销量的敏感度指标为:

$$(40\times 20\ 000\div 320\ 000)\times 1\%=2.5\%$$

利润对固定成本的敏感度指标为:

$$480\ 000\div 320\ 000\times 1\%=1.5\%$$

4. 计划年度可实现的税后净利润为:

$$[(100-60)\times 22\ 000-480\ 000\times(1+10\%)]元\times(1-40\%)=211\ 200元$$

5. 计划年度应完成的产销量为:

$$[480\ 000\times(1+10\%)+192\ 000\div(1-40\%)]元\div(100-60)元/件=21\ 200件$$

计划年度应完成的产销变动率为:

$$(21\ 200\div 20\ 000-1)=6\%$$

或

$$\{[192\ 000\div(1-40\%)+48\ 000]\div 320\ 000-1\}\div 2.5\%\times 1\%=6\%$$

6. 公司可追加的广告费限额为:

$$(100-60)元/件\times 22\ 000件-210\ 000元\div(1-40\%)-480\ 000元=50\ 000元$$

案例三　家政服务中心的服务价格降价决策

一、资料

D物业公司在服务住宅区内开设了一家家政服务中心,为住宅区内住户提供钟点家政服务。家政服务中心将物业公司现有办公用房作为办公场所,每月固定分摊物业公司折旧费、水电费、电话费等共计4 000元。此外,家政服务中心每月发生其他固定费用900元。

家政服务中心现有两名管理人员，负责接听顾客电话、安排调度家政工人以及其他管理工作，每人每月固定工资2 000元；招聘家政工人50名，家政工人工资采取底薪加计时工资制，每人除每月固定工资350元外，每提供1小时家政服务还可获得6元钱。

家政服务中心按提供家政服务小时数向顾客收取费用，目前每小时收费10元，每天平均有250小时的家政服务需求，每月按30天计算。

根据目前家政工人的数量，家政服务中心每天可提供360小时的家政服务。为了充分利用现有服务能力，家政服务中心拟采取降价10%的促销措施，预计降价后每天的家政服务需求小时数将大幅提高。

要求：

1. 计算采取降价措施前家政服务中心每月的边际贡献和税前利润。

2. 计算采取降价措施前家政服务中心每月的盈亏临界点销售量和安全边际率。

3. 降价后每月家政服务需求至少应达到多少小时，降价措施才是可行的？此时的安全边际是多少？

二、分析

1. 降价前家政服务中心每月的边际贡献和税前利润为：

$$边际贡献 = 250 \times 30 \times 10 - 250 \times 30 \times 6 = 30\ 000 元$$

$$固定成本 = 4\ 000 + 900 + 2\ 000 \times 2 + 350 \times 50 = 26\ 400 元$$

$$税前利润 = 30\ 000 - 26\ 400 = 3\ 600 元$$

2. 降价前每月的盈亏临界点销售量和安全边际率是：

$$盈亏临界销售量 = 26\ 400/(10 - 6) = 6\ 600 小时$$

$$安全边际率 = (250 \times 30 - 6\ 600)/(250 \times 30) = 12\%$$

3. 降价后的最低销售量及安全边际。假设最低销售量为X小时，那么等式$X[10 \times (1 - 10\%) - 6] = 30\ 000$成立，解得最低销售量为10 000小时。

$$安全边际 = [10\ 000 - 26\ 400/(9 - 6)] \times 9 = 10\ 800 元$$

案例四 盈亏平衡点分析

一、资料

甲公司拟加盟乙服装连锁集团，乙集团对加盟企业采取不从零开始的加盟政策：将达到盈亏平衡点条件的自营门店整体转让给符合条件的加盟商；加盟商经营协议期5年，加盟时一次性支付120万元加盟费；加盟期内，每年按年营业额10%

向乙集团支付特许经营使用费和广告费。甲公司预计于2018年12月31日正式加盟，目前正进行2019年度盈亏平衡分析。其他相关条件如下：

(1)面积100平方米，每平方米每年租金1 500元。

(2)为扩大营业规模，新增一项固定资产，原值5万元，直线法折旧，折旧年限为5年(无残值)。

(3)服装每件售价1 000元，变动制造成本率为40%，每年正常销售1 600件，每年固定成本、变动成本率保持不变。

要求：

1. 计算每年固定成本总额、单位变动成本、盈亏临界点销售额及正常销量时的安全边际率。

2. 如果计划每年目标税前利润120万元，计算销量。

3. 其他条件不变，如果销售价格上浮15%，以目标税前利润120万元为基数计算目标税前利润变动百分比及目标税前利润对单价的敏感系数。

4. 如果计划每年目标税前利润达到120万元且销量4 000件，计算可接受的最低售价。

二、分析

1. 计算如下：

每年固定成本总额 = 120/5 + 100 × 1 500/10 000 + 5/5 = 40 万元

单位变动成本 = 1 000 × (40% + 10%) = 500 元

边际贡献率 = (10 00 − 500)/1 000 × 100% = 50%

盈亏临界点销售额 = 40/50% = 80 万元

正常销售额 = 1000 × 1 600/10 000 = 160 万元

安全边际率 = (160 − 80)/160 × 100% = 50%

2. 销量的计算为：

单位边际贡献 = 1 000 − 500 = 500 元

目标税前利润120万元时的销量 = (120 + 40) × 10 000/500 = 3 200 件

3. 单价上浮15%，则：

单位边际贡献 = 1 000 × (1 + 15%) × 50% = 575 元

税前利润 = 3 200 × 575/10 000 − 40 = 144 万元

税前利润变动百分比 = (144 − 120)/120 × 100% = 20%

税前利润对单价的敏感系数 = 20%/15% = 1.33

4. 假定单价为 x，则：

$$4\ 000 \times x \times 50\%/10\ 000 - 40 = 120$$

$$x = 800 \text{ 元}$$

案例五　生产经营的调整和决策

一、资料

甲公司是一家智能机器人制造企业，目前生产 A、B、C 三种型号机器人，最近几年该行业市场需求变化较大，公司正进行生产经营的调整和决策。相关资料如下：

（1）预计 2018 年 A 型机器人销量 1 500 台，单位售价 24 万元，单位变动成本 14 万元；B 型机器人销量 1 000 台，单位售价 18 万元，单位变动成本 10 万元；C 型机器人销量 2 500 台，单位售价 16 万元，单位变动成本 10 万元；固定成本总额 10 200万元。

（2）A、B、C 三种型号机器人都需要通过同一台关键设备加工，该设备是公司的关键限制资源，该设备总的加工能力为 5 000 小时，A、B、C 三种型号机器人利用该设备进行加工的时间分别为 1 小时、2 小时和 1 小时。

要求：

1. 为有效利用关键设备，该公司 2018 年 A、B、C 三种型号机器人各应生产多少台？营业利润总计多少？

2. 基于要求 1 的结果，计算公司 2018 年的加权平均边际贡献率、加权平均盈亏平衡销售额，以及 A 型机器人的盈亏平衡销售额、盈亏平衡销售量、盈亏临界点作业率。

3. 假设公司根据市场需求变化，调整产品结构，计划 2019 年只生产 A 型机器人，预计 2019 年 A 型机器人销量达到 5 000 台，单位变动成本保持不变，固定成本增加到 11 200 万元，若想达到要求 1 的营业利润，2019 年公司 A 型机器人可接受的最低销售单价是多少？

4. 基于要求 3 的单位售价、单位变动成本、固定成本和销量，分别计算在这些参数增长 10% 时营业利润对各参数的敏感系数，然后按营业利润对这些参数的敏感程度进行排序，指出对营业利润而言哪些参数是敏感因素。

二、分析

1. 为有效利用关键设备，该公司应生产 A 型机器人 1 500 台，C 型机器人 2 500 台，B 型机器人 500 台：

营业利润总计 = 23 800 万元

2. 根据分析 1 中的计算结果，该公司 2018 年：

加权平均边际贡献率 = 40%

加权平均盈亏平衡销售额 = 25 500 万元

A型机器人的盈亏平衡销售额 = 10 800 万元

A型机器人的盈亏平衡销售量 = 450 台

A型机器人的盈亏临界点作业率 = 30%

3. 假设可接受的最低销售单价是 P,则:

$$(P-14)\times 5\ 000-11\ 200=23\ 800$$

$$P=21 \text{ 万元}$$

4. (1)单价增长10%:

变化后的营业利润 = 34 300 万元

营业利润变动百分比 = 44.12%

营业利润对单价的敏感系数 = 4.41

单位变动成本增长10%:

变化后的营业利润 = 16 800 万元

营业利润变动百分比 = −29.41%

营业利润对单位变动成本的敏感系数 = −2.94

销量增长10%:

变化后的营业利润 = 27 300 万元

营业利润变动百分比 = 14.71%

营业利润对销量的敏感系数 = 1.47

固定成本增长10%:

变化后的营业利润 = 22 680 万元

营业利润变动百分比 = −4.71%

营业利润对固定成本的敏感系数 = −0.47

(2)敏感程度由大到小的顺序是:单价、单位变动成本、销量、固定成本。

(3)敏感系数的绝对值大于1的因素属于敏感因素,所以单价、单位变动成本、销量属于敏感因素。

思考题

1. 什么是本量利分析?它有何内容与用途?
2. 什么是边际贡献?它有何表现形式?如何计算?
3. 什么是保本点?什么是保利点?如何测算?
4. 什么是安全边际?什么是保本作业率?如何计算?
5. 各因素变动对保本、保利点及安全边际的影响如何?
6. 什么是敏感性分析?利润对各因素的敏感性指标如何计算?其作用如何?
7. 什么是营业杠杆?营业杠杆系数如何计算?其作用如何?

练习题

1. 某公司生产经营甲产品，单位变动成本为30元/件，预计销售600件；公司固定成本为8 000元，目标利润为4 000元。

试问：为保证实现目标利润，销售价格应定为多少？

2. A公司只生产销售一种产品，售价为5元/件，单位变动成本为2元/件，全月固定成本为30 000元。现月销售量为28 000件。

要求：

(1)测算保本点。

(2)计算安全边际。

(3)测算税前利润。

3. A公司经市场调查，预测单位产品售价如提高到6元/件，其他条件不变，全月可销售20 000件。

请重新计算以下各项：

(1)在新情况下的保本点、安全边际和预计可实现的税前利润。

(2)需要销售多少件产品，才能使税前利润比提价后的税前利润再增加10%。

(3)如果每月需要增加广告费6 000元，且要实现税前利润60 000元，产品销售量应为多少？

4. 依据下列有关资料，填写出相应的未知量(每种情况均为独立的)。

(1)单一产品：

序号	销售价格(元/件)	销售数量(件)	变动成本(元)	固定成本(元)	单位边际贡献(元/件)	税前利润(元)
1		600	18 000		20	2 000
2	60			12 000	30	9 000
3	40	500	5 000	16 000		

(2)多种产品：

序号	销售金额(元)	变动成本(元)	边际贡献率	固定成本(元)	税前利润(元)
1	40 000		20%		2 000
2		28 000		12 000	30 000
3	56 000	39 200		6 800	

5. 某公司生产经营 A,B 两种产品,固定成本为60 000元,其中 A 产品专属部分为12 000元。两种产品都是对甲材料进行加工,A 产品单位甲材料标准用量为50 千克,B 产品单位甲材料标准用量为 70 千克。A 产品售价为 45 元/件,单位变动成本为 25 元/件;B 产品售价为 88 元/件,单位变动成本为 60 元/件。假定对 A,B 两种产品负担的固定成本按材料的标准耗用量分配。

要求:试测算 A,B 产品的保本点和企业的综合保本点。

6. 某公司生产经营甲、乙、丙三种产品,固定成本为45 900元。甲产品、乙产品、丙产品的销售单价分别为 100 元/件、120 元/件和 160 元/件,单位变动成本分别为 80 元/件、90 元/件和 112 元/件,销售量分别为 600 件、500 件和 500 件。

要求:试以加权平均法测算企业的综合保本点、各产品的保本点及全部产品盈利额。

7. 某企业只经营一种产品,本月实际销售 7 000 件;销售价格为 50 元/件,单位变动成本为每件 30 元,固定成本为 120 000 元。

要求:

(1)计算安全边际率、保本开工率和销售利润率。

(2)如果其他条件不变,要求销售利润率达到 16%,计算销售量应为多少。

8. 某企业生产经营一种产品,基期销售价格为 60 元/件,单位变动成本为 36 元/件,销售量为 1 000 件,固定成本为 20 000 元。

要求:

(1)计算基期保本销售额和税前利润。

(2)如果计划期价格上升 10%,单位变动成本上升 12%,销售量减少 5%,固定成本降低 1%,试测算计划期保本销售额和税前利润。

(3)如果将计划期目标利润定为 8 000 元,各有关因素应作何变动才能保证目标利润的实现。

(4)回答如果要保证经营该产品不亏损,应把有关因素控制在什么范围内?

9. 某企业基期固定成本为 80 000 元,销售量为 500 件,利润为20 000元。

要求:

(1)计算营业杠杆系数。

(2)如果计划期追加 8 000 元广告费,预计销量将增长 20%,计算利润将是多少。

(3)如果计划期目标利润为 40 000 元,固定成本保持在88 000元水平,计算需要增加多少销售量。

练习题参考答案

1. 销售价格为 50 元/件。

2. 保本销售量为 10 000 件,保本销售额为 50 000 元,安全边际量为18 000件,安全边际额为90 000元,安全边际率为 64.29%,预计利润为54 000元。

3.(1)保本销售量为 7 500 件,保本销售额为 45 000 元,安全边际量为12 500件,安全边际额为75 000元,安全边际率为 62.5%,预计利润为50 000元。

(2)需销售21 250 件。

(3)销量应为 24 000 件。

4.(1)①50,10 000;②700,21 000;③30,-1 000。

(2)①32 000,6 000;②70 000,60%;③30%,10 000。

5. A 产品保本销售量为 1 600 件,保本销售额为 72 000 元;B 产品保本销售量为1 000件,保本销售额为88 000元;综合保本销售额为160 000元。

6. 综合保本销售额为 180 000 元;甲、乙、丙产品的保本销售额分别为54 000元、54 000元、72 000元;其保本销售量分别为 540 件、450 件、450 件;全部产品税前利润为5 100 元。

7.(1)安全边际量为 1 000 件,安全边际率为 14.29%,保本开工率为85.71%,销售利润率为 5.72%。

(2)销售量应为 10 000 件。

8.(1)基期保本销售额为 50 000 元,基期利润为 4 000 元。

(2)计划期保本销售额为 50 888 元,计划期利润为 4 596 元。

(3)①提高售价 4 元(提高 6.67%)提到 64 元/件;②降低单位变动成本 4 元(降低 11.11%),即变动成本降低为 32 元/件;③增加产品销售量 167 件(增加 16.7%),即销售量增至 1 167 件;④固定成本降低 4 000 元(降低 20%),即固定成本降至 16 000 元。

(4)①控制销售价格,使其不低于 56 元/件;②控制单位变动成本,使其不高于 40 元/件;③控制销售量,使其不低于 833 件;④控制固定成本,使其不高于 24 000元。

9.(1)营业杠杆系数为 5。

(2)利润将达到 32 000 元。

(3)产品销售量需要增加 140 件。

第五章

经营决策

学习要点与要求

通过本章的学习，要求掌握相关成本、专属成本、机会成本、付现成本、重置成本、沉没成本等重要概念；深入理解差别损益分析法、相关损益分析法、单位资源贡献边际法和最优数学模型法的基本原理；学会运用这些方法分析和解决经营决策中的实际问题。

第一节　经营决策概述

管理会计的一项主要任务，是为决策提供相关信息的收集、整理、加工服务。这就要求对决策本身应有一个正确的认识和理解，只有这样，才能知道它需要什么样的信息，从而为决策活动提供更为适用、准确的信息，并且恰当地利用这些信息对被选方案进行分析和评价，最终实现为经营管理服务、提高企业经营管理水平的目标。

一、经营决策的概念

决策就是人们在充分考虑各种可能的前提条件下，基于对客观规律的认识，对事先形成的各种行动方案进行分析、比较，最终选择出最优方案的过程。简单地说，决策就是要在一系列备选方案中选择一个方案并予以实施。会计人员参与决策活动，主要是参与调查研究，设计、分析和评价方案的优劣，而并非最后决断。

按照决策影响所及的时间长短，可将其分为长期决策和短期决策。通常认为，决策影响所及的时间超过一年的属于长期决策，而决策影响所及不超过一年的属于短期决策。大多数改变企业生产能力的投资决策就属于长期决策，而如何充分利用现有生产能力为企业创造更多盈利的决策就属于短期决策。本章所研究的内容属于后者。

短期经营决策是指决策结果通常只会影响或决定企业近期（历年或者一个经营周期）经营活动的方向、方法和策略，它侧重于从资金、成本和利润等方面对如何充分利用企业现有资源及经营环境，以取得尽可能高的经济效益而实施的决策。

短期决策通常具有战术性决策的特点，但是必须强调指出的是：短期决策通常具有长期后果。举例来说，如果某公司正在考虑用自制零部件来替代外购零部件，其直接目的是为了降低产品的制造成本。这个战术性决策可能就是该公司建立成本领先优势地位这一总战略决策中的一个具体的实施步骤。所以，我们可以认为战术性决策通常是服务于战略决策的小规模经营活动。

此外，按照决策对象的不同，还可以将其分为销售决策、生产决策和财务决策。本章所述内容多属于销售决策和生产决策的范围。按照决策涉及的管理领域，可将其分为经营决策、计划决策、控制决策和组织决策等。

二、短期经营决策研究的主要内容

短期经营决策的内容涉及面很广，但概括起来主要包括生产决策和销售决策两大类。

（一）生产决策

生产决策主要是指短期（如 1 年）内，在生产领域中，围绕着是否生产某种产品，生产什么产品，怎样生产产品以及生产多少产品等方面的问题而展开的决策。它具体包括：新产品开发的品种决策、是否接受特别或追加订货的决策、是否转产或生产某种产品的决策、亏损产品是否停产的决策、零部件取得方式的决策以及产品生产的最优组合的决策，等等。

（二）销售决策

销售决策主要是指短期（如 1 年）内，在企业销售环节中，围绕着如何确定销售产品价格水平的问题而展开的决策。这类决策通常采用的方法是：成本导向定价法、需求导向定价法和特殊情况为导向的定价方法，等等。

三、短期经营决策中常用的成本概念

（一）相关成本和非相关成本

相关成本是指与特定决策方案有关的、能够对决策产生重大影响的、在分析时必须加以充分考虑的成本。非相关成本是指与特定决策方案无关的、在对决策进行分析评价时不必加以考虑的成本。

例如，某企业生产出一批残次品，对于它们的处理方案有两个：一个是降价销售;另一个是修复之后按正常价格再行出售。有关资料及两个方案的对比见表5－1。

表5－1　　降价销售与修复后出售的比较分析　　单位:元

项　　目	降价销售	修复后出售	差额
收入	6 000	12 000	6 000
生产成本	10 000	10 000	0
修理费用	—	3 000	(3 000)
销售及管理费	2 000	2 000	0
利润	(6 000)	(3 000)	3 000

从表5－1不难看出,生产成本属于无关成本,因为它是过去已经发生了的成本,所以,无论采取哪个方案都无法改变其发生额;销售及管理费也是与当前决策无关的成本,因为无论采取哪个方案它的发生额都是一样的。所有这些与方案选择无关的成本,均称其为非相关成本。只有降价出售或修复后再行出售所得的收入,以及为修复而发生的修理费支出,才是与当前决策有关的因素。这些收入称其为相关收入,而修理费支出则称其为相关成本。我们在进行决策时,只要分析研究相关成本和相关收入,而不必考虑非相关因素。

(二)增量成本和沉入成本

增量成本就是因实施某项行动方案而发生的成本增加额,如果不实施该方案,增量成本是可以避免的。根据这个定义,增量成本属于相关成本,因为它的发生直接受决策的影响,即:执行该方案,增量成本就会发生;反之,则可以避免。例如,在企业决定是否接受某项特别订货时,接受订货的变动总成本(特别订货数量×单位产品变动成本)就是增量成本,它是该方案的相关成本。

就表5－1中所列数据而言,修复后再行出售,所发生的修理费用即为该方案的增量成本。也就是说,与该方案相关的增量成本为3 000元,相关收入为6 000元。这样,相关收入减去相关成本(两个方案在净收益上的差额)为3 000元,即修复后出售比直接降价出售为企业减少损失3 000元。所以,修复后再出售这个方案更好些。

应该注意的是:与方案选择相关的成本只有增量成本。如果某项成本在两个方案中的数额相同,那么这项成本就是与方案选择无关的成本。因此,增量成本可以作为相关成本的同义语来使用。增量成本除了变动成本之外,有时还会表现为固定成本的形式。

沉入成本是指已经发生而在以后决策中不能改变的成本。如果说沉入成本不受决策的影响,那么它就是与决策无关的非相关成本。例如,在上述直接出售还是修复后出售的决策中，在形成残次品的过程中发生的生产成本就属于沉入成本，这部分成本是过去已经发生的成本，对于目前的两个待决策方案来说都是不能改变的成本数额；而且这部分成本在两个待选方案中数额相同，不会形成两个方案比较中的增量成本，因此，它是与目前决策无关的成本。

（三）重置成本和账面成本

重置成本，是指目前从市场上购买一项企业原有资产所需支付的成本，一般称之为现实成本和变现价值。

重置成本直接对应的概念是账面成本，即一项资产在账簿中所记录的成本。企业的资产通常是按照历史成本和实际成本记入账簿的。

有些被选方案涉及动用企业现有资产的问题，在分析评价这类问题时，不能根据账面成本来估价，而应该根据重置成本来估价。换句话说，账面成本是非相关成本，而重置成本才是与决策相关的相关成本。例如，某商业企业现有某种库存商品，其账面单位成本为 100 元/件，可是目前市场上的重置成本为 150 元/件，在制定这部分库存商品售价时，如果按照历史成本来考虑售价，则只要将售价定为 120 元/件，企业就可以认为每件获利 20 元。但是，在该商品售出后，若企业再按照重置成本补进同种商品，就会发现企业原来制定的售价不仅不会获得利润，实际上是在每件产品的销售过程中发生亏损 30 元。由此可见，在制定售价时，应以重置成本 150 元/件作为定价基础来考虑，才不至于发生决策失误。

（四）机会成本

机会成本，是指放弃另一个方案提供收益的机会而实行本方案时，该项失去的潜在收益，就是实行本方案的一种代价，称为本方案的机会成本。

例如，某企业目前有闲置资金 10 万元，可用于购买公开发行的企业债券（年利息率为 10%），若企业购买这种债券，每年将获得利息收入 1 万元。该企业在做出是否购买这种债券的决策时，不能孤立地只看到这样一个方案，还应分析判断有无其他的投资机会，并估计确认其他的投资机会的潜在收益会有多少。如果该企业还有一个购买金融债券的机会（债券年利息率为 12%），每年可获利息收入 1.2 万元，显然购买企业债券就不如购买金融债券合算，因为企业为此失去的潜在收益 1.2 万元大于购买企业债券可获得的收益 1 万元，即此时机会成本已高于原方案的收益，所以方案的优劣次序就会发生改变。也就是说，这时企业购买金融债券才是最优方案，而且购买企业债券可得到的 1 万元利息收入，就成为购买金融债券方案的机会成本。

机会成本不是我们通常意义上的成本，它不是一种实际支出和费用，而是失去的收益。这种收益不是实际的而是潜在的。机会成本总是针对某一个具体方案而言的，离开被放弃的那个方案，机会成本则无从确定。

机会成本在决策中的意义在于：它有助于我们全面考虑可能采取的各种方案，

以便为有限的资源寻求最为有利的使用途径。

(五)付现成本

付现成本也称为现金支出成本,是指那些需要实际动用现金来进行支付的成本。对于那些资金紧张的企业来说,在选择决策方案时,他们会把现金支出成本作为考虑问题的重点。有些时候,企业的决策者宁可用付现成本最低的方案来取代收入最高的方案。在这种情况下,付现成本比总成本指标意义更加重大。

如果企业目前面临是否接受一项订货的决策,在企业生产能力有剩余的情况下,我们预计这一方案的成本时,必须估计到接受订货不可避免地要发生的付现成本,包括直接材料、直接人工和变动制造费用支出,等等。这些成本是未来实施这一方案将会发生的相关成本。此时,非相关成本是设备的折旧和其他固定性费用。因为这些费用并不会因接受订货而发生增加,所以它们是非相关成本。付现成本和变动成本并非同一概念。付现成本有时也可能以固定成本的形式出现,比如说企业为接受这批特别订货还要添置专用工具和模具等,此时,付现成本表现为固定成本的形式。这些费用与订货数量无关,同时又要动用现金来进行支付。

以上介绍的成本概念,只是决策中经常使用的成本概念的一部分,其他相关概念将会在使用过程中陆续予以介绍。

第二节　经营决策的基本分析方法

经营决策的分析评价方法可以分为差额分析法和最优分析法两大类。

一、差额分析法

差额分析法是依据下面的主要观点而提出的,即在进行决策分析时,只考虑受决策方案影响的那些收入和成本,而对于其他所有不相关的因素均不予考虑。这样,在差额分析中,起作用的只有那些引起收入总额或成本总额变动的因素,即最终选用方案所引起的总收入和总成本的增减差额来作为判断方案优劣的标准。差额分析法主要是针对两个方案需进行比较时所采用的方法,其目的是要确定两个方案中哪一个方案对企业总体更为有利。这种方法实质上是属于一种“短中取长”的方法,即它只能回答两个方案中哪一个方案更好。假设这两个待选方案都不是最好的,则从中选出的方案也不可能是最好的。

差额分析法在决策分析中是一种最常用的方法,我们不论是在短期决策还是长期决策当中,都会经常用到这种方法。

差额分析法采用的具体格式有两种:一种是差别损益计算法;另一种是相关损益计算法。备选方案如果只有两个,可以采用差别损益计算法;备选方案如果是在两个以上,则需要采用相关损益计算法。现将这两种方法的格式,分别列示于表

5－2和表5－3中。

表5－2中，差别损益等于差别收入与差别成本之差，表示企业采取方案一可以多得的利润；差别收入等于两个方案相关收入之差；差别成本等于两个方案相关成本之差。

表5－2　　差别损益计算

项　目	方案一	方案二	差额
相关收入	A_1	A_2	A_3
相关成本	B_1	B_2	B_3
差别损益			P_3

注：$A_3=A_1-A_2$；$B_3=B_1-B_2$；$P_3=A_3-B_3$。

表5－3　　相关损益计算

项　目	方案一	方案二	方案三
相关收入	A_1	A_2	A_3
相关成本	B_1	B_2	B_3
×××			
×××			
×××			
相关损益	C_1	C_2	C_3

在决策时，若差别损益数额大于零，方案一优于方案二；若差别损益数额等于零，说明两个方案效益相同；若差别损益数额小于零，方案二优于方案一。

表5－3中，A_1，A_2，A_3分别为三个方案的相关收入；B_1，B_2，B_3分别为三个方案的相关成本；C_1，C_2，C_3分别为每个方案相关收入与相关成本之差。采用相关损益计算法，只要选取相关损益一栏中数额最高的方案，即为最优方案。通过相关损益计算，可以对两个以上的方案按照优劣次序进行排序。

二、最优分析法

最优分析法主要研究如何合理安排和分配企业的各种有限资源，并且从多种可行的方案中找出能够使资源充分发挥潜力，使价值指标最大化（例如，使利润最大化）或者最小化（例如，使成本最小化）的方案。解决这类问题时，通常需要采用线性规划、动态规划、存储理论等数学和运筹学的方法。在最优分析中，并不需要事先设计一个或几个备选方案，而是通过分析过程，最终形成一个最优方案。

短期经营决策通常不改变现有生产能力，而且由于决策涉及的时间较短，因此在分析时不考虑货币的时间价值和风险价值。短期经营决策主要以现有生产能力能够得到最高利润为目标，这只是由财务评价的特点所决定的，但这并不意味着企业可以不考虑非经济目标。非经济目标也称为定性因素，在应用成本效益分析及其决策时，其重要性绝不亚于定量因素或可以用货币计量的因素。大多数被选方案中都隐含着这样一些非财务性因素。这些非财务性因素中，包括决策中的人际关系（例如，员工士气、公共关系、人员素质）以及不能用货币确切计量的长远影响等。管理人员在做出决策之前，必须充分考虑这些定性因素。

第三节　生产决策

“生产决策”主要研究如何充分利用现有生产能力，解决工业企业生产什么、生产多少和是否应停止生产某种产品等决策问题。

一、新产品开发品种决策

如果企业有剩余生产能力可供使用，或者可利用过时老产品腾出来的生产能力，在有几种新产品可供选择而每种产品都不需要增加专属固定成本时，可以采用边际贡献分析法，选择提供贡献毛益总额最多的方案。如果是两种方案进行比较，也可以采用差额损益分析方法，选择贡献毛益总额多的方案或单位资源边际贡献大的方案。

【例5－1】某企业现准备推出一种新产品。目前有两种产品A和B，企业要从两种产品中选择一种产品作为新产品推向市场。该企业可利用的生产能力为30 000机器小时，请你为该企业做出选择新产品的决策。有关A，B产品的详细资料见表5－4。

表5－4

项目＼产品	A产品	B产品
单件机器工时（小时）	0.5	1
单价（元/件）	25	40
制造成本		
变动成本（元/件）	15	20
固定成本（元）	300 000	300 000
销售及管理成本		
变动成本（元/件）	3	3
固定成本（元）	8 000	8 000

由于该企业现有的生产能力为30 000小时，因此，在考虑选择哪一种产品作为新产品时，应设法计算出哪一种产品可以使企业在有限的生产能力中获得最高的利润数额。为此，首先要计算出在30 000机器小时内，该企业能够生产产品的最大数量。

$$A产品产量 = \frac{30\ 000工时}{0.5工时/件} = 60\ 000件$$

$$B产品产量 = \frac{30\ 000工时}{1工时/件} = 30\ 000件$$

下面将按照两种产品的产量计算出生产两种产品的损益情况(见表5－5)。

表5－5　　差别损益分析表　　单位:元

项　　目	生产A产品	生产B产品	差额
销售收入	1 500 000	1 200 000	300 000
销货成本			
变动成本	900 000	600 000	300 000
固定成本	300 000	300 000	0
销售及管理成本			
变动成本	180 000	90 000	90 000
固定成本	8 000	8 000	0
成本合计	1 388 000	998 000	390 000
净收益	112 000	202 000	(90 000)

从表5－5中可以看出,两个方案的收入差额为300 000元,而总成本差额为390 000元,这样两个方案收入差减去成本差得到的净收益差额为－90 000元。这表明生产B产品的方案比生产A产品的方案能够多赚取利润90 000元。所以,该企业应选择生产B产品的方案。

通过上述计算可以看出,该企业选择新产品时,两个新产品方案没有固定成本差异。所以,在这种情况下,可以通过直接比较两种产品的边际贡献总额来判定应选择的产品。

A产品边际贡献总额＝(25－15－3)元/件×60 000件＝420 000元

B产品边际贡献总额＝(40－20－3)元/件×30 000件＝510 000元

计算表明,生产B产品比生产A产品可以多获得利润90 000元(510 000元－420 000元)。

既然比较边际贡献总额可以对这类问题做出决策,那么比较单位工时内的边际贡献也可以对这类问题做出评价。

$$单位资源边际贡献 = \frac{单位产品边际贡献}{单位产品资源消耗定额}$$

A产品单位资源边际贡献＝(25－15－3)元/件÷0.5小时/件＝14元/小时

B 产品单位资源边际贡献 = (40 - 20 - 3)元/件 ÷ 1 小时/件 = 17 元/小时

生产 B 产品在一个小时内比生产 A 产品多创造 3 元边际贡献，该企业可利用的工时共有 30 000 小时，所以总共可以多创造边际贡献 90 000 元（3 元/小时 ×30 000小时）。

二、增产产品的决策

在多品种产品生产中，企业有时会面临选择增加哪种产品的问题。当企业有部分剩余生产能力时，除了推出新产品以外，还可以考虑增产现有的产品，以使生产能力得到更充分的利用。这时，也可以利用边际贡献进行选择。

在分析这类问题时，不应根据单位产品利润的高低和产品销售利润率的高低来作为评价标准，而应计算出剩余的生产能力用于哪种产品的生产可以带来更多的边际贡献。

【例 5 - 2】某企业现在生产 A，B，C 三种产品，有关资料见表 5 - 6。该企业生产能力为10 000机器小时，目前利用率达到 90%。固定成本年发生额为9 000元，按机器小时数分配给三种产品，每机器小时分摊 1 元。

表 5 - 6

项目 \ 产品	A	B	C
产销量(件)	1 000	1 000	1 000
单价(元/件)	20	22	12
单位变动成本(元/件)	8	16	8
单位边际贡献(元/件)	12	6	4
分摊固定成本(元/件)	5	3	1
单位产品利润(元/件)	7	3	3
销售利润率(%)	35	14	25
单位产品机器工时(小时/件)	5	3	1
每机器小时边际贡献(元)	2.4	2	4

解：如果根据单位产品利润或销售利润率指标来进行选择，似乎应增产 A 产

品。剩余的1 000机器小时可增产 A 产品 200 件(1 000小时 ÷5 小时/件)。由于生产能力被全部利用,每机器小时分摊固定成本金额下降到 0.9 元(9 000元 ÷10 000机器小时)。此时,该企业的总利润为15 400元。利润计算见表 5 -7。

表 5 -7　　A,B,C 三种产品的损益计算　　单位:元

项　　目	A	B	C	合计
产销量(件)	1 200	1 000	1 000	—
销售收入	24 000	22 000	12 000	58 000
变动成本	9 600	16 000	8 000	33 600
边际贡献	14 400	6 000	4 000	24 400
固定成本	5 400	2 700	900	9 000
利润	9 000	3 300	3 100	15 400

然而增产 A 产品并不是最好的选择,因为 C 产品的单位机器小时边际贡献为 4 元,若将剩余的生产能力1 000小时用于增产1 000件 C 产品,可获得边际贡献 4 000元,这比用于生产 A 产品可多获得边际贡献1 600元。由此可见,对于这类问题进行决策时,应根据各种产品单位机器小时内边际贡献的大小,以此作为评价标准来选择增产的产品品种。这一决策标准的正确性,可根据全部产品的损益计算来进行验证,详情见表 5 -8。

表 5 -8　　单位:元

项　　目	A	B	C	合计
产销量(件)	1 000	1 000	2 000	—
销售收入	20 000	22 000	24 000	66 000
变动成本	8 000	16 000	16 000	40 000
边际贡献	12 000	6 000	8 000	26 000
固定成本	4 500	2 700	1 800	9 000
利　　润	7 500	3 300	6 200	17 000

1 000小时的生产能力用于生产 C 产品比用于生产 A 产品多创造的边际贡献为:

$$(4-2.4)\text{元/工时}\times 1\ 000\ \text{工时}=1\ 600\ \text{元}$$

三、停止亏损产品生产的决策

对于一个生产多品种产品的企业,如果某种产品属于亏损产品,则企业就会考虑是否停止生产这种产品。对于这类问题,有些人可能会认为,停止亏损产品的生产,企业的盈利会有所增加,但实际上有时并非如此。

【例5-3】某企业目前的三种产品损益状况如表5-9所示。

表5-9

单位:元

项　　目	产品A	产品B	产品C	合计
销售收入	10 000	18 000	22 000	50 000
销货成本				
变动成本	4 000	4 800	18 400	27 200
边际贡献	6 000	13 200	3 600	22 800
固定成本	2 750	4 500	8 300	15 550
利润	3 250	8 700	(4 700)	7 250

从表5-9中可以看出,C产品可以创造边际贡献3 600元。若简单停止该产品的生产,则企业会减少边际贡献收入3 600元,而分配给该产品的固定成本8 300元却不会减少,只不过转移给A产品和B产品来负担。此时,企业不但不会增加利润,反而会减少利润3 600元,因此不能停止C产品的生产。

亏损产品是否停产的决策是一个复杂的多因素综合考虑过程,一般应注意以下几点:

1. 如果亏损产品能够提供贡献毛益额,弥补一部分固定成本,一般不应停产;如果亏损产品不能提供贡献毛益额,通常应考虑停产。

2. 亏损产品能够提供贡献毛益额,也并不意味着一定要继续生产亏损产品。如果存在使企业获得贡献毛益的机会,如转产或出租生产亏损产品的固定资产,则应停止亏损产品的生产。

四、亏损产品转产的决策分析

在上述问题中,C产品属于亏损产品,若想改变其亏损状况,可以考虑增加该种产品的产销数量,以达到增加边际贡献总额的目的,最终使该产品成为盈利产品。该产品实现扭亏需要增加的产量可计算如下。

假设C产品销售单价为11元/件,单位变动成本为9.2元/件,则其增产数量为:

$$(8\ 300-3\ 600)\text{元}\div(11-9.2)\text{元/件}=2\ 612\text{件}$$

可见,只要 C 产品增加产销量 2 612 件以上,即可成为盈利产品。

如果 C 产品市场销售量已达饱和状态,那么还可以考虑增加另外两种产品的生产数量。

假定 A,B 两种产品的单价分别为 10 元/件和 15 元/件,单位变动成本均为 4 元/件,则:

A 产品的增产数量为:

$$3\ 600\text{ 元} \div (10-4)\text{元/件} = 600\text{ 件}$$

B 产品的增产数量为:

$$3\ 600\text{ 元} \div (15-4)\text{元/件} = 328\text{ 件}$$

以上计算表明,只要 A 产品增加产销量 600 件以上或者 B 产品增加产销量 328 件以上,即可使企业利润总额比目前水平有所增加。至于能否实现这一预期目标,要由这两种产品的市场销售情况而定。

若该企业 A,B,C 三种产品的销售均已达到饱和状态,企业可用新产品 D 来取代原有产品 C 的生产,则此时应考虑新产品 D 所创造的边际贡献是否大于它所替代的原有老产品 C 的边际贡献。

【例 5－4】某企业正准备用新产品 D 来替代原有亏损产品 C,新产品和原有老产品的损益状况如表 5－10 所示。

表 5－10　C,D 两种产品的损益状况　单位:元

项　目	C 产品	D 产品
销售收入	22 000	15 000
变动成本	18 400	12 000
边际贡献	3 600	3 000
固定成本	8 300	8 300
利　润	(4 700)	(5 300)

从表 5－10 的计算比较可以看出,新产品 D 所创造的边际贡献只有3 000元,小于老产品 C 所创造的边际贡献3 600元。所以,如果用新产品 D 替代原有亏损产品 C 的生产,将会使企业利润减少 600 元(3 000元－3 600元),即该企业利润总额会下降到6 650元(7 250元－600 元或3 250元＋8 700元－5 300元)。

五、是否接受追加订货的决策

(一)问题产生的背景

有些企业在完成了目前生产任务后,生产能力还有一定的剩余,这时,若顾客要求追加订货或者提出特别订货(特别订货通常带有一些特殊要求),这种追加订

货和特别订货,顾客要求的价格往往比较低,通常会低于企业正常销售的价格,有时甚至会低于该产品的完全生产成本。

(二)本类问题的决策标准

由于企业现有生产能力成本已全部由正常生产任务负担,特别订货和追加订货可以不负担这部分固定成本,因此,与本类决策相关的成本只有专属成本。这时,企业可接受的订货单价要视具体情况而定。

1. 当特别订货不需要追加专属固定成本,同时也不挤占正常生产任务时,与决策相关的成本只有生产特别订货的变动成本。此时,特别订货单价可确定为:

$$\text{特别订货单价} \geqslant \text{单位变动成本}$$

2. 当特别订货需要追加专属固定成本,但是不挤占正常生产任务时,在相关成本中除了单位变动成本之外,还应包括专属固定成本,即:

$$\text{特别订货单价} \geqslant \text{单位变动成本} + \text{专属固定成本} \div \text{订货数量}$$

3. 当特别订货不仅需要追加专属固定成本,而且还会挤占正常生产任务,使正常生产边际贡献减少时,考虑的相关成本应包括变动成本、专属固定成本和正常生产任务被挤占所造成的边际贡献损失,即:

$$\text{特别订货单价} \geqslant \text{单位变动成本} + \frac{\text{专属固定成本} + \text{正常生产边际贡献损失额}}{\text{订货数量}}$$

【例5-5】企业全部生产能力为1 000件,目前正常的产销量为800件。现有一项特别订货,订货量为200件,单价为7元/件,企业的正常售价为10元/件,该产品变动成本为6元/件。问该企业能否接受这一特别订货单价?若特别订货数量由200件上升到400件,同时订货商要求提供特别包装,为此企业需购入包装机器一台,价值400元。此时,企业可以接受的特别订货单价应是多少?

解:现将计算结果列示于表5-11中。

表5-11 单位:元

项　目	正常销售		特别订货	
	方案一	方案二	方案一	方案二
产销量(件)	800	600	200	400
销售收入	8 000	6 000	1 400	2 800
变动成本	4 800	3 600	1 200	2 400
边际贡献	3 200	2 400	200	400
固定成本	1 200	1 200	—	400
利润	2 000	1 200	200	0

表5-11的计算结果表明:方案一中,该企业正常生产量为800件时,可获得利润2 000元。如果特别订货数量为200件,则不会冲击正常生产任务,特别订货

的边际贡献会增加企业利润，使企业利润总额达到2 200元（2 000元 +200 元）。方案二中，特别订货数量上升到 400 件。此时，企业要接受特别订货就必须压缩正常生产任务，使正常生产量从 800 件下降到 600 件。此时，如果特别订货单价仍然为 7 元/件，则企业正常生产边际贡献会减少 800 元（3 200元 －2 400元），从而使正常生产利润减少 800 元，下降到1 200元。这样，正常生产可以获得的利润与特别订货的利润合计为1 200元（1 200 元 +0）。所以，这时企业若接受特别订货，不仅没有增加利润，反而会比完成正常生产任务 800 件时的利润还要低 800 元（2 000元 －1 200元）。

这时，只有提高销售单价，企业才有可能接受特别订货。其特别订货单价为：

特别订货单价≥6 元/件 +［（3 200 －2 400）+400］元 ÷400 件 =9 元/件

这说明特别订货的单价至少应为 9 元/件。此时，单价中包括：单位变动成本 6 元；专属固定成本 1 元和特别订货挤占正常生产任务所造成的边际贡献损失 2 元。这是能够保证企业接受特别订货时，利润不低于正常生产任务（800 件）所能带来的利润数额的最低价格。换句话说，如果企业特别订货价格在 9 元/件以上，就可以使企业利润总额高于完成正常生产任务 800 件时的利润数（2 000元）。

六、自制还是外购的选择

对于有些复杂的装配式制造企业，经常会遇到装配产品所需要的零部件是自己生产还是从市场上购买的决策问题。这类问题的特殊性在于：决策中不涉及相关收入，各方案只能比较和分析相关成本数额，即选择相关成本数额最低的方案作为最优方案。

【例 5 －6】某企业现在需要某种零部件，月需求量为5 000件，相关成本资料见表5 －12。要求做出该种零部件是自制还是外购的选择。

表 5 －12

项　　目	自制	外购
需求量（件/月）	5 000	5 000
单位产品成本（元/件）	17	18
变动总成本（元）	85 000	90 000
专属成本（元）	1 000	—
成本总额（元）	86 000	90 000

从表 5 －12 中可以看出：每月需求量为 5 000 件时，自制方案成本总额低于外购方案的成本总额，此时自制方案为优。

零部件是自制还是外购的选择问题,有时也可以演化为求解需求数量的问题。因为,零部件的自制和外购总成本可以绘制出成本图形,如图5-1所示。

$y=b_1x$ 是外购成本直线方程,$y=a+b_2x$ 是自制成本直线方程。从图形中我们可以看出:外购的成本直线单位变动成本较高,但是这条成本直线的固定成本较低($a_1<a_2$),有时甚至为零(本例中 $a_1=0$);自制的成本直线方程固定成本较高,而单位变动成本较低($b_2<b_1$)。由于两条成本直线具有上述特点,因此,他们必然会相交于一点,这一点我们称其为“成本无差别点”。成本无差别点在 x 轴上的投影 x_0,我们称其为成本无差别点产量。需求量在这一点时,两个方案的成本总额相等,均为 y_0。当年需求量低于成本无差别点时,外购方案总成本会低于自制方案总成本,此时应选择外购;如果需求量高于成本无差别点时,自制方案总成本会低于外购方案的总成本,此时以自制为宜。这样,就可以将这一类问题分析评价的标准,转化为对成本无差别点的求解,只要找到了成本无差别点,就可以对在任何一个需求量之下,应采用自制还是外购的方案问题作出判断。

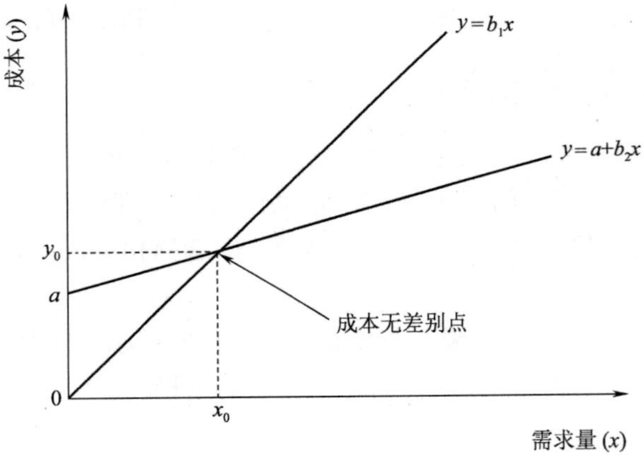

图5-1

以下我们将计算上例中的成本无差别点。

$$\begin{cases} y=18x \\ y=1\ 000+17x \end{cases}$$

解得:

$$x_0=1\ 000\text{ 件}$$

这说明当月需求量高于1 000件时,该企业应该选择自制这种零部件的方案;当月需求量低于1 000件时,该企业则应选择外购这种零部件的方案。

七、半成品立即出售或进一步加工的选择

某些制造企业生产的产品，可以按照不同的加工程度组织经营。例如，可以以半成品的形式出售，也可以继续加工成产成品再行出售。因此，这类企业就会面临对上述产品究竟是直接出售，还是继续加工后再行出售的会计决策问题。

在这类决策中，继续加工之前的半成品、联合产品或副产品的成本（无论是变动性成本还是固定性成本）都属于过去已经发生的成本，即无关成本。相关成本只包括为了继续加工而发生的一系列成本。

对这类问题进行分析时，主要通过比较中间产品和最终产品两种方案的损益差别来完成。

【例5－7】某企业生产甲半成品，单位变动成本为40元/件，销售单价为60元/件，年产量为1 000件。若继续加工为产成品之后再行出售，每件将发生变动加工成本80元，产成品的销售单价为150元/件。如果企业具备继续加工1 000件甲半成品的能力，不需要追加专属固定成本，而且企业深加工能力无法转移。则可以采用差别损益分析法来比较两个方案（见表5－13）。

表5－13　差别损益分析表　单位：元

项　目	进一步加工为甲产成品	直接出售甲半成品	差额
相关收入	150×1 000＝150 000	60×1 000＝60 000	＋90 000
相关成本	80 000	0	＋80 000
加工成本	80×1 000＝80 000	0	
差别损益			＋10 000

表5－13的计算结果表明：进一步加工为产成品的方案会比直接出售半成品的方案多获利10 000元，所以该企业应选择进一步加工为产成品之后再行出售的方案。

八、产品最优组合的确定

（一）问题产生的背景

工业企业生产产品，经常会受到人力、设备、资金、厂房等各种资源的约束，产品生产的总规模不能超越这些限制条件。由于每种产品的盈利水平不同，就会存在一个如何合理利用现有资源，选择最优产品组合，以使企业取得尽可能大的盈利的问题。

研究此类问题时，通常并不改变企业现有的生产能力，因此可以视固定成本为

非相关成本。这时，能够使边际贡献达到最大数额的产品组合也就是能够使利润最大的产品组合。所以，产品最优组合的确定标准是能够使企业边际贡献达到最大化。

(二)解决此类问题的具体方法

1. 图解法。其具体步骤是：

(1)建立线性规划模型，并且设立目标方程式。

(2)设立约束条件方程式。

(3)在直角坐标系中，绘制出约束条件直线。

(4)寻求最优解。

【例5－8】某企业生产甲、乙两种产品，这两种产品的生产受到表5－14所列条件的限制。

解：(1)建立线性规划模型，横轴 x 代表甲产品，纵轴 y 代表乙产品。

表5－14

项　　目	单位边际贡献（元/件）	最大订货量（件）	原材料消耗定额（千克）	机器工时定额（小时）	电力消耗定额（千瓦小时）
甲产品	4	50	1	8	4
乙产品	8	30	3	5	6
最大可用量	—	—	90	400	240

目标方程式为：

$$S_{max}=4x+8y$$

式中：S_{max}代表企业边际贡献最大值。

(2)上述目标边际贡献最大值会受到下列约束条件的限制：

$x+3y\leqslant 90$　（原材料消耗定额）；　　*AB* 线

$8x+5y\leqslant 400$　（机器工时定额）；　　*CD* 线

$4x+6y\leqslant 240$　（电力消耗定额）；　　*EF* 线

$0\leqslant x\leqslant 50$；　　*DG* 线

$0\leqslant y\leqslant 30$。　　*AH* 线

(3)在直角坐标图中，绘制出以上约束直线方程(见图5－2)。

(4)由于最优产品组合解会出现在 *OAIJD* 围成的区域内，并且将会产生在这4个顶角点上。所以，要求解出这4个点的坐标，并且将这4个点的坐标分别代入目标方程，以计算出边际贡献数额。最后，通过比较，从中选出最优产品组合。计算比较过程见表5－15。

从图5－2中可以看出：符合各项约束条件的可行解会出现在 *OAIJD* 围成的区域内。按照数学极值原理，各个顶角点可能会存在最大值(*I* 点是 *AB* 线和 *EF* 线的

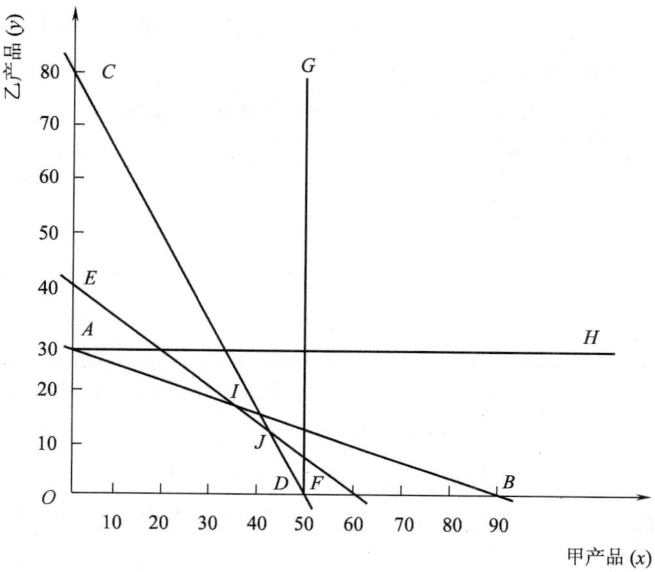

图 5－2

交点，*J* 点是 *EF* 线和 *CD* 线的交点）。

表 5－15

顶点	产品生产数量(x,y)	边际贡献总额(元)
O	(0,0)	S＝0
A	(0,30)	S＝240　(8×30)
I	(30,20)	S＝280　(4×30＋8×20)
J	(42,12)	S＝264　(4×42＋8×12)
D	(50,0)	S＝200　(4×50)

表 5－15 的计算结果表明，产品最优组合点是 *I*。这一点的产品生产组合为(30,20)。采用这样的产品生产组合，可以使企业获得最大的边际贡献 280 元。

本法适用于企业生产产品品种只有两种的最优组合确定。若企业生产的产品品种在两种以上，则需要采用逐步测试法确定产品最优生产组合。

2. 逐步测试法。本法适用于企业生产产品的品种在两种以上的产品最优组合的确定。

采用这种方法时，通常先给定一组产品生产数量组合，并测试其边际贡献金额，在此基础上逐步加以改善，使边际贡献逐步增加，直到边际贡献无法增加为止。最终，寻找出测试过程中能够使边际贡献达到最大的一组产品生产组合，即为要寻找的最优产品组合。

【例5-9】仍以例5-8为例来进行说明。如果该企业要求两种产品均安排生产,则第一次测试时,优先安排边际贡献较高的乙产品的生产数量,则各项资源利用状况及企业盈利情况如表5-16所示。

表5-16 第一次测试:优先安排乙产品的生产数量

项目	产量(件)	原材料(千克)	机器工时(小时)	电力资源(千瓦小时)	边际贡献(元)
甲产品	15	15	120	60	60
乙产品	25	75	125	150	200
合计	—	90	245	210	260
剩余能力	—	0	155	30	—

初次测试方案是否为最优方案,需要通过进一步测试,即增加甲产品产量,减少乙产品产量,观察边际贡献总额是否有继续增加的可能后再进行判断。第二次测试:增加甲产品产量,同时减少乙产品产量,计算结果如表5-17所示。

第二次测试时,边际贡献增加,而且机器工时利用更加充分,说明这种产品组合较第一次要好。以下将进行第三次测试:进一步增加甲产品产量,同时减少乙产品产量,测算边际贡献如何变化,见表5-18。

表5-17 第二次测试:增加甲产品产量,减少乙产品产量

项目	产量(件)	原材料(千克)	机器工时(小时)	电力资源(千瓦小时)	边际贡献(元)
甲产品	20	20	160	80	80
乙产品	23	69	115	136	184
合计	—	89	275	216	264
剩余能力	—	1	125	24	—

表5-18 第三次测试:继续增加甲产品产量,减少乙产品产量

项目	产量(件)	原材料(千克)	机器工时(小时)	电力资源(千瓦小时)	边际贡献(元)
甲产品	30	30	240	120	120
乙产品	20	60	100	120	160
合计	—	90	340	240	280
剩余能力	—	0	60	0	—

第三次测试,边际贡献是三次中最高的,且原材料和电力得到充分利用,这表明已达到产品最优组合。如果进一步测试,会发现边际贡献将会下降。所以,该企业产品生产数量最优组合就是(30,20)。

第四节 定价决策

企业为其产品和劳务制定合理的售价，乃是销售环节的一项重要决策内容。定价过低，企业的总收入会因此而下降，利润减少，有时甚至会造成产品生产成本无法补偿；反之，定价过高，企业在市场上将会失去竞争优势，造成销量下降，同样也会导致总收入水平下降，最终结果依然会使利润减少。所以说，销售决策就是定价决策，即企业应为其销售的产品选择最适当的售价，以保证企业能够取得足够的销售收入来补偿其生产成本并取得尽可能多的利润。

对于不同的产品应采用不同的方法来制定售价，因此，不存在唯一合理的定价方法。同时，对于国家已规定了统一价格的产品，企业只能按规定价格进行销售，此时企业没有决定售价的权利。对于实行浮动价格和自由定价的产品，企业可以根据市场状况、产品类型以及企业自身情况等因素来制定其售价。

一、理论上的定价模型

依据经济学原理，产品价值应由社会必要劳动时间决定，同时受供求关系的影响。因此，随着销售量的增加，市场供应量增多，价格将呈现下降趋势，企业总收入的增加趋势会逐渐减缓。同时，在企业内部，生产单位产品的成本也会相应发生变化。随着销售数量的增加，在产品生产的开始阶段，资源的利用状况会逐渐得到改善，单位产品成本会下降。但随着销售量的不断增加，达到一定程度时，一些不经济因素开始出现，生产效率开始恶化，单位成本会随之上升。因此，在销量变化的过程中，总成本和总收入曲线将呈现出如图 5－3 所示的变化态势。

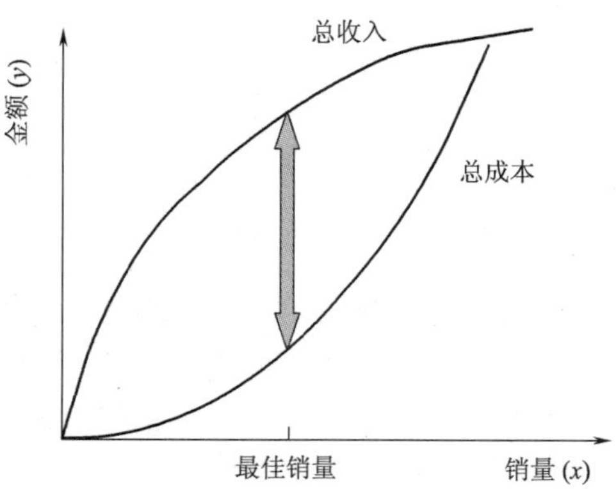

图 5－3

从理论上讲,产品销售存在一个最优售价,它是能够使总收入与总成本差额最大的销售价格,即能够使利润最大的价格。这一最优售价就是图 5－3 中最佳销量所对应的销售价格。

【例 5－10】某企业生产销售一种产品,产品的售价、销售量、收入及成本资料如表 5－19 所示。

表 5－19 中的“边际收入”,是指增加一个单位产品销售量时收入的增加额。由于价格不断下降,边际收入呈递减趋势。“边际成本”,是指增加一个单位产品生产时所引起的成本增加额。由于企业生产效率变化,边际成本呈现出图式中的凹形曲线变化趋势。“边际利润”是指增加一个单位产品销售时的利润增加额。这个指标既可以用边际收入减去边际成本来得到,也可以利用产量变动时总利润数额的变动数计算得到。

表 5－19

销售量（件）	单价（元/件）	总收入（元）	边际收入（元/＋1 件）	单位成本（元/件）	总成本（元）	边际成本（元/＋1 件）	边际利润（元/＋1 件）	利润（元）
①	②	③＝①×②	④	⑤	⑥	⑦	⑧＝④－⑦	⑨
1	25	25	—	26.0	26	—	—	－1
2	23	46	21	17.5	35	9	12	11
3	21	63	17	14.0	42	7	10	21
4	19	76	13	11.8	47	5	8	29
5	17	85	9	10.0	50	3	6	35
6	15	90	5	9.0	54	4	1	36
7	13	91	1	8.6	60	6	－5	31
8	11	88	－3	8.5	68	8	－11	20
9	9	81	－7	8.7	78	10	－17	3
10	7	70	－11	9.0	90	12	－23	－20

从表 5－19 中可见,当销售量为 6 个单位时,即销售单价为 15 元/件时,利润将达到最大值。这时边际收入和边际成本最为接近,或者说边际利润最接近于 0。当销售量低于 6 个单位时,每增加一个单位的产品销售量,收入的增加超过成本的增加,即边际收入大于边际成本,此时增加销售量可以使利润上升。当销售量高于 6 个单位时,成本的增加大于收入的增加,即边际成本大于边际收入,此时增加销售量反而会使利润下降。所以在制定产品售价时,应选择边际收入等于边际成本

(即边际利润为零时)所对应的销售量和相应价格,它能够使企业获得最大的利润额。如果通过计算没有发现边际利润为零的情况,则边际利润大于零的最小值(正数最小值)所对应的销售量和单价组合,将会是使企业获得最大利润的单价,即它是理论上的最优售价。

理论定价模型可以为定价指明方向,但是,它在实际应用时却会遇到很多困难:

第一,理论定价模型是以利润最大化作为单一经济目标,没有考虑定价中的其他目标(如稳定市场价格、防止竞争对手进入、市场占有率扩大以及如何才能使企业尽早收回现金等)。

第二,影响企业价格制定因素不仅包括顾客因素,还有竞争对手、中间商、政府法令法规限制、原材料供应价格等等,这些因素在理论定价模型中并未加以考虑。

第三,影响销售量的因素也有很多,不仅包括价格,还有广告、经营策略、产品质量、售后服务等。这些因素在理论定价模型中也未考虑进去。

第四,采用理论定价模型时,价格与销售量之间的函数关系很难确定,这一问题妨碍了这种方法的实际应用和推广。

总之,理论定价模型尽管在理论上是健全的,但是由于这种模型过于简化,许多定性因素难于考虑在内,并且难以取得计算所需的数据,因此在实际工作中很难直接应用。

尽管如此,理论定价模型还是为实际定价工作指明了方向。考虑到其他一些相关因素,可以在实际工作中选择以下方法作为理论定价模型的辅助方法。这些实际工作中采用的方法,尽管在理论上并不十分完善,但却是行之有效的方法。这些方法主要包括三大类:需求导向定价方法、竞争导向定价方法、成本导向定价方法。这三大类互为依存,无论采用哪一种定价方法都必须考虑另外两个方面的问题,只不过是有主次之分。在管理会计中,主要研究成本导向定价问题,这种定价方法所使用的数据资料,主要来自于会计记录。而另外两种定价方法,则很少使用到会计信息。

二、成本导向定价方法

(一)成本加成定价法

企业为了保证自身的生存及发展,在制定产品售价时必须考虑能够收回全部生产成本、管理成本和推销成本,并且还应为投资提供合理的报酬。考虑到以上几点,企业在对其主要产品制定长期价格时多采用成本加成定价方法。其计算公式为:

$$价格=\frac{总成本\times(1+加成率)}{产销量}=单位成本(1+加成率)$$

式中的“单位成本”可以有以下三种选择：

第一，生产和销售产品的全部成本，包括制造成本、管理成本和推销成本。此时，加成率指标为全部成本加成率，加成部分将为企业提供利润。

第二，产品的制造成本。此时，加成率只是制造成本加成率，加成部分为企业提供管理成本、推销成本和利润。

第三，产品的变动成本，包括变动生产成本、变动推销成本和变动管理成本。此时，加成率为变动成本加成率，加成部分将为企业提供固定成本和利润。

加成率的确定要依据历史经验数据。在大多数行业中都有规定的或是流行的百分率。对于那些没有可比较的标准加成率的企业，可根据企业的目标利润或者期望的投资报酬率来自行设定加成率。

成本加成定价法的主要缺点在于没有充分考虑市场情况。因此在使用本方法时，不应拘泥于计算结果，而应按市场情况做出相应调整。企业也不应对全部产品都采用同一个成本加成率，而应考虑到各种产品的特点、同行业惯例以及市场需求情况等因素，分别制定出不同的加成率。

成本加成定价法虽然有时不能最终确定价格，但它提供的数据对于经营管理人员制定价格是必不可少的。首先，在定价决策中有许多不确定性因素，成本加成定价所确定的目标售价，给经营管理者提供了一个定价基点。其次，对于产品品种众多的企业，有时对于每一项产品做出详细的本量利（CVP）分析是不可能的，而成本加成定价法却提供了一个简便快捷的计算办法，它至少可以使企业及早确定一个暂定价格，以后，企业可以根据实际情况再行调整。同时，采用行业既定加成率来确定价格，还可以使经营管理者从自己产品的价格中推断出自己企业的成本在同行业中是否具有竞争力。

（二）损益平衡定价法

损益平衡定价方法，主要是根据本量利分析原理创造出来的一种定价方法。在这种方法下，通常并不提供特定的价格水平，它只提供一系列销售数量之下的保本销售价格。这个价格水平是企业所能接受的最低价格水平，因此，它所提供的数据资料，在决定是否投产某种产品或是在价格谈判中，具有重要参考价值。

【例 5 - 11】某企业生产一种产品，为此发生专属固定成本10 000元。该产品的单位变动成本为 8 元/件，该企业经理正准备就该种产品价格问题与顾客商谈，请会计师提供有关的谈判基础数据资料。

解：因为

$$总收入 = 价格 \times 销量$$

$$成本总额 = 固定成本 + 单位变动成本 \times 销量$$

在损益平衡时，总收入 = 总成本，即：

$$价格 \times 销量 = 固定成本 + 单位变动成本 \times 销量$$

所以

$$价格=\frac{10\ 000元}{销量}+8$$

依据这一价格计算公式,可以得出很多组价格和销售量;同时,对于一个任意给定的销售量,也可以马上计算出一个相应的价格。(见表5-20)

表5-20

价格(元/件)	55	50	40	35	30	25
销量(件)	213	239	313	371	455	589

在表5-20的计算资料中,当销售量确定时,利用上述公式和资料将会给我们提供最低价格数据,以供谈判时参考;当价格确定时,这些资料能够为企业提供可以接受的最低产销量。

同时,损益平衡定价法也可以用于有目标利润的情况,这只需对上述公式作简单调整,即可得到下列计算公式:

$$价格=\frac{固定成本+目标利润}{销量}+单位变动成本$$

这样,只需将有关数据代入上公式中,即可计算出考虑到企业目标利润所需要的价格和销售量。

第五节 作业成本法下的短期决策问题

在这里我们主要针对零件自制与外购的决策问题。最近,公司生产甲产品所使用的一种主要零部件的价格上涨到10.6元/件,这种零件每年需要5 000件。由于公司有剩余生产能力并且没有其他用途,现只需再租用一台设备即可制造这种零件,设备的年租金为20 000元。管理人员对零件是自制还是外购的问题进行了决策分析。

根据传统成本计算法提供的信息,这种零件的预计制造成本如表5-21所示。

表5-21

项 目	单位零件成本(元/件)	成本总额(元)
直接材料	0.6	3 000
直接人工	2.4	12 000
变动制造费用	2.6	13 000
共耗固定成本		1 500

传统方法下自制与外购的分析如表5-22所示。

表 5－22　　单位:元

自制差别成本:		
直接材料	(5 000×0.6)	3 000
直接人工	(5 000×2.4)	12 000
变动制造费用	(5 000×2.6)	13 000
专属固定成本		20 000
合计		48 000
外购差别成本:		
购买成本	(5 000×10.6)	53 000
自制零件节约的成本		5 000

表 5－21 的成本项目中,共同耗用固定成本是非相关成本,在分析中不予考虑。分析结果显示:自制差别成本为 48 000 元,小于外购差别成本 53 000 元,即自制零件可节约 5 000 元。所以,管理人员应选择自制零件。

但是,通过成本动因分析并经过作业成本计算,管理人员发现有一部分共同耗用固定成本可以归属到这种零件,其预计制造成本如表 5－23 所示。

表 5－23

项目	成本动因	单位作业成本(元/件)	年作业量(件)
直接材料	产量(件)	0.6	5 000
直接人工	产量(件)	2.4	5 000
装配	机器工时(小时)	28.2	400
材料采购	订单数量(张)	10	300
物料处理	材料移动(次)	60	60
起动准备	准备次数(次)	0.2	100
质量控制	检验时间(小时)	21.05	50
产品包装	包装次数(次)	25	10

作业成本法下自制与外购的分析(见表 5－24)。

表 5－24

单位:元

自制差别成本		
直接材料	(5 000×0.6)	3 000
直接人工	(5 000×2.4)	12 000
装配	(400×28.2)	11 280
材料采购	(300×10)	3 000
物料处理	(60×60)	3 600
起动准备	(250×0.2)	50
质量控制	(100×21.05)	2 105
产品包装	(75×25)	1 875
专属固定成本		20 000
合计		56 910
外购差别成本	(5 000×10.6)	53 000
外购零件节约的成本		3 910

利用作业成本法提供的信息进行分析后,管理人员的结论是选择外购零件。因为自制差别成本56 910元,大于外购差别成本53 000元,外购零件可节约3 910元。通过这个实例我们看到,只分析成本与业务量(产量或销量)的关系,很容易将成本分析过于简单化,从而导致成本计算信息不客观。通过成本动因的分析,使作业成本法能够提供相对准确的成本信息,管理人员则避免了不当的决策。

本章小结

本章主要以企业在日常生产经营管理中可能遇到的问题为研究起点,着重介绍了生产决策和销售决策的主要内容。目的在于:为企业的经营管理者进行日常生产经营管理提供理论上的指导思想和解决具体问题的方法。通过本章的学习,应能掌握在日常生产经营管理中可能遇到的不同问题的具体决策方法,以便为经营决策者提供有用信息。

案例分析

案例一　某清洁公司承接清洁服务的决策

一、资料

某清洁公司向客户提供三种类型的清洁服务，这三种清洁服务的收费标准和三种服务需耗用的工时情况如表5－25所示。

表5－25

项　目	大扫除	吸尘扫地	普通清洁
收费标准(元/间)	100	50	25
耗用工时(小时)	10	6	2

该公司提供上述劳务的变动成本只包括每小时支付给清洁工人的工资，工资支付标准为每小时4元。该公司全年发生固定成本合计为100 000元，公司目前只雇用10名清洁工人，每个清洁工人一周工作40小时，每年工作50周。

该公司对第二年的市场需求调查表明，上述三种服务需求数量如表5－26所示。

表5－26

项　目	大扫除	吸尘扫地	普通清洁
办公室数量(间)	1 500	2 000	3 000

请根据表5－26中的资料，计算该公司明年可能获得的最大利润数额。该公司为了取得最高利润应如何安排上述三种服务。

二、分析

这种类型的问题，是通过比较三种不同的服务能给企业带来的单位资源边际贡献，并判断哪一种劳务的边际贡献最高。据此，企业便可利用有限的资源优先安排这种劳务，以获得最高利润。

该公司资源约束因素只有一项，就是清洁工人的人数，或者说是人工工时。

列表5－27计算，以比较三种劳务，并分析确认三种劳务的优先安排次序。

表 5-27

项　　目	大扫除	吸尘扫地	普通清洁
单价(元/间)	100	50	25
单位变动成本(元/间)	40	24	8
单位边际贡献(元/间)	60	26	17
耗用工时(小时)	10	6	2
单位资源边际贡献(元/小时)	6	4.3	8.5
优先安排的次序	2	3	1

如果单纯考虑单位劳务边际贡献,则大扫除单位边际贡献最高为60元;吸尘扫地劳务单位边际贡献为26元;普通清洁劳务单位边际贡献为17元,数额最低。但是,如果按照单位边际贡献高低来安排明年的生产,则不会使企业获得最大化利润。因为企业是否能够创造最高利润,是由企业是否能在每一个工时内创造最高的边际贡献来决定的。大扫除这项劳务虽然单位边际贡献为60元,但它需要耗用10个工时才能完成,也就是说,在每个工时中只能创造6元边际贡献。而普通清洁劳务虽然单位边际贡献为17元,但是只耗用2个工时,即在每个工时中能够为企业创造8.5元边际贡献,单位资源边际贡献是最高的,所以企业应该首先安排普通清洁这项劳务。

公司可用清洁工时总额 = 10人 × 40小时 × 50周 = 20 000小时

表 5-28

项　　目	耗用清洁工时(小时)
普通清洁(3 000间办公室)	6 000
大扫除(1 400间办公室将耗尽剩余工时)	14 000
合计	20 000

由表5-28可知,该公司的全部可用工时可以提供3 000间办公室的普通清洁劳务和1 400间办公室的大扫除劳务。其利润计算如下:

边际贡献总额:	金额单位:元
普通清洁(3 000 × 17)	51 000
大扫除(1 400 × 60)	84 000
合计	135 000
减:固定成本	100 000
利润	35 000

如果该公司不是按照单位资源边际贡献来安排第二年的生产任务,而是按照三种劳务单位边际贡献的大小分配清洁工时,则利润数额会小于上述方法。

边际贡献总额:　　　　金额单位:元

大扫除(1 500 ×60)	90 000
吸尘扫地(833 ×26)	21 658
[(20 000 - 15 000) ×10/6 = 833(间)]	
合计	111 658
减:固定成本	100 000
利润	11 658

可见,对于只有一项约束因素的决策问题,应以单位资源边际贡献作为评价方案的标准。

案例二　某康乐中心的营业预算

一、资料

某康乐中心,内部包括客房部、商务中心、餐厅和健身房。该中心对于营业旺季编制了一份详细预算。按照预算估计,营业旺季将历时20周,其中高峰期为8周。客房部现有单人房80间,双人房40间,双人房的收费标价预计为单人房的150%。

根据市场预测:

客房部:单人房的每天变动成本为5美元,双人房的每天变动成本为7美元。客房部固定成本总额为170 000美元。

健身房:凡是在客房部居住的顾客每人每天收费2美元,外来散客每人每天收费5美元。健身房的健身设施固定成本总额为27 000美元。

餐厅:每个客人每天将给餐厅带来3美元的边际贡献。餐厅固定成本总额为25 000美元。

商务中心:如果出租商务中心,可以增加边际贡献总额20 000美元。

康乐中心的预订情况:营业高峰期,客房部门的所有房间已全部被预订。在其余12周内,双人房客满率为60%,单人房客满率为70%。另外,每天有散客50人。假定所有的住客和散客都使用健身房,而且都在餐厅就餐,并假定双人房每次均同时住进两个人。要求:

1. 如果要求客房部的利润为100 000美元,那么每间单人房和双人房的收费标准应定为多少?

2. 如果客房部能够实现利润100 000美元,那么康乐中心的总利润可达到多少?

二、分析

1. 为了计算方便,我们根据1间双人房的房价相当于1.5间单人房房价,并根据约当数量概念,列示计算表5-29和表5-30。

表5-29 营业高峰期(8周=7×8=56天)

房间数	客满率	租房间次	折合为出租单人房次	住客人数
单人房 80	100%	4 480	4 480	4 480
双人房 40	100%	2 240	3 360	4 480

表5-30 营业旺季其他12周(12周=7×12=84天)

房间数	客满率	租房间次	折合为出租单人房次	住客人数
单人房 80	70%	4 704	4 704	4 704
双人房 40	60%	2 016	3 024	4 032
合计	—	—	15 568	17 696

设单人房每天房价为x美元,则双人房每天房价$y=150\%x$美元。

根据“利润=收入-变动成本-固定成本”的本量利计算公式,可以得到:

$$100\,000=x(4\,480+4\,704)+150\%x(2\,240+2\,016)-[(4\,480+4\,704)\times5+(2\,240+2\,016)\times7]-170\,000$$

解得:$x=22.21$;$y=33.32$。

即单人房的房价应定为每天每间房22.21美元,双人房的房价应定为每天每间房33.32美元。

2. 整个营业旺季散客人数为:

$$50\text{人/天}\times7\text{天/周}\times20\text{周}=7\,000\text{人}$$

康乐中心总利润可见表5-31。

表5-31 利润预算表 单位:美元

客房部:		100 000
健身房:		
收入:住客=17 696×2	35 392	
散客=7 000×5	35 000	
收入小计:	70 392	
减:固定成本	27 000	43 392
餐厅:		
边际贡献=24 696×3	74 088	
减:固定成本	25 000	49 088
商务中心:		
边际贡献		20 000
利润总额		212 480

案例三　某零售商店的销售决策

一、资料

某零售商店经理现正根据商品营业额和盈利能力的最佳估计来安排下一个月商店内各柜台的销售品种（见表5-32）。

表5-32

商品品种	一个柜台的估计营业额（元）	边际贡献率（%）
糖果	18 000	20
文具	4 000	40
服装	7 200	40
唱片	6 000	50
食品	5 000	40
玩具	8 000	55
五金用具	4 000	45
园艺用品	5 000	35

该零售商店有7个柜台，每个柜台只销售一种商品，每月的固定成本发生额为20 000元。该零售商店属于某大型商业集团公司，它从总公司集中购入商品。商店的7个柜台中有两个可以放置在商店入口处，以吸引更多的顾客。根据经验估计，放在入口处的柜台其季度营业额要比原来预计数额高出一倍。

总公司并不要求该零售商店销售7种不同的商品，公司经营策略中入口处的两个柜台可以销售同样品种的商品。但是据估计，第一个柜台的营业额可以达到上述预计，而第二个柜台销售同种商品，只能达到估计销售额的50%。

要求运用边际贡献指标分析确定该零售商店销售商品的品种，使其利润实现最大化，并确定相应的利润。简单解释你的决策过程，并说明零售商店经理在做出决策前还应考虑哪些因素。

二、分析

为了达到使企业利润最大化的目标，在安排商品时，应考虑优先安排边际贡献高的商品。表5-33计算列示各种商品的营业额及边际贡献数额。

表 5－33

单位:元

项　目	营业额	边际贡献率	边际贡献	
			第一个柜台	第二个柜台
糖果	18 000	20%	3 600(2)	1 800(7)
文具	4 000	40%	1 600	800
服装	7 200	40%	2 880(4)	1 440
唱片	6 000	50%	3 000(3)	1 500
食品	5 000	40%	2 000(6)	1 000
玩具	8 000	55%	4 400(1)	2 200(5)
五金用具	4 000	45%	1 800(7)	900
园艺用品	5 000	35%	1 750	875

表 5－33 中所列(1)～(7)是按照边际贡献大小排列的顺序。从边际贡献指标来看,玩具商品(第一个柜台)边际贡献最高,以后依次为糖果、唱片、服装、玩具(第二个柜台)、食品。排名第七位的有两种商品:一个是五金用品;另一个是糖果(第二个柜台)。这两种商品从边际贡献来看数额相等,具体选择哪一种商品,应由企业的管理者结合企业的相关性分析而定。

另外,玩具和糖果两种商品边际贡献最高,如果将这两种商品安排在入口处,会为企业创造更多的利润奠定基础,因为当销售收入增加一倍时,相应的总边际贡献也是最大的。

该企业对 7 种商品的安排及利润计算见表 5－34。

表 5－34

7 个柜台安排的 7 种商品	利润(元)
(1)玩具(入口处)	(4 400×2)8 800
(2)糖果(入口处)	(3 600×2)7 200
(3)唱片	(3 000×1)3 000
(4)服装	(2 880×1)2 880
(5)玩具(第二个柜台)	(2 200×1)2 200
(6)食品	(2 000×1)2 000
(7)糖果或五金用品	(1 800×1)1 800
边际贡献合计	27 880
减:固定成本	20 000
利　润	7 880

按照这种柜台安排方式，预计企业每月可以获得利润7 880元。该企业经理人员在安排商品销售时，还应考虑其他一些相关因素：

①商店在安排商品品种时，应考虑企业长期发展的利益需要。因为商品销售品种不宜经常变动，若随意改变商品销售品种，不仅会浪费人力，还可能增加资本支出；另外，也会给顾客购买商品带来不便，造成顾客的困惑以及对该商店的不满，从而降低商品的销售额。

②商店在安排商品品种时，既要考虑到有些商品的销售有很强的季节性，又要考虑顾客的长期需要。如果商店选择了某类商品作为经营品种，就应始终提供此类商品，以保证其经营品种的完整性。

③商店在安排商品品种时，还应考虑到有些商品的销售，相互之间存在着一定的依存关系。例如，购买玩具的顾客，有可能会同时选购糖果。因此，在安排商品品种时，只安排销售一种商品，而放弃与这种商品依存关系较强的另一种商品是不明智的。

案例四　接受临时订货数量的决策

一、资料

G公司是一家生产保健器材的公司，生产两种产品：传统产品和新型产品。公司只有一条生产线，按照客户订单要求分批组织生产。公司实行作业成本管理，有关资料如下：

1. 作业同质组。G公司建立了五个作业同质组，有关说明如下：

(1)生产准备作业：包括设备调整和材料发放，属于批次水准的作业，公司以产品投产的批次数作为作业动因。

(2)机器加工作业：该项作业属于单位水准作业，由于生产机械化程度较高，设备折旧在成本库中所占比重较大，公司使用机器工时作为作业动因。

(3)产品组装作业：该项作业属于单位水准作业，由于耗用人工工时较多，公司使用人工工时作为作业动因。

(4)质量检验作业：传统产品的技术和质量都已稳定，每批产品只需抽检10%，新型产品则需逐件进行检查。公司以检验时间作为作业动因。

(5)市场推广作业：由于传统产品已进入成熟期，公司不采取广告方式扩大市场；新型产品尚处在成长期，公司每月通过广告方式扩大市场份额。

2. 单位产品成本预算。G公司预先取得的长期资源是与机器加工作业相关的机器设备和厂房。机器加工作业每月可提供的加工工时为650小时，公司按此预算的单位产品成本预算如表5－35所示。

表5－35

单位制造成本	传统产品			新型产品		
	耗用量	单价(元)	成本(元)	耗用量	单价(元)	成本(元)
直接材料	2kg	20	40	1.2kg	40	48
作业成本						
生产准备	0.025次	30	0.75	0.08次	30	2.4
机器加工	1小时	15	15	1.5小时	15	22.5
产品组装	2小时	5	10	3小时	5	15
质量检验	0.1小时	6	0.6	1小时	6	6
市场推广	0	2 000	0	0.01	2 000	20
单位成本合计			66.35			113.90
销售单价(元)			100			160

3. 公司2月实际生产情况。公司2月生产传统产品400件，新型产品100件，月初、月末均无在产品。传统产品发生直接材料成本16 050元，新型产品发生直接材料成本4 820元。2月实际作业量和作业成本发生额如表5－36所示。

表5－36

作业名称	生产准备	机器加工	产品组装	质量检验	市场推广	合计
作业成本(元)	558	8 415	5 566	868	1 950	17 357
作业动因数量	18	550	1 100	140	1	
其中：传统产品耗用	10	400	800	40		
新型产品耗用	8	150	300	100	1	

4. G公司3月预测销售情况。公司根据长期合同和临时订单预计的3月的最低销售量为500件，其中：传统产品390件，新型产品110件。最高销售为602件，其中：传统产品452件，新型产品150件。

要求：

(1)采用实际作业成本分配率分配作业成本，计算填列G公司传统产品和新型产品的产品成本计算单。

(2)采用预算成本分配率分配作业成本(分配时需计算成本差异调整率和调整额，将成本差异分配到有关产品)，计算填列G公司传统产品和新型产品的产品成本计算单。

(3)假设除与机器加工作业相关的机器设备和厂房外,其他资源都可按需随时取得,并且G公司可与客户协商减少部分临时订单的供应数量,计算为使G公司利润最大化,G公司可接受的临时订货数量。

二、分析

1. 该公司两种产品的产品成本计算单如表5-37所示。

表5-37 产品成本计算单 单位:元

产品名称	直接材料	直接人工	作业成本					成本合计
			生产准备	机器加工	产品组装	质量检验	市场营销	
传统产品	16 050		310	6 120	4 048	248	0	26 776
新型产品	4 820		248	2 295	1 518	620	1 950	11 451

2. 按预算作业成本分配率计算的产品成本计算单如表5-38所示:

表5-38 产品成本计算单 单位:元

项目	直接材料	直接人工	作业成本					成本合计
			生产准备	机器加工	产品组装	质量检验	市场营销	
传统产品:								
已分配作业成本	—		300	6 000	4 000	240	0	10 540
作业成本调整额	—		10	120	48	8	0	186
合计	16 050		310	6 120	4 048	248	0	26 776
新型产品:								
已分配作业成本	—		240	2 250	1 500	600	2 000	6 590
作业成本调整额	—		8	45	18	20	-50	41
合计	4 820		248	2 295	1 518	620	1 950	11 451

生产准备作业差异调整率 $=[558-(0.75\times400+2.4\times100)]/(0.75\times400+2.4\times100)=1/30$

机器加工作业差异调整率 $=[8\ 415-(15\times400+22.5\times100)]/(15\times400+22.5\times100)=0.02$

产品组装作业差异调整率 $=[5\ 566-(10\times400+15\times100)]/(10\times400+15\times100)=0.012$

质量检验作业差异调整率 $=[868-(0.6\times400+6\times100)]/(0.6\times400+6\times100)=1/30$

市场推广作业差异调整率 $=(1\ 950-100\times20)/(100\times20)=-0.01$

3. 该公司可接受的临时订货数量。

最低销售量下所需机器加工工时 = 390 × 1 + 110 × 1.5 = 555 小时

最高销售量下所需机器加工工时 = 452 × 1 + 150 × 1.5 = 677 小时

由于现有的作业能力 650 小时低于 677 小时，所以，企业不能按可实现的最高销量来组织生产，必须放弃一部分临时订单。

按照最低销售量剩余工时 = 650 − 555 = 95 小时

传统产品单位工时边际贡献 = (100 − 66.35)/1 = 33.65 元/小时

新型产品单位工时边际贡献 = (160 − 113.9)/1.5 = 30.73 元/小时

由于传统产品单位小时边际贡献大于新型产品，所以优先考虑生产传统产品：

传统产品达到最高销售量需要的机器加工作业工时 = (452 − 390) × 1 = 62 小时

生产传统产品的件数 = 62/1 = 62 件

剩余工时 = 95 − 62 = 33 小时

还能生产新型产品的件数 = 33/1.5 = 22 件

G 公司可接受的临时订货数量为生产传统产品为 62 件、新型产品为 22 件。

思考题

1. 什么是差额分析法？它通常可以采用什么样的格式？
2. 什么是最优分析法，它与差额分析法有何不同？短期经营决策中，是否应考虑定性因素？
3. 试述各种成本的概念，以及它们在经营决策中的意义。
4. 最优组合确定的图解法和逐步测试法各有哪几个具体分析步骤？

练习题

1. 假设某工厂现有生产能力为直接人工 10 000 小时，可用于生产 A 产品，也可用于生产 B 产品。生产 A 产品每件需要占用 1/3 小时，生产 B 产品每件需要占用 1 小时。这两种产品的有关资料如表 5 − 39 所示。

表 5 − 39

项　　目	A 产品	B 产品
单位售价(元/件)	20	30
单位变动成本(元/件)	16	21
单位边际贡献(元/件)	4	9
边际贡献率	20%	30%

要求：请据以确定该厂现有生产能力最适宜生产哪一种产品。

2. 某工厂目前生产三种产品，有关资料如表 5－40 所示。

表 5－40　　单位：元

项　目	产品 A	产品 B	产品 C	合计
销售收入	600 000	450 000	150 000	1 200 000
销售成本：				
变动成本	360 000	270 000	105 000	735 000
固定成本	120 000	90 000	30 000	240 000
成本合计	480 000	360 000	135 000	975 000
毛　利	120 000	90 000	15 000	225 000
销售费用：				
变动费用	40 000	30 000	15 000	85 000
固定费用	30 000	22 500	7500	60 000
费用合计	70 000	52 500	22 500	145 000
净收益	50 000	37 500	(7 500)	80 000

要求：请据以确定亏损产品 C 是否应停止生产。

3. 某公司去年三种产品的损益表如表 5－41 所示。

表 5－41　　单位：元

项　目	产品 A	产品 B	产品 C	合计
销售收入	100 000	300 000	200 000	600 000
变动成本	60 000	210 000	150 000	420 000
制造边际贡献	40 000	90 000	50 000	180 000
专属固定成本	30 000	30 000	20 000	80 000
产品边际贡献	10 000	60 000	30 000	100 000
联合成本	20 000	20 000	20 000	60 000
利润	(10 000)	40 000	10 000	40 000

该公司今年面临四种选择：

方案一：停止产品 A 的生产。

方案二：停止产品 A 的生产，并用这些生产能力去增产产品 B，可以使产品 B 的产量增加 1/3，产品 A 的专属固定成本也要由产品 B 来负担。

方案三:停止一种产品的生产,用省下来的生产能力去接受一项新的订货。新产品 D 的售价为 30 元/件,订货量为2 000件,变动成本为24 000元,专属固定成本为20 000 元。

方案四:按照去年的方案继续生产。

试问:方案三中应停止哪一种产品的生产为最好? 以上四个方案中,哪一个方案最好? 哪一个方案次之? 哪一个方案最差?

4. 某公司生产中,一个月需用零件 10 000 件。该零件外购价为 3 元/件,如果自行制造,每个零件的单位成本为 3. 30 元/件,其中直接材料为 0. 90 元/件,直接人工(0. 2 小时)为 1. 60 元/件,制造费用(0. 2 小时)为 0. 80 元/件。

制造费用每小时分配率为 4 元,它是按照下列方法计算出来的:零件制造部门正常开工,每月直接人工合计 2 000 小时;月度制造费用预算总额为8 000元,其中间接人工 3 000 元,物料用品 500 元,动力费用 1 100 元,管理人员工资 2 700 元,折旧费 400 元,其他费用 300 元。制造费用中,前三项为变动性费用,后三项为固定性费用。

要求:请据以确定零件适宜的取得方式是自制还是外购。

5. 某玩具厂每年销售一种玩具 600 000 件,售价为 3 元/件。此产品单位成本为2 元/件,其中直接材料 0. 50 元/件,直接人工 0. 90 元/件,变动制造费用 0. 20 元/件,固定制造费用 0. 40 元/件。

年初该厂与外商洽谈一项特别订货生意:外商提出一年中每个月以 1. 80 元/件的价格订购10 000 件产品。该厂为制造这些产品要添置一台价值为10 000元并可使用 5 年的新机器。此机器一年后将闲置,需以约6 500元的价格出售。

要求:试计算该工厂接受此项特别订货的损益情况。

6. 某工厂有 20 000 件残次品,总成本为 36 000 元,该工厂可以 0. 90 元/件的价格将这些残次品当做废料出售,也可花费22 000元的成本加以修复后,再以3. 50元/件的价格售出。

要求:采用差别损益分析法列表说明该工厂应做出何种选择。

7. 假设某工厂生产 A,B 两种产品,每种产品都要经过一车间和二车间进行加工才能完成。一车间可利用的生产能力为 500 小时,而生产 A 产品每单位需用 2 小时,生产 B 产品每单位需用 1 小时。二车间现有生产能力 480 小时,生产 A 产品每单位需耗用 1. 50 小时,生产 B 产品每单位需耗用 2 小时。A 产品每单位边际贡献为 3 元,B 产品每单位边际贡献为 2 元。

要求:根据以上资料,用图解法分析求解,并说明该企业应如何安排两种产品的生产才能获得较多的利润。

练习题参考答案

1. A,B 两种产品的最高产量分别为 30 000 件和 10 000 件;边际贡献总额分别为 12 万元和 9 万元。所以,选择生产 A 产品可以多获得利润 3 万元。

本类问题也可以选用单位资源边际贡献指标来进行计算。A 产品单位资源边际贡献 = (20 - 16)元/件 ÷ (1/3)小时/件 = 12 元/小时;B 产品单位资源边际贡献 = (30 - 21)元/件 ÷ 1 小时/件 = 9 元/小时;每小时边际贡献,两种产品相差 3 元(12 元/小时 - 9 元/小时)。所以,10 000小时生产产品 A 比生产产品 B 多创造边际贡献30 000元(3 元/小时 ×10 000 小时)。

2. 若停止 C 产品生产,销售收入减少 15 万元,变动成本减少 12 万元(其中,销售成本减少 10. 5 万元,销售费用减少 1. 5 万元),边际贡献减少 3 万元。

所以,如果停止 C 产品生产会使企业利润减少 30 000 元。

3. (1)在方案三中,如果选择停止一种产品生产,则应选择停止生产 A 产品。因为这种产品的边际贡献为 10 000 元,是三种产品中最少的。

(2)比较 4 个方案的优劣。

方案一:停产 A 产品之后,边际贡献减少 10 000 元,企业的利润变为 3 万元(4 万元 - 1 万元)。

方案二:停产 A 产品之后,边际贡献减少 10 000 元;增加 B 产品产量可增加边际贡献 3 万元(9 万元 ×1/3),再减去转来的专属固定成本 3 万元。最终边际贡献减少额为 1 万元,使得企业的利润由 4 万元下降到 3 万元。

方案三:停产 A 产品之后,边际贡献减少 1 万元。

生产 D 产品的边际贡献为 1. 6 万元。其计算过程如下:

收入　　　6 万元(30 元/件 ×2 000 件)

减:变动成本2. 4 万元

专属成本2 万元

边际贡献1. 6 万元

所以,停止生产 A 产品并增加生产 D 产品,会增加边际贡献 0. 6 万元,利润将会上升为 4. 6 万元(4 万元 +0. 6 万元)。

方案四:与去年情况相同。

所以,方案三(即停止 A 产品生产并增加 D 产品的生产)为最优方案;方案四次之;方案一和方案二结果相同,是最差的方案。

4. 应选择自制零部件,因为这种方案可以节约成本 400 元。

5. 差别收入为:

10 000 件/月 ×12 月 ×1. 80 元/件 = 21. 6 万元

差别成本包括变动成本和专属成本。

变动成本为：

$$(0.5+0.9+0.2)\text{万元/万件}\times 12\text{ 万件}=19.2\text{ 万元}$$

专属成本为：

$$(10\,000-6\,500)\text{万元}=0.35\text{ 万元}$$

差别边际贡献为：2.05 万元。

6. 应选择修复后出售，因为这样可以减少损失 3 万元。

7. 产品最优生产组合为(208，84)，即生产 A 产品 208 件，生产 B 产品 84 件。

第六章

长期投资决策

学习要点与要求

由于长期投资决策涉及大量的资金投入且收回时间较长，因此该决策对企业的盈亏和财务状况具有较大的影响，而且该决策也具有一定的风险。通过本章的学习，要在弄清货币时间价值、现金流量和资金成本等概念的基础上，掌握投资决策的各种分析方法，并能科学地评价各种投资方案。

第一节　长期投资决策概述

一、长期投资决策的概念

长期投资是指涉及投入大量资金，获取报酬（或收益）的持续期间超过一年，能在较长时间内影响企业经营获利能力的投资。与长期投资项目有关的决策，叫做长期投资决策。这种投资的特点是投入资金的金额大，对企业今后的影响大，通常不能由当年的营业收入来补偿，在会计中被称为资本性支出，因而长期投资决策也被称为资本支出决策。与资本性支出相对立的概念是收益性支出，它是指在日常经营中发生的，其效益只限于本期并由本期收入补偿的各项支出。进行长期投资决策必须首先区分收益性支出与资本性支出。

长期投资会对企业若干年的现金收支和盈亏发生较大的影响，应该慎重对待。

二、长期投资决策的类别

按照不同的标准，可以对长期投资决策进行不同的分类。

（一）按投资决策涉及的内容分类

按投资决策涉及的内容不同，可将长期投资决策分为固定资产投资决策和流动资产投资决策。

通常，一项长期投资决策应包括两个方面的内容：一方面是固定资产的投资决策，如建造厂房、增购设备等；另一方面是流动资产的投资决策，如增加材料或对在产品、产成品及货币资金等做出决策。由于对固定资产的投资是以垫支资本的形式出现的，对流动资产的投资则以周转资本的形式出现，它们的周转及回收方式均有所不同，所以在决策中使用的评价、计量方法也会有所不同。

（二）按投资决策影响的范围分类

按投资决策影响的范围不同，可将长期投资决策分为战术性投资决策和战略性投资决策。

战术性投资决策，是指对不影响企业全局和前途的投资所进行的决策。例如，更新非关键设备的投资决策、增加产品品种的投资决策等。这类决策一般不改变企业的经营方向，只限于局部条件的改善，因而多由中低层或职能管理部门来筹划，由高层管理部门参与制定。

战略性投资决策，是指对企业全局及未来有重大影响的投资所进行的决策。例如，建立分公司的投资决策、上新产品的投资决策等。这类投资一般会改变企业的经营方向，对企业全局产生重大的影响，因而多由企业最高管理当局筹划，报经董事会或有关部门审批。

（三）按投资决策的动机分类

按投资决策的动机不同，可将长期投资决策分为诱导式投资决策和主动式投资决策。

诱导式投资是指由于投资环境条件的改变、科技的进步、政治经济形势的变革而由生产本身所激发出来的投资类型。这类投资决策偏重于对客观形势的分析与决策。

主动式投资完全是由企业家本人主观决定的投资。它受到投资者个人的偏好、对风险的态度及其灵活性的影响。因此，该类决策更注重发挥投资者个人的主观能动性。

长期投资具有投入金额大、影响持续时间长、回收慢、风险多等特点。这决定了长期投资决策直接影响着企业未来的长期效益与发展。因此，对待长期投资决策一定要慎重，必须按照科学规律办事。长期投资决策必须首先搞好投资项目的可行性研究和项目评估，确定投资项目已具备一定的经济和技术的可行性，在此基础之上，再进一步进行财务评价。在管理会计中，长期投资决策着重从成本与效益的关系上评价该项投资方案的经济合理性，通过分析对比，确定出最优方案。

三、现金流量

现金流量，是指投资方案（项目）从筹建、设计、施工、正式投产使用直至报废为止的整个期间内形成的现金流入量与流出量，此二者之间的差额，称为净现金流量。具体估量各个投资方案形成的现金流入和流出的数量、时间及逐年的净现金流量是正确评价其投资效益的一个必要条件。现金流出量由投资支出构成，主要包括投放在固定资产上的资金和项目建成投产后为开展正常经营活动而需投放在流动资产（原材料、在产品、产成品和应收账款等）上的资金。现金流入量由投资回收构成，主要包括：经营利润；项目建成投产后固定资产每年计提的折旧（折旧计入产品成本，随着产品销售收入的实现而收回）；固定资产报废时的残值收入；项目寿命期终了时与它相联系的各项流动资产上投资的收回。

一个投资项目全过程（包括投资准备期、投资建设期和生产经营期）净现金流量计算的基本公式为：

净现金流量 = －投资额（固定资产和流动资产上的投资）+ 各年经营利润之和 + 各年计提折旧之和 + 固定资产残值收入 + 相关流动资产上投资的收回

上式中的最后两项，只在项目寿命期最终年份时发生。

项目建设期的净现金流量为：－投资额

生产经营期限内某一年净现金流量计算的基本公式为：

净现金流量 = 经营利润 + 折旧
= 销售收入 － 付现成本 － 所得税
= 销售收入 ×（1 － 所得税率）－ 付现成本 ×（1 － 所得税率）+ 折旧 × 所得税率

终结点净现金流量的计算公式为：

净现金流量 = 经营利润 + 折旧 + 固定资产残值收入 + 收回的流动资产投资

计算现金流量公式中的经营利润，是按税（所得税）前利润抑或税后利润计算，不同的计算基础确定的净现金流量不同，据以确定的投资效益评价指标的数值也随之而异。为考核项目本身的投资效益（盈利性），应以税前利润作为计算基础，以免因税率的大小或变动而影响其效益指标。如果是从投资者的角度考察项目的投资效益，应以税后利润作为计算基础。因为税金是一项实实在在的现金流出量，只有扣除它以后确定的投资效益，才是投资者可能从中得到的经济实惠。

评价投资方案，为什么要用现金流量而不用经营收入或利润来衡量投资方案的经济性呢？这是因为公司真正能用来再投资的是现金而不是账上记载的利润。现金流量具有最大的综合性，可据以正确评价各投资方案的综合经济效益。其具体原因如下：

第一，未收到现金的收益往往是靠不住的，具有较大的风险。特别是整个投资及其回收过程历时较长，若不是以实际的现金流入作为收入，则容易过高地估计项目的投资效益。

第二，评价投资效益的好坏，往往要与银行利率进行比较。如果银行年利率是8%，投资1 000元的年收益为100元，这样，就可能有两种不同的评价结果：如果这100元是当年的现金流入，则它大于利息（投资1 000元的利息是80元），投资是有利的；如果这100元只是个应收数，要到第二年年底才能收到现金，则两年的利息将是160元，利息大于收益，说明投资是不利的。所以投资效益要与现金收支比较。

第三，收益的计算没有统一的标准，记作收入的标准不一样，折旧计算的方法不一样，存贷计价的方法不一样等，都会影响收益的计算。因此以收益来评价投资效益会影响评价结果的准确性。而现金流量是以现金的实际收支为计算基础的，这样就使投资效益的计算有一个统一的基础。

四、资金成本

（一）资金成本及其组成

资金成本，是指企业为取得和使用长期投资的资金来源所付出的代价，通常以百分比表示。资金成本的高低，取决于该项投资的资金来源。如果资金是从银行借来的，资金成本就是借款利率；如果资金是发行债券筹集来的，资金成本就是债券利息、手续费等；如果资金是增发股票取得的，资金成本就是注册费、手续费以及股息等；如果资金是企业本身自有的，那么，资金成本就是预期的投资报酬率。

资金成本在长期投资决策中至关重要，因为它是新投资项目是否可以接受的最低报酬率，即要在一个项目上投资，资金投入后，要求从该项目取得的收益率至少可以补偿其“资金成本”；否则，该项目就应舍弃。因此，资金成本亦称为“取舍利率”。

（二）资金成本的计算

资金成本通常是由企业的管理者根据银行的利率、证券投资的实际利率、股东获利水平，以及该项投资的风险程度等诸多因素进行计算后确定的。下面结合各项资金来源的不同特点，说明各资金成本率及总资金成本率的计算方法。

1. 贷款资金成本率。计算贷款资金成本率应考虑两个问题：①取得贷款需要支付的利息，它构成贷款的资金成本；②借款利息构成了企业的费用，企业可因此少缴一部分所得税。因此，贷款资金成本应是借款利息费用扣除相应的所得税额。

贷款资金成本率的计算公式为：

$$K_b = [(1 + I_b/n)^n - 1] \times (1 - T)$$

式中：K_b——贷款资金成本率；

I_b——贷款年利率；

n——每年结息次数；

T——所得税税率。

【例6－1】某公司准备从银行取得一笔借款，用于某项投资。该借款年利率为12%，每季度结息一次，企业所得税税率为33%。试计算该笔贷款的资金成本率是多少？

解：$$K_b = [(1 + 12\%/4)^5 - 1] \times (1 - 33\%) = 8.41\%$$

2. 债券资金成本率。债券资金成本率与贷款资金成本率基本相同。如果不考虑手续费等问题，那么发行债券所需支付的债券利息，扣除相应的所得税额，就是债券的资金成本。

如果考虑债券筹资费用率，则债券资金成本率的计算公式为：

$$K_d = I_d \times (1 - T) \div B \times (1 - F_d)$$

式中：K_d——债券资金成本率；

I_d——债券年利息；

B——债券筹资额；

F_d——债券筹资费用率；

T——所得税税率。

【例6－2】某公司按面值发行5年期一次还本、每年付息的债券500万元，年利率为12%，发行费率为5%，所得税税率为33%。试计算该项债券的资金成本率。

解：$$K_d = 500 \times 12\% \times (1 - 33\%) \div 500 \times (1 - 5\%) = 8.46\%$$

若债券溢价或折价发行，为了更精确地计算资本成本，应以实际发行价格作为债券筹资额。

3. 优先股资金成本率。优先股的股息率通常是事先确定的，与债券利率相同。但优先股的股利却非企业的费用支出，它是从税后利润中支付的。因此，优先股股利的支付率就是优先股的资金成本。如果不考虑发行时手续费等其他费用，则优先股资金成本率的计算公式为：

$$K_p = D_p \div P$$

式中：K_p——优先股资金成本率；

D_p——优先股股息；

P——优先股筹资额。

如果考虑到手续费等问题，则计算公式为：

$$K_p = \frac{D_p}{P \times (1 - F_p)}$$

式中：F_p——优先股发行费用（手续费、佣金、印刷费等）率。

【例6－3】某公司拟发行优先股筹集资金，确定股息率为10%，预计发行费用为筹资总额的1%。则该项资金的资金成本率为：

$$K_p = 10\% \div (1 - 1\%) = 10.1\%$$

4. 普通股资金成本率。普通股的资金成本率是很难测定的，从理论上看普通股的资金成本率是不使公司股票行情产生变动的投资项目的收益率。普通股的红利是税后支付的，因此不必考虑所得税问题。如果期望每年收益和股利增长，则普通股资金成本率的计算公式为：

$$K_s = \frac{D_0}{P_s(1 - F_s)} + G$$

式中：K_s——普通股资金成本率；

D_0——预期年股利额；

P_s——普通股发行价格；

F_s——普通股筹资费用率；

G——普通股股利增长率。

【例6-4】某公司普通股目前市价为40元/股，期望收益与红利的年增长率为5%。预计第一年的股利为3元/股，则普通股的资金成本率为：

$$K_s = \frac{3\text{元}}{40\text{元}} \times 100\% + 5\% = 12.5\%$$

5. 留存收益成本率。留存收益是所得税后形成的，其所有权属于股东，实质上相当于股东对公司的追加投资。股东将保留盈余留用于公司是想从中获取投资报酬，所以留存收益也有资金成本。它的资金成本是股东失去向外投资的机会成本，因此与普通股资金成本的计算基本相同，只是不考虑筹资费用。保留盈余成本的计算方法不止一种，按照股票收益率加增长率的方法，其计算公式为：

$$K_r = \frac{D_0}{P_s} + G$$

式中：K_r——留存收益成本率；

其他符号含义同前。

6. 总资金成本率。一个大的投资项目，往往有多个资金来源渠道，由于各种来源渠道的资金量不同，以及它们的资金成本率不同，对总资金成本率的影响也就不一样。一般可以采用加权平均法计算总资金成本率，所以，总资金成本率亦称为加权平均资金成本率。其计算公式如下：

$$K_w = \sum_{j=1}^{n} K_j W_j$$

式中：K_w——总资金成本率；

W_j——第 j 种资金来源占全部资金来源的百分比；

K_j——第 j 种资金来源的资金成本率。

【例6-5】假定某公司准备对某项目进行投资，为该项目筹集资金500万元，其中长期借款额100万元,应付长期债券50万元,普通股250万元,留存收益100万元,它们的成本率分别为6.7%,9.17%,11.26%,11%。则该企业的总资金成本率为:

$$K_w = 6.7\% \times 100/500 + 9.17\% \times 50/500 + 11.26\% \times 250/500 + 11\% \times 100/500 = 10.09\%$$

五、货币时间价值

由于长期投资的投资额多,回收时间长,因此,为了正确地对长期投资各备选方案进行评价,不但要考虑投资方案的现金流量和资金成本,还必须考虑资金的时间价值。

(一)资金时间价值的概念

正如使用一座厂房或一台机器会发生成本或租金一样,使用资金同样要发生成本。今天手中一元钱的价值肯定比五年后的一元钱的价值要大得多,这是因为放弃现在使用资金的机会,可以得到按放弃时间长短计算的报酬,这种报酬就是资金的时间价值。进一步说,投入使用的资金随着时间的推移将会发生增值,这种增值的能力或数额叫做资金的时间价值。

例如,某企业向银行取得1 000元借款,年利率为8%,期限一年,在一年后归还借款时,企业要支付1 080元,比借款多付出的80元作为银行的利息,也是银行发放1 000元借款所得到的报酬。再如,你手中有1 000元钱闲置无用,如果购入某公司一年期债券,其利率为10%,一年后收回时,该公司付给你1 100元。你所得到的比一年前付出的多的100元,就是你放弃了一年使用资金的权力所得到的报酬;而该公司多付出的100元,就是它使用了你的1 000元资金一年所付出的代价。以上两个例子中的80元和100元,一般称为利息,而使用货币金额的百分比(如8%,10%)称为利率。利息和利率都是资金时间价值的表现形式。也可以说,资金的时间价值有两种表现形式:一种是绝对数——利息;另一种是相对数——利率。

测算资金的时间价值,必须弄清楚几个基本概念,即单利计息、复利计息、现值、终值、年金、年金现值、年金终值等。

(二)与资金时间价值有关的几个概念

1. 单利计息,简称单利。这是指只对本金计算利息,而不将前期的利息累加到本金中去,即利息不再生息。其计算公式如下:

$$I = P \times i \times n$$

$$F = P + I = P(1 + in)$$

式中:I——利息;

P——本金;

i——利率;

n——期数,即资金投入的期限内计算利息的次数(如果利率为年利率,则 n

指年数；如果利率为月利率，则 n 指月数）；

F——本利和（到期值）。

【例 6－6】若将 1 000 元存入银行，期限 3 年，年利率为 10%，按单利计息。问 3 年后可得多少金额？

解：
$$I = P \times i \times n = 1\ 000\text{ 元} \times 10\% \times 3 = 300\text{ 元}$$
$$F = P + I = (1\ 000 + 300)\text{元} = 1\ 300\text{ 元}$$

即三年后可得 1 300 元。

2. 复利计息。这是指不仅对本金计算利息，而且还对以计算期累计利息的总和也要计算利息，即所谓的"利滚利"。其计算公式可按单利公式进行推算。

第一年　$I_1 = P \times i$

第二年　$I_2 = P \times i \times 2 + P \times i \times i = P[(1+i)^2 - 1]$

第三年　$I_3 = P \times i \times 3 + P \times i^2 \times i = P[(1+i)^3 - 1]$

⋮　　⋮

第 n 年　$I_n = p[(1+i)^n - 1]$

【例 6－7】同例 6－6，若按复利计息，则 3 年后可得到的利息为：
$$I = 1\ 000\text{ 元} \times [(1+10\%)^3 - 1] = 331\text{ 元}$$

在长期投资决策中，考虑资金时间价值一般都指复利，各个指标的计算也都是以复利为基础的。

（1）复利终值。这是指资金将来的价值，即本利和，用 F 表示。其计算公式可推导如下：

第一年　$F_1 = P + P_i = P(1+i)$

第二年　$F_2 = P(1+i)(1+i) = P(1+i)^2$

第三年　$F_3 = p(1+i)^2(1+i) = P(1+i)^3$

⋮　　⋮

第 n 年　$F_n = P(1+i)^n$

式中，$(1+i)^n$ 称为复利终值系数，记作 $(F/P, i, n)$。

根据不同的 I 和 n，计算出 $(1+i)^n = (F/P, i, n)$ 的值，列表即为复利终值系数表（见附表 1），于是有：
$$F = P \times (F/P, i, n)$$
$(F/P, i, n)$ 的值可由查表而得。

【例 6－8】某公司存入 100 000 元资金，以备 5 年后更新设备用。其年利率为 12%（复利）。问 5 年后该公司可以得到多少金额？

解：
$$F = P(1+i)^n = 100\ 000\text{ 元} \times (1+12\%)^5 = 176\ 200\text{ 元}$$
或
$$F = P \times (F/P, i, n) = 100\ 000\text{ 元} \times (F/P, 12\%, 5)$$
查表得
$$(F/P, 12\%, 5) = 1.762$$

所以 $F = 100\ 000 元 \times 1.762 = 176\ 200 元$

即5年后该公司最终可取得176 200元。

(2)复利现值。这是指资金现在的价值,即"本金"。由本利和求本金的过程叫折现,此时的利率又称为折现率。折现是终值计算的逆运算。若已知未来终值 F、折现率 i 和期数 n,则现值 P 可按下列公式计算:

$$P = F \times (1+i)^{-n}$$

式中,$(1+i)^{-n}$ 称为复利现值系数,记作 $(P/F,i,n)$。该系数亦可查表(附表2)求得,则有:

$$P = F \times (P/F,i,n)$$

【例6-9】某公司准备在8年后用200 000元投资购买一套生产设备。假若年复利率为10%,现在需要一次性存入银行多少钱?

解:依据题意可知:$F = 200\ 000$ 元,$i = 10\%$,$n = 8$ 年。则:

$$P = F \times (1+10\%)^{-8} = 200\ 000 元 \times (1+10\%)^{-8} = 93\ 400 元$$

或

$$\begin{aligned} P &= F \times (P/F,i,n) = 200\ 000 元 \times (P/F,10\%,8) \\ &= 200\ 000 元 \times 0.467 = 93\ 400 元 \end{aligned}$$

即现在需要一次性存入银行93 400元。

(3)年金。这是指在一定时期内,每隔相同时间(如1年)就发生的相同数额的收付款项,以 A 表示。年金一般应满足两个条件:其一,连续性,即在一定时期内,每隔一段时间必须发生一次收付业务,不得中断;其二,等额性,即各期发生的款项必须在数额上相等。

在现实经济生活中,分期等额发生的各种偿债基金、折旧费、养老金、保险金、租金、等额分期收付款、零存整取储蓄存款业务中的零存数、定期发放的债券利息以及等额回收的年金额等,都属于年金的范畴。年金有多种形式,包括普通年金、先付年金、递延年金和永续年金等。其中,普通年金应用最为广泛。

①普通年金终值的计算。凡是在每期期末发生的年金称为普通年金,又叫后付年金。以后涉及的年金问题,若不作特殊说明,均指普通年金。普通年金终值简称年金终值,是指每期等额款项的收支金额的复利终值之和,记作 F_A(见图6-1)。其计算公式如下:

$$F_A = A + A(1+i) + A(1+i)^2 + \cdots + A(1+i)^{n-1} = A \times \frac{(1+i)^n - 1}{i}$$

式中,$[(1+i)^n - 1]/i$ 称为年金终值系数,记作 $(F_A/A,i,n)$,可以通过查年金终值系数表(附表3)而得。因此又有:

$$F_A = A \times (F_A/A,i,n)$$

【例6-10】某公司投资400 000元购入生产设备,预计每年末可增加收入100 000元,使用期限为8年,年利率为12%。问8年后可增加多少收入?

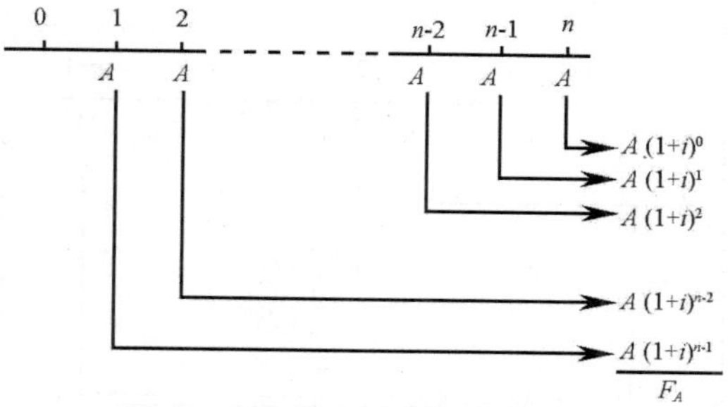

图 6-1 普通年金终值计算示意

解：依据题意可知：$A=100\ 000$ 元，$n=8$ 年，$i=12\%$。则：

$$F_A=A\times[(1+i)^n-1]/i=A\times(F_A/A,12\%,8)$$

查表得

$$(F_A/A,12\%,8)=12.300$$

所以

$$F_A=100\ 000\text{ 元}\times 12.300=1\ 230\ 000\text{ 元}$$

即 8 年后公司可增加收入 1 230 000 元。

②年偿债基金的计算。为了在将来某一时刻偿还一定的金额而提前每年存入相等的金额，称为年偿债基金。它是年金终值的逆运算，即由已知的年金终值 F_A 求年金 A，亦属于已知整取数求零存额的问题。其计算公式为：

$$A=F_A\times\frac{i}{(1+i)^n-1}$$

式中，$i/[(1+i)^n-1]$ 称为偿债基金系数，简记为 $(A/F_A,i,n)$。它是年金终值系数的倒数，可通过查有关的偿债基金系数表得到。

【例 6-11】企业有一笔 100 万元的长期负债，在第 10 年末到期。企业想在 10 年内每年末存入银行一笔资金，以便在第 10 年末偿还这笔长期负债。假定利率为 10%，则每年末应存入银行多少钱？

解：依据题意可知：$F_A=100$ 万元，$n=10$ 年，$i=10\%$。则：

$$\begin{aligned}A&=F_A/(F_A/A,i,n)=100\text{ 万元}\div(F_A/A,10\%,10)\\&=100\text{ 万元}\div 15.937\ 4=6.275\text{ 万元}\end{aligned}$$

即企业每年末应存入银行 6.275 万元。

③普通年金现值的计算。普通年金现值简称年金现值，是指每期等额款项收支的复利现值之和，记作 P_A（见图 6-2）。

其计算公式为：

$$P_A=A\times(1+i)^{-1}+A\times(1+i)^{-2}+\cdots+A\times(1+i)^{-n}=A\times\frac{1-(1+i)^{-n}}{i}$$

式中，$[1-(1+i)^{-n}]/i$ 称为年金现值系数，记作 $(P_A/A,i,n)$，可通过查年金现值系数表（附表 4）取得。因此又有：

$$P_A=A\times(P_A/A,i,n)$$

【例 6-12】某公司准备租用一套设备。设备年租金为 100 000 元，年末支付

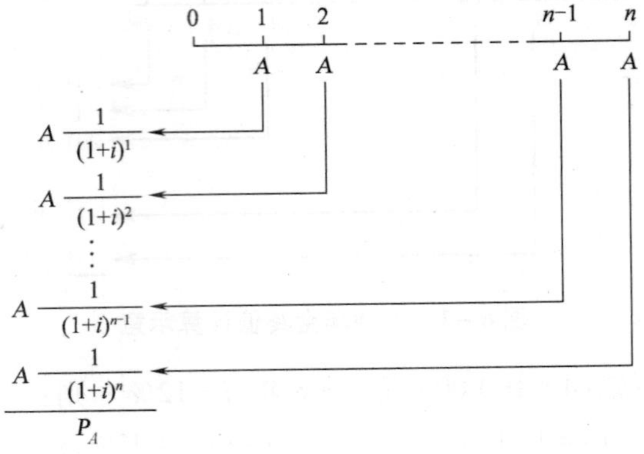

图 6-2　普通年金现值计算示意

租金。为了确保定期支付租金，公司现想专门存入一笔款项。假定年利率为10%，公司欲租此设备 6 年，现在应存入银行多少款项？

解：依据题意可知：$A=100\ 000$ 元，$i=10\%$，$n=6$ 年。则：

$$P_A=A\times(P_A/A,10\%,6)$$

查表得

$$(P_A/A,10\%,6)=4.355$$

所以

$$P_A=100\ 000\text{ 元}\times4.355=435\ 500\text{ 元}$$

即企业现需存入银行 435 500 元。

④先付年金的终值与现值的计算。先付年金，是指在一定期间内每期期初发生等额收付的一种年金形式，又叫即付年金，记作 A'。它与普通年金的区别仅在于收付款的时间不同，先付年金在期初收付款，普通年金在期末收付款。先付年金终值可在普通年金终值计算公式的基础上调整算出。

如果先付年金（A'）= 后付年金（A），从图 6-3 可以看出，n 期先付年金实际上比 n 期后付年金整个提前了一年。因此，可以将 n 期先付年金终值（F'_A）看成是 n 期后付年金终值一年以后的价值，即再计一期利息。因而有：

$$F'_A=A'\times[F_A/A,i,n]\times(1+i)$$

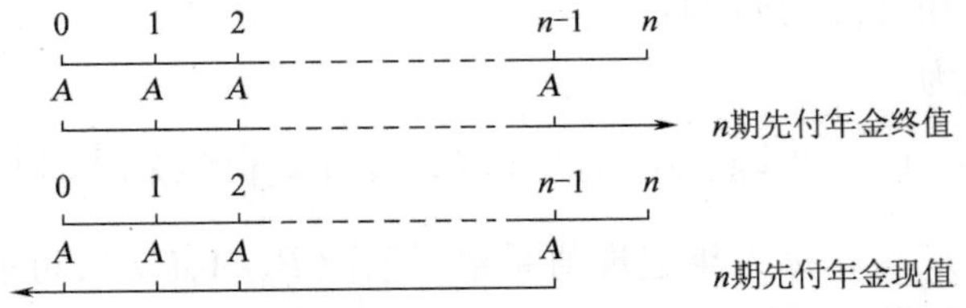

图 6-3　先付年金计算示意

或者说，n 期先付年金与 $n+1$ 期后付年金的计息期相同，所不同的仅仅是在到期时少一个 A。因此，又可以将 n 期先付年金的终值看成是 $n+1$ 期后付年金终值再减去一个年金 A。所以又有：

$$F'_A = A' \times [(F_A/A, i, n+1) - 1]$$

综上所述，先付年金终值的计算公式为：

$$F'_A = A' \times \frac{(1+i)^n - 1}{i} \times (1+i) = A' \times (F_A/A, i, n) \times (1+i)$$
$$= A' \times [(F_A/A, i, n+1) - 1]$$

用同样的方法，可依据年金现值计算公式推出先付年金现值的计算公式：

$$P'_A = A' \times [(P_A/A, i, n-1) + 1] = A' \times (P_A/A, i, n) \times (1+i)$$

【例6－13】某人每年年初存入银行500元，银行存款利率为9%，则到第10年末他能取出多少钱？

解：依据题意可知：$A' = 500$ 元，$i = 9\%$，$n = 10$。则：

$$F'_A = A' \times (F_A/A, 9\%, 10) \times (1+9\%)$$

查表得 $(F_A/A, 9\%, 10) = 15.193$

所以 $F'_A = 500\text{元} \times 15.193 \times (1+9\%) \approx 8\ 280\text{元}$

或 $F'_A = A' \times [(F_A/A, 9\%, 11) - 1]$

查表得 $(F_A/A, 9\%, 11) = 17.56$

所以 $F'_A = 500\text{元} \times (17.56 - 1) = 8\ 280\text{元}$

即10年后，他可取得8 280元。

【例6－14】在例6－12中，如果设备租金是年初支付，其他条件不变，则公司应存入银行多少款项？

解：如果是期初支付，则：

$$P'_A = A' \times (P_A/A, i, n) \times (1+i)$$
$$= 1\ 00\ 000\text{元} \times 4\ 355 \times (1+10\%) = 479\ 050\text{元}$$

即如果设备租金是期初支付，公司现应存入银行479 050元。

⑤递延年金现值的计算。递延年金，是指在一定时期内（如 n 期），从0期开始，隔 s 期（$s \geqslant 1$）以后才发生系列等额收付款的一种年金形式，记作 A''。其形式如图6－4。

由图6－4可以看出，要计算递延年金的现值，可以先计算出递延年金在 s 期期末的现值，然后将其作为终值，再折现至现在的计算现值，即：

$$P''_A = A'' \times (P_A/A, i, n-s) \times (P_A/F, i, s)$$

或者先计算整个 n 期的年金现值，然后再减去没有款项收支的前 s 期年金的现值，其差额便是递延年金的现值，即：

$$P''_A = A'' \times [(P_A/A, i, n) - (P_A/F, i, s)]$$

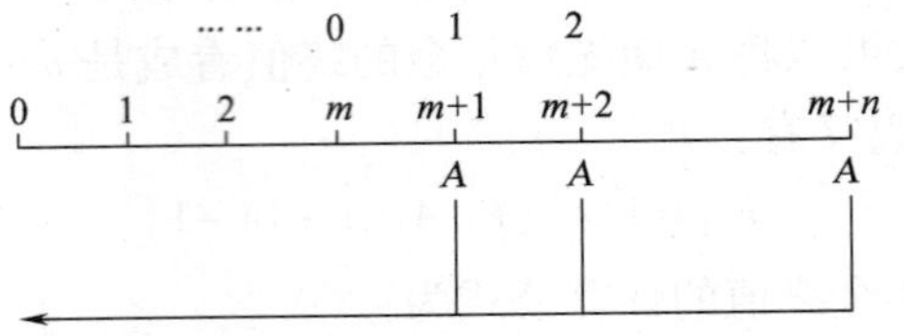

图 6－4　递延年金现值计算示意

【例 6－15】银行发行一种债券，从第 4 年至第 9 年每年年末还本付息。每张债券每年还本付息总额为 1 000 元，年利率为 10%。如果你是投资者，你最多愿付多少钱购买一张债券？

解：根据题意，这是一个递延年金问题。$A''=1\ 000$ 元，$n=9$，$s=3$，$i=10\%$。则：

$$P''_A = A''\times[(P_A/A,10\%,9)-(P_A/A,10\%,3)]$$
$$=1\ 000\text{ 元}\times(5.759-2.487)=3\ 272.00\text{ 元}$$

即最多只能付 3 272.00 元购买一张这样的债券。

⑥永续年金现值的计算。永续年金，是指无限等额支付的特种年金，即是当 $n\to+\infty$ 时的普通年金。实际生活中，并不存在无限期永远支付的年金，但可以将利率较高、持续期限较长的年金视同永续年金。其计算公式可由普通年金现值公式推导得出。

$$P_A = A\times\frac{1-(1+i)^{-n}}{i}$$

当 $n\to+\infty$ 时，$(1+i)^{-n}\to 0$。

所以

$$P_A = A\times 1/i$$

【例 6－16】某公司想在某大学建立以公司名称命名的奖学基金，奖励学业优秀的学生。如果公司希望每年年末发放的奖学金为 10 万元，假定年利率为 10%，则公司应一次性存入多少钱才能保证以后奖学金的支付？

解：根据题意，这是一个永续年金问题。$i=10\%$，$A=10$ 万元，则：

$$P_A = A\times 1/i = 10\text{ 万元}\times 1/10\% = 100\text{ 万元}$$

即公司应一次性存入 100 万元才能保证以后奖学金的支付。

第二节　长期投资决策的分析方法

运用科学的、适当的方法进行长期投资决策，有着十分重要的意义。要评价各种长期投资方案是否可行，首先要看它们的预期投资报酬率是否高于企业的资金成本，并运用资金时间价值来比较各方案的现金流量，计算出各个方案的经济效益,从中选择最佳投资方案。

那么,对长期投资决策进行分析的方法有哪些呢?这些方法按照是否考虑货币的时间价值,可以分为静态决策方法和动态决策方法两种。静态决策方法在决策过程中不考虑货币的时间价值因素,将不同时期的金额等同看待,主要有年平均报酬率法、会计收益率法、原始投资回收率法和静态投资回收期法等。动态决策分析方法在决策过程中考虑了货币的时间价值因素,将不同时期的金额通过折现等方法转化成同一时点上的数值,然后再进行对比分析,主要有动态投资回收期法、净现值法、净现值率法、现值指数法、内含报酬率法和外部收益率法等。

一、静态决策方法

(一)年平均报酬率法

年平均报酬率法是用年平均报酬率的大小来评价投资方案优劣的一种决策方法。年平均报酬率是一个投资方案的年平均利润与平均投资额的比值,它反映利润与投资额之间的关系。其计算公式为:

$$年平均报酬率(ARR)=\frac{年平均利润}{年平均投资额}$$

式中,年平均利润可按简单算术平均法计算,即:

$$年平均利润=\sum 各年利润\div 年数$$

年平均投资额可按原始投资额的50%简单计算,也可按以下公式计算:

$$年平均投资额=\frac{建设投资+固定资产净残值}{2}+流动资产投资$$

在使用年平均报酬率法进行决策分析时,如果是单一方案,只需将方案计算的年平均报酬率与决策者期望的报酬率进行对比。若计算的报酬率大于期望的报酬率,则方案可取,否则不可取。如果是多方案选择,年平均报酬率高的方案为最优方案。

【例6-17】某项目的预计现金流量如表6-1所示,试计算其年平均报酬率。若决策者希望年平均报酬率能够达到20%,此项目是否可行?

表6-1　某项目的预计现金流量　　单位:元

项　目	第0年	第1年	第2年	第3年	第4年	第5年
厂房、设备投资	-50 000					
流动资本垫支	-7 000					
营业利润		8 000	8 000	9 000	9 000	5 000
厂房、设备残值						1 000

解:　$$年平均利润=(8\ 000+8\ 000+9\ 000+9\ 000+5\ 000)元\div 5=7\ 800元$$

$$年平均投资额=\frac{(50\ 000+1\ 000)元}{2}+7\ 000元=32\ 500元$$

$$ARR = 7\ 800\text{ 元} \div 32\ 500\text{ 元} = 24\%$$

由于求出的年平均报酬率大于希望的年平均报酬率(20%),所以该项目可行。

年平均报酬率法的优点是比较简单、易于理解,且不受建设期的长短和投资方式等条件的影响。但由于没有考虑资金的时间价值,把不同时期的现金流量看成是具有同等的价值,不能准确反映项目的经济效益,有时还会导致错误的决策,因而在实际工作中运用得越来越少。

(二)会计收益率法

会计收益率,又称投资利润率、投资报酬率,是指年平均收益占投资额的百分比。其计算公式为:

$$\text{会计收益率} = \frac{\text{年平均净收益}}{\text{原始投资额}}$$

【例 6-18】仍以例 6-1 的资料,计算其会计收益率。

$$\text{会计收益率} = \frac{(8\ 000 + 8\ 000 + 9\ 000 + 9\ 000 + 5\ 000)\text{元} \div 5}{(50\ 000 + 7\ 000)\text{元}} = 13.68\%$$

几个方案相互比较时,会计收益率高的方案为优。这种方法在计算时可以直接使用会计报表上的数据以及普通的收益和成本观念,计算简便,因而应用范围很广。

(三)原始投资回收率法

原始投资回收率,是指投资项目在一个正常经营年度的净现金流量(或年平均经营净现金流量)与原始投资的比率。其公式为:

$$\text{原始投资回收率} = \frac{\text{年经营净现金流量(或年均经营净现金流量)}}{\text{原始投资}}$$

【例 6-19】表 6-2 中资料为 A 投资方案和 B 投资方案的现金流量,据此计算两个方案的原始投资报酬率并进行比较。

表 6-2　A,B 两投资方案的现金流量　单位:元

A 方案:	现金流量	B 方案:	现金流量
原始投资	-20 000	原始投资	-9 000
现金流入		现金流入	
第一年	11 800	第一年	1 200
第二年	13 240	第二年	6 000
		第三年	6 000

解:

$$\text{A 方案的原始投资回收率} = \frac{(11\ 800 + 13\ 240)\text{元} \div 2}{20\ 000} = 62.6\%$$

$$\text{B 方案的原始投资回收率} = \frac{(1\ 200 + 6\ 000 + 6\ 000)\text{元} \div 3}{9\ 000\text{ 元}} = 48.89\%$$

两方案相比较,A 方案的原始投资回收率比 B 方案高,因此 A 方案较优。

原始投资回收率指标的优点是可以直接利用净现金流量信息,公式比较

简单,易于计算。其缺点也是没有考虑货币的时间价值。另外,它与会计收益率的共同缺点是计算公式的分子为时期指标,分母为时点指标,因而可比基础较差。

(四)静态投资回收期法

静态投资回收期法,是指在不考虑资金时间价值的情况下,利用静态投资回收期的长短来评价投资方案优劣的一种决策分析方法。静态投资回收期,是指以投资项目经营净现金流量抵偿原始总投资所需要的全部时间,通常用年表示。一般来说,项目的回收期越短,表明该项目的投资效果越好,投资方案所冒风险的程度也就越小。

运用这种方法进行投资决策时,应将计算出来的投资回收期与决策者期望的投资回收期相比较。若方案的投资回收期大于期望回收期,应拒绝该方案;反之,方案的投资回收期小于期望回收期,则可接受该方案。如果同时存在数个可接受的投资方案,则应比较各方案投资回收期的长短,选择其中最短的方案。

按照投资方案的每年净现金流量是否相等,静态投资回收期的计算可以分为两种情况。

1. 在原始投资一次支出,每年现金净流入量相等时,其计算公式为:

$$静态投资回收期=\frac{原始投资额}{每年现金净流入量}$$

【例6-20】某项目的现金流量如表6-3所示。若规定应达到的投资回收期为4年,试做出采纳与否的决策。

表6-3　　**某项目的现金流量**　　单位:元

年	0	1	2	3	4	5
现金流量	-19 000	5 000	5 000	5 000	5 000	5 000

解:该项目的原始投资为19 000元,每年的现金流量为5 000元,则:

$$静态投资回收期=19\ 000元\div 5\ 000元/年=3.8年$$

即需3.8年就可以收回原始投资,短于项目规定的回收期,因此该项目可采纳。

2. 如果现金净流量每年不等,或原始投资是分几年投入的,就需要运用各年年末的累计净现金流量的办法来计算静态投资回收期,即逐年计算,直到累计的净现金流量达到原始投资的那一年为止。此时,

$$静态投资回收期=\left(\begin{matrix}累计净现金流量第一次\\出现正值的年份\end{matrix}-1\right)+\frac{该年初尚未回收的投资}{该年净现金流量}$$

【例6-21】扩充例6-19的资料,如表6-4所示,计算A方案和B方案的静态投资回收期。

表 6-4 单位:元

A 方案:	现金流量	回收额	未回收额
原始投资	20 000		
现金流入			
第一年	11 800	11 800	8 200
第二年	13 240	8 200	0
B 方案:	现金流量	回收额	未回收额
原始投资	9 000		
现金流入			
第一年	1 200	1 200	7 800
第二年	6 000	6 000	1 800
第三年	6 000	1 800	0

A 方案的静态投资回收期 = 1 年 + (8 200 元 ÷ 13 240 元/年) = 1.62 年

B 方案的静态投资回收期 = 2 年 + (1 800 元 ÷ 6 000 元/年) = 2.3 年

A 方案的静态投资回收期短于 B 方案。

静态投资回收期法使用不考虑资金时间价值的回收期作为衡量方案投资效果的标准,计算简便,容易为决策人所正确理解。但该方法也存在着严重的不足之处:一是忽视了资金的时间价值;二是仅考虑投资收回的时间,而没有考虑投资收回后的收益情况,无法反映方案的投资盈利程度。事实上,有战略意义的长期投资往往早期收益较低,而中后期收益较高。这种方法优先考虑急功近利的项目,可能导致放弃长期效益的方案。因此,在实际工作中,常将这种决策方法与其他分析方法结合使用。

二、动态决策方法

(一)动态投资回收期法

动态投资回收期法,是指以考虑了资金时间价值因素以后的投资回收期(即动态投资回收期)的长短作为评价投资方案优劣的一种决策分析方法。它与静态投资回收期法的区别在于考虑了时间价值,将不同时期的现金流量折现后再计算投资回收期。动态投资回收期的计算也分为如下两种情况:

1. 在每年现金净流量相等,即年金情况下,其计算过程如下:

因为　投资额现值 = 每年现金净流入量 × 年金现值系数,

所以　年金现值系数 = 投资额现值 ÷ 每年现金净流入量

求出年金现值系数后,查表即可得投资回收期。

【例 6-22】沿用例 6-20 的资料,若折现率为 10%,求动态投资回收期。

解:　年金现值系数 = 19 000 ÷ 5 000 = 3.8

查年金现值系数表,当回收期为5年时,年金现值系数为3.791;当回收期为6年时,年金现值系数为4.355。利用插值法计算:

动态投资回收期 = [5 + (3.8 - 3.791) ÷ (4.355 - 3.791)]年 = 5.016年

动态回收期长于其静态投资回收期。

2. 在每年现金净流量不相等,即非年金情况下,与静态投资回收期法一样,运用各年年末的累计净现金流量的办法来计算,只是在累计时,需将各年末的净现金流量折成现值。

【例6-23】沿用例6-21中B方案的资料,按折现率为10%计算其动态投资回收期。

解:将各年的净现金流量按10%的折现率折成现值并累计起来,如表6-5所示。

表6-5 单位:元

B方案:	现金流量	折算为现值	累计现值
原始投资	9 000	9 000	
现金流入			
第一年	1 200	1 090.8	1 090.8
第二年	6 000	4 956	6 046.8
第三年	6 000	4 506	10 552.8

动态投资回收期应在2~3年,用插值法计算:

B方案动态投资回收期 = [2 + (9 000 - 6 046.8) ÷ (10 552.8 - 6 046.8)]年 = 2.655年

由以上两例计算结果可知,在相同条件下,动态投资回收期应该长于静态投资回收期。在静态投资回收期内,可以收回款项支付本金;在动态投资回收期内,不仅可以支付本金,还可以支付其利息。

动态投资回收期法克服了静态投资回收期法没有考虑资金时间价值这一缺陷,但它也只是考虑了收回全部投资的年数,没有考虑收回投资以后的现金流入,因而仍无法反映项目本身的盈利程度。

(二)净现值法

净现值法,是指利用投资方案的净现值大小来评价方案的投资决策方法。净现值(NPV)是指投资方案的现金流入量总现值减去现金流出量总现值的余额,也就是一项投资的未来报酬总现值超过原投资额现值的金额。

对于一项长期投资,投资者总希望未来获得的报酬多于最初的投资额,但由于未来得到的报酬与原始投资额不发生在同一时期,不能直接进行对比,因此必须运用资金时间价值的概念将这两项金额统一在同一个时点上,才能进行比较。净现值法就是把这两项金额都折现后进行对比，若前者大于后者，即净现值为正数，说明该方案的投资报酬率大于期望的投资报酬率，是可行的；反之，若后者大于前者，净现值为负数，则不可行。

如果是几个方案进行比较，则净现值最大的方案为最优方案。

以净现值法进行决策分析时，一般是按照下列步骤进行的：先预测投资方案中每年的净现金流量；再根据预期报酬率将这些净现金流量和方案的投资额折算为现值；两项相减，即可得出投资方案的净现值；最后，根据净现值的正负及大小来判断方案的可行性及优劣。

【例 6－24】使用例 6－20 的资料，当资金成本为 12% 时，计算该项目的净现值，并做出对项目采纳与否的决策。

解：$NPV = 5\ 000$ 元 $\times (P/A, 12\%, 5) - 19\ 000$ 元 $= 5\ 000$ 元 $\times 3.6048 - 19\ 000$ 元 $= -976$ 元

由于净现值小于 0，所以在资金成本为 12% 时，项目现金流量的现值无法抵补其原始投资，因而该项目不宜采纳。

【例 6－25】沿用例 6－19 的资料，若企业希望这两笔投资能达到 10% 的利润率，利用净现值法比较 A，B 两方案。

解：$NPV_A = 11\ 800$ 元 $\times (P, 10\%, 1) + 13\ 240$ 元 $\times (P, 10\%, 2) - 20\ 000$ 元 $= 1\ 662.44$ 元

$NPV_B = 1\ 200$ 元 $\times (P, 10\%, 1) + 6\ 000$ 元 $\times (P, 10\%, 2) + 6\ 000$ 元 $\times (P, 10\%, 3) - 9\ 000$ 元 $= 1\ 552.8$ 元

由计算可知，两个方案的净现值均大于零，故方案本身都具有可行性，即都能达到预期 10% 的利润率。但在两个方案中，以 A 方案的净现值最大，因此应选择 A 方案。

【例 6－26】设贴现率为 15%。现有两个 5 年期的投资机会，有关数据如表 6－6 所示。问这两个投资方案哪个最优？

表 6－6 单位：元

A 方案：(分两年平均投入)	税后净利	折旧	合计	B 方案：	税后净利	折旧	合计
			600 000	原始投资			500 000
现金流入				期满残值			25 000
第一年				现金流入			
第二年	150 000	120 000	270 000	第一年	60 000	95 000	155 000
第三年	100 000	120 000	220 000	第二年	70 000	95 000	165 000
第四年	90 000	120 000	210 000	第三年	80 000	95 000	175 000
第五年	80 000	120 000	200 000	第四年	90 000	95 000	185 000
第六年	70 000	120 000	190 000	第五年	100 000	95 000	195 000

解：$NPV_A = (270\ 000 \times 0.756\ 1 + 220\ 000 \times 0.657\ 5 + 210\ 000 \times 0.571\ 8 + 200\ 000 \times$

$0.4972 + 190\,000 \times 0.4323)$元 $- (300\,000 + 300\,000 \times 0.8696)$元

$= 89\,572$ 元

$NPV_B = (155\,000 \times 0.8696 + 165\,000 \times 0.7561 + 175\,000 \times 0.6575 + 185\,000 \times$

$0.5718 + 195\,000 \times 0.4972 + 25\,000 \times 0.4972)$元 $- 500\,000$ 元

$= 89\,774$ 元

由计算结果可知,A,B 两方案都有正的净现值,二者相比,B 方案比 A 方案的净现值稍大,所以 B 方案较优。

在使用净现值法进行项目评价时,正确地选择折现率是至关重要的,因为它直接影响着项目评价的结论。一般情况下,我们采用两种选择方法:一种方法是根据资金成本率来确定;另一种方法是根据企业要求的最低投资利润率来确定。

净现值法具有广泛的适用性,在理论上也比其他方法更完善。它有以下三个优点:一是考虑了资金的时间价值,增强了投资经济性的评价;二是考虑了项目计算期的全部净现金流量,体现了流动性与收益性的统一;三是考虑了投资风险性,因为折现率的大小与风险大小有关,风险越大,折现率就越高。

净现值法也具有以下缺点:一是不能从动态的角度直接反映投资项目实际收益率的大小,当各项目投资不等时,仅用净现值无法确定投资方案的优劣;二是净现金流量的测量和折现率的确定比较困难,而它们的正确性对计算净现值有着重要的影响;三是净现值法计算较为麻烦。

(三)净现值率法

净现值率(*NPVR*)是指投资项目的净现值占原始投资现值总和的百分比。其计算公式为:

$$净现值率 = \frac{投资项目净现值}{原始投资现值}$$

净现值率可进行投资水平不同的多个方案间的比较,净现值率高者为优。

【例 6-27】依据例 6-25 中的净现值数据,计算 A,B 两个方案的净现值率并进行比较。

解:

$$NPVR_A = \frac{1\,662.44\ 元}{20\,000\ 元} = 8.31\%$$

$$NPVR_B = \frac{1\,552.8\ 元}{9\,000\ 元} = 17.25\%$$

计算出的 A 方案的净现值率低于 B 方案,所以二者比较,B 方案更好。

以上计算结果与用净现值法计算出的结果不同,净现值率法算出的结果更加合理,这也正是净现值率这个折现的相对量评价指标的优点所在,它可以从动态的角度反映项目投资的资金投入与净产出之间的关系;其缺点与净现值指标相似,同样无法直接反映投资项目的实际收益率。

(四)现值指数法

现值指数法是根据各个投资方案的现值指数的大小来确定该方案是否可行的一种投资决策方法。现值指数,是指投资方案未来报酬的总现值与投资额的总现值的比率,它说明每元投资额未来可以获得报酬的现值有多少。其计算公式为:

$$\text{现值指数}(PI)=\frac{\text{未来报酬的总现值}}{\text{投资金额的总现值}}$$

由上式容易得到:

$$\text{现值指数}(PI)-1=\text{净现值率}(NPVR)$$

在进行投资决策时,如果现值指数大于1,可接受该方案;如果现值指数小于1,则拒绝该方案。若同时有数个方案的现值指数均大于1,应选择现值指数最大的投资方案。

【例6-28】依据例6-24的数据,当资金成本为12%时,计算该项目的现值指数并做出对该项目采纳与否的决策。

解:

$$PI=\frac{18\ 024\text{元}}{19\ 000\text{元}}=0.949<1$$

所以该方案应舍弃。

从对该方案的决策分析上看,现值指数法与净现值法是一致的。

【例6-29】依据例6-25中的净现值数据,计算A,B两个方案的现值指数并进行比较。

解:

$$PI_{A}=\frac{21\ 662.44\text{元}}{20\ 000\text{元}}=1.083\ 1$$

$$PI_{B}=\frac{10\ 552.8\text{元}}{9\ 000\text{元}}=1.172\ 5$$

A方案的现值指数低于B方案,因此B方案较优。这与按照净现值率法计算出的结果相同,与按净现值法的决策结果相反。

以上计算结果之所以产生差异,是由于净现值法和现值指数法的计算方法不同造成的。净现值法用的是各期现金净流量的现值减去原始投资的现值,以绝对数表示,这样,有时不便于在不同投资额的方案之间进行比较;而现值指数法则是用现金净流量的现值除以原始投资的现值,以相对数表示,便于在不同投资额的方案之间比较。

在实际工作中,对于净现值法和现值指数法的使用,一般应根据具体情况采用不同的方法,也可将两种方法结合起来运用。如果备选方案是互斥的(即只能选择其中一个方案),而且没有其他投资机会,此时应运用净现值法进行决策分析,选取净现值最大的方案,因为此时最高的净现值符合企业的最大利益。如果备选方案是独立的,此时应运用现值指数法进行决策分析,选择现值指数较高的几个投资方案,这样可以获得最高的整体获利水平,使现值总和最大。

现值指数法考虑了资金的时间价值,克服了净现值法对于投资额不同时决策不合理的缺陷；但它和净现值法一样，也无法直接反映投资项目的实际收益率。

（五）内含报酬率法

内含报酬率法是根据方案本身内含报酬率的大小来评价方案优劣的一种方法。内含报酬率，又称内部收益率，它是指一项长期投资方案，在其寿命周期内能够使未来现金流入量现值等于原始投资现值的折现率，或者说是使投资方案净现值为零的折现率。

内含报酬率（IRR）是根据方案的现金流量计算出的，是方案本身的投资报酬率。运用内含报酬率法进行方案决策分析时，如果是单一方案的可行性分析，则只需比较方案的内部收益率与企业的预期报酬率或资金成本率，前者大于后者，方案可行；否则，不可行。如果是多方案决策分析，内含报酬率最高的方案为最优方案。

计算内含报酬率的过程，实际上就是寻找使净现值为零的折现率的过程，可以按以下两种情况进行计算：

1. 在年金情况下，设原始投资额为 A_0，每年净现金流量为 A，则有：

$$\text{净现值}(NPV) = \text{年净现金流量} \times \text{年金现值系数} - \text{投资额}$$

即
$$NPV = A \times (P_A/A, IRR, n) - A_0$$

因为
$$NPV = 0$$

则
$$A \times (P_A/A, IRR, n) - A_0 = 0$$

$$(P_A/A, IRR, n) = A_0/A$$

计算出年金现值系数后，就可以通过查年金现值系数表来计算出内含报酬率。

【例 6－30】沿用例 6－20 的资料，计算该方案的内含报酬率。

解：由题意可知，$A_0 = 19\ 000$ 元，$A = 5\ 000$ 元，$n = 5$ 年，则有：

$$\text{年金现值系数} = 19\ 000/5\ 000 = 3.8$$

查年金现值系数表，$n = 5$ 年，可知：$i = 9\%$ 时，年金现值系数为 3.889 7；$i = 10\%$ 时，年金现值系数为 3.790 8。则内含报酬率在 9%～10%。

利用插值法计算：

$$(IRR - 9\%) \div (10\% - 9\%) = (3.889\ 7 - 3.8) \div (3.889\ 7 - 3.790\ 8)$$

可得：
$$IRR = 9.91\%$$

2. 非年金情况下，使用逐步测试法计算。首先估计一个折现率，用它来计算方案的净现值。如果净现值为正数，说明方案本身的报酬率超过估计的折现率，应提高折现率后进一步测试；如果净现值为负数，说明方案本身的报酬率低于估计的折现率，应降低折现率后进一步测试。通过逐次测试，可逐步向投资方案的内部收益率逼近。最后，根据由正到负两个最相邻的折现率，按插值法计算出近似的内含报酬率。

【例 6－31】沿用例 6－19 中 B 方案的数据资料，计算该方案的内含报酬率。

解:第一次测试,选用10%的折现率:

$$NPV=1\,200\text{元}\times(P,10\%,1)+6\,000\text{元}\times(P,10\%,2)+6\,000\text{元}\times(P,10\%,3)-9\,000\text{元}=1\,552.8\text{元}$$

说明折现率估计低了。

第二次测试,选用14%的折现率:

$$NPV=1\,200\text{元}\times(P,14\%,1)+6\,000\text{元}\times(P,14\%,2)+6\,000\text{元}\times(P,14\%,3)-9\,000\text{元}=719.64\text{元}$$

说明折现率还是低。

第三次测试,选用16%的折现率:

$$NPV=1\,200\text{元}\times(P,16\%,1)+6\,000\text{元}\times(P,16\%,2)+6\,000\text{元}\times(P,16\%,3)-9\,000\text{元}=337.92\text{元}$$

说明折现率仍然低。

第四次测试,选用18%的折现率:

$$NPV=1\,200\text{元}\times(P,18\%,1)+6\,000\text{元}\times(P,18\%,2)+6\,000\text{元}\times(P,18\%,3)-9\,000\text{元}=-22.2\text{元}$$

说明折现率估计高了。

所以,该方案的内含报酬率应在16%~18%,可利用插值法进行计算:

$$(IRR-16\%)\div(18\%-16\%)=(337.92-0)\div(337.92+22.2)$$

可得:

$$IRR=17.88\%$$

在多数情况下,使用净现值法与内含报酬率法进行决策,所得出的结论是相同的;但有时也会产生差异。当原始投资额不同,一个项目的投资额大于另一个项目的投资额时,或两个项目现金流入的时间不同,一个在前几年流入较多,而另一个在后几年流入较多时,这两种方法的决策结果会产生差异。但引起差异的原因是一致的,即两种方法对于中期产生的现金流量进行再投资假定时,采用了不同的报酬率。净现值法假定产生的现金流入量重新投资会产生与企业资金成本率相等的报酬率;而内含报酬率法假定现金流入量重新投资产生的利润率与该项目特定的内含报酬率相同。

在实际决策中,一般认为内含报酬率法有一定的优势,即它非常注重资金的时间价值,能从动态的角度直接反映投资项目的实际收益水平,并且不受采用的折现率的影响,比较客观。但它也具有一些弱点,该指标的计算过程十分麻烦,当经营期间大量追加投资时,又有可能导致多个内含报酬率的出现,或偏高,或偏低,缺乏实际意义。因此,总体来看,净现值法还是优于内含报酬率法。

三、各种长期投资决策方法的比较

前面学习十种长期投资决策方法时,我们曾对每种方法的优缺点进行了逐一介绍。下面对各种决策方法在总体上进行比较。

(一)静态决策方法和动态决策方法的比较

与动态决策方法相比,静态决策方法的缺陷在于没有考虑资金的时间价值(即时间因素)。时间因素在两个方面影响项目的评价:一是在不同时点上收入或支出的相同数量的货币具有不同的价值,因此在不同时点上收入或支出的货币不能直接比较,必须把它们换算到同一时点上才能比较;二是项目经济年限的长短直接影响经营期内现金流量的大小,因而评价时必须考虑项目经济年限内所有年份的现金流量。动态决策方法的根本优点正是在于考虑了时间因素,可以全面地反映项目的经济效益。所以,与动态决策方法相比,静态决策方法只能作为辅助的决策分析评价方法。

(二)动态决策分析中各种方法的比较

1. 总体比较。在动态决策分析的各种方法中,动态投资回收期法衡量的是投资方案收回投资的速度;净现值法是考虑投资方案能否使企业财富增加的绝对量指标;净现值率和现值指数是相对指标;内含报酬率和外部收益率是方案的实际投资报酬率。这些方法各有短长,在实际情况中,经常需要将这些方法结合运用。

一个能使决策者持续地做出正确的投资决策的方法必须具备下列性质:

(1)它必须考虑到货币的时间价值。

(2)它必须将投资方案的寿命周期中所有的现金流量都考虑进去。

(3)它必须使决策者得以在一些互斥的投资方案中选出一个能使企业财富达到最大化的投资方案。

用这三条性质来衡量,动态投资回收期法不符合(2)的要求。其他的几种方法都具备性质(1)(2);并且当投资方案彼此独立时,都能做出正确的评价。但是,只有净现值法在任何情况下都能达到上述(3)的要求。

根据美国的一项抽样调查,根据投资方案金额的多少,投资方案性质的不同,以及企业财务状况与决策者个人偏好的差别,以上几种方法均被美国公司采用,但以净现值法的应用最为常见。

净现值(NPV)、净现值率($NPVR$)、现值指数(PI)和内部收益率(IRR)指标不仅都属于动态正指标,而且它们之间存在以下数量关系:

当 $NPV>0$ 时,$NPVR>0$,$PI>1$,$IRR>$ 给定折现率;

当 $NPV=0$ 时,$NPVR=0$,$PI=1$,$IRR=$ 给定折现率;

当 $NPV<0$ 时,$NPVR<0$,$PI<1$,$IRR<$ 给定折现率。

此外,净现值率的计算需要在已知净现值的基础上进行,内含报酬率在计算时也需要利用净现值的计算形式。这些指标都受建设期的长短、投资方式以及各年净流量的影响,所不同的是:净现值为绝对量指标,其余为相对数指标;计算净现值、净现值率和现值指数所依据的折现率都是事先已知的,而内含报酬率的计算与给定的折现率的高低无关。

2. 净现值法和内含报酬率法的比较。在多数情况下,运用净现值法与内含报酬率法得出的结论是相同的。

(1)对同一投资方案评价的比较。在一般情况下,投资方案的净现值和资金成本率(或期望的报酬率)之间,确实存在着此消彼长的关系。资金成本率越低,投资方案的净现值就越大;资金成本率高到等于内含报酬率时,投资方案的净现值为零;资金成本率超过内含报酬率时,投资方案的净现值将出现负数。因而可得出如下结论:在一般情况下,就同一投资方案而言,无论是运用内含报酬率法还是净现值法,都可以得出相同的拒绝或接受某方案的结论。

(2)对相互独立的投资方案评价的比较。在一般情况下,还可以推论出:只要各投资方案相互独立,使用净现值法或内含报酬率法做出的评价结果也一致。因为根据内含报酬率法则,只要投资方案的内含报酬率大于其资金成本率,决策者就可以接受它;并且,在一般情况下,若投资方案的内含报酬率大于其资金成本率,则其净现值也一定为正。

(3)对互斥投资方案评价的比较。在一般情况下,对同一投资方案或彼此相互独立的投资方案而言,使用内含报酬率法和净现值法做出的判断会一致;但在不同而且互斥的投资方案中,情况就不一定了。我们通过下面的例子来说明这种情况。

【例 6-32】有 S,L 两个投资方案,它们的有关资料如表 6-7 所示。

表 6-7

年　度	现金流量及净现值(元)	
	S 方案	L 方案
0	(1 000)	(1 000)
1	500	100
2	400	300
3	300	400
4	100	600
$NPV(K=0\%)$	300	400
$NPV(K=5\%)$	180.42	206.50
$NPV(K=10\%)$	78.80	49.15
$NPV(K=15\%)$	(8.33)	(80.13)
IRR	14.5%	11.8%

表6-7中的计算结果表明，在资金成本率为5%时，运用净现值法的评估结果为L方案优于S方案；而运用内含报酬率法的评估结果则表明，S方案优于L方案。这就产生了矛盾。就此，我们将两个投资方案的净现值线用图6-5显示如下。

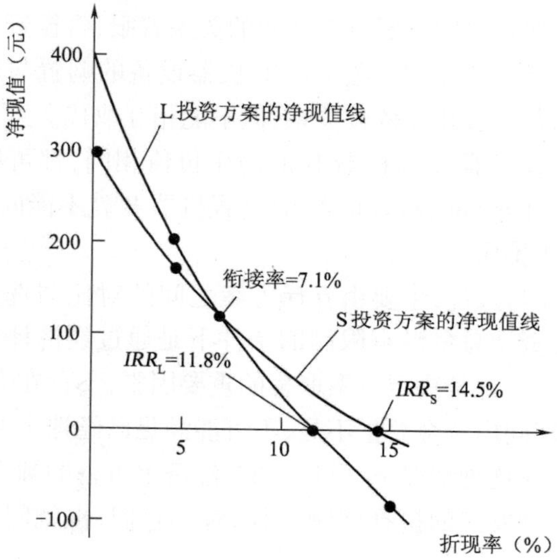

图6-5 投资方案S和L的净现值线

从图6-5中可以直观地看出，采用这两种方法得出的结论产生分歧的根本原因就是S方案的净现值线的斜率小于L方案的净现值线的斜率。也就是说，由于L方案后期现金流量远远大于S方案，而后期现金流量越大，其净现值受折现率改变的影响也就越大。在本例中，两个方案的净现值线相交于折现率为7.1%处，只要资金成本率大于7.1%，S方案的净现值和内含报酬率都优于L方案，两种方法并无矛盾，应选择S方案。如果资金成本率小于7.1%，则会产生矛盾：净现值法认为L方案优于S方案，而内含报酬率法则认为S方案优于L方案。两种方法得出两种结论，但正确答案只有一个，即用净现值法得出的评价结果是选用L方案。因为投资决策的目的是使企业的财富最大化，而在净现值最大时就能达到这个目的。一般认为，净现值法优于内含报酬率法，究其根本，一是因为在非常规投资方案中，可能出现多个内含报酬率；二是因为净现值法对再投资的报酬率的假设比内含报酬率要合理。净现值法假设企业将投资方案所产生的现金流量再投资后所能得到的报酬率等于该方案的资金成本；而内含报酬率法假设企业能够按照投资方案的内含报酬率将该方案所产生的现金流量予以再投资。对大多数企业而言，它们有可能按照投资方案的资金成本率而非内含报酬率将现金流量作再投资。

四、长期投资方案的对比和选优

进行投资方案的对比与选优是其经济效益评价的关键的一步。主要经济评价指标的计算,归根结底是为方案的对比与选优服务。正确计算主要经济评价指标,其目的就是要使它们在方案的对比与选优中正确地发挥作用。为了正确地进行方案的对比与选优,就要从不同投资方案之间的关系着眼,将投资方案区分为独立方案和相互排斥方案(互斥方案)两类。例如,机器设备的购置与厂房修建为各自独立的方案,它们之间存在着相互依赖关系,但不能相互取代。互斥方案则有取必有舍,不能同时并存。设机器 A 与机器 B 的使用价值相同,都可用来生产同样的产品,则购置机器 A 就不能同时购置机器 B,购置机器 B 就不能同时购置机器 A。因而这两个方案是互相排斥的。

投资方案的对比与选优,主要由互斥方案之间的对比与选优来决定取舍。对于独立方案来说,在资金总量没有限制的条件下是通过经济评价指标的计算以权衡其经济上是否可行。这是决定方案取舍的重要因素,不存在方案之间的对比、选优问题。如果一定期间内资金总量不足,不可能满足已经选定的、经济上可行的全部方案上马的需要,在这种情况下,已选定的、经济上可行的独立方案,也有一个何者优先安排,何者后续安排的抉择问题,因而对于它们,也就同样要进行相互对比的筛选了。

互斥方案决策过程,就是在每一个入选方案已具备财务可行性的前提下,比较各个方案的优劣,利用评价指标从各个备选方案中最终选出一个最优方案的过程。

在管理会计的多方案比较决策中,将利用某一特定评价指标作为决策标准或依据的方法称为以该项指标命名的“某某法”。例如,以净现值作为互斥方案择优依据的方法就是净现值法。同理,还有净现值率法、差额投资内部收益率法和年回收额法等。其中:净现值法和净现值率法适用于原始投资相同的多方案比较决策,即可以选择净现值或净现值率大的方案作为最优方案;差额投资内部收益率法和年回收额法适用于原始投资不相同的多方案比较。

所谓差额投资内部收益率法,是指在两个投资额不同的方案的差量净现金流量(ΔNCF)的基础上,计算出差额内部收益率(ΔIRR),并据以判断方案孰优孰劣的方法。在此法下,当差额内部收益率指标大于或等于基准收益率或设定折现率时,原始投资额大的方案较优;反之,原始投资额少的方案为优。

年回收额法,是指根据所有投资方案的年回收额的大小来选择最优方案的决策方法。某一方案年回收额等于该方案净现值与相关年回收系数的乘积。若某方案净现值为 NPV,设定折现率或基准收益率为 i_c,项目计算期为 n,则有:

$$\begin{matrix}\text{该方案的}\\\text{年回收额}\end{matrix}(A)=\begin{matrix}\text{该方案}\\\text{净现值}\end{matrix}\times\begin{matrix}\text{回收系数}\\(n\text{ 年,折现率为 }i)\end{matrix}=\frac{\text{该方案净现值}}{\text{年金现值系数}(n\text{ 年,折现率为 }i)}$$

在此法下，在所有方案中，年回收额最大的方案为优。

关于多个项目组合排队的决策。这类决策涉及的多个项目之间不是相互排斥的关系，它们之间可以实现任意组合，可分为两种情况：一种是在资金总量不受限制的情况下，可按每一项目的净现值大小排队，确定优先考虑的项目顺序；另一种是在资金总量受到限制时，需按净现值率或获利指数的大小，结合净现值进行各种组合排队，并从中选出能使$\sum NPV$最大的最优组合。其具体程序如下：

第一，以各方案的净现值率高低为序，逐项计算累计投资额，并与限定投资总额进行比较。

第二，当截止到某项投资项目（假定为第j项）的累计投资额恰好达到限定的投资总额时，则第1至第j项的项目组合为最优投资组合。

第三，若在排序过程中未能直接找到最优组合，必须按下列方法进行必要的修正：①当排序中发现第j项的累计投资额首次超过限定投资额而删除该项后，按顺延的项目计算的累计投资额却小于或等于限定投资额时，可将第j项与第$(j+1)$项交换位置，继续计算累计投资额。这种交换可连续进行。②当排序中发现第j项的累计投资额首次超过限定投资额又无法与下一项进行交换，第$(j-1)$项的原始投资大于第j项原始投资时，可将第j项与第$(j-1)$项交换位置，继续计算累计投资额。这种交换也可连续进行。③若经过反复交换，已不能再进行交换，仍未找到能使累计投资额恰好等于限定投资额的项目组合时，可将最后一次交换后的项目组合作为最优组合。

总之，在主要考虑投资效益的条件下，多方案比较决策的主要依据，就是能否保证在充分利用资金的前提下获得尽可能多的净现值总量。

第三节　长期投资方案的敏感性分析

上节所述的投资项目评价指标计算所使用的财务信息，绝大部分来自预测和估算，有相当程度的不确定性。主观估测的误差和客观情况的变化，可能会导致以原来各预测值为基础计算出来的各个指标难以实现，因此，有必要进行长期投资方案的敏感性分析。

长期投资方案的敏感性分析，是指分析和测算某一个或几个参数值在一定范围内的变动，以及将会对方案的评价结果影响的程度，使管理当局能事先预见到这些参数值在多大范围内变动才不会影响原来决策的有效性。如果超过了这个范围，原来的结论就会发生变化，则应对原来的选择进行修改。敏感性分析可以使决策者事先考虑好灵活的对策与措施，争取工作主动。

如果某一参数值在很小范围内的变动会对经济评价指标产生较为强烈的影响，从而影响投资方案的可行性，则说明投资方案对这个参数的敏感性很强。因此，在进行决策分析时就应给予特别的重视，一定要将其未来值尽可能地预测准确。如果某一参数值在较大范围内的变动仍不会影响投资方案的可行性，则说明这个方案对这个参数变动的敏感性较弱，在预测时就可以相对松一些。

净现值法是长期投资决策分析中最常用的方法。长期投资方案是否可行，一般要看其净现值是否大于零。决定净现值的参数有原始投资额(A_0)、每年现金净流入量(A_k)、项目寿命(n)和给定的折现率(即预期报酬率或资金成本率，i)。这些参数发生变化，会不同程度地影响对投资方案的分析评价。进行敏感性分析时，一般是假定只有一个参数发生变动，其余参数不变，从而测定该参数的变动对投资方案的影响程度。

在敏感性分析中，会遇到每年现金净流量相等和不相等两种情况。为了简化问题，现以年现金净流量相等的情况为例进行说明。

【例6-33】某企业有一投资方案，需投资100 000元，预计有效期为5年，每年现金净流量预计为50 000元，预期报酬率为20%。假设不考虑所得税的影响，试评价该方案的可行性并作敏感性分析。

解：该方案的净现值为：

$$NPV = 50\ 000\text{元} \times (P/A, 20\%, 5) - 100\ 000\text{元}$$
$$= 50\ 000\text{元} \times 2.990\ 6 - 100\ 000\text{元} = 49\ 530\text{元}$$

$NPV > 0$，说明方案本身具有可行性。

敏感性分析：

(1)确定原始投资额的上限临界值：

设投资额上限临界值为A_0，则当净现值为零时，有：

$$50\ 000\text{元} \times 2.990\ 6 - A_0 = 0$$

可得：

$$A_0 = 149\ 530\text{元}$$
$$149\ 530\text{元} - 100\ 000\text{元} = 49\ 530\text{元}$$

即投资额的上限值为149 530元，允许追加投资的最大限度为49 530元，变动幅度为49.53%。超过此限，净现值变为负数，方案不可行。

(2)确定年现金流量的下限临界值：

设年现金净流量下限临界值为NCF，则有：

$$NCF \times 2.990\ 6 - 100\ 000\text{元} = 0$$

可得：

$$NCF = 33\ 438.11\text{元}$$
$$50\ 000\text{元} - 33\ 438.11\text{元} = 16\ 561.89\text{元}$$
$$16\ 561.89 \div 50\ 000 = 33.12\%$$

即年现金净流量的下限临界值为33 438.11元，允许下降的最大限度为16 561.89元，变动幅度为33.12%。超过此限，净现值变为负数，方案不可行。

(3)确定项目期间的下限临界值：

设项目期间的下限临界值为 n 年，则有：

$$50\ 000\text{元}\times(P/A,20\%,n)-100\ 000\text{元}=0$$

用 $n=2$ 和 $n=3$ 分别测试，可知 n 值应在 2 和 3 之间。查年金现值系数表，使用插值法计算，得 $n=2.82$ 年。

$$5\text{年}-2.82\text{年}=2.18\text{年}$$

$$2.18\div5=43.6\%$$

即项目期间的下限临界值为 2.82 年，允许缩短的最大限度为 2.18 年，减少幅度为 43.6%。超过此限，方案不可行。

(4)确定折现率的上限临界值：

设折现率的上限临界值为 i，则有：

$$50\ 000\text{元}\times(P/A,i,5)-100\ 000\text{元}=0$$

查年金现值系数表，使用插值法计算，得 $i=41.1\%$。

$$41.1\%-20\%=21.1\%$$

$$21.1\%\div20\%=105.5\%$$

即折现率的上限临界值为 41.1%，允许上升的最大限度为 21.1%，上升幅度为 105.5%。超过此限，方案不可行。41.1% 实际上就是该方案的内含报酬率。也就是说，只有折现率小于方案的内含报酬率时，才能保持投资方案的可行性。

上述对投资方案的敏感性分析是分析参数变化与投资方案可行性标准之间的关系。如果是多方案决策分析，则在进行敏感性分析时，不是针对最优方案本身的可行性，而是对其最优性进行敏感性分析，即各指标变化到何种限度时，方案还是最优方案。此时，只需令最优方案的净现值等于次优方案的净现值，计算出各个指标的变化限度即可。

第四节 固定资产更新改造决策

前面结合各种决策方法，研究了投资项目是否可取这一主要投资决策问题，本节将举例说明固定资产是否更新改造的决策分析方法。

固定资产更新改造决策是长期投资决策分析中的一个重要问题。随着科学技术的发展和市场竞争的加剧，不少企业采用加速折旧法，使固定资产的寿命越来越短。这样，固定资产的更新改造便成为经常遇到的决策问题。企业使用新设备，可以增加产品产量，提高产品质量，降低产品成本，节约能源耗费。但是，使用新设备必须投入一笔较大的资金。继续使用旧设备，虽然不能获得上述好处，但用不着一次投入较多资金。衡量这两种方案谁优谁劣，需要进行具体分析，比较得失，权衡轻重。这类决策是否正确、合理，从整体上关系到资本投资的经济效益的大小，因此应在科学预测的基础上，运用合理的方法，做出正确的决策。

常用的固定资产更新改造决策的分析方法有差量分析法、平均年成本法、应计价值法等。现分别介绍如下。

一、差量分析法

差量分析法是分析新旧设备在现时投资上的差量和使用期间每年净现金流量的差量，并将后者按一定折现率折算成现值之和，与前者进行比较，从而做出方案决策的一种分析方法。

新旧设备在投资上的差量是指购置新设备必须增加的现金支出数额，通常是指新设备的购置价减去旧设备的变价收入，添置新设备的现金流入即为增加的收益。所以方案的决策只需比较未来现金流入的现值与现金流出的现值即可。

【例6－34】某企业原有一台设备，原价100 000元，可用10年，按直线法计提折旧，预计无残值。已提折旧40 000元，折余价值60 000元。使用该设备每年可获得收入149 000元，每年支付的使用费为113 000元。该企业拟购买一台新式设备取代旧设备。新设备售价为150 000元，估计可用6年，预计净残值为7 500元。购入新设备时，旧设备可作价35 000元。新机器使用后，每年可增加销售收入25 000元；同时，每年可节约使用费10 000元。该企业希望投资报酬率达到12%，在不考虑所得税的情况下，做出是否更新设备的决策。

解：根据题意可知，新设备购价为150 000元，旧设备变现收入为35 000元，则购置新设备的现金流出量为：

$$(150\,000-35\,000)\text{元}=115\,000\text{元}$$

旧设备年折旧为：

$$60\,000\text{元}\div 6=10\,000\text{元}$$

新设备年折旧为：

$$(150\,000-7500)\text{元}\div 6=23\,750\text{元}$$

计算新旧设备每年现金净流量差量，见表6－8。

表6－8 单位：元

项目	旧设备	新设备	差额
销售收入	149 000	174 000	+25 000
使用费	113 000	103 000	－10 000
折旧	10 000	23 750	+13 750
利润	26 000	47 250	+21 250
现金净流量	36 000	71 000	+35 000

更新设备的差量净现值为：

$$\begin{aligned}NPV&=35\,000\text{元}\times(P/A,12\%,6)+7\,500\text{元}\times(P,12\%,6)-115\,000\text{元}\\&=35\,000\text{元}\times4.111\,4+7\,500\text{元}\times0.506\,6-115\,000=32\,698.50\text{元}\end{aligned}$$

计算结果表明，购买新设备可增加净现值32 698.50元，故方案可行。

所得税是企业的一种现金流出，它的大小取决于利润的大小和税率的高低。在例6－34中，为简化问题，未考虑所得税，但在实际决策中，应考虑所得税对投资决策的影响。

【例6－35】依据例6－34的资料，假定所得税税率为30%，分析企业是否应该进行设备更新。

解：将表6－8调整为表6－9。

表6－9　　单位：元

项目	旧设备	新设备	差额
销售收入	149 000	174 000	+25 000
使用费	113 000	103 000	-10 000
折旧	10 000	23 750	+13 750
税前利润	26 000	47 250	+21 250
税后利润	18 200	33 075	+14 875
现金净流量	28 200	56 825	+28 625

该方案的差量净现值为：

$$NPV = 28\,625\text{ 元} \times (P/A, 12\%, 6) + 7500\text{ 元} \times (P, 12\%, 6) - 107\,500\text{ 元}$$
$$= 13\,976.88\text{ 元}$$

计算结果表明，购买新设备可增加净现值6 476.88元，故方案可行。

从以上两例相差较大的计算结果，我们也可看出所得税对投资决策的影响。

虽然差量分析法可以较好地解决固定资产的更新决策问题，但是这种方法有一个重要的前提，即新旧设备的后续使用年限要相同，如例6－35，新旧设备的后续使用年限均为6年。在新旧设备后续使用年限不相等的情况下，旧设备报废而新设备继续使用的期间里，两个方案无法互相比较，两者之间每年现金净流量的差量就不能确定，因而差量分析法便失去效用。在新旧设备后续使用年限不相等的情况下，适宜使用的评价方法是平均年成本法。

二、平均年成本法

平均年成本法是通过计算和比较新旧设备平均每年使用成本的高低来评价设备更新方案是否可行的一种决策分析方法。该种方法主要适用于设备更新以后不影响产品销售收入，只是降低了原设备的年运行成本这一情况。

固定资产的平均年成本是与该资产相关的现金流出的年平均值。在考虑资金时间价值的情况下，它是未来使用年限内现金流出总现值与年金现值系数的比值，即平均每年的现金流出。其计算公式有以下几种：

①计算现金流出的总现值，然后分摊给每一年。

$$平均年成本=\frac{投资额+年运行成本\times年金现值系数-残值\times复利现值系数}{年金现值系数}$$

②各年运行成本相等时，只要将原始投资额和残值摊销到每年，然后求和，亦可得到每年的平均现金流出量。

$$平均年成本=投资额摊销+年运行成本-残值摊销$$
$$=\frac{投资额}{年金现值系数}+年运行成本-\frac{残值}{年金终值系数}$$

③将残值在原投资中扣除，视同资金占用每年承担相应利息，然后与净投资摊销额及年运行成本总计，求出平均年成本。

$$\begin{matrix}平均\\年成本\end{matrix}=\begin{matrix}减去残值的\\投资摊销额\end{matrix}+\begin{matrix}年运行\\成本\end{matrix}+\begin{matrix}占用在残值上的\\资金应计利息\end{matrix}$$

上述公式中的投资额，对于旧设备而言是指变现收入。

【例6-36】某企业有一旧设备，使用者提出更新要求，有关数据见表6-10。企业要求的最低报酬率为14%，试做出是否更新设备的决策。

表6-10

项目	旧设备	新设备
原值(元)	22 000	24 000
预计使用年限(年)	10	10
已经使用年限(年)	4	0
残值(元)	2 000	3 000
变现价值(元)	6 000	24 000
年运行成本(元)	7 000	4 000

解：

$$旧设备平均年成本=\frac{6\ 000元+7\ 000元\times(P/A,14\%,6)-2\ 000元\times(P/F,14\%,6)}{(P/A,14\%,6)}$$
$$=\frac{6\ 000元+7\ 000元\times3.888\ 7-2\ 000元\times0.455\ 6}{3.888\ 7}=8\ 308.61元$$

或

$$旧设备平均年成本=\frac{6\ 000元}{(P/A,14\%,6)}+7\ 000元-\frac{2\ 000元}{(F/A,14\%,6)}=8\ 308.61元$$

或

$$旧设备平均年成本=\frac{6\ 000元-2\ 000元}{(P/A,14\%,6)}+7\ 000元+2\ 000元\times14\%=8\ 308.61元$$

$$新设备平均年成本=\frac{24\ 000元+4\ 000元\times(P/A,14\%,10)-3\ 000元\times(P/F,14\%,10)}{(P/A,14\%,10)}$$
$$=\frac{(24\ 000元+3\ 000元\times5.216\ 1-3\ 000元\times0.269\ 7)}{5.216\ 1}=8\ 446.02元$$

或

$$新设备平均年成本=\frac{24\ 000元}{(P/A,14\%,10)}+4\ 000元-\frac{3\ 000元}{(F/A,14\%,10)}=8\ 446.02元$$

或

$$新设备平均年成本=\frac{24\ 000元-3\ 000元}{(P/A,14\%,10)}+4\ 000元+3\ 000元\times 14\%=8\ 446.02元$$

从以上计算结果可知,使用旧设备的平均年成本比更换新设备的平均年成本低,故不宜进行设备更新。

在使用平均年成本法时应注意,这种方法是把继续使用旧设备和购置新设备看成是两个互斥的方案,而不是一个更换设备的特定方案。也就是说,要从局外人的角度来考虑。因此,不能将旧设备的变现价值作为购置新设备的一项现金流入。

三、所得税对固定资产更新决策的影响

评价固定资产的投资效益,是以利润加折旧为依据的。利润有税(所得税)前利润和税后利润之别。如果站在国家的立场来评价投资效益是以税前利润为基础的,因为所得税和利润都是投资项目的贡献,仅以不同方式缴纳给国家而已。作为一个投资者,当然要从税后利润角度来考虑项目的经济效益,但必须不违背宏观效益。以税后利润为评价依据的情况下,在投资决策中往往要考虑税金减除数问题。所谓税金减除数,就是由于某种原因国家同意减免所得税的数额。

【例 6-37】以 50 000 元购入 A 机器,可使用 5 年,无残值,每年税后利润 10 000元,已使用 3 年。现拟以10 000元出售,另行购买效率更高的 B 机器。新机器价格80 000元,可使用 5 年,无残值,每年税后利润11 000元。假设折现率为 10%,所得税率为 50%,则评价购买新机器是否合算的计算如表 6-11 所示。

表 6-11 单位:元

项　　目	投资收入	
新机器每年收入	(利润 11 000 + 折旧 16 000)	27 000
10% 年金现值系数	(5 年)	3.791
现值		102 357
减机会成本:		
旧机器每年收入	(利润 10 000 + 折旧 10 000)	20 000
10% 年金现值系数	(2 年)	1.736

续表

项　目	投资收入
现值	34 720
投资净收入	67 637
	投资支出
新机器售价	80 000
旧机器出售收入	10 000
现金支出	70 000
税金减除数:	
旧机器出售损失	10 000
税率	50%
减除数	5 000
投资净支出	65 000
净现值	2637

从表6－11中可以看出,新机器5年收入的现值为102 357元。但是,由于旧机器原来还有两年可使用,两年收入的现值为34 720元,应作为新机器收入的机会成本减除,所以实际收入现值只有67 637元。新机器投资支出80 000元,减除旧机器出售收入10 000元,实际支出70 000元,与收入相比,应该说是不利的。但是,在某些国家里,为了鼓励设备更新,一般规定,旧机器的出售损失可以在纳税利润中扣除,从而减少了应缴所得税。这种税金减除数,实际上就是企业的收入。在本例中,旧机器账面价值为20 000元(原值50 000元－已提折旧30 000元),出售价10 000元,损失10 000元,按50%所得税率计算,可少缴5 000元的所得税。所以,实际投资支出只能算65 000元(70 000元－5 000元),与投资收入相比,有净现值2 637元。这一机器更新方案至少是可以考虑的。由此可见,税金减除数是有关设备更新的投资决策必须注意的问题。

第五节　长期投资决策风险的分析

本章前面所述的内容均为确定情况下的企业决策问题,即假定现金流量是确定的,便可得知现金收支的金额及其发生时间。但实际上,投资活动充满了不确定性。当这种不确定性比较小时,可以将其忽略;当决策面临的不确定性和风险比较大,足以影响方案的选择时,就应对它们进行计量并在决策时加以考虑。

投资风险分析的常用方法有风险调整贴现率法和肯定当量法。

一、风险调整贴现率法

风险调整贴现率法是投资风险分析最常用的方法。这种方法的基本思路是对于高风险的项目,采用较高的贴现率去计算净现值,然后根据净现值法的判断标准来选择方案。问题的关键是根据风险的大小确定包括风险因素的贴现率,即风险调整贴现率。风险调整贴现率是在无风险的贴现率之上加进了风险因素,这样就可以使投资效益的估计更为准确。

因为　　风险调整贴现率(k) = 无风险贴现率(i) + 风险报酬斜率(b) × 风险程度(Q)

假设 i 为已知,为了确定 k,需要先确定 Q 和 b。

下面通过一个例题说明怎样计算风险程度、风险报酬斜率,以及如何根据风险调整贴现率来选择方案。

【例 6－38】某公司长期投资的最低报酬率为 8%,现有三个投资机会,有关数据如表 6－12 所示。

表 6－12　　　　单位:元

年份	第 0 年		第 1 年		第 2 年		第 3 年	
	现金流量	概率	现金流量	概率	现金流量	概率	现金流量	概率
A 方案	(6 000)	1	3 000 2 000 2 000	0. 25 0. 50 0. 25	4 000 3 000 2 000	0. 20 0. 60 0. 20	2 500 2 000 1 500	0. 30 0. 40 0. 30
B 方案	(2 000)	1					1 500 4 000 6 500	0. 2 0. 6 0. 2
C 方案	(3 000)	1					3 000 4 000 5 000	0. 1 0. 8 0. 1

解:(1)风险程度的计算:全面反映风险程度的指标是标准离差与期望值的比,称为变化系数或标准离差率。下面先用期望值来描述 A 方案现金流入的集中趋势。

$$E_1 = 3\,000\text{ 元} \times 0.25 + 2\,000\text{ 元} \times 0.50 + 2\,000\text{ 元} \times 0.25 = 2\,250\text{ 元}$$

$$E_2 = 4\,000\text{ 元} \times 0.20 + 3\,000\text{ 元} \times 0.60 + 2\,000\text{ 元} \times 0.20 = 3\,000\text{ 元}$$

$$E_3 = 2\,500\text{ 元} \times 0.30 + 2\,000\text{ 元} \times 0.40 + 1\,500\text{ 元} \times 0.30 = 2\,000\text{ 元}$$

再用标准差来描述 A 方案现金流入的离散趋势。

$$d_1 = [(3\,000 - 2\,250)^2 \times 0.25 + (2\,000 - 2\,250)^2 \times 0.50 + (2\,000 - 2\,250)^2 \times 0.25]^{1/2}\text{元}$$
$$= 433.01\text{ 元}$$

$$d_2 = [(4\,000 - 3\,000)^2 \times 0.20 + (3\,000 - 3\,000)^2 \times 0.60 + (2\,000 - 3\,000)^2 \times 0.20]^{1/2}\text{元}$$

$= 632.46$ 元

$d_3 = [(2\,500-2\,000)^2 \times 0.30 + (2\,000-2\,000)^2 \times 0.40 + (1\,500-2\,000)^2 \times 0.30]^{1/2}$ 元

$= 387.30$ 元

3 年现金流入总的离散程度，即综合标准差：

$$D_A = \left(\frac{433.01^2}{1.08^2} + \frac{632.46^2}{1.08^4} + \frac{387.30^2}{1.08^6}\right)^{1/2} 元 = 741.14 元$$

$$现金流入预期现值(EPV_A) = \frac{2\,250 元}{1.08} + \frac{3\,000 元}{1.08^2} + \frac{2\,000 元}{1.08^3} = 6\,243.03 元$$

$$综合变化系数(Q_A) = D_A \div EPV_A = 741.14 \div 6\,243.03 = 0.12$$

（2）确定风险报酬斜率。风险报酬斜率的高低反映风险程度变化对风险调整最低报酬率影响的大小。它是个经验数据，可根据历史资料估计或用直线回归法求出。一般来讲，对成功敏感，愿意冒风险追求高利润的投资决策者，对风险报酬系数的估计总是小一些；反之，对失败敏感，不愿冒风险的投资者，对风险报酬系数的估计总是大一些。

假设中等风险程度的项目变化系数为 0.6，通常要求含风险报酬的最低报酬率为 12%，无风险的最低报酬率为 6%，则：

$$b = (12\% - 6\%) \div 0.6 = 0.1$$

所以，得出适用于 A 方案的风险调整贴现率为：

$$k_A = 8\% + 0.1 \times 0.12 = 9.2\%$$

同样，可以计算出：

$$E_B = 1\,500 元 \times 0.20 + 4\,000 元 \times 0.60 + 6\,500 元 \times 0.20 = 4\,000 元$$

$$E_C = 3\,000 元 \times 0.10 + 4\,000 元 \times 0.80 + 5\,000 元 \times 0.10 = 4\,000 元$$

$D_B = [(1\,500-4\,000)^2 \times 0.20 + (4\,000-4\,000)^2 \times 0.60 + (6\,500-4\,000)^2 \times 0.20]^{1/2}$ 元

$= 1\,581.14$ 元

$D_C = [(3\,000-4\,000)^2 \times 0.10 + (4\,000-4\,000)^2 \times 0.80 + (5\,000-4\,000)^2 \times 0.10]^{1/2}$ 元

$= 447.21$ 元

$$Q_B = 1\,581.14/4\,000 = 0.40$$

$$Q_C = 447.21/4\,000 = 0.11$$

$$k_B = 8\% + 0.1 \times 0.40 = 12\%$$

$$k_C = 8\% + 0.1 \times 0.11 = 9.1\%$$

根据不同的风险调整贴现率计算净现值：

$NPV_A = 2\,250 元 \div 1.092 + 3\,000 元 \div 1.092^2 + 2\,000 元 \div 1.092^3 - 6\,000 元$

$= 2\,060.44 元 + 2\,515.80 元 + 1\,535.90 元 - 6\,000 元 = 112.14 元$

$NPV_B = 4\,000 元 \div 1.12^3 - 2\,000 元 = 847.12 元$

$NPV_C = 4\,000 元 \div 1.091^3 - 3\,000 元 = 80.25 元$

从而得到方案的优先次序为 B > A > C。

风险调整贴现率法符合逻辑，应用广泛。但是，其操作过程把时间价值和风险

价值混在一起，并据此对现金流量进行贴现，意味着风险随时间的推移而加大，这有时与事实不符。

二、肯定当量法

肯定当量法是人们为了克服风险调整贴现率法的缺点而提出来的。这种方法的基本思路是先用一个系数把有风险的现金收支调整为无风险的现金收支，然后用无风险的贴现率去计算净现值或内含报酬率，从而达到判断投资方案的优劣程度的办法。

在肯定当量法的使用过程中，要用到肯定当量系数。肯定当量系数是指不肯定的1元现金流量期望值相当于使投资者满意的肯定金额的系数，它可以把各年不肯定的现金流量换算成肯定的现金流量。其计算公式为：

$$\text{肯定当量系数}(a_t)=\text{肯定的现金流量}\div\text{不肯定的现金流量期望值}$$

肯定当量系数可以由经验丰富的分析人员凭主观判断确定，也可以根据变化系数与肯定当量系数的经验关系，由变化系数推知肯定当量系数。变化系数与肯定当量系数的对照关系并没有一致公认的标准，与公司管理人员对风险的好恶有关。

【例6－39】依据例6－38计算所得的数据，评价三方案的优劣。假设变化系数与肯定当量系数的经验关系如表6－13所示。

表6－13

变化系数	0.00～0.07	0.08～0.15	0.16～0.23	0.24～0.32	0.33～0.42	0.43～0.54	0.55～0.70
肯定当量系数	1	0.9	0.8	0.7	0.6	0.5	0.4

解：根据例6－38，计算A方案各年现金流入的变化系数：

$$Q_1=d_1\div E_1=433.01\div 2\ 250=0.19$$

$$Q_2=d_2\div E_2=632.46\div 3\ 000=0.21$$

$$Q_3=d_3\div E_3=387.30\div 2\ 000=0.19$$

查表6－13可得：$a_1=a_2=a_3=0.8$。

计算A方案的净现值：

$$\begin{aligned}NPV_A&=(0.8\times 2\ 250)\text{元}/1.08+(0.8\times 3\ 000)\text{元}/1.08^2+(0.8\times 2\ 000)\text{元}/1.08^3-6\ 000\text{元}\\&=1\ 666.67\text{元}+2\ 057.61\text{元}+1\ 270.13\text{元}-6\ 000\text{元}=-1\ 005.59\text{元}\end{aligned}$$

因为$Q_B=0.40$，$Q_C=0.11$，从表6－13可查出$a_B=0.6$，$a_C=0.9$。

所以

$$NPV_B=(0.6\times 4\ 000)\text{元}\div 1.08^3-2\ 000\text{元}=-94.80\text{元}$$

$$NPV_C=(0.9\times 4\ 000)\text{元}\div 1.08^3-3\ 000\text{元}=-142.20\text{元}$$

由计算结果可知，三个方案的净现值都小于0，故都不可取。其中，A方案最差。

由此可以看出，肯定当量法和风险调整贴现率法计算出的结果有很大不同。

这两种方法的重要区别在于：肯定当量法是用调整净现值公式中的分子的方法来考虑风险，而风险调整贴现率法是用调整净现值公式分母的办法来考虑风险。肯定当量法克服了风险调整贴现率法夸大远期风险的缺点，可以根据各年不同的风险程度，分别采用不同的肯定当量系数；但如何确定肯定当量系数是个困难的问题。

本章小结

对公司的财务经理乃至高层领导而言，他们所面临的一个重要任务就是如何最有效率地投入和运用资金。正确运用长期投资决策是完成上述任务的重要环节。本章围绕长期投资决策展开了各种讨论。

首先，我们介绍了长期投资决策的基本概念，在此基础上，系统介绍了长期投资决策的各种分析方法（包括静态决策方法和动态决策方法）及各种分析方法的比较，并分析了长期投资方案的对比选优方法。最后，分析说明了长期投资方案的敏感性分析方法和包括差量分析法、平均年成本法在内的常用的几种固定资产更新改造决策的分析方法，以及考虑风险情况下的长期投资决策的分析方法（包括风险调整贴现率法和肯定当量法）。

通过本章的学习，读者对长期投资决策的含义及其各种常用方法、思路应有一个较为清晰的了解，并能很好的指导投资实践。

案例一　长江联合经营公司的投资决策

一、资料

长江联合经营公司现有闲置资金400 000元，对如何有效地使用这笔资金，公司经理要求各有关部门提供决策资料。

技术情报科将近期收集的资料经过初步筛选，提供以下信息供公司投资决策所用。

1. 目前国内销售市场上中档照相机紧缺，预计今后15年内总需求量为6000 000架。目前国内的年生产能力为200 000架，而且品种单调，功能不全。公司有生产中档照相机的技术能力，且力量雄厚，不仅可以保证产品质量，而且对改进功能、增加花色品种有潜力，对顾客有吸引力。

2. 生产照相机需新建生产车间一幢，新增生产流水线一条。新建车间厂房预计投资155 000元，可使用15年，15年后报废残值约5 000元。购建生产流水线有以下两个方案可供选择：

第一，从国内市场订购生产流水线并请设备安装公司施工安装，投资额为310 000元。预计整个工程工期为2年，2年后可正式投产，年生产能力为6 000架。该流水线可连续使用10年，预计10年后报废残值为6 000元。

第二，国际市场现有一条中档照相机旧生产流水线装置待售，售价折合人民币150 000元，如购买该流水线还需支付进口关税、运杂费和安装费共计人民币96 000元。预计建房安装工程需施工1年，1年后可正式投产，年生产能力为5 000架。该流水线可连续使用6年，预计6年后报废残值为6 000元。

不论从国内市场还是从国际市场购入生产流水线，一切投资费用支出均需预先支付。

3. 汉盛联营电器有限公司是生产47cm彩色电视机的生产经营企业，目前产品销路较好，该厂为了扩大生产规模，正准备发行5年期公司债券，债券年利息率为18%。

公司销售科经过市场调查，证实公司技术情报科提供的信息基本正确，照相机市场需求量很大，公司如生产该种产品，在保证产品质量的前提下，定价为350元/台，年销售量可望达到15 000架。

财会科根据上述部门提供的资料进行了成本预测，为决策投资提供下列资料：

第一，如果从国内市场购入流水线进行生产，年固定成本为120 000元（包括厂房、流水线折旧费等，该厂固定资产折旧费用计算采用使用年限法）。如果从国际市场购入流水线进行生产，年固定成本增加4 000元。

第二，照相机生产的变动成本为252元（两条流水线一样）。

第三，照相机销售税税率为8%，所得税税率为55%，银行贴现率为10%。

第四，车间厂房使用6年后，如不使用，可转让其他厂，预计可收回价款95 000元；如果使用10年后不再使用，可转让，预计可收得价款55 000元。

根据上述各资料，应如何进行决策？

二、分析

1. 采用国内生产的流水线：

投资 = 155 000 元 + 310 000 元 = 465 000 元

每年收入(2年后) = {[350 × (1 − 8%) − 252] × 6 000 − 120 000}元 × (1 − 55%) + 40 000 元 = 175 000 元

净现值 = [175 000 × (6.814 − 1.736) + 65 000 × 0.319 − 465 000]元 = 444 385 元

回收期≈6 年 1 个月

内含报酬率≈22.1%

净现值指数 = 444 385 ÷ (465 000 × 15) = 6.37%

2. 采用国外生产的流水线：

投资 = 155 000 元 + 246 000 元 = 401 000 元

每年收入(1 年后) = {[350 × (1 − 8%) − 252] × 5 000 − 124 000}元 × (1 − 55%) + 50 000 元 = 151 700 元

净现值 = [151 700 × (4.868 − 0.909) + 101 000 × (0.513) − 410 000]元 = 251 393.3 元

回收期≈4 年 7 个月

内含报酬率≈23.33%

净现值指数 = 251 393.3 ÷ (401 000 × 7) = 8.96%

3. 投资债券：

内含报酬率 = 18%

4. 方案选择：

从国内生产线与国外生产线的比较，各项指标国内略低于国外，但两者相差不大。如考虑到引进国外生产线，寿命周期只有 6 年，6 年后要重新投资，而且照相机市场需求量预计将持续增长，因此，也可以采用国内生产线。采用国内生产线还可节约外汇，促进民族工业的发展。投资债券效益较差，可不考虑。

案例二　地球日报社是否购置新机器的决策

一、资料

地球日报社现用的一台印报机购置于三年前，当时成本为56 000元。此台印报机系采用直线法折旧，无残值。该印报机尚可继续使用 4 年，但 2 年后需翻修一次，翻修成本估计为8 000元，且此项翻修费用可完全免税。该台印报机每年的操作成本为48 000元(折旧除外)。虽然税法规定可以不计该印报机的残值，但事实上再使用 4 年后，尚有残值3 000元。

该报社现正在考虑将其现有之旧印报机售出，另购新印报机一台。旧印报机若立即出售，可得款25 000元；新印报机之成本为50 000元，仅能使用 4 年，4 年后售出仅能获得售出费5 000元。设该报社购置新机后改用年数比例法计提折旧，按税法规定可不列残值。新印报机每年的操作成本为40 000元(不包括折旧)，所得税税率为60%。该报社对于一切固定资产的投资，均需有税后报酬率 10%(贴现率 10%)。

在此案例中，地球日报社究竟应继续留用现有的印报机，还是应购置新的印报机?

二、分析

1. 投资支出：

新印报机投资 = 50 000 元 − 25 000 元 = 25 000 元

减：多回收残值的现值 = (5 000 − 3 000) 元 × 0.683 = 1 366 元

投资支出 = 23 634 元

2. 投资收入。每年增加的利润见表 6−14。

表 6−14

单位：元

项　　目	第 1 年	第 2 年	第 3 年	第 4 年	合　　计
使用旧机器成本	48 000	56 000	48 000	48 000	200 000
使用新机器成本	40 000	40 000	40 000	40 000	160 000
净增利润	+8 000	+16 000	+8 000	+8 000	+40 000
净增税后利润	+3 200	+6 400	+3 200	+3 200	+16 000
加折旧增加得益数	7 200	+4 200	1 200	−1 800	+10 000
现金流入	10 400	10 600	4 400	1 400	26 800
现值（贴现率 10%）	9 453.6	8 755.6	3 304.4	956.2	22 469.8

3. 由于投资收入现值低于投资支出，不能达到期望税后报酬率 10%，因此购置新机器是不利的。

4. 如果出售旧机器损失可以在纳税所得额中减除，则可得益：

(56 000 − 8 000 × 3 − 25 000) 元 × 60% = 4 200 元

由于投资支出减除纳税得益 4 200 元后为 19 434 元（23 634元 − 4 200元），小于回收额现值，说明期望税后报酬率大于 10%，约等于 19%，因此可以购买新机器。

案例三　开设彩扩店的决策

一、资料

某人拟开设一个彩扩店，通过调查研究提出以下方案：

1. 设备投资：冲扩设备购价 20 万元，预计可使用 5 年，报废时无残值收入；按税法要求该设备折旧年限为 4 年，使用直线法折旧，残值率为 10%，计划在 2019 年

7月1日购进并立即投入使用。

2. 门店装修:装修费用预计4万元,在装修完工的2019年7月1日支付。预计在2.5年后还要进行一次同样的装修。

3. 收入和成本预计:预计2019年7月1日开业,前6个月每月收入3万元,以后每月收入4万元;耗用相纸和冲扩液等成本为收入的60%;人工费、水电费和房租等费用每月0.8万元(不含设备折旧、装修费摊销)。

4. 营运资金:开业时垫付2万元。

5. 所得税率为30%。

6. 业主要求的投资报酬率最低为10%。

要求:用净现值法评价该项目经济上是否可行。

二、分析

1. 投资总现值:

$$V_0 = 200\ 000 + 40\ 000 + 40\ 000 \times (1 + 10\%) - 2.5 + 20\ 000$$
$$= 291\ 519 \text{元}$$

2. 现金流量见表6－15和表6－16所示。

表6－15 流量计算 单位:万元

项　目	第1年	第2—4年	第5年
收入	3×6+4×6=42	4×12=48	48
成本	42×60%=25.2	48×60%=28.8	28.8
付现费用	0.8×12=9.6	0.8×12=9.6	9.6
折旧	20×90%÷4=4.5	4.5	
设备报废损失			2
装修费摊销	4÷2.5=1.6	1.6	1.6
利润	1.1	3.5	6
所得税	0.33	1.05	1.8
净利	0.77	2.45	4.2
非付现费用	6.1	6.1	3.6
收回流动资金			2
现金净流量	6.87	8.55	9.8

或：

表 6－16

项　目	第 1 年	第 2—4 年	第 5 年
营业收入	42	48	48
营业成本	25.2	28.8	28.8
其他付现费用	9.6	9.6	9.6
折旧	4.5	4.5	
装修费摊销	1.6	1.6	1.6
营业利润	1.1	3.5	8
项目营业净利润	0.77	2.45	5.6
非付现折旧、摊销	6.1	6.1	1.6
收回流动资金			2
收回净残值(残值净损失抵税)			0＋2×30%＝0.6
现金净流量	6.87	8.55	9.8

3. 净现值：

$$NPV = 68\ 700 \times 0.909 + 85\ 500 \times 2.487 \times 0.909 + 98\ 000 \times 0.621 - 291\ 519$$
$$= 62\ 448 + 193\ 288 + 60\ 858 - 291\ 519 = 25\ 075 \text{ 元}$$

因为净现值大于零，所以项目可行。

思考题

1. 长期投资是什么性质的支出？它与收益性支出有什么不同？
2. 长期投资决策评价指标包括哪些内容？可以进行怎样的分类？
3. 为什么要以现金流量而不以利润作为计算投资效益的基础？
4. 什么是资金成本？它有何作用，如何计算？
5. 如何计算复利和年金的终值与现值？如何运用复利和年金的终值系数表与现值系数表？
6. 什么是年平均报酬率法，如何运用？
7. 什么是净现值法，如何运用？它有那些优缺点？
8. 影响内含报酬率的因素有哪些？

9. 一项投资方案的现值指数是怎样计算出来的?

10. 净现值、净现值率、内含报酬率和现值指数之间有何数量关系?

11. 什么是外部收益率? 什么是外部收益率法?

12. 与动态决策方法相比,静态决策方法有哪些缺陷?

13. 长期投资决策中的敏感性分析主要研究什么问题?

14. 固定资产更新决策分析主要有哪些方法? 怎样进行分析?

15. 长期投资决策风险分析的常用方法有哪两种? 它们的基本思路有何区别?

练习题

1. 某人在5年后需用现金50 000元,如果每年年末存款一次,利率为10%。

试问:此人每年末应存入现金多少? 若在每年初存入,应存入多少?

2. 某人于今年年初借款10万元,从明年初开始,每年还本付息1.2万元,连续10年还清。

试问:此人借款利率为多少?

3. 某企业于第六年初开始每年等额支付一笔设备款,其金额为2万元,连续支付5年,年利率为10%。

试问:

(1)若现在一次付清应付多少?

(2)该设备总价值为多少?

4. 在一项收款计划中,可以有两种选择:一是从现在起的6年后收到2 500万元;二是从现在起的12年后收到5 000万元。

试问:在年利率为多少时,两种选择对你而言是没有区别的?

5. 某工业项目需要原始投资220 000元,其中生产设备投资180 000元,垫支的原材料等各种流动资产40 000元。预计生产设备可使用5年,按直线法计提折旧,净残值预计为15 000元。自投产年度起,第一年可获利润20 000元,以后每年递增10 000元。

试问:如果决策者希望年平均报酬率能够达到20%,此项目是否该上马?

6. 设贴现率为10%,三项投资方案的数据如表6-17所示。

要求:试用会计收益率法来判断三个方案的优劣。

表 6－17

单位:元

期间	A 方案		B 方案		C 方案	
	净收益	现金净流量	净收益	现金净流量	净收益	现金净流量
0		(20 000)		(9 000)		(12 000)
1	1 800	11 800	(1 800)	1 200	600	4 600
2	3 240	13 240	3 000	6 000	600	4 600
3			3 000	6 000	600	4 600
合计	5 040	5 040	4 200	4 200	1 800	1 800

7. 某企业拟购建一项固定资产,需投资 100 万元,按直线法折旧,使用寿命为 10 年。预计投产后每年可获营业净利润 10 万元。

要求:假定不考虑所得税因素,计算该方案的原始投资回收率。

8. 某公司有 A 投资方案,其基年投资额为 100 000 元,以后各年的现金净流量如表 6－18 所示。假定企业的最低报酬率为 10%。

要求:计算该方案的静态投资回收期和动态投资回收期。

表 6－18　**A 投资方案各年现金净流量**　单位:元

年次	年末现金净流量	年末累计现金净流量
1	50 000	50 000
2	40 000	90 000
3	30 000	120 000
4	30 000	150 000
5	20 000	170 000

9. 某公司欲购入一台设备,该设备价款为 150 000 元,预计可使用 6 年。公司采用该设备后,6 年内每年增加的现金净流量分别为 20 000 元、30 000 元、50 000 元、60 000 元、70 000 元和 40 000 元。但公司现在资金紧张,要购此设备必须借款,且借款必须在 4 年后偿还。假定借款利率为 10%。

要求:用动态投资回收期法判断该公司是否应借款购买设备。

10. 某工厂有一个建设项目需 3 年建成,第一年投资 150 万元,第二年投资 100 万元,第三年投资 50 万元。该项目边建边投产,因而从第二年末起就有收益,其数据见表 6－19。假定该项目的寿命为 8 年,期满无残值,资金成本率为 12%。

要求:采用净现值法评价该项目是否可行。

表 6－19　**各年末的现金净流量**　单位:万元

各年末	2	3	4	5	6	7	8
现金净流量	30	40	50	80	120	150	100

11. 某企业有甲、乙两个投资方案。其中：甲方案需一次性投资12万元，项目寿命6年，每年现金净流量分别是3万元、4万元、5万元、4.2万元、5.5万元和6万元；乙方案第一次投资10万元，第二年初再投资5万元，每年现金净流量都是4万元。假如两个方案均无期末残值，最低投资报酬率都为12%。

要求：试分别计算两个方案的净现值、净现值率、现值指数和内部收益率，并对其做出评价。

12. 某企业有A，B两个投资方案。二者均为一次性投资20万元，资金成本率为12%，项目寿命5年。A方案每年现金净流量8万元；B方案的年现金净流量分别是10万元、9万元、7.5万元、7万元和6万元。

要求：试用净现值法、内含报酬率法和外部收益率法进行评价。

13. 假定某公司有一笔资金320 000元，既可投资于农业，也可投资于矿业。若农业与矿业在各年末发生的现金净流量资料如表6－20所示，该公司的预期投资报酬率为10%。

要求：试用净现值法、内含报酬率法和现值指数法对农业和矿业两个投资方案进行评价。

表6－20　　农业、矿业各年末的现金净流量　　单位：元

年次	农业各年末现金净流量	矿业各年末现金净流量
1	30 000	150 000
2	60 000	120 000
3	90 000	90 000
4	120 000	60 000
5	150 000	30 000

14. 某企业拟投资某项目，有两个方案可供选择。甲方案内部收益率为30%，两个方案的年现金净流量都是5万元，固定资产使用年限也都是5年，期末无残值，但投资额不同。已知乙方案优于甲方案。

要求：试分析乙方案的有关参数应如何变化才会改变这个结论。

15. 某企业要进行一次是否重置设备的决策，有关资料如表6－21所示。如果企业的所得税税率为30%，新旧设备的期末残值均为0，资金成本率均为10%。

要求：试做出是否重置设备的决策。

表6－21　　新、旧设备的财务资料

项目	新设备	旧设备
原值(元)	30 000	20 000
变现价值(元)	30 000	5 000

续表

项目	新设备	旧设备
预计今后使用年限(年)	5	5
每年折旧(元)	6 000	2 000
年运行成本(元)	55 000	60 000

16. 某公司于一年前购置机床一台,估计尚可使用10年,将来使用期满有残值2 000元。最近市场上有一种新型机床,其售价为50 000元,购进后可使每年的销售收入从100 000增加到115 000元,每年的变动成本将从原来的86 000增加到91 800元。该项新型机床的使用寿命为10年,期末有残值2 000元。假定该公司原有机床的账面价值为32 000元,将其立刻出售,可得价款10 000元。该公司的资金成本率为18%。

要求:根据上述分析,采用净现值法并结合差量分析,对该公司是否售旧换新进行分析(不考虑折旧)。

17. 中原公司有一台机器,其原价为80 000元,现欲处理,有以下两个方案可供选择:①外地晨光机器厂拟出价56 000元购买,但需中原公司支付拆卸、包装及运输费用共计12 000元。②本市黄河机器厂拟租用这台机器10年,每年愿出租金8 000元,但需中原公司每年支付该机器的维修费和保险费1 000元。假定租赁期满,该机器无残值;该公司的资金成本率为12%。

要求:试对以上两个方案进行评价。

18. 某企业拟更换旧设备,有关资料如表6－22所示。

要求:

(1)如果企业最低投资报酬率为12%,试做出是否更换设备的决策。

(2)如果旧设备的变现价值为6 000元,回答可否考虑更换。

19. 某公司投资收益率及概率的有关资料如表6－23所示。假定无风险投资收益率为6%,决策者主观确定的风险报酬斜率为1/12。

要求:试求风险调整贴现率。

表6－22　某企业新、旧设备的有关资料

项　　目	新设备	旧设备
原值(元)	15 000	11 000
变现价值(元)	15 000	3 000
预计今后使用年限(年)	10	5
年运行成本(元)	5 000	6 000
期末残值(元)	3 000	1 000

表6－23

投资收益率	概率
10%	0.1
15%	0.1
25%	0.1
40%	0.7

20. 某公司的最低报酬率为6%,现有3个投资机会,有关资料如表6－24所

示。假定风险报酬斜率为 0.1，变化系数与肯定当量系数的经验关系如表 6－25 所示。

要求：试用风险调整贴现率法和肯定当量法来判断 3 个方案的优劣。

表 6－24

单位：元

年份	第 0 年		第 1 年		第 2 年		第 3 年	
	现金流量	概率	现金流量	概率	现金流量	概率	现金流量	概率
A 方案	（5 000）	1	3 000 2 000 1 000	0.25 0.50 0.25	4 000 3 000 2 000	0.20 0.60 0.20	2 500 2 000 1 500	0.30 0.40 0.30
B 方案	（2 000）	1					1 500 4 000 6 500	0.2 0.6 0.2
C 方案	（2 000）	1					3 000 4 000 5 000	0.1 0.8 0.1

表 6－25

变化系数	0.00～0.07	0.08～0.15	0.16～0.23	0.24～0.32	0.33～0.42	0.43～0.54	0.55～0.70
肯定当量系数	1	0.9	0.8	0.7	0.6	0.5	0.4

练习题参考答案

1. 50 000 元 ÷ $(S/A, 10\%, 5)$ = 8 189.87 元；

   50 000 元 ÷ $[(S/A, 10\%, 6) - 1]$ = 7 445.35 元。

   答：每年末应存入 8 189.87 元，每年初存入 7 445.35 元。

2. 1.2 万元 × $(P/A, i, 10)$ = 10 万元，$i = 3.48\%$。

3. (1) 2 万元 × $(P/A, 10\%, 5)$ × $(P/S, 10\%, 4)$ = 51 882.33 元；

   (2) 2 万元 × $(S/A, 10\%, 5)$ = 2 万 × 6.105 1 = 122 102 元。

4. 2 500 万元 × $(S/P, i, 6)$ = 5 000 万元。

$$\left\{\begin{matrix}\left\{\begin{matrix} i = 12\% & 1.974 \\ x & 2 \end{matrix}\right\} \\ i = 13\% \quad 2.082 \end{matrix}\right.$$

   $x = 12.2\%$。

5. 年平均报酬率为 32.7%，方案可行。

6. A 方案的会计收益率为 12. 6%，B 方案的会计收益率为 15. 6%，C 方案的会计收益率为 5%。B 方案最优。

7. 原始投资回收率为 20%。

8. 静态投资回收期为 2. 33 年，动态投资回收期为 2. 95 年。

9. 动态投资回收期为 4. 66 年，不应借款购买该设备。

10. 净现值为 194 320 元，该项目可行。

11. 甲方案的净现值为 62 559 元，净现值率为 0. 521，现值指数为 1. 521，内部收益率为 27. 03%；乙方案的净现值为19 811元，净现值率为 0. 137，现值指数为 1. 137，内部收益率为 17. 27%。甲方案较优。

12. A 方案的净现值为 88 384 元，内含报酬率为 28. 69%，外部收益率为 20. 48%；B 方案的净现值为 92 952 元，内含报酬率为 31. 45%，外部收益率为 20. 84%。B 方案更优。

13. 农业投资方案的净现值为 -431 元，内含报酬率为 9. 96%，现值指数为 0. 999；矿业投资方案的净现值为 42 757 元，内含报酬率为 16. 63%，现值指数为 1. 134。农业投资方案不可行，而矿业投资方案可行。

14. 乙方案的投资额不能超过 121 930 元。

15. 差量净现值为 -7 183. 24 元，宜继续使用旧设备。

16. 差量净现值为 1 345. 72 元，售旧换新的方案可行。

17. 出售减出租的差量净现值为 4 448. 60 元，故出售的方案较为有利。

18. (1)新设备平均年成本为 7 483. 89 元，大于旧设备平均年成本 6 674. 79 元，所以宜继续使用旧设备。

(2)变现价值 6 000 元大于应计价值 5 916. 82 元，可以更换旧设备。

19. 风险调整贴现率为 8. 8%。

20. 使用风险调整贴现率法，A 方案的净现值为 1 066 元，B 方案的净现值为 1 005元，C 方案的净现值为1 256元。三个方案的优先次序为 C > A > B。使用肯定当量法，A 方案的净现值为 -389 元，B 方案的净现值为 15 元，C 方案的净现值为 1 022 元。三个方案的优先次序为 C > B > A。

第七章

全面预算

学习要点与要求

全面预算的编制是以企业经营预测的结果为根据的。它使决策目标具体化、系统化、定量化，明确企业有关生产经营人员各自的职责及相应的奋斗目标；同时，它又是财务控制的基础，企业日常控制与业绩考核的依据。

通过本章的学习，应明确全面预算的体系和内容，掌握各种预算的编制方法，进一步理解全面预算在企业经营管理中的重要作用。

第一节　全面预算的基本体系

一、全面预算及其意义

（一）全面预算的含义

预算是指企业未来一定期间内经营决策和目标规划的数量说明和具体化。它是计划工作的成果，是决策的具体化，也是控制生产经营活动的依据。

全面预算就是以数量形式表示未来某一特定期间内企业全部经济活动及其成果，也可称为“企业全部计划的数量说明”，通常表现为一整套预计的财务报表及其他附表。它是在预测决策的基础上，按照既定的目标对企业未来的销售、生产、成本、现金流入与流出等有关方面以计划的形式具体、系统地反映出来。经营决策方案在全面预算中得到了体现和落实。

（二）全面预算的目的

1. 全面预算促使管理当局制定企业未来的长、短期计划。管理当局在明确企业总体经营方向和目标确定的基础上，通过编制预算，使目标进一步具体化，从而规划企业的长期与近期的经营目标。

2. 全面预算能够为改善决策提供有关资源的信息。预算所确定的标准可以控制企业资源的利用并激励员工。控制作为预算制度的一个关键部分，可以通过定期（如每月）地将实际结果和预算结果相比较来实现。当实际和计划出现较大差异时，这种反馈信息说明对象已失去控制，企业应采取行动，找出原因，以提高资源的利用效果。

3. 全面预算能够为企业的业绩评价提供一个标准。计划一经确定，就进入了实施阶段，管理工作的重心转入控制，即设法使经济活动按计划进行。企业各部门的经济活动要经常进行分析和控制，使各部门的工作符合总目标的要求，而对各部门的经济活动进行分析、控制的依据就是全面预算，并且用其控制各项经济活动，就可以避免不必要的支出，降低成本费用，保证预定目标的顺利实现，提高企业的经济效益。

4. 全面预算有助于改善企业内部的沟通和协调。企业以预算的形式向每个员工正式表达了企业的计划，因此，所有的员工便会清楚他们在实现这些目标中的作用。既然企业的各个部门、各项活动的预算必须相互配合，才能发挥作用，实现企业目标，那么，协调就很有必要。管理当局可了解到其他部门的需要，并使自己的利益服从于企业的整体利益。当企业的规模扩大时，沟通和协调的作用便会更加显著。

二、全面预算的分类

全面预算既然是决策目标的数量化、具体化，那么它就必须对经济资源用数量计划的形式表示出来。为了全面了解全面预算，可以按多种标志对其进行分类。

（一）按照预算的客体不同分类

按照预算的客体，即按照预算的经济内容来分，可将其分为业务预算（营业预算）、财务预算和资本支出预算（投资预算）三大类。

1. 业务预算，也称营业预算，是指对企业日常的生产经营活动所编制的预算。日常的生产经营活动就是企业日常的供、产、销活动。业务预算包括销售预算、生产预算、直接材料预算、直接人工预算、制造费用预算、生产成本预算、销售及一般管理费预算等。由于企业供、产、销活动是企业最基本、最经常的活动，所以它又称为基本预算或经常预算。

2. 财务预算，是指根据其他预算所涉及的有关现金收支、经营财务成果和企业财务状况等变动所编制的预算。现金可以认为是企业经营活动的“血液”，任何单位、部门所从事的任何活动无不需要现金的支出。企业经营活动结果最终都要以财务成果表现出来,它不仅表明经营的好坏,在预算中还可表明预算编制是否符合经营目标的要求。因此,财务预算主要包括现金预算、预计损益表、预计资产负债表。

3. 资本支出预算,是指对企业扩大、更新或改善生产资源及销售渠道等重大决策活动所编制的预算。例如,固定资产改扩建及更新预算、长期投资预算、开辟新的销售渠道的投资预算等。这些预算的共同特点是:它们体现着企业的重大经营决策和发展方向;预算所涉及的时间较长(一般在一年以上),支出的数额较大,不确定因素较多,编制的困难较大;对投资的数量、期间、回收等需要做出适当的估计,以便为企业从整体上调度资金提供必需的参考资料。

(二)按预算期间的起止时间是否有变动性分类

按预算期间的起止时间是否具有变动性,可以将其分为定期预算和滚动预算。滚动预算亦称为永续预算,它的特点是:预算期永远保持 12 个月,每过一个月,立即在期末增列下一个月的预算,逐期往后滚动,如此长计划、短安排,以保证经营管理工作能够稳定且有序地进行。

(三)按是否考虑多种业务量水平分类

按是否考虑多种业务量水平,可以将其分为固定预算和弹性预算。固定预算是指根据预算期内正常的可实现的某一业务量(生产量或销售量)水平而编制的预算。弹性预算是指根据预算期可预见的不同业务量水平,分别确定其相应的预算额,以反映在不同业务量水平下所应开支的费用水平或收入水平。

(四)按是否考虑不确定因素分类

按照是否考虑不确定因素,可以将其分为定值预算和概率预算。定值预算是在业务量确定的前提下进行编制的。概率预算是根据各种制约因素变动影响程度的分布概率以及各变量之间的相应关系而编制的预算。

(五)按预算编制期间长短分类

按预算编制期间长短,可将其分为编制预算期间等于一个会计年度的预算(即长期预算)和编制预算期间在一个会计年度(或长于一个会计年度的一个经营期)内的各项预算(即短期预算)。

(六)按预算编制基础分类

按预算编制基础,可以将其分为现基预算和零基预算。现基预算是以基期成本费用水平为出发点,结合预算期业务量水平及有关降低成本的措施,调整有关费用项目而编制预算的方法。零基预算,是指以零为基础编制的计划与预算。

每一种分类标准对规划控制企业未来经营活动有不同的作用,应根据不同的目的,选择不同的预算编制标准。

三、全面预算的编制原则

（一）内部、外部环境相结合原则

全面预算的编制是在预测、决策的基础上进行的。为使企业的优化目标及时达到，必须按照国家的宏观指导，市场供需的客观要求，充分发挥本企业的优势。因此，企业的外部环境与内部环境的结合是编制全面预算的关键原则。

（二）全体职工共同参与原则

企业目标确定后，应先由全体职工详细讨论，让职工根据各自的特长及所在岗位的客观条件，发挥其主观能动性，以主人翁的姿态完成优化目标，提出各自的建议和措施，最终汇编整理出包含每个职工建议的合理部分的预算。这是编制具有竞争潜力的全面预算的根本原则。

（三）合理有效地利用有限资源原则

企业编制预算的目的是加强内部经营管理，提高经济效益。这二者是紧密相关的。因此，在保证企业优化目标的同时，应重点考虑如何利用现有的资源，开发潜在资源的问题，使编制的预算更符合企业实际，满足生产经营稳定持续发展的需要。这是编制全面预算的基本原则。

（四）全面、完整原则

凡是会影响目标实现的业务、事项，均应以货币或其他计量形式具体地加以反映，尽量避免由于预算缺乏周详的考虑而影响目标的实现。有关预算指标之间要相互衔接，钩稽关系要明确，以保证整个预算的综合平衡。

四、全面预算的基本体系

全面预算的基本体系，是指以本企业的经营目标为出发点，通过对市场需求的研究和预测，以销售预算为主导，进而延伸到生产、成本和资金收支等各方面的预算，最后编制预计财务报表的一种预算体系。全面预算的具体内容虽然因各企业规模和生产技术特点不同而产生一定的差异，但基本内容都是相同的，主要由业务预算、财务预算和资本支出预算三部分组成。其具体组成如图 7－1 所示。

对图 7－1 中的内容简要说明如下：

第一，销售预算是全面预算体系的核心，是年度预算的起点，因而企业应首先根据长期市场预测和生产能力编制长期销售预算，并在此基础上确定本年度的销售预算；同时，还要根据企业财力确定资本支出预算。

第二，根据“以销定产”的原则确定生产预算并考虑所需要的销售费用。编制生产预算时，除要考虑计划销售量以外，还需考虑现有存货和年末存货。

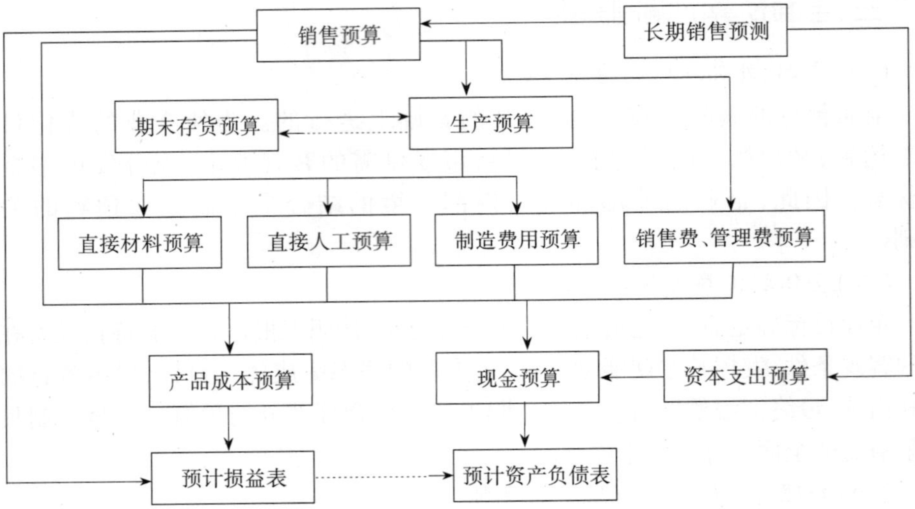

图 7-1 全面预算的基本体系

第三，根据生产预算来确定直接材料、直接人工和制造费用预算。

第四，产品成本预算和现金预算是有关预算的汇总。

第五，预计损益表、预计资产负债表是全部预算的综合反映。

为了使整个预算工作有条不紊地进行，一般在企业内部专设一个预算委员会负责编制并监督实施。预算委员会通常由企业领导，供、产、销、财务部门主管人员以及总会计师等组成。它负责协调和审查各部门所编制的预算，最后批准预算并随时检查预算的执行情况，促使有关方面协调一致地完成预算所确定的目标和任务。

第二节　全面预算的编制

一、全面预算的编制程序

预算是用来帮助管理人员规划和控制企业各项经济活动的重要工具。企业预算的编制要涉及经营管理的各个部门，执行人员参与预算的编制，才能使预算成为他们自愿努力完成的目标。因此，预算的编制是领导人、专业人员和预算执行部门相结合的产物。

全面预算编制的程序如下：

(一)提出企业总目标

最高领导机构根据长期计划，利用本量利分析等工具，提出企业一定时期内的经营总目标，并提前3个月分解下达给各基层预算执行单位和各职能部门。

（二）草编预算

最基层的成本控制人员根据实际情况草编预算，使预算尽可能可靠，并提前两个半月交所属职能部门。

（三）各部门编制业务预算

各职能部门汇总并初步协调本部门的预算，分别编制出销售、生产、财务等业务预算，提前两个月报送企业预算委员会。

（四）汇总企业的总额预算

预算委员会审查、平衡业务预算，汇总出企业的总预算，并提前一个半月报送企业领导和审议机构。

（五）通过、批准或驳回修改预算

经过行政首长等审批机构通过或者驳回修改预算，并提前一个月提交董事会通过。

（六）通过或驳回修改主要预算指标

主要预算指标报告给董事会或上报主管单位，讨论通过或者驳回修改。

（七）下达批准后的预算

董事会通过、批准后的预算下达各预算执行部门执行。

另外，编制业务预算与财务预算的期间通常以一年为期，这样可使预算期间与会计年度相一致，便于预算执行结果的分析、评价和考核。在预算编制的具体时间上，生产经营全面预算一般要在下年度到来之前的3个月就着手编制，按规定进程由各级人员组织编、报、审等各项工作，到年底要形成完整的预算并颁布下去。

二、全面预算的编制方法

（一）业务预算的编制

1. 销售预算。根据“以销定产”的原则，销售预算是编制全面预算的起点，其他预算的编制都以销售预算为基础。销售预算是决定全面预算正确与否的关键。

销售预算的主要内容是销量、单价和销售收入。在销售预算的正表下，通常还附有预计现金收入的计算，为编制现金预算提供必要的资料。其中：销量是根据市场预测或销货合同量以及企业生产能力来确定的；单价是由价格决策确定的。销售预算在实际工作中通常要分品种、月份、销售区域、推销员来编制。为了简化，下面的例子只划分了季度销售数据。

【例7－1】假设新华厂生产和销售一种产品M，单价为50元/件。根据销货合同可知，预算期（2019年度）年产销量为9 000件。四个季度的销售量分别为：一季度2 000 件,二季度2 250件,三季度2 500件,四季度2 250件。每季度收到的销售款占本季度销售款的60%,其余40%在下季度收讫。上年度应收账款50 000元将于预算年度第一季度全额收回。要求:根据以上资料编制2019年度该厂的销售预算。

解:根据资料编制销售预算(含预计现金收入),如表7-1所示。

2. 生产预算。它是在销售预算的基础上编制的,其主要内容是销售量、期初和期末存货、预计生产量。为了避免存货过多而形成资金的积压和浪费,或存货太多而影响下一季度销售活动的正常进行,存货数量通常按下期销售量的一定百分比确定。生产预算中的预计生产量与销售量之间的关系,可按下列公式计算:

$$\text{预计生产量} = \text{预计销售量} + \text{预计期末存货} - \text{预计期初存货}$$

式中:期初存货是编制预算时预计的;期末存货根据长期销售趋势确定。必要时,存货预算也可单独编制。

表7-1　销售预算(含预计现金收入)

2019年度　　单位:元

项目 \ 季度		一	二	三	四	全年合计
预计销售量(件)		2 000	2 250	2 500	2 250	9 000
销售单价(元/件)		50	50	50	50	50
预计销售收入		100 000	112500	125 000	112 500	450 000
预计销售收入	上年应收账款	50 000				50 000
	第一季度销售收入	60 000	40 000			100 000
	第二季度销售收入		67 500	45 000		112 500
	第三季度销售收入			75 000	50 000	125 000
	第四季度销售收入				67 500	67 500
	现金收入合计	110 000	107 500	120 000	117 500	455 000

【例7-2】假定新华厂年初M产品存货有200件,预算期年末留存数为250件,其他各期期末存货量按下期销售量的10%计算,各期预计销售量见表7-1。要求据此编制2019年度该厂的生产预算。

解:据以上资料和计算公式编制新华厂的生产预算,见表7-2。

表 7－2

生产预算

2019 年度

单位:件

季度 项目	一	二	三	四	全年合计
预计销售量	2 000	2 250	2 500	2 250	9 000
加:预计期末存货量	225	250	225	250	250
预计需要量合计	2 225	2 500	2 725	2 500	9 250
减:预计期初存货量	200	225	250	225	200
预计生产量	2 025	2 275	2 475	2 275	9 050

3. 直接材料预算,又称直接材料采购预算。它是为直接材料采购活动编制的预算。编制直接材料预算与编制生产预算一样,也要考虑预算期期初与期末的存料水平,应注意采购量、耗用量与库存量之间保持一定的比例,以避免材料的供应不足,造成停工待料或超储而造成积压。

直接材料预算主要包括:单位产品直接材料用量、生产需用量、期初和期末存量、预计材料采购量和预计采购金额。为便于编制现金预算,在直接材料预算中通常还包括材料方面预期的现金支出的计算。"预计生产量"的数据来自于生产预算;"单位产品材料用量"的数据来自于标准成本资料或消耗定额资料;"年初和年末材料存货量"是根据当前情况和长期销售预测估计的;各季度"期末材料存量"是根据下季度生产量的一定百分比确定的;各季度"期初材料存量"是上季度的期末存料量。有关的计算公式如下:

$$\text{预计生产需要量}=\text{预计生产量}\times\text{单位产品材料用量}$$

$$\text{预计材料采购量}=\text{预计生产需要量}+\text{预计期末存量}-\text{预计期初存量}$$

【例 7－3】新华厂年初、年末预计材料库存量分别为 1 300 千克和 1 400 千克,其余各期期末材料库存量为下期生产需要量的 15%。单位产品耗用材料为 4 千克/件,计划单价为 2.50 元/千克。有关产品产量资料参见表 7－2。另外,预计各期采购材料的货款当期支付 80%,其余 20% 在下季度付清;年初应付账款余额 6 000 元在预算年度第一季度支付。要求据以编制直接材料预算。

解:根据以上资料和有关材料计算公式,编制新华厂直接材料预算(含预计现金支出),见表 7－3。

表 7－3　　直接材料预算(含预计现金支出)

2019 年度

项目	季度	一	二	三	四	合计
直接材料预算	预计生产量(件)	2 025	2 275	2 475	2 275	9 050
	单位产品材料耗用量(千克/件)	4	4	4	4	4
	材料需要量(千克)	8 100	9 100	9 900	9 100	36 200
	加:期末存料量(千克)	1 365	1 485	1 365	1 400	1 400
	预计材料需要量合计(千克)	9 465	10 585	11 265	10 500	37 600
	减:期初存货量(千克)	1 300	1 365	1 485	1 365	1 300
	预计材料采购量(千克)	8 165	9 220	9 780	9 135	36 300
	单位材料价格(元/千克)	2. 50	2. 50	2. 50	2. 50	2. 50
	预计材料采购金额(元)	20 412. 5	23 050	24 450	22 837. 5	90 750
预计现金支出	上年应付账款(元)	6 000				6 000
	一季度购料款(元)	16 330	4 082. 5			20 412. 5
	二季度购料款(元)		18 440	4 610		23 050
	三季度购料款(元)			19 560	4 890	24 450
	四季度购料款(元)				18 270	18 270
	合计(元)	22 330	22 522. 5	24 170	23 160	92 182. 5

4. 直接人工预算。它是为直接生产工人耗费编制的预算,是以生产预算为基础编制的。其主要内容是:预计生产量单位产品工时、人工总工时、每工时人工成本和人工总成本。

根据生产预算中预计的生产量乘以单位产品所需直接人工工时,即得各期的直接人工工时预算;再将直接人工工时预算乘以每小时直接人工成本,便得人工成本预算。单位产品所需的直接人工小时数,可根据规定的劳动定额或历史资料来确定。在这里,假定期初、期末在产品的数量没有变化,各期需要的直接人工的工种也只有一种(如果生产中直接人工工种有多种,应先按工种类别分别计算,然后再进行汇总)。

由于直接人工工资都需要使用现金支付,所以不需另外预计现金支出,可直接参加现金预算的汇总。

【例 7－4】新华厂生产的 M 产品需人工工时 4 小时/件,人工成本 3. 50 元/小时。各期预计产量见表 7 – 2。要求据以编制 2019 年度新华厂的“直接人工预算”。

解：依据上述资料编制新华厂“直接人工预算”，见表 7 – 4。

表 7 – 4　　直接人工预算

2019 年度

项目＼季度	一	二	三	四	全年合计
预计生产量（件）	2 025	2 275	2 475	2 275	9 050
单位产品直接人工工时（小时/件）	4	4	4	4	4
人工总工时（小时）	8 100	9 100	9 900	9 100	36 200
小时工资率（元/小时）	3. 50	3. 50	3. 50	3. 50	3. 50
直接人工成本（元）	28 350	31 850	34 650	31 850	126 700

5. 制造费用预算。它是指除直接材料和直接人工以外的其他一切生产费用的预算。制造费用按其性态划分为变动性制造费用和固定性制造费用两部分。为适应企业内部管理需要，采用变动成本法时，只将变动性制造费用计入产品成本；固定性制造费用直接列入损益表，作为当期产品销售收入的一个扣减项目。

变动性制造费用是以生产预算为基础来编制的。如果有完善的标准成本资料，用单位产品的标准成本与产量相乘，即可得到相应的预算金额。如果没有标准成本资料，就需要逐项预计计划产量需要的各种制造费用。固定性制造费用需要逐项进行预计，通常与本期产量无关，按每季实际需要的支付额预计，然后求出全年数。

为了便于现金预算的编制，还需要预计其中的现金支出。由于固定资产折旧是无需现金支出的项目，所以应将折旧费用从制造费用中扣除，从而得出“现金支出的费用”。制造费用预算中的各明细项目，原则上应同正常出现的项目一致。

【例 7 – 5】新华厂分别按变动性制造费用和固定性制造费用两部分编制其制造费用预算。其中，固定性制造费用含折旧费（每季度为 7 450 元）。变动性制造费用预算按预计生产量和预计变动费用分配率求得。固定性制造费用与产量无关。相关资料如表 7 – 3、表 7 – 5 和表 7 – 6 所示。要求据以编制 2019 年度新华厂的制造费用预算和现金支出预算。

解：根据上述资料编制制造费用预算和现金支出预算（一）（见表 7 – 5 和表 7 – 6）。其中，制造费用系假定数字。

表 7－5　**制造费用预算**

2019 年度

变动性制造费用				固定性制造费用	
项　　目	小时费用分配率（元/小时）	单位产品费用分配额（元/件）	全年费用额（元）	项　　目	全年费用额（元）
间接人工	0.5	2	18 100	管理人员工资	10 860
间接材料	0.25	1	9 050	保险费	5 495
维修费	0.125	0.5	4 525	维修费	8 145
水电费	0.125	0.5	4 525	折旧	29 800
其他	0.25	1	9 050		
合计	1.25	5	45 250	合计	54 300

表 7－6　**现金支出预算（一）**

2019 年度

项目＼季度		一	二	三	四	全年合计
变动部分	预计生产量（件）	2 025	2 275	2 475	2 275	9 050
	预计直接人工工时（小时）	8 100	9 100	9 900	9 100	36 200
	费用分配率（元/小时）	1.25	1.25	1.25	1.25	1.25
小计（元）		10 125	11 375	12 375	11 375	45 250
固定部分	固定费用（元）	13 575	13 575	13 575	13 575	54 300
	减：折旧（元）	7 450	7 450	7 450	7 450	29 800
小计（元）		6 125	6 125	6 125	6 125	24 500
合计（元）		16 250	17 500	18 500	17 500	69 750

6. 产品成本预算。在以上五种业务预算的基础上，产品成本预算就可编制出来了。编制产品成本预算是为了综合反映计划期内生产单位产品预计的成本水平，同时也为正确计量预计损益表中的产品销售成本和预计资产负债表中的期末材料存货和期末产成品存货项目提供数据。

产品成本预算的主要内容是产品的单位成本和总成本。其中，总成本又分为生产成本、销售成本和期末产品存货成本三部分。有关的计算公式和数字来源说明如下：

$$生产(销售、存货)总成本=生产(销售、存货)数量\times 单位成本$$

其中:生产数量和期末存货数量来自“生产预算”;销售费用来自“销售预算”。

$$\begin{matrix}单位产品直接\\材料预算成本\end{matrix}=\begin{matrix}单位产品直接材料\\预算耗用量\end{matrix}\times\begin{matrix}计划\\单价\end{matrix}$$

$$\begin{matrix}单位产品直接\\人工预算成本\end{matrix}=\begin{matrix}单位产品\\工时标准\end{matrix}\times\begin{matrix}预算\\工资率\end{matrix}$$

$$\begin{matrix}单位产品制造\\费用预算成本\end{matrix}=\begin{matrix}单位产品\\工时标准\end{matrix}\times\begin{matrix}预算制造费用\\分配率\end{matrix}$$

单位产品生产成本预算数等于上述各成本项目预算数之和(变动成本法下不含固定性制造费用部分)。而在实行标准成本制度的企业里,“单位生产成本预算”就是“标准成本单”。

【例7-6】新华厂M产品的销售量、生产量、期末存货量及直接材料、直接人工和制造费用预算资料分别参见表7-1至表7-6。要求据以编制新华厂2019年度的产品成本预算。

解:根据有关资料和上述计算公式及说明,编制新华厂的产品成本预算,如表7-7所示。

表7-7　　　　产品成本预算

2019年度

项目	单位成本			生产成本(9 050件,元)	存货成本(250件,元)	销货成本(9 000件,元)
	价格	投入量	成本(元/件)			
直接材料	2.50元/千克	4千克	10	90 500	2 500	90 000
直接人工	3.50元/小时	4小时	14	126 700	3 500	126 000
变动制造费用	1.25元/小时	4小时	5	45 250	1 250	45 000
固定制造费用	1.50元/小时	4小时	6	54 300	1 500	54 000
合计	—	—	35	316 750	8 750	315 000

表7-7中,固定性制造费用价格的计算依据是:“制造费用预算”中固定制造费用总额为54 300元,且“直接人工预算”中人工总工时为36 200小时,则:

$$固定性制造费用分配率(价格)=54\ 300元\div 36\ 200小时=1.5元/小时$$

7. 销售费用及管理费用预算。它是指预算期内除了制造费用以外,产品销售活动和一般行政管理活动中所发生的各项费用的预算。

销售费用预算是为了实现销售预算需支付的费用预算。其编制时,以销售预算为基础,要分析销售收入、销售利润和销售费用的关系,力求实现销售费用的最有效使用。在安排销售费用时,要利用本量利分析方法,费用的支出应能获得更多的收益。在草拟销售费用预算时,要对过去的销售费用进行分析,必要时可将其分为变动性销售及管理费用和固定性销售及管理费用两部分分别预算。

管理费用是指一般行政管理业务所必要的费用,多属于固定成本,通常以历史资料为基础,按预算期内的可预见变化来调整。在编制管理费用预算时,要分析企业的业务成绩和一般经济状况,务必做到费用合理化。

销售及管理费用通常有沉没成本和不需要当期支付现金的费用项目,因而也应编制现金支出预算表。另外,根据管理需要,也可将销售及管理费用分别编制。

【例7－7】新华厂的销售及管理费用的变动部分按销售量分配,以每件产品2.25元计算。固定部分每季度均衡发生,各项目如表7－8和表7－9所示。要求编制新华厂2019年度的销售及管理费用预算及现金支出预算。

解:根据上述资料编制销售及管理费用预算、现金支出预算(二),如表7－8和表7－9所示。

表7－8　　销售及管理费用预算

2019年度

变动性销售及管理费用			固定性销售及管理费用	
项　　目	单位产品应分配费用额(元/件)	全年费用额(元)	项　　目	全年费用(元)
销售人员工资	0.50	4 500	行政管理人员工资	12 100
运输费	0.70	6 300	保险费	5 985
销售佣金	0.60	5 400	广告费	12 840
其他	0.45	4 050	其他	11 825
合计	2.25	20 250	合计	42 750

表7－9　　现金支出预算(二)

2019年度

季度 项目	一	二	三	四	全年合计
销售量(件)	2 000	2 250	2 500	2 250	9 000
变动性销售及管理费用现金支出(元)	4 500	5 062.5	5 625	5 062.5	20 250
固定性销售及管理费用现金支出(元)	10 687.5	10 687.5	10 687.5	10 687.5	42 750
现金支出合计(元)	15 187.5	15 750	16 312.5	15 750	63 000

(二)专门决策预算的编制

专门决策预算,是指企业不经常发生的一次性业务预算。它主要有资本支出预算和一次性业务预算。

专门决策预算与前面所述的业务预算不同,它是在对已有的资料和发展趋势进行分析、处理的基础上,运用各种专门方法进行预测、决策,从中选出最优方案,为使这个优化方案付诸实施而编制的预算。专门决策预算是根据优化方案、投资数量、投资时间、期限、资金成本、筹集与还款方式进行编制的。

1. 资本支出预算。它是为购置固定资产、无形资产等活动而编制的预算。编制资本支出预算的根据是经过审核批准的各个长期投资决策项目。其格式和内容无统一规定,但一般有投资项目名称,以及在各预算期间的现金流入量和流出量等。

【例 7－8】新华厂计划在预算期内第一季度购买车床一台,价值 17 500 元;第二季度购买钻床一台,价值 7 500 元,磨床一台,价值 15 000 元;第四季度购置铣床一台,价值 20 000 元。据此编制 2019 年度资本支出预算,如表 7－10所示。

表 7－10　　资本支出预算

2019 年度　　单位:元

季度 项目	一	二	三	四	全年累计
车床	17 500				17 500
钻床		7 500			7 500
磨床		15 000			15 000
铣床				20 000	20 000
合计	17 500	22 500		20 000	60 000

2. 一次性专门业务预算。为了保证经营业务和资本支出对现金的正常需要,企业需保持一定的支付能力。如果支付能力不足,容易发生债务到期不能清偿,甚至发生停工待料的后果;相反,又会造成资金的浪费,降低资金的使用效率。因此,财务部门在筹措资金、拨放资金、发放股利等问题上,要作专门的预算。

【例 7－9】续例 7－8,新华厂根据现金收支的实际情况,预计第二季度初将向银行借款25 000元;第三季度末归还银行贷款15 000元;第四季度末归还银行贷款10 000元。又根据董事会决议,预算期间发放股利12 000元。据此编制 2019 年度一次性专门预算,如表 7－11 和表 7－12 所示。

(三)财务预算的编制

财务预算,是指反映企业在预算期内预计现金收入、现金支出、经营成果和财务状况的预算。各种业务预算最后都会在财务预算中得到反映,因此财务预算又称为总预算。

表 7－11　融资预算

2019 年度　单位:元

季度 项目	一	二	三	四	全年合计
借入现金		25 000			25 000
归还本金			15 000	10 000	25 000
支付利息(10%)		625	625	250	1 500

表 7－12　一次性专门预算

2019 年度　单位:元

季度 项目	一	二	三	四	全年合计
交纳税金	7 875	8 500	9 125	8 500	34 000
发放股利	3 000	3 000	3 000	3 000	12 000

1. 现金预算。它是用来详细反映预算期内企业现金流转状况的预算。这里的现金是指企业的库存现金和银行存款等货币资金。现金预算是由现金收入、现金支出、现金多余或不足,以及不足资金的筹集和运用等四部分组成。

(1)现金收入,包括期初的现金结存数和预算期内预计发生的现金收入。

(2)现金支出,指预算期内预计发生的现金支出。

(3)现金的多余或不足,即现金收支相抵后的余额。若收大于支,则现金多余,除了可用于偿还银行借款之外,还可购买用于短期投资的有价证券;若收小于支,则现金不足,需设法筹资。

(4)不足资金的筹集和运用。它反映预算期内因资金不足而向银行借款或发放短期商业票据,以筹集资金并还本付息等。

【例 7－10】新华厂预算年度内各季度现金收支资料可参见表 7－1、表 7－3、表7－4、表 7－5 和表 7－8。预算期内现金最低余额为 5 000 元。根据前述有关资料,编制 2019 年度新华厂的现金预算,如表 7－13 所示。

表 7－13　现金预算

2019 年度　单位:元

季度 项目	一	二	三	四	全年合计
期初现金余额	11 000	10 507.5	20 760	19 377.5	11 000
加:现金收入	110 000	107 500	120 000	117 500	455 000

续表

项目＼季度	一	二	三	四	全年合计
可动用现金合计	121 000	118 007.5	140 760	136 877.5	466 000
减：现金支出					
采购直接材料	22 330	22 522.5	24 170	23 160	92 182.5
支付直接人工	28 350	31 850	34 650	31 850	126 700
支付制造费用	16 250	17 500	18 500	17 500	69 750
支付销售及管理费用	15 187.5	15 750	16 312.5	15 750	63 000
交纳税金	7 875	8 500	9 125	8 500	34 000
购置固定资产	17 500	22 500		20 000	60 000
发放股利	3 000	3 000	3 000	3 000	12 000
现金支出合计	110 492.5	121 622.5	105 757.5	119 760	457 632.5
现金多余或不足	10 507.5	-3 615	35 002.5	17 117.5	8 367.5
借入现金		25 000			25 000
偿还借款			-15 000	-10 000	-25 000
支付利息（年利率为10%）		-625	-625	-250	-1 500
期末现金余额	10 507.5	20 760	19 377.5	6 867.5	6 867.5

2. 预计收益表，又称为损益表预算。它反映企业预算期内的财务成果，是一项利润计划。编制预计收益表的主要依据是销售预算、产品成本预算、制造费用预算、销售及管理费用预算及其他相关资料。

【例7-11】新华厂有关M产品销售收入、成本和费用资料可分别参见表7-1、表7-5、表7-7、表7-8和表7-12。要求据以编制新华厂2019年度的预计损益表。

解：根据以上资料编制新华厂的预计损益表，如表7-14所示。

表7-14

预计损益表

2019年度

单位：元

项目＼季度	一	二	三	四	全年合计
销售收入（50元/件×销售量）	100 000	112 500	125 000	112 500	450 000
减：变动成本					
变动生产成本（29元/件×销售量）	58 000	65 250	72 500	65 250	261 000

续表

项目 \ 季度	一	二	三	四	全年合计
销售及管理费用（2.25 元/件×销售量）	4 500	5 062.5	5 625	5 062.5	20 250
变动成本小计	62 500	70 312.5	78 125	70 312.5	281 250
边际利润	37 500	42 187.5	46 875	42 187.5	168 750
减:期间成本					
固定性制造费用	13 575	13 575	13 575	13 575	54 300
销售及管理费用	10 687.5	10 687.5	10 687.5	10 687.5	42 750
利息		625	625	250	1 500
期间成本小计	24 262.5	24 887.5	24 887.5	24 512.5	98 550
减:销售税金	5 000	5 625	6 250	5 625	22 500
税前净利	8 237.5	11 675	15 737.5	12 050	47 700
减:所得税	2 875	2 875	2 875	2 875	11 500
税后净利	5 362.5	8 800	12 862.5	9 175	36 200

3. 预计资产负债表。它是用来反映预算期期末预计的财务状况,是在预算期间开始日的资产负债表基础上,根据上述预算表的有关资料加以汇总和调整而编制成的。

【例 7－12】新华厂 2019 年度的期初资产负债表如表 7－15 所示。预算年度内土地、普通股项目数据无变化。其他有关资料可参见表 7－1、表 7－2、表 7－3、表 7－7、表 7－13 和表 7－14。要求据以编制该厂的预计资产负债表。

解:根据上述相关资料编制新华厂预计资产负债表,如表 7－15 所示。

表 7－15　　预计资产负债表

2019 年 12 月 31 日　　单位:元

资　产	年初数	期末数	负债及权益	年初数	期末数
流动资产:			流动负债:		
现金	11 000	6 867.5	短期借款		
应收账款	50 000	45 000	应付账款	6 000	4 567.5
材料存货	3 250	3 500			

续表

资 产	年初数	期末数	负债及权益	年初数	期末数
产成品存货	5 800	7 250			
流动资产合计	70 050	62 617.5	负债合计	6 000	4 567.5
固定资产：			股东权益：		
土地	75 000	75 000	普通股股本	200 000	200 000
房屋与设备	225 000	285 000	留存盈余	54 050	78 250
减：累计折旧	110 000	139 800			
固定资产合计	190 000	220 200	权益合计	254 050	278 250
资产总计	260 050	282 817.5	负债及权益合计	260 050	282 817.5

第三节 弹性预算

一、弹性预算概述

弹性预算是相对于固定预算（静态预算）而言的。所谓弹性预算，是指用数量形式反映的，按未来一定时期可以预见的多种业务量水平（一般是间隔 5% 或 10%）分别确定的，具有伸缩性的预算。由于这种预算随业务量的变动而作相应的变动，具有弹性，因此称为弹性预算。

（一）弹性预算的作用

弹性预算主要有以下三个作用：

1. 弹性预算可用作事前编制预计作业水平下的预算。

2. 由于弹性预算法可以确定不同作业水平下应该发生的成本，因此可用该预算在事后计算实际作业水平下应该发生的成本。一旦知道实际作业水平下的预计成本，便可以编制业绩报告，将实际成本与预计成本进行比较。

3. 弹性预算法使得经理人员能够了解一定作业范围内的预计结果，从而有助于他们解决不确定性问题。经理人员可用这种预算来分析各种似是而非的方案。

弹性预算的关键作用在于能频繁地向经理人员提供反馈信息，使得他们能够进行控制并有效地将组织的计划付诸实施。

弹性预算与按照计划预定的预算期间内所应达到的某一活动水平为依据而编制的固定预算相比有两个优点：其一是弹性预算能够适应不同经营活动情况的变化，扩大了预算的范围，避免了在实际情况变化的情况下对预算作经常的修改；其二是弹性预算能够在更加客观且可比的基础上对预算执行情况进行评价与考核。

（二）弹性预算的编制程序

弹性预算的编写程序可参考以下步骤：

1. 确定经营活动水平的计量标准，如产量单位、直接人工小时、机器小时等。

2. 确定不同情况下经营活动水平的范围，一般在正常生产能力70%～110%。

3. 根据成本和产量之间的关系，分别计算确定变动成本、固定成本和半变动成本及其多个具体项目在不同经营水平范围内的计划成本。

4. 通过一定的表格形式加以汇总，编制弹性预算。

弹性预算可用于成本预算、利润预算等。按成本的习性，固定费用一般不随业务量的增减而变动，因此，在编制弹性预算时只需将变动费用部分按业务量的变动加以调整即可。

二、弹性成本预算

（一）业务量的选择

编制弹性预算时，首先必须确定业务量范围，然后再确定各项费用的预算数。业务量范围是指弹性预算所适用的范围。一般而言，在编制预算时，可将业务量范围确定在正常生产能力的70%～110%，也可将过去最低的业务量和最高的业务量作为业务量范围的上限和下限。编制弹性预算时，业务量计量单位的选择也很重要。由于业务量计量单位选择得是否适当，对掌握成本的变动性和实行预算控制有很大的关系，因此必须选择一个最能代表本部门生产经营活动水平的业务量计量单位。一般而言，生产单一产品的企业，可选择产品的产销量；生产多种产品的企业，可选用人工工时；机械化程度较高的企业，可选用机器工时。

（二）弹性成本预算的编制方法

表达弹性预算结果的方式主要有列表法、公式法和图解法等。

1. 列表法，也可称为“多水平法”。它是将确定的业务量变化区间划分为若干水平段，分别确定各业务量水平下的预算金额并在一张表中对比列示。由于列表法“弹性”不连续，只限于若干种业务量水平，难以描绘业务量变化区间的全部情况，因而使用范围有一定的局限性。

【例7－13】某企业预算业务量范围为正常生产能力的70%～110%，其正常生产能力为10 000直接人工小时；各项制造费用已按成本性态划分，如表7－16所示。据此编制企业制造费用的弹性预算。

解：制造费用预算分为变动性制造费用和固定性制造费用分别进行。其中：变动性制造费用各项目可根据各种不同的业务量以及相应的变动成本率相乘计算求得；固定性制造费用在相关范围内保持不变，无需计算。据此可编制该企业制造费用的弹性预算（见表7－16）。

表 7－16

制造费用预算

费用项目	小时费用分配率（元/小时）	生产能力水平下的费用额（元）				
		70%	80%	90%	100%	110%
		7 000（小时）	8 000（小时）	9 000（小时）	10 000（小时）	11 000（小时）
变动制造费用：						
间接材料	0.5	3 500	4 000	4 500	5 000	5 500
间接人工	0.6	4 200	4 800	5 400	6 000	6 600
水费	0.1	700	800	900	1 000	1 100
电费	0.4	2 800	3 200	3 600	4 000	4 400
维修费	0.2	1 400	1 600	1 800	2 000	2 200
其他	0.2	1 400	1 600	1 800	2 000	2 200
小计	2	14 000	16 000	18 000	20 000	22 000
固定制造费用：						
维护费		4 000	4 000	4 000	4 000	4 000
折旧费		8 000	8 000	8 000	8 000	8 000
保险费		3 000	3 000	3 000	3 000	3 000
管理费		4 500	4 500	4 500	4 500	4 500
其他		2 500	2 500	2 500	2 500	2 500
小计		22 000	22 000	22 000	22 000	22 000
合　计		36 000	38 000	40 000	42 000	44 000

2. 公式法。此法是指将业务量和预算内容的变动情况通过某种数学公式来表达，从而在实际业务量出现后，随时可利用该公式计算出相应的预算金额，以便进行比较。公式法的优点是能适用任何业务量水平下的预算控制，只是这种方式在进行不同业务量预算比较时还需分别计算，所以应用起来不如列表法直观。设费用预算总额为 y，固定成本为 a，单位变动成本为 b，业务量为 x，则 $y = a + bx$。根据费用总额同业务量之间的函数关系，可以编制不同业务量的费用预算。但对随

业务量成正比例移动的直接材料、直接人工,则不一定需要逐一编制弹性预算,它可以通过标准成本来控制和考核。

任何一项成本都可用公式 $y=a+bx$ 的形式来表示。对于变动成本项目来说,$a=0$,只需列出 b 的值;对于固定成本项目来说,$b=0$,只需列出 a 的值;对于混合成本项目,则需列出 a 和 b 的值。

【例 7－14】根据例 7－13 的资料,用公式法编制制造费用的弹性预算,如表7－17所示。

表 7－17　　制造费用

业务范围（直接人工小时）	7 000～11 000	
费用项目	a(元)	b(元/小时)
间接材料		0.5
间接人工		0.6
电　费		0.4
水　费		0.1
维护费	4 000	0.2
其　他	2 500	0.2
折旧费	8 000	
保险费	3 000	
管理费	4 500	
合　计	22 000	2

根据表 7－17 的资料,利用公式 $y=a+bx$ 就可进行某个业务量的费用预算了。

3. 图解法。此法是将预算内容和业务量的变化关系,用直线或曲线在坐标图上表示出来,以便比较。它能克服上述两种方法的缺点,但精确性难以保证,而且在关系复杂时,必将使图形过于繁杂,甚至不易绘制。此法一般作为前两种方法的补充。

根据例 7－14 的有关资料绘制制造费用预算,如图 7－2 所示。

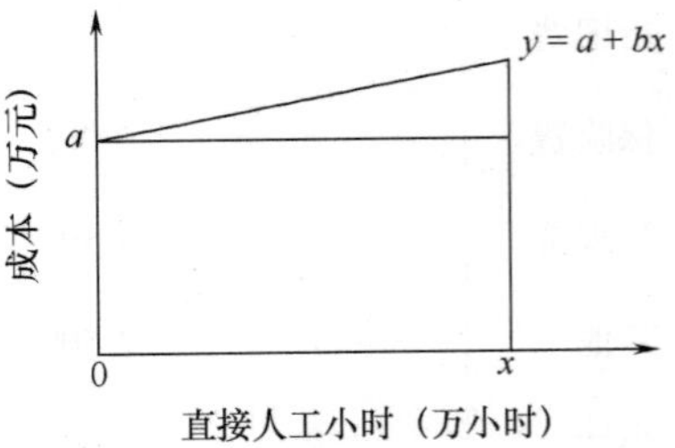

图 7－2

三、弹性利润预算

成本的弹性预算编制出来以后,就可以编制利润的弹性预算。利润的弹性预算反映了企业在预算期内各种业务量水平上应获得的利润指标。

弹性利润预算是以预算期内预计的多种可能实现的销售收入为出发点,扣减相应的成本来分别确定不同销售量所能实现的利润(或亏损)。

(一)单一品种的弹性利润预算

单一品种的弹性利润预算是按不同销售量编制的利润预算。销售量的范围和间距可根据弹性成本预算来确定。其主要内容包括销售量、价格、单位变动成本、边际利润和固定成本。

【例 7－15】某厂生产一种产品,有关资料如下:产品的销售量范围为1 500～

2 000 件；产品销售量的间距为 100 件；产品销售单价为 50 元/件；单位变动成本为 30 元/件；固定成本为16 000元。

根据上述资料编制弹性利润预算，如表 7－18 所示。

表 7－18　　弹性利润预算　　单位：元

销售量（件）	①	1 500	1 600	1 700	1 800	1 900	2 000
销售收入	②＝①×50	75 000	80 000	85 000	90 000	95 000	100 000
变动成本	③＝①×30	45 000	48 000	51 000	54 000	57 000	60 000
边际利润	④＝②－③	30 000	32 000	34 000	36 000	38 000	40 000
固定成本	⑤	16 000	16 000	16 000	16 000	16 000	16 000
税前利润	⑥＝④－⑤	14 000	16 000	18 000	20 000	22 000	24 000

（二）多品种的弹性利润预算

多品种的弹性利润预算，就是按照不同的销售额编制的利润预算。因为多品种的弹性利润预算中没有销售量，因此变动成本也不能用单位变动成本，只能用变动成本率。这里，变动成本率是指加权平均变动成本率。

【例 7－16】某厂生产多种产品，其有关资料如下：产品销售收入的范围为 20 000～40 000元；销售收入的范围间距为5 000元；加权平均变动成本率为 50%；固定成本为6 000元。

根据上述资料编制弹性利润预算，如表 7－19 所示。

表 7－19　　弹性利润预算　　单位：元

销售收入	①	20 000	25 000	30 000	35 000	40 000
变动成本	②＝①×50%	10 000	12 500	15 000	17 500	20 000
边际利润	③＝①－②	10 000	12 500	15 000	17 500	20 000
固定成本	④	6 000	6 000	6 000	6 000	6 000
税前利润	⑤＝③－④	4 000	6 500	9 000	11 500	14 000

四、作业成本法下的弹性预算

传统方法下编制弹性预算的方法是：对于直接材料和直接人工，以预算期内多种可能完成的产量为基础，分别乘以单位产品预计的直接材料成本、直接人工成本，从而得到基于不同生产水平的预算数；对于制造费用，根据有关分析，以机器工时为基础得到预算数。其计算公式为：

弹性预算＝单位产品变动成本×业务量＋固定制造费用预算总额

甲产品的弹性预算如表7－20所示。

表7－20

项　　目	成本动因	变动费用(元/件)	固定费用(元)	业务量及其成本			
				业务量(件)	成本(元)	业务量(件)	成本(元)
直接材料	产量(件)	50		5 000	250 000	7 500	375 000
直接人工	产量(件)	60		5 000	300 000	7 500	450 000
变动制造费用	机器工时(小时)	56.4		4 950	279 180	9 500	535 800
固定制造费用预算总额			200 000		200 000		200 000
合　计					1 029 180		1 560 800

甲产品的产量为5 000件时，以弹性预算为标准的绩效报告如表7－21所示。

表7－21　　单位：元

项　　目	实际成本	预算成本	预算差异
直接材料	250 000	250 000	0
直接人工	290 000	300 000	－10 000
变动制造费用	282 000	279 180	2 820
固定制造费用	213 000	200 000	13 000
合　计	1 035 000	1 029 180	5 820

作业成本法下，对于直接材料和直接人工的预算仍以产量为基础，与传统成本法没有区别，但制造费用的预算不再以单一的机器工时为基础，而是以多个成本动因为基础，使制造费用的预算明细化。其计算公式为：

弹性预算＝单位作业成本×作业量＋固定费用预算总额

作业成本法下的甲产品的弹性预算如表7－22所示。

表7－22

项　　目	成本动因	变动费用	固定费用(元)	作业量及其作业成本			
		单位作业成本(元/件)		作业量(件)	作业成本(元)	作业量(件)	作业成本(元)
直接材料	产量(件)	50		5 000	250 000	7 500	375 000
直接人工	产量(件)	60		5 000	300 000	7 500	450 000
装配	机器工时(小时)	28.2		4 950	133 950	7 125	200 925

续表

项目	成本动因	变动费用	固定费用（元）	作业量及其作业成本			
		单位作业成本（元/件）		作业量（件）	作业成本（元）	作业量（件）	作业成本（元）
材料采购	订单数量（张）	10		500	5 000	1 000	10 000
物料处理	材料移动（次）	60		400	24 000	800	48 000
起动准备	准备次数（次）	0.2		500	100	1 000	200
质量控制	检验时间（小时）	21.05		1 750	36 837.5	3 500	73 675
产品包装	包装次数（次）	25		250	6 250	500	12 500
工程处理	工程处理时间（小时）	17.5		5 500	96 250	11 000	192 500
管理			65 000		65 000		65 000
合计					917 387.5		1 427 800

作业成本法下的弹性预算金额与传统法下的弹性预算金额有很大的差异。预算金额不同，意味着评价标准不同，它将直接影响业绩评价和成本控制。当甲产品产量为5 000件时，以弹性预算为标准的绩效报告如表 7－23 所示。

表 7－23 单位：元

项目	实际成本	预算成本	预算差异
直接材料	250 000	250 000	0
直接人工	290 000	300 000	－10 000
装配	141 000	133 950	7 050
材料采购	6 000	5 000	1 000
物料处理	21 000	24 000	－3 000
起动准备	100	100	0
质量控制	42 100	36 837.5	5 262.5
产品包装	5 000	6 250	－1 250
工程处理	87 500	96 250	－8 750
管理	64 500	65 000	－500
合计	907 200	917 387.5	－10 187.5

在作业成本法下，甲产品的预算差异为有利差异；而在传统法下，甲产品的预

算差异为不利差异，与作业成本法下的评价结果大相径庭。值得注意的是：在作业成本法下，虽然整体的预算差异为有利差异，但装配、材料采购、质量控制三项作业却存在不利的预算差异，提示管理人员要对这三项作业进行深入分析。作业成本法提供了相对准确的信息，使业绩评价更加客观、公正、明细，为公司加强成本控制和改善生产经营提供了更好的基础。

第四节　编制预算的其他方法

一、零基预算

零基预算，是指“以零为基础编制的计划与预算”，它是相对于传统的增量预算或减量预算而言的。在编制预算时，一般采用的传统方法是：在上期预算执行结果的基础上，结合预算期的情况作适当的增减调整后确定预算。这种做法比较简便，但往往使原来不合理的费用开支继续存在，容易造成预算的不足或者安于现状，造成预算的浪费。

零基预算不同于传统的预算编制方法，它不在上期有关预算的基础上作某种增减调整，而是从零开始，根据未来一定期间内生产经营的实际需要确定有关项目的预算。零基预算要求对各个业务项目需要的人力、物力和财力逐个进行估算，并说明其效果。在此基础上，按项目的轻重缓急分配预算经费。由于零基预算不受基期既成事实的束缚（不考虑基期的费用开支水平），因而使预算符合目前实际，具有先进性，而且也有利于充分发挥各级管理人员的积极性和创造性，促进基层单位精打细算，量力而行，合理使用资金，提高资金的使用效率。但是，由于零基预算一切支出均以零为起点进行分析、研究，因而编制预算的工作量较大，所花的时间和代价远较不太精确的预算过高，所以有时会显得得不偿失。因此，企业一般每隔几年进行一次零基预算，其他年份略作调整。

采用零基法编制预算，大体上可分为以下几个步骤：

第一步，企业内部各部门根据本企业预算年度的总目标及本部门的具体指标，认真研究讨论预算期本部门费用开支的目的性及需要开支的具体数额。

第二步，进行成本－效益分析，对每一个可以增减费用额的项目进行评价，权衡轻重缓急，并按成本效益排出先后顺序，将其分为若干等级。一般以必不可少的业务及其发生的费用为第一层次，优先保证；然后根据成本效益率排列第二、第三层次等。

第三步，按照第二步骤所定的层次，结合可动用的资金来源分配资金，落实预算。

【例7－17】某公司拟采用零基法编制下年度的管理费用预算。管理部门根据下年度的企业经营目标和管理任务，经认真研究讨论，多次协商，提出了预算期内需发生的部分费用项目及其预计的开支水平：广告费20 000元，职工培训费16 000元，日常办公费用4 000元，房屋租金6 000元，差旅费3 000元，律师及经济顾问费6 000元。

另外，假设在预算期内可动用的管理费用的资金来源只有40 000元。要求据以确定该公司下年度的管理费用预算。

解：提出的费用开支项目中，日常办公费、房屋租金及差旅费属于必不可少的费用开支，称之为约束性固定成本，应该全额得到保证。职工培训费、顾问费及广告费属于酌量性固定成本。根据历史资料进行“成本—效益”分析，即将其所耗与所得进行比较并做出评价，其结果如下：

广告费：投入成本1元，可获得收益20元；

职工培训费：投入成本1元，可获得收益20元；

顾问费：投入成本1元，可获得收益10元。

将上述费用项目按照它们的具体性质和轻重缓急分为若干层次，排出如下顺序：

(1)第一层次：房屋租金、日常办公费和差旅费。这三种费用在预算期内必不可少，必须满足开支需要，故被列为第一层次。

(2)第二层次：广告费和职工培训费。它们属于可选择的固定费用，可根据企业实力酌情增减；又因它们的成本收益率高于顾问费的成本收益率，故被列为第二层次。

(3)第三层次：顾问费。这是可选择的固定费用，但因其成本效益率较低，故被列为第三层次。

根据以上所排层次的顺序，结合可动用的资金，落实下列预算：房屋租金6 000元，日常办公费4 000元，差旅费3 000元，共计13 000元，必须全额得到保证。这样，剩余可动用的资金为：

$$40\ 000\text{元} - 13\ 000\text{元} = 27\ 000\text{元}$$

此余额应按成本收益率的比例分配给广告费、职工培训费和顾问费。

$$\text{广告费可分配的资金} = 27\ 000\text{元} \times [20 \div (20 + 20 + 10)] = 10\ 800\text{元}$$

$$\text{职工培训费可分配的资金} = 27\ 000\text{元} \times [20 \div (20 + 20 + 10)] = 10\ 800\text{元}$$

$$\text{顾问费可分配的资金} = 27\ 000\text{元} \times [10 \div (20 + 20 + 10)] = 5\ 400\text{元}$$

综合上述结果，采用零基法编制的管理费用(部分项目)的预算为：房屋租金6 000元，日常办公费4 000元，差旅费3 000元，广告费10 800元，职工培训费10 800元，顾问费5 400元。

一般而言，采用零基预算法控制经费，学校或预算事业单位要比企业更为适用。

二、概率预算

弹性预算虽然考虑了预算期内不同的业务量水平，但在各种不同的业务量水平下的有关价格、变动成本、固定成本等都是确定的。因此，弹性预算仍然属于确定性预算。而实际上构成预算的各种变量是不确定的，因而需要估计它们在一定范围内的变动及在这个范围内有关数值可能出现的概率，然后根据各种可能性的大小加权平均计算,确定有关变量在预算期内的期望值,从而形成所谓的概率预算。

概率预算必须根据不同的情况来编制。如果销售量的变动与成本的变动并无直接联系,则只需用各自的概率分别计算销售收入、变动成本、固定成本等的期望值,最后就可直接计算利润的期望值。编制了利润概率预算表,就能充分显示不同概率范围内可能出现的最高值和最低值,有利于经营管理人员把注意力集中在最可能出现的事情上,达到事半功倍的效果。

概率预算编制的具体步骤如下:

第一步,在预测分析的基础上,估计各相关因素的可能值及其出现的概率。

第二步,计算联合概率,即具有递进关系的各相关因素的概率之积。

第三步,根据弹性预算提供的预算指标以及与之相适应的联合概率,计算出预算对象的期望值,即预算结果。

【例 7－18】某企业通过市场调查分析,确定预算期(2019 年)内生产的甲产品单位售价保持在 50 元/件。预计可能实现的销售量范围为:3 800 件、4 000 件、4 200 件。这三种预计销售量的概率分别为 0.2,0.6,0.2。其他有关资料如表 7－20所示。要求据以编制该企业损益概率预算。

解:根据上述资料可编制该企业损益概率预算,见表 7－24 中⑤⑥⑦栏。有关数字的计算方法已在表 7－24 中说明。

表 7－24 **损益概率表**

2019 年度

销售量（件）	变动成本（元/件）	固定成本（元）	营业损益（元）	联合概率	组合号	损益期望值（元）
①	②	③	④	⑤	⑥	⑦＝④×⑤
3 800（0.2）	34(0.2)	21 000	39 800	0.2×0.2＝0.04	1	1 592
	35.5(0.5)	21 000	34 100	0.2×0.5＝0.10	2	3 410
	36(0.3)	21 000	32 200	0.2×0.3＝0.06	3	1 932
4 000（0.6）	34(0.2)	21 600	42 400	0.6×0.2＝0.12	4	5 088
	35.5(0.5)	21 600	36 400	0.6×0.5＝0.30	5	10 920
	36(0.3)	21 600	34 400	0.6×0.3＝0.18	6	6 192
4 200（0.2）	34(0.2)	22 000	45 200	0.2×0.2＝0.04	7	1 808
	35.5(0.5)	22 000	38 900	0.2×0.5＝0.10	8	3 890
	36(0.3)	22 000	36 800	0.2×0.3＝0.06	9	2 208
损益期望值 $\sum P_i=1$						37 040

表 7－24 中的每一种“组合”还可以改制成通用损益表的形式（见表 7－25），以便更直接地说明问题。

表 7－25

损益概率预算

2019 年度 单位：元

项目＼组合	1	2	3	4	5	6	7	8	9	合计
销售收入	190 000	190 000	190 000	200 000	200 000	200 000	210 000	210 000	210 000	
变动成本	129 200	134 900	136 800	136 000	142 000	144 000	142 800	149 100	151 200	
边际贡献	60 800	55 100	53 200	64 000	58 000	56 000	67 200	60 900	58 800	
固定成本	21 000	21 000	21 000	21 600	21 600	21 600	22 000	22 000	22 000	
营业损益	39 800	34 100	32 200	42 400	36 400	34 400	45 200	38 900	36 800	
联合概率	0. 04	0. 1	0. 06	0. 12	0. 3	0. 18	0. 04	0. 1	0. 06	
损益期望值	1 592	3 410	1 932	5 088	10 920	6 192	1 808	3 890	2 208	37 040

在全部损益表项目的期望值计算的基础上，再根据管理上的需要编制利润概率预算表（见表 7－26）。

表 7－26

利润概率预算表

2019 年度 单位：元

项　　目	期望值	概率范围 100%	概率范围 90%	概率范围 60%
销售收入	200 000	190 000 ~ 210 000	190 000 ~ 210 000	200 000
变动成本	141 400	129 200 ~ 151 200	134 900 ~ 149 100	136 000 ~ 144 000
边际贡献	58 600	53 200 ~ 67 200	53 200 ~ 67 200	56 000 ~ 64 000
固定成本	21 560	21 000 ~ 22 000	21 000 ~ 22 000	21 600
税前利润	37 040	1 592 ~ 10 920	1 808 ~ 10 920	5 088 ~ 10 920

表 7－26 中，在概率范围为 100% 时，把各个变量以组合 1 ~ 9 出现过的各数中数值最大与最小的数为其最大值和最小值。由于组合 1 与组合 9 的联合概率分别

为0.04与0.06，二者之和为0.10，因此，如果概率范围只考虑90%，则意味着可将组合1与组合9中出现的各数排除在外，只以组合2～8出现过的各数中数值最大与最小的数为其最大值和最小值。同理，如果概率范围为60%，则意味着出现的可能性为40%的部分可以略去不计。由于组合1，2，3，7，8，9的联合概率之和为0.4，因此，若概率范围只考虑60%，则可将组合4～6中出现的各数中数值最大与最小的数为其最大值和最小值。

三、滚动预算

前述几种预算的时间都是以会计年度为预算期，这样有利于在会计年度内将实际数与预算数相对比，有利于对预算的执行情况进行分析和评价。但是，因为预算的编制一般在上一会计年度结束之前进行，以一个会计年度为预算期，所以预算误差相对较大，而且，当新的情况出现时难以及时调整，从而使定期编制的预算缺乏一定的指导性、灵活性和连续性。

为了克服定期预算的缺点，可采用滚动预算方法。所谓滚动预算，是指预算的编制不与会计年度挂钩，而是始终保持12个月，即每过一个月就在原预算基础上自动延伸一个月，从而逐期向后滚动，连续不断地以预算形式规划未来的经营活动。

滚动预算的优点表现为：

第一，它能保持预算的完整性、连续性，从动态预算中把握企业的未来。

第二，它能使各级管理人员有较长远的打算，经常考虑和规划未来一年之内甚至更长远的生产经营活动，保证企业的经营管理工作连续而有序地进行。

第三，它方便了外部（如银行、税务机关、投资者等）对企业经营状况的一贯了解。

第四，由于预算不断调整与修正，使预算更加切合实际，可以充分发挥预算的指导和控制作用。

滚动预算的编制一般采用长、短安排的方式进行，即在基期编制预算时，先按年度分类，并将第一季度按月划分，编制各月预算的明细数，而其他三个季度的预算则可以粗略一些，只列各季度总数。当第一季度即将结束时，再将第二季度的预算按月划分，使之具体化；同时，增补下一年度第一季度的预算。

滚动预算的具体编制程序如图7－3所示。

采用滚动预算，需要有一个与之相适应的外部条件，如上级下达的生产指标、材料供应的时间等。因为这些外部条件通常是以自然年为基础进行编制的，所以不利于编制滚动预算，但随着市场经济的逐步发展，这些限制

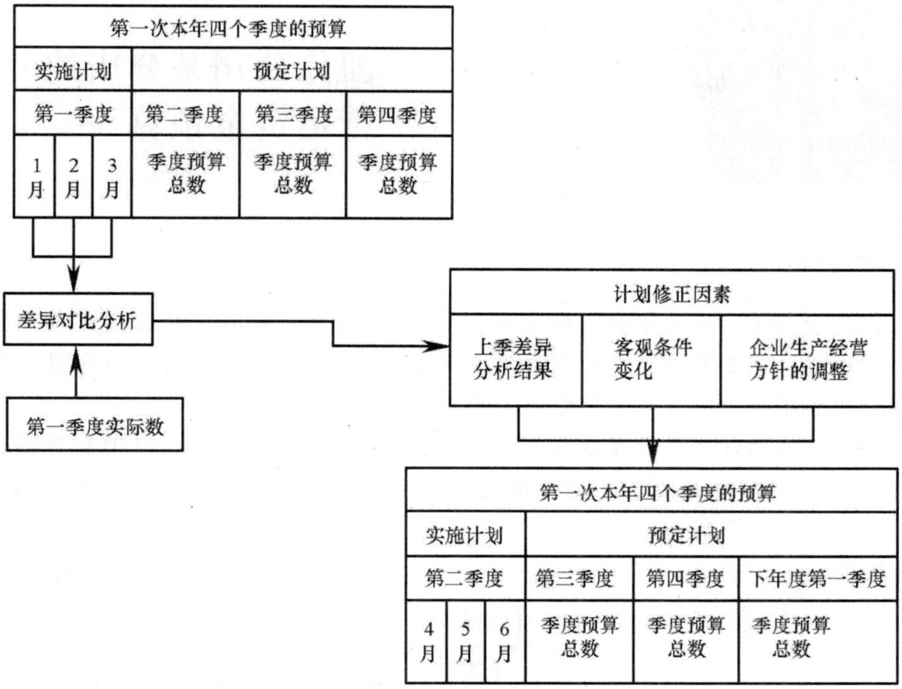

图7－3 滚动预算的编制

会逐步减少。

本章小结

全面预算是以数量形式来表示未来某一特定期间内企业的全部经济活动及其成果。通过全面预算可以促使管理当局规划未来,为企业的业绩评价提供一个标准;同时,也有助于改善企业内部的沟通和协调。全面预算体系是以销售预算为主导,进而延伸到生产、成本和资金收支等各方面的预算,最后编制预计财务报表的一种预算体系。编制预算的先进方法,如弹性预算、零基预算、滚动预算以及概率预算等,可以适应企业在不同情况下的编制预算,以便更好地发挥预算的作用。掌握预算的编制方法是企业实施全面预算的关键问题。

案例分析

案例一　凯伦公司某分店的营运资金预算

一、资料

凯伦公司是一家复印和印刷企业，其每家分店都是按特许经营的方式在当地进行管理的。该公司每季度的预算均由电脑上的报表系统准备，上面标明了需要加以监视和报告给特许权使用方的主要财务业绩测量数据。

某一分店的经理最近在准备2019年7月至9月的预算信息。7月销售额估计为15 000元，此后每月按20%的幅度呈复式增长。每月采购纸墨和一些费用支出的情况如表7－27所示。

表7－27　　单位：元

月份	纸墨费	付现费用	折旧费	广告费
7	5 500	4 000	1 000	1 000
8	6 000	4 500	1 000	1 500
9	7 500	5 000	1 200	2 000

关于该分店的其他情况列示如下：

1. 如果纸墨是销售生产的唯一成本，毛利润估计是销售额的60%。

2. 特许权管理方法是：分店按其销售额的10%向公司交纳商誉费。这笔费用要在下一季度开始之初支付。

3. 付现费用要在产生之后的一个月支付，而广告费必须即时支付。

4. 采购纸墨的50%是通过赊账进行的，赊账期为一个月。

5. 销售额的80%是现金交易，剩下的部分可用一个月的赊账。

6. 8月更新设备的时候，设备的折余价值3 200元可以换2 650元的现金。新设备的价款为7 000元。该项更新设备的折旧已经包含在9月的预算数字当中。

下面的营运资金报表（见表7－28）出现在7月初的资产负债表上。

表7－28　　单位：元

流动资产：	7 900	流动负债：	10 320
存货	4 000	应付账款	
应收账款	3 000	用于纸墨	2 500

续表

银行存款	900	用于付现费用	3 000
		用于商誉	4 820
		营运资金:	-2 420

要求:

(1)计算该分店第一季度的利润(分月列示)。

(2)计算季度末的应收账款、应付账款和银行存款金额。

(3)编制一份截至2019年9月30日的营运资金报表。

二、分析

1. 每月销售收入,利润及存货如表7-29所示。

2. 该季度应收账款、应付账款及银行存款如下:

应收账款=9月销售收入×20%=21 600元×20%=4 320元

银行存款计算如表7-30所示。

应付账款=3 750元+5 000元+54 600元×10%=14 210元

营运资金报表如表7-31所示。

表7-29

单位:元

项目 \ 月份	7月	8月	9月
销售收入	15 000	18 000	21 600
减:销售成本	6 000	7 200	8 640
毛利润	9 000	10 800	12 960
减:商誉费	1 500	1 800	2 160
付现费用	4 000	4 500	5 000
广告	1 000	1 500	2 000
损耗	1 000	1 000	1 200
处理损失	0	550	0
纯利润	1 500	1 450	2 600
期初存货	4 000	3 500	2 300
本期购进	5 500	6 000	7 500
合计	9 500	9 500	9 800
减:销售成本	6 000	7 200	8 640
期末存货	3 500	2 300	1 160

表 7－30　　单位:元

银行存款期初余额	900
债务人付款	53 280
资产出售	2 650
小计	56 830
支付:	
销售成本	17 750
付现费用	11 500
广告	4 500
商誉费	4 820
购买资产	7 000
小计	45 570
银行存款期终余额	11 260

表 7－31　　单位:元

流动资产:	16 740
存货	1 160
应收账款	4 320
银行存款	11 260
流动负债:	14 210
应付账款	14 210
其中:纸墨	3 750
付现费用	5 000
商誉费	5 460
营运资金	2 530

案例二　红叶公司的全面预算

一、资料

红叶公司是一个小型家庭作坊式的企业,其厂房、办公室和销售设施全靠租赁而得。该公司加工产品所需原材料的采购价格为 0.8 元/千克。其产品加工技术属于专有技术,只有企业的家庭成员掌握,产品对原材料的单耗为 2 千克/件,产成品按每件8 元的价格在全市范围的批发零售店内出售。

新年伊始,企业的管理者开始为新的一年中的第一个季度制定经营计划,并且已有下列打算:

1. 原材料存货将从 2 000 千克增至季度末的 2 400 千克,供应价格仍然为 0.8 元/千克,而且材料耗用率仍为 2 千克/件。

2. 产成品存货单位成本为 6 元/件,其数量将由现在的 400 件增至季度末的 800 件,在产品价值 2 000 元保持不变。

3. 直接生产工人工资为 4.80 元/小时,单位产品工时为 0.5 小时/件。

4. 生产变动性间接费用,如动力、机器小时折旧等耗费为 1.20 元/件;生产固定性间接费用,如租金、保险、直线折旧等耗费每季度均为 18 240 元;变动折旧率为0.2 元/件，固定折旧每季度为 1 040 元。

5. 一般间接费用将完全不变：管理费用为 17 280 元，财务费用为 1 120 元，销售费用为 26 000 元。

6. 用于固定资产的资本性支出将为 10 000 元。

7. 通过严格的信用控制措施，除了原材料的赊购将增长 1 480 元之外，所有的材料、人工、间接费用和资本支出费用将在当期支出。

8. 产成品在本地区的销售构成为：A 区 6 400 件，B 区 4 000 件，C 区6 000件，D 区6 000件。

9. 由于销售水平比原先有显著增长，应收账款将增长 12.5%。

要求：根据下面给出的新年第一季度的期初资产负债表（见表 7－32），完成预算编制过程。

表 7－32 **期初资产负债表** 单位：元

流动资产：		流动负债：	
银行存款	5 200	应付账款	4 480
应收账款	7 680		
存货：		负债合计	4 480
原材料（2 000 千克，单价 0.8 元/千克）	1 600		
		所有者权益：	
在产品	2 000	实收资本	42 000
产成品（400 件，单价 6 元/件）	2 400	未分配利润	2 000
固定资产	29 600	所有者权益合计	44 000
资产合计	48 480	负债及所有者权益合计	48 480

二、分析

1. 销售预算。假定该预算编制的起点是销售量，这一假定的前提是该企业的经营主要取决于其能够以每件 8 元的标准价格卖出多少产品。因此，编制第一个预算——销售预算如表 7－33 所示。

表 7－33 **销售预算**

销售地区	A 区	B 区	C 区	D 区	合计
预计销售量（件）	6 400	4 000	6 000	6 000	22 400
单位标准售价（元/件）					8
预计销售额（元）					179 200

2. 生产预算和直接人工预算。产量的确定，不仅要根据销售预算所列的销售量，还要根据企业计划中存货的增减加以调整。经过调整的数据就能够

提供生产量，再结合已知的直接人工数据，推算出直接人工成本，如表7－34所示。

表7－34　生产预算和直接人工预算

项　目	预计销售量	(＋)期末存货数	(－)期初存货数	预计生产量
业务量(件)	22 400	800	400	22 800
单位产品耗用标准工时(小时/件)	0.5			
预计直接人工工时(小时)	11 400			
标准小时工资率(元/小时)	4.80			
预计直接人工成本(元)	54 720			

3. 直接材料预算。首先，根据所给数据和相关的产量编制原材料成本预算；然后，再根据原材料存货的增加对其进行必要的调整，编制材料采购预算。见表7－35和表7－36。

表7－35　材料成本预算

项　目	预计生产量(件)	单位材料耗用量(千克/件)	预计材料耗用总量(千克)
业务量	22 800	2	45 600
单位材料采购价格(元/千克)	0.80		
预计材料耗用成本(元)	36 480		

表7－36　材料采购预算

项　目	预计材料耗用总量	(＋)期末存货	(－)期初存货	预计材料采购量
业务量(千克)	45 600	2 400	2 000	46 000
单位材料采购价格(元/千克)	0.80			
预计材料采购成本(元)	36 800			

4. 制造费用预算。折旧费用可看成是以产量为基础的“用量成本”(变动成本)，也可看成是以时间为基础的“期间成本”(固定成本)。因此，

$$折旧费用=变动费用(机器工时率)+固定费用(直线法)$$
$$=(0.2\times4\ 560+1\ 040)元=5\ 600元$$

制造费用预算见表7－37。

表7－37　制造费用预算

项目	单位变动费用	预计生产量	预计变动间接费用	预计固定间接费用	预计制造费用
业务量	1.20元/件	22 800件	27 360元	18 240元	45 600元

5. 产品成本预算。产品成本预算就是将所有的固定成本和变动成本吸收到一起,共同确定单位产品的“完全生产成本”(见表7-38)。

表7-38 产品成本预算 单位:元

项目	直接材料	直接人工	变动间接费用	固定间接费用	预计生产成本
单位生产成本(元/件)	1.60 (2×0.8)	2.40 (0.5×4.8)	1.20	0.8	6.00
总成本	36 480	54 720	27 360	18 240	136 800
加:期初存货(400×6)					2 400
减:期末存货(800×6)					4 800
预计销售成本					134 400

6. 期间费用和资本支出预算。由于该公司的资料相对简单,所以将“期间费用”预算和“资本支出”预算合在一起,编制期间费用和资本支出预算(见表7-39)。

表7-39 期间费用和资本支出预算 单位:元

项目	管理费用	销售费用	财务费用	预计期间费用	预计资本支出	预计期间费用和资本支出
金额	17 280	26 000	1 120	44 400	10 000	54 400

7. 现金预算。

(1)应付账款预计增加1 480元,而应收账款预期比期初增长12.5%,即增长960元(7 680元×0.125)。假定预算期期初的所有未结清的应收账款或应付账款的余额都在预算期内收到或支付。应收、应付账款情况见表7-40。

表7-40 应收、应付账款情况 单位:元

项目	应收账款	应付账款
销售收入	179 200	36 800
加:已收/已付期初余额	7 680	4 480
减:期末未结清余额	8 640	5 960
现金收入/支出	178 240	35 320

(2)折旧费用为非现金项目,必须对现金预算做出适当的调整。本例中的折旧费用调整,包括1 040元按直线法计提的固定额,加上按变动的机器工时率计算的变动额4 560元(22 800元×0.2),折旧费用合计为5 600元。

因此,编制现金预算如表7-41。

表 7－41　　现金预算　　单位:元

销售收入	179 200
减:应收账款增加额	(960)
现金收入合计	178 240
现金支出:	
直接人工支出	54 720
原材料采购支出	36 800
减:应付账款增加额	(1 480)
制造费用	45 600
减:折旧	(5 600)
期间费用	44 400
资本支出	10 000
现金支出合计	184 440
现金溢余/短缺	(6 200)
现金期初余额	5 200
预算期期末余额/(银行透支)	(1 000)

8. 预计损益表(见表 7－42)。

9. 预计资产负债表。在编制预计资产负债表之前,有必要编制固定资产汇总表(见表 7－43)。该表将有效地提供预计资产负债表(见表 7－44)的补充附加预算信息。

表 7－42　　预计损益表　　单位:元

销售收入	179 200
销售成本	134 400
毛利	44 800
期间费用	44 400
预计利润	400

表 7－43　　固定资产汇总表　　单位:元

期初固定资产	29 600
加:预计的资本支出	10 000
减:预计折旧	(5 600)
预计的期末固定资产	34 000

表 7-44　预计资产负债表　单位:元

资　产	期末数	负债与所有者权益	期末数
存货:	8 720	应付账款	5 960
原材料	1 920	银行透支	1 000
在产品	2 000	负债合计	6 960
产成品	4 800	实收资本	42 000
应收账款	8 640	期初未分配利润	2 000
流动资产合计	17 360	预计利润	400
固定资产	34 000	所有者权益合计	44 400
资产合计	51 360	负债与所有者权益合计	51 360

案例三　滚动预算的应用

一、资料

某公司甲车间采用滚动预算方法编制制造费用预算。已知2019年分季度的制造费用预算如下(其中间接材料费用忽略不计):

表 7-45　2019 年全年制造费用预算　单位:元

2019 年度					合计
项目	第一季度	第二季度	第三季度	第四季度	
直接人工预算总工时(小时)	11 400	12 060	12 360	12 600	48 420
变动制造费用					
间接人工费用	50 160	53 064	54 384	55 440	213 048
水电与维修费用	41 040	43 416	44 496	45 360	174 312
小计	91 200	96 480	98 880	100 800	387 360
固定制造费用					
设备租金	38 600	38 600	38 600	38 600	154 400
管理人员工资	17 400	17 400	17 400	17 400	69 600
小计	56 000	56 000	56 000	56 000	224 000
制造费用合计	147 200	152 480	154 880	156 800	611 360

2019 年 3 月 31 日公司在编制 2019 年第二季度至 2020 年第一季度滚动预算时,发现未来的四个季度中将出现以下情况:

(1) 间接人工费用预算工时分配率将上涨50%。

(2) 原设备租赁合同到期,公司新签订的租赁合同中设备年租金将降低20%。

(3) 预计直接人工总工时见表7-46,假定水电与维修费用预算工时分配率等其他条件不变。

要求:

1. 以直接人工工时为分配标准,计算下一滚动期间的如下指标:① 间接人工费用预算工时分配率;② 水电与维修费用预算工时分配率。

2. 根据有关资料计算下一滚动期间的如下指标:① 间接人工费用总预算额;② 每季度设备租金预算额。

3. 计算填列下表中用字母表示的项目:

表7-46　　2019年第二季度至2020年第一季度制造费用预算　　单位:元

2019年度				2020年度	合计
项目	第二季度	第三季度	第四季度	第一季度	
直接人工预算总工时(小时)	12 100	(略)	(略)	11 720	48 420
变动制造费用					
间接人工费用	A	(略)	(略)	B	(略)
水电与维修费用	C	(略)	(略)	D	(略)
小计	(略)	(略)	(略)	(略)	493 884
固定制造费用					
设备租金	E	(略)	(略)	(略)	(略)
管理人员工资	F	(略)	(略)	(略)	(略)
小计	(略)	(略)	(略)	(略)	(略)
制造费用合计	171 700	(略)	(略)	(略)	687 004

二、分析

1. 以直接人工工时为分配标准,计算下一滚动期间的如下指标:

间接人工费用预算工时分配率 = (213 048/48 420) × (1 + 50%) = 6.6 元/小时

水电与维修费用预算工时分配率 = 174 312/48 420 = 3.6 元/小时

2. 根据有关资料计算下一滚动期间的如下指标:

间接人工费用总预算额 = 48 420 × 6.6 = 319 572 元

每季度设备租金预算额 = 38 600 × (1 - 20%) = 30 880 元

3. 计算填列后的表如下所示:

表 7－47 2019 年第二季度至 2020 年第一季度制造费用预算 单位:元

项目	2019 年度			2020 年度	合计
	第二季度	第三季度	第四季度	第一季度	
直接人工预算总工时(小时)	12 100	(略)	(略)	11 720	48 420
变动制造费用					
间接人工费用	A(79860)	(略)	(略)	B(77352)	(略)
水电与维修费用	C(43560)	(略)	(略)	D(42192)	(略)
小计	(略)	(略)	(略)	(略)	493 884
固定制造费用					
设备租金	E(30880)	(略)	(略)	(略)	(略)
管理人员工资	F(17400)	(略)	(略)	(略)	(略)
小计	(略)	(略)	(略)	(略)	(略)
制造费用合计	171 700	(略)	(略)	(略)	687 004

思考题

1. 什么是全面预算？为什么要编制全面预算？
2. 编制全面预算的原则是什么？
3. 试说明全面预算的基本体系？
4. 为什么说销售预算是编制全面预算的基础和关键？怎样编制销售预算？
5. 简述现金预算编制的原理。
6. 什么是弹性预算、零基预算、滚动预算和概率预算？各自的优缺点是什么？应怎样编制？
7. 影响材料采购数量与预算期产量的因素有哪些？

练习题

1. 假定某企业预算期第一季度 A 产品各月的预计销售量分别为1 000件、1 500件和2 000件,其单价为 50 元/件;销售款当期可收回 50%,次月收回 30%,第三个月收回 20%;预算期期初应收账款余额为22 000元,其中包括上年 11 月销售的应收账款4 000元和 12 月销售的应收账款18 000元。

要求：

(1)计算上年11月和12月的销售总额。

(2)编制12月预算年度第一季度的分月销售预算及预计现金收入。

2. 某公司6月甲产品期末存货为500件,7～10月的预计销量分别为3 000件、4 000件、6 000件和5 000件;各月末的存货量为下月预计销量的10%。

要求:据以编制第三季度的分月生产预算。

3. 某企业某年5个月的销售预算为:1月10 000件,2月15 000件,3月12 000件,4月11 000件,5月9 000件。每月末产成品存货为第二个月预计销量的20%。1月1日该企业有2 500件产品,每单位产品需用甲材料4千克,乙材料5千克。每月末该企业应保存下个月材料需要量的一半。假设1月初材料无库存。

要求:编制该年第一季度每月购入各种材料的预算。

4. 某企业营业能力利用程度为70%和80%时的弹性预算资料如表7－48所示。

表7－48 单位:元

营业能力利用程度	70%	80%
销售收入	10 500	12 000
销售成本	7 700	8 800
销售毛利	2 800	3 200
经营费用(固定部分为1 200元)	2 600	2 800
营业利润	200	400
所得税(税率为30%)	60	120
净利润	140	280

要求:据以确定营业能力利用程度为90%时的弹性预算。

5. 费达公司2019年1月1日的资产负债表如表7－49所示。

表7－49 **资产负债表** 单位:万元

流动资产:	150	流动负债:	110
银行存款	35	应付账款	40
应收账款	50	应付股利	40
存货	65	应交税金	30
固定资产	300	股本和公积金	340
资产合计	450	负债及所有者权益合计	450

2019年4个季度预算总利润表如表7－50所示。

表 7 - 50 单位:万元

项目＼季度	一季度	二季度	三季度	四季度
销售收入	150	135	165	150
产品销售成本	102	94	110	102
销售和管理费用	23	21	25	23
预算利润	25	20	30	25

注:销售和管理费用在每月购买时支付给债权人。

每季度应收账款和应付账款的预算余额如表 7 - 51 所示。

表 7 - 51 预算余额表 单位:万元

项目＼季末	3 月 31 日	6 月 30 日	9 月 30 日	12 月 31 日
应收账款	60	45	65	55
应付账款	50	40	55	48

注:季初账面的债务或债权假设在其后的 3 个月已经得到偿付或收回。

费达公司的管理层提供的更加详细的 2019 年预算资料如下:

(1)计划在第一季度支付股利,应缴税金在第三季度支付。

(2)在第四季度支付高额资本性支出 1 280 000 元。

(3)为了筹措一部分上述资本性支出所需资金,计划再发行250 000元的股票和卖掉50 000元的旧厂房机器(已提足折旧)。这两笔收入期望在资本支出之前的那一季度收到。

(4)预算的产品销售成本中包括每季度 50 000 元的折旧费。

要求:

(1)编制费达公司 2019 年每季度的现金预算。

(2)根据现金预算,简要评价年末银行存款情况。

6. 某企业 2019 年现金预算(简表)如表 7 - 52 所示。假定企业发生现金余缺均由归还或取得流动资金借贷解决,且流动资金借贷利息可以忽略不计。除表中所列项目外,企业没有有价证券,也没有发生其他现金收支业务。预计 2018 年末流动负债为4 000万元,需要保证的年末现金占流动负债的比率为 50%。

要求:根据所列资料,计算填列表中用字母表示的项目。

表 7 - 52 现金预算表 单位:元

项　　目	第一季度	第二季度	第三季度	第四季度
期初现金余额	1 000			2 500
本期现金收入	31 000	33 500	**E**	36 500

续表

项　　目	第一季度	第二季度	第三季度	第四季度
本期现金支出	30 000	**C**	37 000	40 000
现金余缺	**A**	1 000	3 000	**G**
资金筹措与运用	-500	1 000	**F**	**I**
取得流动资金借款	-	1 000		
归还流动资金借款	-500			
期末现金余额	**B**	**D**	2 500	**H**

7. 某企业生产和销售某种产品，计划编制下年度的全面预算。该企业预期资料如下：

(1)各季度预计销售量分别为2 000件、3 000件、4 000件、3 000件，单位售价为80元/件。每季度的销售收入的60%于当季度现金收回，其余于下季度现金收回。本年度末应收账款余额为50 000元。

(2)预计年末存货量为220件，各季度的期末存货按下季度销售量的10%计算。

(3)本年度末材料库存量为840千克，预计年末材料库存量为920千克。各季度材料期末库存量按下季度材料耗用量的20%计算。单位产品耗用量为2千克/件，单位采购成本为5元/千克。

(4)每季度采购材料款的40%于当季度现金支付，其余于下季度现金支付。本年度末应付账款余额为12 000元。

(5)单位产品直接人工小时为5小时/件，小时工资率为5元/小时。

(6)变动性制造费用按直接人工小时分摊，预计小时费用分配率为2元/小时。固定性制造费用预计每季度40 000元，其中折旧为7 500元。

(7)销售及管理费用变动部分按预计销售量分摊，预计单位变动费用为5元/件；固定部分每季度21 000元。所有销售及管理费用均以现金支付。

(8)预计下年度第一季度购买固定资产需花费40 000元。预交所得税下年度每季度分摊10 000元。每季度预计支付利润4 000元。

(9)该企业各季末最低现金余额为20 000元，现金不足则向银行借款，现金多余则归还借款并支付利息(年利率为10%)。

(10)本年度末资产负债表如表7-53所示。

表 7-53

单位:元

资 产	金 额	负债及所有者权益	金 额
现金	24 000	应付账款	12 000
应收账款	50 000	实收资本	80 000
原材料	4 200	未分配利润	115 200
产成品	9 000	所有者权益	195 200
固定资产	200 000		
减:累计折旧	80 000		
固定资产净值	120 000		
合计	207 200	合计	207 200

要求:根据上列资料编制该企业下年度全面预算,包括销售预算(含现金收入预算)、生产预算、直接材料预算(含现金支出预算)、直接人工预算、制造费用预算、产品成本预算、销售及管理费用预算、现金预算、预计损益表(假定下年度每季度应缴所得税 10 000 元)、预计资产负债表。

练习题参考答案

1. (1)上年 11 月的销售总额为 20 000 元,12 月的销售总额为 36 000 元。

(2)该公司预算年度第一季度的分月销售收入及预计现金收入如表 7-54 所示。

表 7-54

项目 \ 月份		1	2	3	合计
预计销量(件)		1 000	1 500	2 000	4 500
销售单价(元/件)		50	50	50	50
预计销售金额(元)		50 000	75 000	100 000	225 000
预计现金收入(元)	期初应收账款	14 800	7 200		22 000
	1 月销售收入	25 000	15 000	10 000	50 000
	2 月销售收入		37 500	22 500	60 000
	3 月销售收入			50 000	50 000
	现金收入合计	39 800	59 700	82 500	182 000

2. 二季度的分月生产预算确定为:7 月 2 900 件,8 月 4 200 件,9 月 5 900件。

3. 第一季度每月购入材料的预算如表 7 – 55 所示。

表 7 – 55

项目＼月份	1 月	2 月	3 月
甲材料	70 800	52 400	44 800
乙材料	88 500	65 500	56 000

4. 生产能力利用程度为 90%时,各指标的弹性预算数值分别为:销售收入 13 500元,销售成本 9 900 元,销售毛利 3 600 元,经营费用 3 000 元,营业利润 600 元,所得税 180 元,净利 420 元。

5. (1) 费达公司 4 个季度的现金预算编制如表 7 – 56 所示。

表 7 – 56 **现金预算** 单位:万元

项目＼季末	3 月 31 日	6 月 30 日	9 月 30 日	12 月 31 日	合计
期初现金余额	35	25	55	85	35
现金流入:					
销售收入	140	150	145	160	595
发行股票收入			25		25
出售固定资产收入			5		5
可用的现金总计	175	175	230	245	660
现金流出:					
销售成本	87	99	90	104	380
支付股利	40				40
费用支出	23	21	25	23	92
上缴税金			30		30
资本性支出				128	128
现金流出合计	150	120	145	255	670
现金多余或短缺	25	55	85	(10)	(10)
现金余额:					
季末	25	55	85	(10)	(10)

注:销售成本包括一项 50 000 元的折旧(非现金)项目的调整。

(2)评语:如果要避免在年末出现现金不足,在第四季度要进行额外的资金筹措。赤字是由于资本项目支出过于沉重，而在前一季度中为此只筹措了部分资金。一笔10 万元的短期贷款可以弥补这个不足，或者是采取银行透支也会使现金账面临时出现借方余额。

6. A = 2 000　　B = 1 500　　C = 34 000　　D = 2 000　　E = 38 000
F = －500　　G = －1 000　　H = 2 000　　I = 3 000

7. (1)销售预算：全年预计销量 12 000 件，预计销售收入 960 000 元。

现金收入预算：各季度现金收入数额分别为 146 000 元、208 000 元、288 000 元、272 000 元；年末应收账款余额为 96 000 元。

(2)生产预算：各季度预计生产量分别为2 100 件、3 100 件、3 900 件、2 920件。

(3)直接材料预算：各季度预计采购量分别为 4 600 件、6 250件、7 408件、5 592 件；各季度预计采购金额分别为23 000元、32 600元、37 040元、27 960元。

现金支出预算：各季度预计现金支出分别为 21 200 元、26 840 元、34 376元、33 408 元；年末应付账款余额为16 776元。

(4)直接人工预算：各季度直接人工成本分别为 52 500 元、77 500 元、97 500 元、73 000 元。

(5)制造费用预算：各季度制造费用预算分别为 61 000 元、71 000 元、79 000 元、69 200 元；各季度现金支付的制造费用预算分别为 53 500 元、63 500 元、71 500 元、61 700 元。

(6)产品成本预算：生产成本合计数为 700 886 元，存货成本合计数为53 645 元，销货成本合计数为699 720元。

(7)销售及管理费用预算：各季度销售及管理费用合计数分别为31 000元、36 000元、41 000元、36 000元。

(8)现金预算：各季度现金期初余额分别为 24 000 元、20 000 元、20 000元、22 749元；各季度收入现金分别为146 000元、208 000元、288 000元、272 000元；各季度现金不足或现金多余分别为 －42 200元、10 160元、49 624元、76 641元；各季度现金期末余额分别为20 000元、20 000元、22 749元、25 143元。

(9)预计损益表：全年销售收入为 960 000 元，销售产品变动成本为600 000元，利息支出为6 333元，税前利润为109 667元。

(10)预计资产负债表：资产合计数为 265 643 元，等于负债及所有者权益合计数265 643元。

第八章

标准成本系统

学习要点与要求

标准成本系统,是指以预先制定的标准成本为基础,将成本的事前计划、日常控制及核算功能有机结合而形成的一种成本控制系统。它是加强成本控制的有力工具。本章将介绍标准成本的概念、作用、运作程序,标准成本的制定和差异分析,以及标准成本系统的账务处理等有关内容。

通过本章的学习,应掌握标准成本的制定、成本差异的分析和成本差异的账务处理。

第一节　标准成本系统概述

一、建立标准成本系统的意义

以泰罗制为基础而形成的标准成本系统,最初产生于20世纪20年代的美国,随着其内容的不断充实和完善,被西方国家广泛采用,成为管理会计在日常成本管理中应用得最为普遍和最为有效的一种重要控制手段。

所谓标准成本,是指以在产品设计阶段所选定的最优设计和工艺方案为基础,根据料、工、费的合理耗费,在企业现有的生产工艺技术水平条件下,进行有效经营应该发生的成本。它为衡量成本水平的高低提供了科学的尺度,并且为考核各部门的工作业绩提供了重要的依据。

标准成本系统区别于实际成本核算方法的最显著的特点是:对产品生产过程中

消耗的直接材料、直接人工和制造费用，按照标准成本进行核算，将标准成本和成本差异设立专门的账户进行反映。成本差异是一种“信号”，它可以使企业管理人员了解实际成本脱离目标的差额，以便以此为线索进行进一步的分析研究，明确差异形成的原因和责任，以便采取相应的措施，使生产经营中的各种不正常的、低效能的因素及时消除，避免各种不利差异的重新出现，以实现对成本的有效控制。期末又可以根据成本差异将标准成本调整为实际成本，以满足实际成本核算的要求。

制定标准成本对指导和控制企业的日常经济活动的意义，主要体现在以下几个方面：

第一，事先提出按成本项目反映的标准成本，可以用来规划未来的经济活动，并以此作为进行短期决策和长期决策的依据。

第二，在日常成本管理工作中，利用标准成本调节和控制日常发生的经济业务，针对重大问题进行分析研究，采取有效措施及时加以纠正，以保证预定目标的实现。

第三，事后对实际成本脱离标准成本的差异进行分析，以便于分清经济责任，正确评价有关部门和人员的经济业绩。

第四，在标准成本系统中，将标准成本和成本差异单独反映，在产品、产成品和销售产品的成本都可以直接按标准成本计算，简化了日常的账务处理和成本核算工作。

二、标准成本的种类

（一）理想标准成本

理想标准成本，是指现有生产技术和经营管理均处于最佳状态的基础上而确定的标准成本。它是建立在资源充分利用、设备满负荷运转、合格品率为100%、人工效率充分发挥的基础上，即实际成本应达到在最理想的条件下成本的最低限度，而不允许任何浪费的存在。但是，这种标准成本只是一种理想，在现实经济生活中很难实现，因此很少采用。

（二）正常标准成本

正常标准成本，是指根据现有的生产技术水平，在有效经营条件下，根据合理的耗费水平而制定的标准成本。它考虑到在现实经济生活中不可避免的合理损耗、设备故障及人工的闲置等因素，因而是一种比较切实可行并且经过努力能够达到的标准。它是本着“跳起来方能摘到桃子”的基本原则制定的，即这种标准成本是经过努力可以达到的，既非轻而易举，又不是高不可攀。因此，这种标准成本能够在成本管理工作中发挥应有的积极作用，在实际工作中得到广泛的应用。

三、标准成本系统的运作程序

标准成本系统的运作程序可以归纳为以下几点。

(一)制定单位产品的标准成本

单位产品标准成本的制定是标准成本计算和成本控制的基础。单位产品的标准成本,通常是按照某产品在生产各阶段耗费的直接材料、直接人工和制造费用等项目制定各成本项目的标准成本,然后将各成本项目的标准成本相加。确定单位产品的标准成本,可用计算公式表示如下:

$$\frac{\text{单位产品}}{\text{标准成本}}=\frac{\text{直接材料}}{\text{标准成本}}+\frac{\text{直接人工}}{\text{标准成本}}+\frac{\text{制造费用}}{\text{标准成本}}$$

(二)计算某种产品的标准成本

某种产品的标准成本,是指按照该种产品的实际产量和单位产品标准成本计算出的该种产品的标准成本。其计算公式如下:

某种产品标准成本 = 产品的实际产量 × 单位产品标准成本

(三)汇总计算实际成本

汇总计算实际成本,是指按照一般的成本核算程序,归集产品生产和制造过程中实际发生的直接材料、直接人工和制造费用,以此计算出实际成本的发生额。

(四)计算成本差异

成本差异,通常是指产品实际成本与产品标准成本之间的差额。可用计算公式表示如下:

成本差异 = 实际成本 - 标准成本

实际成本大于标准成本的差异,通常称为不利差异,可反映在成本差异账户的借方,因此亦称借差;实际成本小于标准成本的差额称为有利差异,通常反映在成本差异账户的贷方,因此亦称贷差。

(五)分析成本差异

分析成本差异是标准成本系统运作程序中最为重要的一个环节,只有通过具体分析成本差异的数额及其产生的原因,才能够实现对成本的有效控制,以便进一步降低成本,提高经济效益。对成本差异进行分析,一般要经过以下三个步骤:

1. 分析成本差异的类型,并确定其数额。
2. 追根溯源,分析成本差异产生的具体原因。
3. 明确有关责任人员的经济责任。

(六)提出成本控制报告

通过上述成本差异的分析,一方面可以找出成本差异产生的原因,另一方面还可以明确有关人员的经济责任。以此为依据,可以向有关方面负责人提出加强成本控制的建议,以便采取有效措施,巩固成绩,克服缺点或根据变化了的生产条件对原标准加以修订,以便在生产经营活动中对成本的执行情况得到及时反馈和控制,保证预定目标的实现。

标准成本系统的运作程序是一个有机的整体,各程序之间的关系密不可分。

它们之间的相互联系如图 8－1 所示。

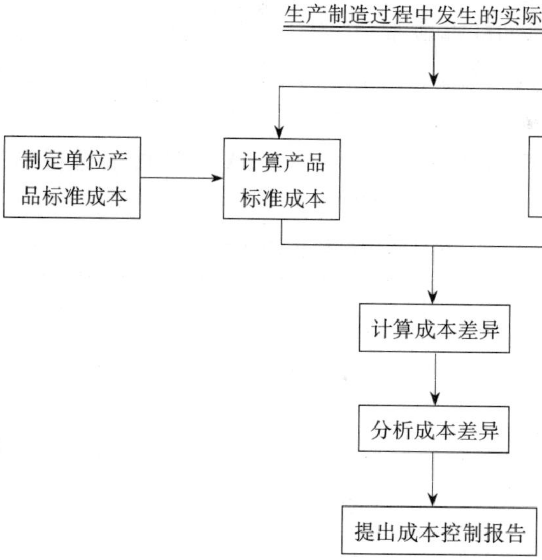

图 8－1　标准成本系统的运作程序

第二节　标准成本的制定

一、标准成本的构成

产品的标准成本是由生产产品所消耗的直接材料、直接人工和制造费用构成的。其基本公式是以“数量”标准乘以“价格”标准。

二、直接材料的标准成本

直接材料标准成本是由直接材料价格标准和直接材料用量标准决定的。

（一）直接材料价格标准的制定

直接材料的价格标准，是指取得某种材料所应支付的单位价格。直接材料的价格标准包括材料的购买价格以及预计的采购费用，如运输费、装卸搬运费等。制定直接材料价格标准时，应按每一种材料分别计算。

（二）直接材料用量标准的制定

材料的用量标准，即材料的消耗定额。它是指生产技术部门在一定条件下所确定的单位产品所耗用的各种直接材料的数量，包括形成产品实体的材料数量、在正常情况下所允许发生的材料损耗，以及生产中不可避免的废品所耗费的材料数量。制定直接材料用量标准时,也应按各种材料分别计算。

(三)直接材料标准成本的制定

某种产品的直接材料的标准成本,是由生产该种产品所需的每一种材料的标准数量和该种材料的标准价格的乘积相加而求得的。其计算公式如下:

$$某产品直接材料的标准成本 = \sum(直接材料用量标准 \times 直接材料价格标准)$$

【例8-1】某企业生产A产品需要甲材料。A产品直接材料标准成本的计算如表8-1所示。

表8-1　A产品直接材料的标准成本

项　　目	甲材料
买价(元/千克)	26.00
采购费用(元/千克)	0.80
材料价格标准(元/千克)	26.80
单位产品材料消耗量(千克)	2.60
单位产品材料正常损耗量(千克)	0.20
材料数量标准(千克)	2.80
A产品直接材料标准成本(元)	75.04

三、直接人工的标准成本

(一)直接人工价格标准的制定

直接人工价格标准(即工资率标准或工资单价),是指在计件工资条件下单位产品支付的直接人工工资,或在计时工资条件下每一标准工时应分配的工资。其计算公式如下:

$$直接人工小时工资率标准 = 直接人工工资总额 \div 标准总工时$$

式中:标准总工时是指企业在现有的生产技术和工艺水平条件下可能实现的最大生产数量,或是实现的最大生产能力,故亦称“产能标准”,通常用直接人工工作小时数或机器台时数来表示。

(二)直接人工用量标准的制定

直接人工用量标准,即工时用量标准,也称工时消耗定额。它是指企业在现有的生产和技术水平的基础上,考虑到提高劳动生产率的要求,按照产品加工所经过的程序,详细测算所需耗用的工时数。制定工时消耗定额时,还要考虑到必要的间歇和停工时间,以及在正常条件下不可避免的废品所耗用的工时。

(三)直接人工标准成本的制定

制定了直接人工的用量标准和小时工资率标准后,就可以按照下列公式计算单位产品直接人工的标准成本。

$$单位产品直接人工标准成本 = \sum(小时工资率标准 \times 工时用量标准)$$

【例 8－2】某企业生产 A 产品的直接人工标准成本计算如表 8－2 所示。

表 8－2　　A 产品直接人工标准成本

项　　目	一车间
单位产品标准工时(小时)	7
直接生产工人人数	20
每月标准加工工时(小时/人)	180
每月标准加工总工时(小时)	3 600
每月直接人工工资总额(元)	6 480
单位工时工资率(元/小时)	1.8
单位产品直接人工标准成本(元)	12.6

四、制造费用的标准成本

制造费用的标准成本是由制造费用价格标准和制造费用用量标准两项因素决定的。

(一)制造费用价格标准的制定

制造费用价格标准,即费用分配率标准。制造费用分配率的大小一般取决于以下两个因素:①生产量标准,即企业现有生产能力能达到的最高产量(通常用直接人工小时数或机器台时数表示);②制造费用预算,即根据标准生产能力而确定的固定性制造费用预算和变动性制造费用预算数额之和。制造费用分配率的计算公式为:

$$固定性制造费用标准分配率 = \frac{固定性制造费用预算}{标准总工时}$$

$$变动性制造费用标准分配率 = = \frac{变动性制造费用预算}{标准总工时}$$

(二)制造费用用量标准的制定

制造费用用量标准,即工时用量标准。它与上述直接人工用量标准的制定相同。

(三)制造费用标准成本的制定

制造费用标准成本,又称制造费用预算,通常根据变动性制造费用和固定性制造费用分别编制。在完全成本法下,固定性制造费用预算可以参照历史资料并根据预算期间生产能力的利用程度加以估算,相应的生产量标准通常应选择预算产量标准工时。在变动成本法下,固定性制造费用属于期间成本,不存在分配率标准问题。制造费用标准成本是由单位产品用量标准与相应的标准分配率的乘积求

得。其计算公式为:

固定性制造费用标准成本 = 标准工时 × 固定性制造费用分配率

变动性制造费用标准成本 = 标准工时 × 变动性制造费用分配率

【例 8-3】某企业生产一种 A 产品,假设 A 产品的制造费用包括固定性制造费用和变动性制造费用两部分。2019 年 2 月该企业固定性制造费用预算为 4 620 元,变动性制造费用弹性预算额为 12 600 元。根据有关资料,A 产品的制造费用标准成本计算如表 8-3 所示。

表 8-3　A 产品的制造费用标准成本

项　　目	固定部分	变动部分	合　计
制造费用预算(元)	4 620	12 600	17 220
标准总工时(小时)	8 400		
制造费用分配率(元/小时)	0.55	1.5	2.05
单位产品标准工时(小时)	7		
单位产品制造费用标准成本(元)	3.85	10.5	14.35

五、单位产品标准成本的制定

有了上述各项标准成本以后,企业通常要为每一种产品设置一个标准成本计算单,并在该计算单中分别列明各项成本的价格标准和用量标准,通过直接汇总的方法得出单位产品的标准成本,如表 8-4 所示。

表 8-4　A 产品标准成本计算单

项　　目	单价标准(分配率)	用量标准	标准成本(元/件)
直接材料:			
甲材料	26.80 元/千克	2.8 千克/件	75.04
直接人工	1.80 元/小时	7 小时/件	12.60
变动性制造费用	1.5 元/小时	7 小时	10.50
固定性制造费用	0.55 元/小时	7 小时	3.85
制造费用小计			14.35
单位产品标准成本			101.99

第三节　成本差异的计算与分析

成本的日常控制,是指成本形成过程中通过对实际发生的各项成本和费用进行控制和监督，以保证原定的目标成本得以实现的管理活动。

管理会计是通过标准成本的编制来规划成本的，但是在日常经济活动中往往由于种种原因，实际发生的成本数额与预定的标准成本出现差额，这种差额就叫成本差异。实际成本低于标准成本的节约额称为有利差异，一般用 F 表示，而实际成本高于标准成本的超支额称为不利差异，用 U 表示。

为了实现对成本的控制，首先应该计算实际成本偏离标准成本的具体数额（即计算成本差异），并在此基础上分析差异形成的原因，以便及时采取相应的对策，进行必要的矫正，以保证成本目标的实现。

一、直接材料成本差异的计算与分析

直接材料成本是由直接材料价格和直接材料用量两部分构成的，因此，直接材料成本差异的计算包括直接材料价格差异和直接材料用量差异两部分的计算。

（一）直接材料价格差异的计算

直接材料价格差异是由于实际直接材料价格脱离标准价格而形成的差异，其计算公式为：

$$\begin{matrix}\text{直接材料}\\\text{价格差异}\end{matrix}=\left(\begin{matrix}\text{实际}\\\text{用量}\end{matrix}\times\begin{matrix}\text{实际}\\\text{价格}\end{matrix}\right)-\left(\begin{matrix}\text{实际}\\\text{用量}\end{matrix}\times\begin{matrix}\text{标准}\\\text{价格}\end{matrix}\right)=\begin{matrix}\text{实际}\\\text{用量}\end{matrix}\times\left(\begin{matrix}\text{实际}\\\text{价格}\end{matrix}-\begin{matrix}\text{标准}\\\text{价格}\end{matrix}\right)$$

（二）直接材料用量差异的计算

直接材料用量差异是实际材料用量脱离标准用量而形成的差异，其计算公式为：

$$\begin{matrix}\text{直接材料}\\\text{用量差异}\end{matrix}=\left(\begin{matrix}\text{实际}\\\text{用量}\end{matrix}\times\begin{matrix}\text{标准}\\\text{价格}\end{matrix}\right)-\left(\begin{matrix}\text{标准}\\\text{用量}\end{matrix}\times\begin{matrix}\text{标准}\\\text{价格}\end{matrix}\right)=\left(\begin{matrix}\text{实际}\\\text{用量}\end{matrix}-\begin{matrix}\text{标准}\\\text{用量}\end{matrix}\right)\times\begin{matrix}\text{标准}\\\text{价格}\end{matrix}$$

直接材料成本差异与实际成本、标准成本、数量差异和价格差异之间的关系如下式所示。

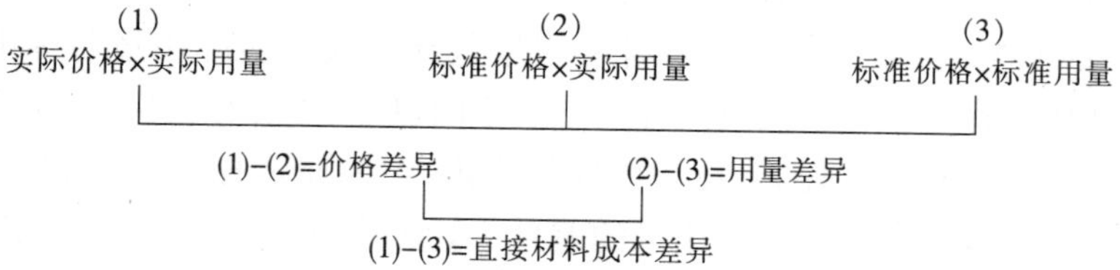

【例 8－4】某企业生产 A 产品需用甲材料。本期购入并实际耗用甲材料2 970千克，实际产量下标准用量为3 080千克。甲材料实际价格为 26.10 元/千克，标准价格为 26.80 元/千克。试计算甲材料的成本差异额。

直接材料价格差异 = 2 970 千克 ×(26.1 − 26.8)元/千克 = −2 079 元(F)

直接材料用量差异 =(2 970 − 3 080)千克 ×26.8 元/千克 = −2 948 元(F)

直接材料成本差异 = −2 079 + (−2 948)元 = −5 072 元(F)

或 = −2 970 千克 ×26.1 元/千克 − 3 080 元 ×26.8 元/千克

= −5 027 元(F)

(三)直接材料成本差异分析

1. 直接材料价格差异的分析。直接材料价格差异是由于进行材料采购时,实际支付的价款与标准支付金额之间的差额形成的。影响材料价格的因素是多方面的,如采购批量、交货方式、运输条件、材料质量和信用条件等。对于形成差异的具体原因需要做出具体分析。材料价格差异的形成通常有以下几种情况:

(1)由于材料调拨价格变动或由于市场供求关系的变化引起价格的变动。

(2)由于客户临时订货而增加的紧急采购,致使采购价格和运输费用上升。

(3)忽略了购货的折扣期而丧失了应有的购货优惠。

(4)订货数量未达到应有的经济订货量。

(5)运输安排不合理,中转期延长,增加了运输费用和途中损耗或由铁路运输改为空运,形成不必要的浪费。

(6)在保证质量的前提下,购入替代材料,降低了采购价格和采购费用。

(7)市场调查不充分,造成采购舍近求远,增加了材料运费。

采购部门专门负责对外采购生产需要的材料物资,以保证生产经营活动的正常需要。一般来说,采购部门对材料采购价格和采购费用是可以控制的,因此材料价格差异应由采购部门有关人员负责。但在分析材料价格差异时,应充分考虑到造成差异的原因以及这些因素的可控程度。例如,由于生产上的临时需要而进行的紧急订货,或由于客观因素造成的运输延误,不得不由铁路运输临时改为空运,因此而增加的采购费用属于不可控因素。在分析直接材料价格差异时,只有查明原因,才能真正分清责任归属,以便有针对性地采取措施加以改进,降低材料成本。

2. 直接材料用量差异的分析。材料用量差异取决于实际用量与标准用量之间差异的性质和程度。材料用量差异的形成原因也是多方面的,例如,工人操作技术的熟练程度及工作的责任感,设备的完好程度,产品质量控制制度健全与否,材料的质量与规格等都会造成材料用量的差异。其形成原因通常有以下几个方面:

(1)由于供货方未能保证材料质量而造成的浪费。

(2)产品工艺变更,但材料用量标准未能及时变更。

(3)操作工人不重视合理、节约用料而造成损失。

(4)工人违反操作规程或出现机器故障而形成材料消耗超标。

(5)仓储部门保管不当,造成材料损坏变质。

(6)产品设计根据用户要求做出调整,但材料用量标准未做相应调整。

(7)更换机器设备使材料用量变更。

(8)由于新产品投产,工人操作技术不熟练。

用量差异是在生产过程中产生的,因此一般应由生产部门有关人员负责。但因材料规格不符合要求或材料质量低劣而增加了废品,则应由采购部门负责。另外,由于仓储部门材料保管不当而形成的损失则应由仓储部门负责。在分析材料用量差异时,应根据具体差异形成原因而分清责任归属。

二、直接人工成本差异的计算与分析

直接人工成本差异,是指直接人工实际成本与直接人工标准成本之间的差额。由于直接人工成本是由直接人工工时用量和工资率所决定的,因此直接人工成本差异包括工资率差异(价格差异)和直接人工工时用量差异(效率差异)两部分。

(一)直接人工工资率差异的计算

直接人工工资率差异,也称直接人工价格差异。它是由于直接人工实际工资率水平与标准工资率不同而形成的差异。其计算公式为:

$$\begin{matrix}\text{直接人工}\\\text{工资率差异}\end{matrix}=\left(\begin{matrix}\text{实际}\\\text{工时}\end{matrix}\times\begin{matrix}\text{实际}\\\text{工资率}\end{matrix}\right)-\left(\begin{matrix}\text{实际}\\\text{工时}\end{matrix}\times\begin{matrix}\text{标准}\\\text{工资率}\end{matrix}\right)=\begin{matrix}\text{实际}\\\text{工时}\end{matrix}\times\left(\begin{matrix}\text{实际}\\\text{工资率}\end{matrix}-\begin{matrix}\text{标准}\\\text{工资率}\end{matrix}\right)$$

(二)直接人工效率差异的计算

直接人工效率差异是实际耗用的工时脱离标准工时而形成的差异。其计算公式为:

$$\begin{matrix}\text{直接人工}\\\text{效率差异}\end{matrix}=\left(\begin{matrix}\text{实际}\\\text{工时}\end{matrix}\times\begin{matrix}\text{标准}\\\text{工资率}\end{matrix}\right)-\left(\begin{matrix}\text{标准}\\\text{工时}\end{matrix}\times\begin{matrix}\text{标准}\\\text{工资率}\end{matrix}\right)=\left(\begin{matrix}\text{实际}\\\text{工时}\end{matrix}-\begin{matrix}\text{标准}\\\text{工时}\end{matrix}\right)\times\begin{matrix}\text{标准}\\\text{工资率}\end{matrix}$$

直接人工成本差异与实际成本、标准成本、效率差异和工资率差异之间的关系如下式所示。

(1) 实际工资率×实际工时　　(2) 标准工资率×实际工时　　(3) 标准工资率×标准工时

(1)-(2)=工资率差异　　(2)-(3)=效率差异

(1)-(3)=直接人工成本差异

【例8-5】某企业生产A产品,实际工时为7 020工时,标准工时为7 700工时;实际工资率为每小时2元,标准工资率为每小时1.8元。要求确定直接人工成本差异额。

解:直接人工工资率差异=(2-1.8)元/小时×7 020小时=1 404元

直接人工效率差异=1.8元/小时×(7 020-7 700)小时=-1 224元

直接人工成本差异合计=1 404元+(-1 224)元=180元(U)

或　　=7 020小时×2元/小时-7 700小时×1.8元/小时=180元(U)

(三)直接人工成本差异分析

通过计算确定了直接人工工资率差异和效率差异,对这两种差异产生的原因还需要作进一步的分析。

1. 直接人工工资率差异分析。工资率差异产生的原因主要有以下几个方面:

(1)工资制度和工资级别的调整。

(2)工资计算方法的改变,计件工资改为计时工资。

(3)由于产品工艺过程和加工方法的改变而调整工种结构。

工资率差异的产生一般应由生产部门负责,但是在实际工作中往往会出现由于工作安排不当而形成工资率差异。例如,某岗位只需熟练工就能完成的工作却安排了技术工人,因而增加了成本。在分析差异产生的原因时,应从实际出发,分清责任的主次,除了生产部门以外,人事部门及其他部门也应承担一定的责任。

2. 直接人工效率差异分析。直接人工效率差异的方向和大小取决于实际工时与标准工时之间差异的性质和程度。直接人工效率差异产生的主要原因有以下几个方面:

(1)劳动生产率提高或降低。

(2)产品工艺过程和加工方法的改变,未能及时调整工时标准。

(3)生产计划安排不合理,造成窝工。

(4)原材料供应不及时,造成停工待料。

(5)设备发生故障,停工停产。

(6)燃料动力供应中断,造成停工。

出现效率差异的责任一般应由生产部门负责,但由于原材料供应不及时,燃料动力供应中断等问题则应由采购部门和动力部门等相关的责任部门负责。

三、制造费用成本差异的计算与分析

制造费用成本差异是制造费用实际发生额和制造费用预算之间的差额,一般按变动性制造费用差异和固定性制造费用差异分别进行计算和分析。

(一)变动性制造费用成本差异的计算

变动性制造费用差异,是指实际变动性制造费用和标准变动性制造费用之间的差额。它是由变动性制造费用耗费差异和变动性制造费用效率差异构成的。

1. 变动性制造费用耗费差异的计算。变动性制造费用耗费差异,是指实际发生额脱离按实际工时计算的预算额而形成的差异。其计算公式为:

$$\begin{array}{c}\text{变动性制造费用}\\\text{耗费差异}\end{array}=\begin{array}{c}\text{实际}\\\text{发生额}\end{array}-\begin{array}{c}\text{按实际工时}\\\text{计算的预算额}\end{array}$$

$$=\begin{array}{c}\text{实际}\\\text{工时}\end{array}\times\left(\begin{array}{c}\text{变动性制造费用}\\\text{实际分配率}\end{array}-\begin{array}{c}\text{变动性制造费用}\\\text{标准分配率}\end{array}\right)$$

2. 变动性制造费用效率差异的计算。变动性制造费用效率差异，是指实际工时脱离标准工时而形成的差异。其计算公式为：

$$\text{变动性制造费用效率差异}=\left(\text{实际工时}-\text{标准工时}\right)\times\text{变动性制造费用标准分配率}$$

$$\text{变动性制造费用成本差异}=\text{变动性制造费用耗费差异}+\text{变动性制造费用效率差异}$$

变动性制造费用成本差异与实际成本、标准成本之间的关系如下式所示。

(1)
(实际发生额)
实际分配率×实际工时

(2)
标准分配率×实际工时

(3)
标准分配率×实际产量标准工时

(1)-(2)=耗费差异

(2)-(3)=效率差异

(1)-(3)=变动制造费用成本差异

【例 8－6】某企业生产 A 产品。该产品单位标准机器台时为 7 小时/件，当期变动性制造费用预算额与实际执行结果如表 8－5 所示。

表 8－5

	变动性制造费用	每机时标准耗费(元)	机器台时数(小时)		
			7 700	8 400	9 800
预算额	间接材料(元)	0.80	6 160	6 720	7 840
	间接人工(元)	0.70	5 390	5 880	6 860
实际完成	实际产量(件)	1 100			
	实际台时(小时)	8 800			
	间接材料耗费(元)	8 160			
	间接人工耗费(元)	6 800			

要求：根据以上资料确定变动性制造费用差异额。

解：

$$\text{变动性制造费用耗费差异}=(8\,160+6\,800)\text{元}-(0.8+0.7)\text{元/小时}\times 8\,800\text{小时}=1\,760\text{元}(U)$$

$$\text{变动性制造费用效率差异}=(1.5\times 8\,800)\text{元}-(1.5\times 1\,100\times 7)\text{元}=1\,650\text{元}(U)$$

$$\text{变动性制造费用差异合计}=1\,760\text{元}+1\,650\text{元}=3\,410\text{元}(U)$$

或

$$=(8\,160+6\,800)\text{元}-1\,100\text{件}\times 1.5\text{元/小时}\times 7\text{小时/件}=3\,410\text{元}(U)$$

(二)变动性制造费用成本差异分析

通过以上计算,确定了变动性制造费用成本差异额,对差异产生的具体原因还需要进一步进行分析。变动性制造费用耗费差异的产生,主要是由于有关各项费用的实际分配率与标准分配率不一致而引起的。实际分配率与标准分配率之间产生差异的原因比较复杂,其主要原因是由于间接材料、间接人工和其他有关间接费用的节约或超支造成的。

变动性制造费用耗费差异形成的原因主要有以下几个方面:

1. 制定预算时考虑不周而使预算数额制定不准确。

2. 间接材料价格变化。

3. 间接材料质量不合格而导致用量增加。

4. 间接人工工资率调整。

5. 间接人工人数调整。

6. 其他费用发生变化。

变动性制造费用耗费差异的责任归属应进行具体分析,如预算数额制定不准确、材料采购价格变化、间接人工工资率调整、其他费用控制不严等,应分别由财务部门、采购部门、人事部门、生产部门等承担责任,以明确责任归属。

变动性制造费用效率差异的产生是由于实际工时脱离了标准工时而产生的。制造费用效率差异产生的原因与直接人工效率差异产生的原因相同,不再赘述。

(三)固定性制造费用成本差异的计算

固定性制造费用是固定成本,它具有在一定业务量范围内不随业务量的变动而变动的特性,这就决定了它采用的成本控制方法与变动性制造费用所采用的方法不同,常常通过编制固定预算对成本进行控制。因此,固定性制造费用的成本差异分析方法与其他成本差异分析的方法有所区别。

固定制造费用成本差异分析方法通常分为两差异法和三差异法。

1. 两差异计算法。这是将固定性制造费用成本差异分为耗费差异和能量差异两部分进行计算的方法。固定性制造费用耗费差异,是指实际固定性制造费用总额与固定性制造费用预算额之间的差异;固定性制造费用能量差异,是指实际产量的标准工时脱离设计生产能力而产生的差异。其计算公式为:

$$\text{固定性制造费用耗费差异} = \text{固定性制造费用实际开支额} - \text{固定性制造费用预算额}$$

$$\text{固定性制造费用能量差异} = \text{固定性制造费用分配率} \times \left(\text{产能标准总工时} - \text{实际产量标准工时}\right)$$

$$\text{固定性制造费用成本差异} = \text{固定性制造费用耗费差异} + \text{固定性制造费用能量差异}$$

固定性制造费用成本差异与实际成本、标准成本之间的关系如下式所示。

(1)（实际开支额）实际分配率×实际工时　　(2)（费用预算）标准分配率×预算工时　　(3) 标准分配率×实际产量标准工时

(1)-(2)=耗费差异　　(2)-(3)=能量差异

(1)-(3)=固定制造费用成本差异

2. 三差异计算法。这是将固定性制造费用成本差异分为耗费差异、生产能力利用差异和效率差异三部分进行计算的方法。固定性制造费用耗费差异，是指实际固定性制造费用总额与制造费用预算额之间的差异。同时，将两差异计算中的能量差异进一步分为生产能力利用差异和效率差异。其中：生产能力利用差异，是指在标准分配率下实际工时脱离生产能力标准总工时而产生的成本差异；效率差异，是指在标准分配率下实际工时脱离标准工时而产生的成本差异。其计算公式为：

固定性制造费用耗费差异 = 固定性制造费用实际开支额 − 固定性制造费用预算额

固定性制造费用生产能力利用差异 = 固定性制造费用标准分配率 ×（产能标准总工时 − 实际工时）

固定性制造费用效率差异 = 固定性制造费用标准分配率 ×（实际工时 − 实际产量标准工时）

固定性制造费用成本差异 = 固定性制造费用耗费差异 + 固定性制造费用生产能力利用差异 + 固定性制造费用效率差异

固定性制造费用成本差异与实际成本、标准成本之间的关系如下式所示。

(1)（实际开支额）实际分配率×实际工时　　(2)（费用预算）标准分配率×预算工时　　(3) 标准分配率×实际工时　　(4) 标准分配率×实际产量标准工时

(1)-(2)=耗费差异　　(2)-(3)=生产能力利用差异　　(3)-(4)=效率差异

(1)-(4)=固定制造费用成本差异

【例8-7】某企业生产A产品。该产品单位标准机器台时为7小时/件，固定性制造费用分配率为0.55元/小时，实际产量为1 100件，当期固定性制造费用预算额与实际执行结果如表8-6所示。

要求：根据以上资料分别用两差异计算法和三差异计算法确定固定性制造费用差异额。

（1）两差异计算法：

解：固定性制造费用耗费差异 =（3 600 + 1 100 + 836）元 −（0.55 × 8 400）元 = 916 元（U）

固定性制造费用能量差异 = 0.55 元/小时 ×（8 400 − 1 100 × 7）小时 = 385 元（U）

固定性制造费用差异合计 = 916 元 + 385 元 = 1 301 元（U）

或 $=(3\ 600+1\ 100+836)$ 元 $-1\ 100$ 件 $\times 0.55$ 元/小时 $\times 7$ 小时/件

$=1\ 301$ 元(U)

表 8－6

	机器台时数(小时)	7 700	8 400	9 800
预算额	管理人员工资(元) 固定资产折旧(元) 其他费用(元)	3 000 1 000 620	3 000 1 000 620	3 000 1 000 620
	合　计	4 620	4 620	4 620
实际数	管理人员工资(元) 固定资产折旧(元) 其他费用(元)	3 600 1 100 836		

(2)三差异计算法：

固定性制造费用耗费差异 $=(3\ 600+1\ 100+836)$ 元 $-(0.55\times 8\ 400)$ 元 $=916$ 元(U)

固定性制造费用生产能力利用差异 $=(0.55\times 8\ 400)$ 元 $-(0.55\times 8\ 800)$ 元 $=-220$ 元(F)

固定性制造费用效率差异 $=(0.55\times 8\ 800)$ 元 $-(0.55\times 1\ 100\times 7)$ 元 $=605$ 元(U)

固定性制造费用差异合计 $=916$ 元 -220 元 $+605$ 元 $=1\ 301$ 元(U)

或 $=(3\ 600+1\ 100+836)$ 元 $-1\ 100$ 件 $\times 0.55$ 元/小时 $\times 7$ 小时/件 $=1\ 301$ 元(U)

(四)固定性制造费用成本差异分析

确定了各项固定性制造费用的成本差异以后，对固定性制造费用成本差异产生的原因应根据具体情况进行分析。

1. 造成固定性制造费用耗费差异的主要原因有以下几个方面：

(1)管理人员工资的变动。

(2)固定资产折旧方法的改变。

(3)修理费开支数额的变化。

(4)租赁费、保险费等项费用的调整。

(5)水电费价格的调整。

(6)其他有关费用开支数额发生变化。

耗费差异责任应由有关的责任部门负责。例如，固定资产折旧费的变化应由财务部门负责；修理费开支变化应由设备维修部门负责；其他有关费用可根据实际情况确定责任归属。有些费用(如水电费调价等)属不可控因素，不应由某个部门来承担责任。

2. 形成能量差异的原因主要有以下几个方面：

(1)原设计生产能力过高，生产不饱满。

(2)因市场需求不足或产品定价策略问题而影响订货量，造成生产能力不能充分利用。

(3)因原材料供应不及时,导致停工待料。

(4)机械设备发生故障,增加了修理时间。

(5)能源短缺,被迫停产。

(6)操作工人技术水平有限,未能充分发挥设备能力。

能量差异是由于现有生产能力未充分发挥而造成的差异,难以简单地确定责任的归属。为分清各部门应负的责任,应根据实际情况加以分析,分别由计划部门、生产部门、采购部门、销售部门等承担相应的责任。

第四节　成本差异的账务处理

一、标准成本系统的账户设置

在标准成本系统中,为了能够提供标准成本、成本差异和实际成本的资料,需要将实际发生的成本分为标准成本和成本差异两部分,以分别进行归集。期末对各项成本差异进行调整,以反映当期发生的实际成本。根据标准成本系统的核算需要,应设置两大类账户:一类是反映各项标准成本的账户;另一类是反映各项成本差异的账户。

(一)反映各项标准成本的账户

在标准成本系统中,反映各项标准成本的账户是指成本计算类账户,例如"原材料""生产成本""产成品""产品销售成本"等。这些账户按照标准成本来进行核算,即这类账户应记录按实际数量计算的标准成本数额。这类账户的余额一般在借方,它反映这些项目的标准成本数额。

(二)反映各项成本差异的账户

成本差异账户的设置可根据具体情况,按大类设置或按每一种成本差异设置。

按大类可分别设置"直接材料成本差异""直接人工成本差异""变动性制造费用成本差异""固定性制造费用成本差异"等账户。

按每一种成本差异设置账户,包括"直接材料价格差异""直接材料用量差异""直接人工工资率差异""直接人工效率差异""变动性制造费用耗费差异""变动性制造费用效率差异""固定性制造费用耗费差异""固定性制造费用生产能力利用差异""固定性制造费用效率差异"等账户。当实际成本超过标准成本时,其差异额反映在有关成本差异账户的借方,这种差异称为不利差异或超支额;反之,实际成本低于标准成本的差异,称为有利差异或节约额,所形成的差异反映在有关成本差异账户的贷方。

二、标准成本系统的账务处理程序

在标准成本系统中,账务处理的程序可分为以下三个步骤:

(一)登记有关标准成本账户

在标准成本系统中,日常发生的各项成本均应按标准成本和成本差异分别记录。在标准成本各有关账户(如"原材料""生产成本""产成品""产品销售成本"等账户)中,登记按实际数量计算的标准成本。

(二)登记各项成本差异账户

在标准成本系统中,对于实际成本脱离标准成本而形成的各项成本差异,应根据不同类别分别登记在"直接材料价格差异""直接材料用量差异""直接人工工资率差异""直接人工效率差异""变动性制造费用耗费差异""变动性制造费用效率差异""固定性制造费用耗费差异""固定性制造费用能量差异"(或"固定性制造费用生产能力利用差异""固定性制造费用效率差异")等各有关成本差异账户中。为了便于对各有关责任部门进行考核,还可以按部门分别设置明细分类账,分别记录各有关部门的各项成本差异数额。

(三)对各项成本差异进行处理

在标准成本系统中,对各项成本差异的处理可以采取以下三种方法:

1. 一次直接转入销售成本。美国《公认会计准则第 43 号研究公报》认为:如按适当的间隔期对标准成本进行调整,使其合理地近似于实际成本,则成本差异不计入产品成本,在月末结账时,一次全部转入销售成本。其具体做法是:在会计期末,将所有的各项成本差异转入"本年利润"账户,或者先将其转入"产品销售成本"账户,然后再将产品销售成本总额(标准成本加减各项成本差异)转入"本年利润"账户。

2. 如果成本差异较小,既不调整也不转账。当成本差异较小时,即使不调整差异也不会对当期销售成本和利润产生很大的影响,各期的成本差异总额有不利差异和有利差异,基本可以抵消。在这种情况下,可以简化核算,在期末不必再对有关成本差异进行会计处理。

3. 按一定标准对成本差异在产品销售成本和存货中进行分配。这种方法的具体做法是:在会计期末,将所有各项成本差异按照以实际数量计算出来的标准成本为比例,将各项成本差异分配给产品销售成本和存货。

以上三种处理方法各有所长,当成本差异额很小,从总的趋势来看有利差异和不利差异基本上可以抵消时,可以采用第二种最简单可行的方法;如果成本差异数额较大,为了真实地反映当期损益,应采用第三种方法。在一般情况下,第一种处理方法应用较广,这种方法可以使当期损益与成本控制状况挂钩,通过本期销售成本,直接反映出本期成本控制业绩,而且结转方法较简单,因而在运用标准成本系统的企业中被广泛采用。

下面将以第一种方法为例,介绍标准成本系统的账务处理程序。标准成本系统的账务处理流程如图 8-2 所示。

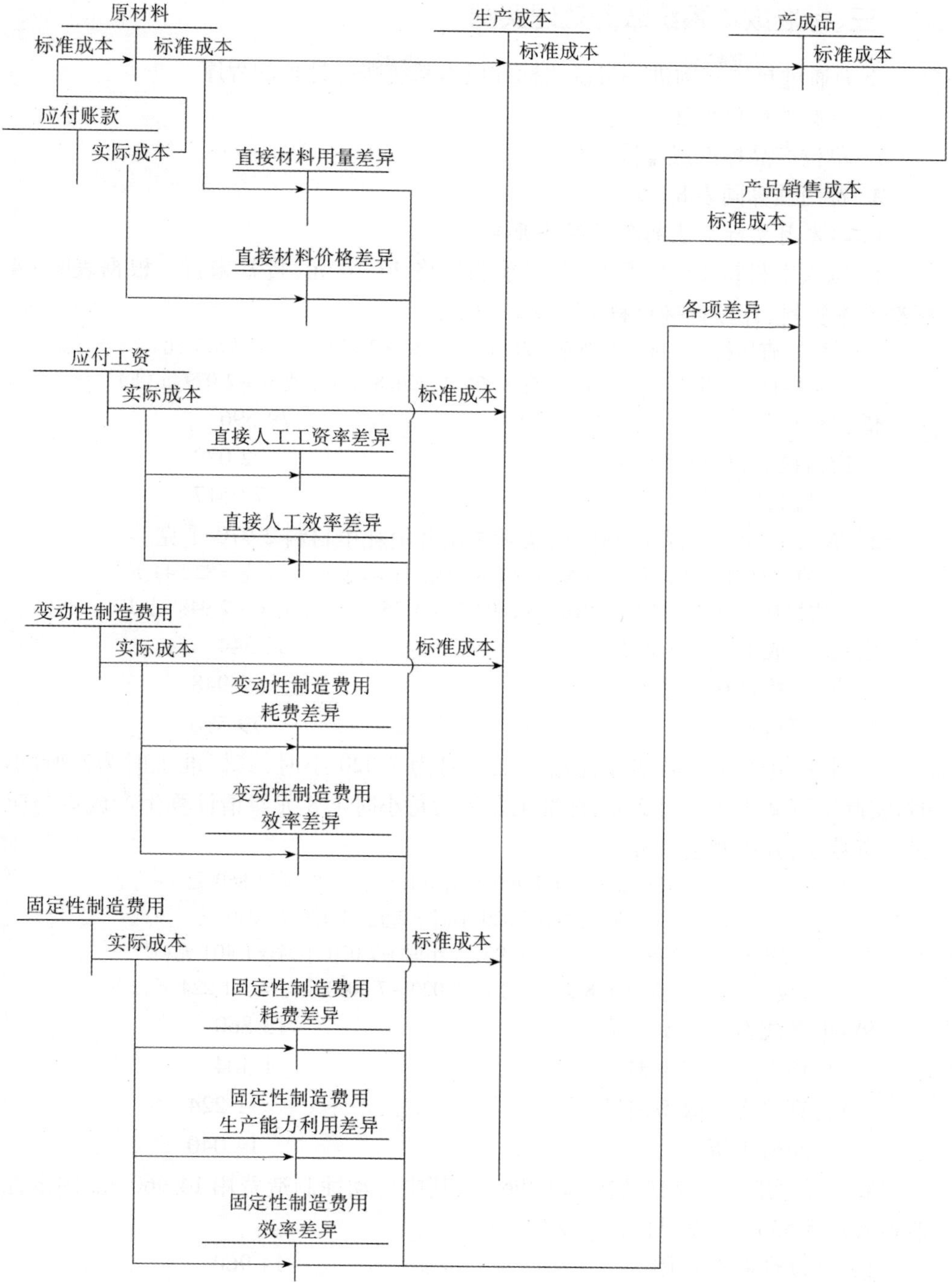

图 8－2　标准成本系统账务处理流程

三、标准成本系统账务处理实例

下面通过具体实例进一步说明标准成本系统账务处理的程序。

(一)有关的数据资料

1. 单位产品标准成本同表8-4。

2. 费用预算同表8-5。

(二)本月实际发生的各项经济业务

1. 购入甲材料2 970千克,实际采购价格26.10元,货款未付。根据表8-4标准成本资料,计算直接材料价格差异如下:

直接材料实际采购成本=26.1元/千克×2 970千克=77 517元

直接材料价格差异=2 970千克×(26.1-26.8)元/千克=-2 079元(F)

借:原材料　　79 596

　贷:直接材料价格差异　　2 079

　　应付账款　　77 517

2. 本期生产A产品1 100件,实际领用并消耗甲材料2 970千克。

直接材料标准成本=1 100件×2.8千克/件×26.8元/千克=82 544元

直接材料用量差异=(2 970-3 080)千克×26.8元/千克=-2 948元(F)

借:生产成本——A产品　　82 544

　贷:直接材料用量差异　　2 948

　　原材料　　79 596

3. 本月生产A产品实际耗用人工工时为7 020小时,其标准工时为7 700小时,实际工资率为每小时2元,标准工资率为每小时1.8元。请计算生产成本与应付工资数额,并编制会计分录。

直接人工标准成本=7 700小时×1.8元/小时=13 860元

直接人工实际成本=7 020小时×2元/小时=14 040元

直接人工工资率差异=(2-1.8)元/小时×7 020小时=1 404元(U)

直接人工效率差异=1.8元/小时×(7 020-7 700)小时=-1 224元(F)

借:生产成本——A产品　　13 860

　直接人工工资率差异　　1 404

　贷:直接人工效率差异　　1 224

　　应付工资　　14 040

4. 本月实际发生制造费用20 496元,其中变动性制造费用14 960元,固定性制造费用5 536元,以银行存款支付。

借:变动性制造费用　　14 960

　固定性制造费用　　5 536

　贷:银行存款　　20 496

5. 将上述变动性制造费用计入产品成本。

变动性制造费用标准成本 = 7 700 小时 × 1.5 元/小时 = 11 550 元

变动性制造费用实际成本 = 8 160 元 + 6 800 元 = 14 960 元

变动性制造费用耗费差异 = (8 160 + 6 800) 元 − (0.8 + 0.7) 元/小时 × 8 800 小时
= 1 760 元(U)

变动性制造费用效率差异 = 1.5 元/小时 × 8 800 小时 − (1.5 × 1 100 × 7) 元
= 1 650 元(U)

借:生产成本——A 产品	11 550	
变动性制造费用耗费差异	1 760	
变动性制造费用效率差异	1 650	
贷:变动性制造费用		14 960

6. 将上述固定性制造费用计入有关账户。

固定性制造费用实际发生额 = 5 536 元

固定性制造费用按实际产量分配额 = (0.55 × 1 100 × 7) 元 = 4 235 元

固定性制造费用耗费差异 = (3 600 + 1 100 + 836) 元 − (0.55 × 8 400) 元
= 916 元(U)

固定性制造费用生产能力利用差异 = (0.55 × 8 400) 元 − (0.55 × 8 800) 元
= −220 元(F)

固定性制造费用效率差异 = (0.55 × 8 800) 元 − (0.55 × 1 100 × 7) 元 = 605 元(U)

借:固定性制造费用	5 536	
贷:各有关账户		5 536
借:生产成本——A 产品	4 235	
固定性制造费用效率差异	605	
固定性制造费用耗费差异	916	
贷:固定性制造费用生产能力利用差异		220
固定性制造费用		5 536

7. 产成品完工入库。

借:产成品	112 189	
贷:生产成本		112 189

8. 本月销售 A 产品 1 000 件,每件售价 130 元,货款尚未收到。

借:应收账款	130 000	
贷:产品销售收入		130 000

9. 结转已销售产品标准成本。

借:产品销售成本	101 990	
贷:产成品		101 990

10. 成本差异的期末结转处理。假设该企业采用第一种方法,将产品成本差

异一次直接转入销售成本。

借:销售成本	-136
贷:直接材料价格差异	-2 079
直接材料用量差异	-2 948
直接人工效率差异	-1 224
直接人工工资率差异	1 404
变动性制造费用效率差异	1 650
变动性制造费用耗费差异	1 760
固定性制造费用耗费差异	916
固定性制造费用生产能力利用差异	-220
固定性制造费用效率差异	605

本章小结

1. 标准成本系统,是指以预先制定的标准成本为基础,将成本的事前计划、日常控制及核算功能有机结合而形成的一种成本控制系统。它包括标准成本的制定、成本差异的计算与分析,以及成本差异的账务处理三个有机组成部分。

2. 产品的标准成本是由直接材料、直接人工和制造费用标准成本构成的。其基本公式是以"数量"标准乘以"价格"标准。

3. 成本差异,是指实际发生的成本数额与预定的标准成本之间的差额。及时对实际成本偏离标准成本的差额进行分析,有利于及时采取对策,进行必要的矫正,以保证目标成本的实现。

成本差异可分为直接材料价格差异、直接材料用量差异、直接人工效率差异、直接人工工资率差异、变动性制造费用效率差异、变动性制造费用耗费差异、固定性制造费用耗费差异、固定性制造费用生产能力利用差异、固定性制造费用效率差异。

4. 对成本差异的处理通常有三种方法:

(1)一次直接转入销售成本。

(2)如果成本差异较小,既不调整也不转账。

(3)按一定标准对成本差异在产品销售成本和存货中进行分配。

企业可根据实际情况选择适当的方法。

案例分析

案例一　产品成本的差异分析

一、资料

E 公司生产单一产品 A,其标准成本单如表 8－7 所示。

表 8－7　　A 产品标准成本单

项　　目	标准成本(元/件)
直接材料:	
甲材料 8 千克(0.8 元/千克)	6.40
乙材料 4 千克(1.4 元/千克)	5.60
直接人工:	
3 小时(5 元/小时)	15.00
制造费用:	
变动性制造费用(1 元/每标准人工小时)	3.00
固定性制造费用(4 元/每标准人工小时)	12.00
单位标准成本(元/件)	42.00

A 产品的标准售价为 50 元/件。7 月预计生产及销售量是 3 000 件,固定性制造费用预算为 36 000 元。标准成本中不包括 10 000 元的销售及管理费用。

7 月实际执行结果如下:

生产及销售数量 2 800 件,销售额 142 400 元。

直接材料的有关资料如表 8－8 所示。

表 8－8

项　　目	购入数量(千克)	金　额(元)	实际耗用数量(千克)
直接材料:			
甲材料	19 000	15 000	24 100
乙材料	14 000	20 500	10 100

直接人工 8 600 小时,直接人工成本48 200元。已知直接人工成本中闲置时间占 300 小时。

变动性制造费用 8 200 元,固定性制造费用 36 900 元,销售及管理费用10 400

元，所有费用按标准成本计价。

要求：

1. 计算下列差异：

(1)销售价格差异。

(2)销售数量差异。

(3)直接材料价格差异。

(4)直接材料用量差异。

(5)直接人工工资率差异。

(6)直接人工效率差异。

(7)变动性制造费用效率差异。

(8)变动性制造费用耗费差异。

(9)固定性制造费用耗费差异。

2. 编制调整分录，将预算利润调整为实际利润。

二、附加资料

1. 闲置时间差异 1 500 元（U）。
2. 固定性制造费用效率差异 400 元（F）。
3. 固定性制造费用生产能力利用差异 2 800 元（U）。

三、分析

预算毛利：

3 000 件×标准利润 8 元(50 元－42 元)＝24 000 元

预算净利：

24 000 元－销售及管理费用 10 000 元＝14 000 元

1. 计算各项差异。

(1)销售价格差异：

2 800 件的标准收入(50 元/件)：	140 000 元
实际收入：	142 400 元
销售价格差异：	2 400 元(F)

(2)销售数量：

预算销量：	3 000 件
实际销量：	2 800 件
销量差异：	200 件

销量差异总额：

200 件×标准价格(50 元/件)＝1 000 元（U）

(3)材料价格差异：

甲材料19 000千克的标准成本(0.80元/千克)：	15 200元
甲材料实际成本：	15 000元
甲材料价格差异：	200元(F)
乙材料14 000千克的标准成本(1.40元/千克)：	19 600元
乙材料实际成本：	20 500元
乙材料价格差异：	900元(U)

材料价格差异合计：

900元－200元＝700元(U)

(4)材料用量：

甲材料：

A产品2 800件的标准用量(8千克/件)：	22 400千克
A产品的实际用量：	24 100千克
	1 700千克

甲材料用量差异：

1 700千克×0.8元/千克＝1 360元(U)

乙材料：

A产品2 800件的标准用量(4千克/件)：	11 200千克
A产品的实际用量：	10 100千克
	1 100千克

乙材料用量差异：

1 100千克×1.4元/千克＝1 540元(F)

材料用量差异合计：

1 540元－1 360元＝180元(F)

(5)直接人工工资率：

8 600人工小时的标准成本(5元/小时)：	43 000元
实际成本：	48 200元
直接人工工资率差异：	5 200元(U)

(6)直接人工效率：

生产2 800件应耗直接人工标准工时(3小时/件)：	8 400小时
实际耗用工时：	8 300小时
直接人工工时差异：	100小时(F)

直接人工效率差异：

100小时×5元/小时＝500元(F)

(7)变动性制造费用效率差异：

100 小时 ×1 元/小时 = 100 元(F)

(8)变动性制造费用耗费差异：

8 300 工时的标准成本(1 元/小时)：	8 300 元
实际成本：	8 200 元
变动性制造费用耗费差异：	100 元(F)

(9)固定性制造费用耗费差异：

实际固定性制造费用：	36 900 元
预算固定性制造费用：	36 000 元
固定性制造费用耗费差异：	900 元(U)

2. 编制调整分录，将预算利润调整为实际利润。

借：销售成本	8 420
贷：直接材料价格差异	700
直接材料用量差异	-180
直接人工效率差异	-500
直接人工工资率差异	5 200
变动性制造费用效率差异	-100
变动性制造费用耗费差异	-100
固定性制造费用耗费差异	900
固定性制造费用生产能力利用差异	2 800
固定性制造费用效率差异	-400
闲置时间差异	1 500
销售价格差异	-2 400
销售数量差异	1 000

实际利润 = 14 000 元 - 8 420 元 = 5 580 元

案例二　成本管理与经营决策

一、资料

戊公司生产和销售 E、F 两种产品，每年产销平衡。为了加强产品成本管理，合理确定下年度经营计划和产品销售价格，该公司专门召开总经理办公会进行讨论。相关资料如下：

资料一：2019 年 E 产品实际销售量为 3 680 件，生产实际用工为 7 000 小时，实际人工成本为16元/小时。标准成本资料如表8－9所示：

表8－9　E产品单位标准成本

项目	直接材料	直接人工	制造费用
价格标准	35元/千克	15元/小时	10元/小时
用量标准	2千克/件	2小时/件	2小时/件

资料二：F产品年设计生产能力为15 000件，2020年计划生产12 000件，预计单位变动成本为200元，计划期的固定成本总额为720 000元。该产品适用的消费税税率为5%，成本利润为20%。

资料三：戊公司接到F产品的一个额外订单，意向订购量为2 800件，订单价格290元/件，要求2020年内完工。

要求：

1. 根据资料一，计算2019年E产品的下列指标：①单位标准成本；②直接人工成本差异；③直接人工效率差异；④直接人工工资率差异。

2. 根据资料二，运用全部成本费用加成定价法测算F产品的单价。

3. 根据资料三，运用变动成本费用加成定价法测算F产品的单价。

4. 根据资料二、资料三和上述测量结果，做出是否接受F产品额外订单的决策，并说明理由。

5. 根据资料二，如果2020年F产品的目标利润为150 000元，销售单价350元，假设不考虑消费税的影响，计算F产品保本销售量和实施目标利润的销售量。

二、分析

1. E产品相关指标计算如下：

$$单位标准成本=35\times2+15\times2+10\times2=120\text{元}$$

$$直接人工成本差异=实际工时\times实际工资率-实际产量下保准工时\times标准工资率$$
$$=7\ 000\times16-3\ 680\times2\times(15\div2)=56\ 800\text{元}$$

$$直接人工效率差异=(7\ 000-3\ 680\times2)\times(15\div2)=-2\ 700\text{元}$$

$$直接人工工资率差异=(16-15\div2)\times7\ 000=59\ 500\text{元}$$

2. 全部费用加成定价法确定F产品的单价：

$$单位产品价格=(200+720\ 000\div12\ 000)\times(1+20\%)\div(1-5\%)=328.42\text{元}$$

3. 变动成本费用加成定价法确定F产品的单价：

$$单位产品价格=200\times(1+20\%)\div(1-5\%)=252.63\text{元}$$

4. 由于额外订单价格290元高于252.62元，故应接受订单。

5. 由保本销售量×(350－200)－720 000＝0，求得：

$$保本销售量=720\ 000\div(350-200)=4\ 800\text{件}$$

由实际目标利润的销售量×(350－200)－720 000＝150 000，求得：

实际目标利润的销售量 =（150 000 + 720 000）÷（350 − 200）= 5 800 件

思考题

1. 什么是标准成本系统？它包括哪些内容？

2. 采用标准成本系统有何意义？

3. 简述标准成本系统的运作程序。

4. 试就下列成本项目谈标准成本的制定方法：

(1)直接材料的标准成本。

(2)直接人工的标准成本。

(3)制造费用的标准成本。

5.“借差”和“贷差”各表示什么含义？

6. 为什么成本差异分为价格差异和数量差异两大类？哪些属于价格差异？哪些属于数量差异？

7. 列出成本差异分析的基本模式。

8. 什么是固定性制造费用成本差异的“双差异分析法”和“三差异分析法”？两者有何不同？

9. 成本差异产生的原因有哪些？

10. 成本差异在期末如何进行会计处理？

练习题

1. 某企业本月生产甲产品 1 000 件，实际耗用材料 1 200 千克，成本为1 800 元。甲产品直接材料标准用量为 1 千克/件，标准价格为 2 元/千克。

要求：试进行有关材料成本差异的分析。

2. 利华公司本月生产 A 产品 500 件，实际耗用直接人工 800 小时，支付直接人工成本2 400元。A 产品直接人工的标准工时为 1 小时/件，标准小时工资率为 4 元/小时。

要求：试进行直接人工成本差异的分析。

3. 某企业本月固定性制造费用的资料如下：

固定性制造费用预算数额	2 400 元
固定性制造费用实际支付数额	2 450 元
预计产能标准总工时	1 200 小时
实际耗用工时	1 100 小时

实际产量应耗标准工时 1 000 小时

要求:采用两差异分析法和三差异分析法确定固定性制造费用的成本差异。

4. 某企业甲产品单位工时标准为 2 小时/件,标准变动费用分配率为 5 元/小时,标准固定制造费用分配率为 8 元/小时。本月预算产量为10 000件,实际产量为12 000件,实际工时为21 600元,实际变动制造费用与固定制造费用分别为110 160元和250 000元。

要求:

(1)计算单位产品的变动制造费用标准成本和固定制造费用标准成本。

(2)计算变动制造费用成本差异。

(3)采用两差异法计算固定制造费用成本差异。

5. 根据表 8-10 中的资料,计算确定各成本项目的成本差异。

表 8-10

成本项目	标准成本	实际成本
直接材料	2.5 千克 ×0.6 元/千克	2.8 千克 ×0.5 元/千克
直接人工	0.5 小时 ×4 元/小时	0.45 小时 ×4.2 元/小时
制造费用:		
用量标准	0.5 小时/件	0.45 小时/件
分配率		
固定部分	4 元/小时	5.8 元/小时
变动部分	4 元/小时	5 元/小时
产量	预计 1 000 件	实际 800 件

固定性制造费用预算为 2 000 元,实际开支额为2 088元。

6. 某企业生产 A,B 两种产品,有关单位产品标准成本资料见表 8-11。

表 8-11

成本项目	A 产品	B 产品
直接材料(元)	(6 千克 ×4 元/千克)24	(5 千克 ×5 元/千克)25
直接人工(元)	(4 小时 ×8 元/小时)32	(3 小时 ×8 元/小时)24
制造费用:		
变动部分(元)	(4 小时 ×3 元/小时)12	(3 小时 ×2 元/小时)6
固定部分(元)	(4 小时 ×2 元/小时)8	(3 小时 ×1 元/小时)3
标准单位成本(元/件)	76	58

该企业的正常生产能力为 A 产品 800 件,B 产品1 000件,实际生产量为 A 产品 600 件,B 产品 800 件。有关两种产品实际单位成本资料如表 8-12 所示。

表 8－12

成本项目	A 产品	B 产品
直接材料(元)	(8 千克 ×3 元/千克)24.00	(6 千克 ×4.5 元/千克)27.00
直接人工(元)	(3 小时 ×9 元/小时)27.00	(3.5 小时 ×8 元/小时)28.00
制造费用:		
变动部分(元)	(3 小时 ×3.5 元/小时)10.50	(3.5 小时 ×2.5 元/小时)8.75
固定部分(元)	(3 小时 ×1.5 元/小时)4.50	(3.5 小时 ×1.5 元/小时)5.25
实际单位成本(元/件)	66.00	69.00

要求:根据表 8－11 和表 8－12 的有关资料,对相关的各项成本差异进行分析。

7. 某企业生产 A 产品,其标准成本资料如下:

直接材料	(50 千克 ×0.2 元/千克)	10 元
直接人工	(3 小时 ×6 元/小时)	18 元
制造费用		
变动部分	(3 小时 ×3 元/小时)	9 元
固定部分	(3 小时 ×1 元/小时)	3 元
单位产品标准成本		40 元/件

制造费用预算:全月固定性制造费用 1 000 元,变动性制造费用3 000元,按正常开工1 000直接人工小时分配:

固定性制造费用标准分配率＝1 000 元 ÷1 000 小时＝1 元/小时

变动性制造费用标准分配率＝3 000 元 ÷1 000 小时＝3 元/小时

本月该企业投产 A 产品 500 件。其中:完工入库 450 件;50 件已投料,但尚未开始加工。本月售出 A 产品 400 件,月初无在产品和产成品存货。A 产品售价为 60 元/件。该企业实际发生的各项经济业务如下:

购进材料 25 000 千克,单价 0.24 元/千克,共计 6 000 元。耗用材料24 000千克。实际耗用的直接人工1 200小时,支付人工成本6 600元。实际发生的制造费用中,变动部分为2 880元,固定部分为1 050元。

要求:

(1)根据上述资料进行各项有关成本差异的分析。

(2)根据本月实际发生的各项经济业务编制会计分录(包括发生的材料、人工、制造费用的标准成本和成本差异,以及产成品入库)。

(3)编制销售产品及结转销售成本的会计分录。

(4)采用期末将成本差异一次直接转入销售成本的方法处理本期成本差异。

（5）设立丁字账户，登记所发生的各项经济业务。

练习题参考答案

1. 材料成本差异为 -200 元，价格差异为 -600 元，用量差异为 +400 元。

2. 人工成本差异为 +400 元，工资率差异为 -800 元，效率差异为 +1 200 元。

3. 固定性制造费用成本差异为 +450 元，预算差异为 +50 元，能量差异为 +400 元，效率差异为 +200 元，生产能力利用差异为 +200 元。

4. （1）单位产品的变动制造费用标准成本 10 元，单位产品的固定制造费用标准成本 16 元。

（2）变动制造费用效率差异 -12 000 元，变动制造费用耗费差异2 160元，变动制造费用成本差异 -9 840元（节约差异）。

（3）两差异法下的固定制造费用耗费差异 90 000 元，两差异法下的固定制造费用能量差异 -32 000元，固定制造费用成本差异58 000元（超支差异）。

5. 直接材料成本差异为 -80 元，价格差异为 -224 元，用量差异为 +114 元，直接人工成本差异为 -88 元，工资率差异为 +72 元，人工效率差异为 -160 元，变动性制造费用成本差异为 +200 元，变动性制造费用耗费差异为 +360 元，变动性制造费用效率差异为 -160 元，固定性制造费用成本差异为 +488 元，耗费差异为 +88 元，能量差异为 +400 元，固定性制造费用效率差异为 -160 元，生产能力利用差异为 +560 元。

6. 产品成本差异为 +2 800 元，直接材料成本差异为 +1 600 元，价格差异为 -7 200元，用量差异为 +8 800元，直接人工成本差异为 +200 元，工资率差异为 +1 800元，人工效率差异为 -1 600元，变动性制造费用成本差异为 +1 300元，变动性制造费用耗费差异为 +2 300元，变动性制造费用效率差异为 -1 000元，固定性制造费用成本差异为 -300 元，耗费差异为 -2 500元，能量差异为 +2 200元，固定性制造费用效率差异为 -800 元，生产能力利用差异为 +3 000元。

7. （1）各项成本差异：直接材料价格差异为 +1 000元，用量差异为 -200 元，直接人工工资率差异为 -600 元，人工效率差异为 -900 元，变动性制造费用耗费差异为 -720 元，变动性制造费用效率差异为 -450 元，固定性制造费用耗费差异为 +50 元，能量差异为 -350 元，固定性制造费用效率差异为 -150 元，生产能力利用差异为 -200元。

（2）至（5）答案略。

第九章

责任会计

学习要点与要求

责任会计作为管理会计的子系统之一，其制度的建立是企业内部实施有效控制的组织保障体系。通过本章的学习，应了解责任会计的作用；重点掌握建立责任会计制度的原则、基本内容，责任中心的划分依据和考核标准，以及对责任的考核和分析；同时，还要理解制定内部转移价格的原则与方法。

第一节　责任会计概述

一、责任会计产生的动因——分权管理

（一）分权管理产生的背景

20 世纪 30 年代以来，随着科学技术的迅速发展，为经济发展创造了更多的机遇，也带来了巨大的风险。发达国家相继出现了一批大规模的集团型企业。企业规模的迅速扩大，一方面有效地提高了企业的竞争能力，但另一方面也使企业内部的经营管理日趋复杂。在这种情况下，传统的集中管理模式由于其决策集中、应变能力差、管理效率降低，无法满足迅速变化的市场需求而逐渐被分权管理模式所取代。

（二）分权管理的基本特征

分权管理的基本特征是：将决策权在不同层次和不同地区的管理人员之间进行适当划分（例如，在董事会与总经理、总经理与部门经理或地区经理之间进行划分等），并通过适当的授权，使不同层次的管理人员或经理都能对日常的经营活动及时地做出有效的决策，以迅速适应市场变化的需求。

(三)分权管理的优点

分权管理的优点主要有:通过决策权的划分,使最高层管理人员能将其有效的时间和精力集中于企业最重要的战略决策,以保证企业始终有一个明确的、正确的发展目标。同时,使各层次、各地区的管理人员都能在授权范围内,根据不断变化的市场环境迅速做出应变决策,从而避免了因层层汇报延误决策时间而可能造成的损失。通过决策授权,能有效地调动各级管理人员的积极性和创造力,从而群策群力,使全体管理人员既能为提高企业经济效益做出贡献,又能体现其自身价值。由于分权管理在当今的国际经济环境中具有明显的优越性,因而正在被各国大中型企业所采用,并正成为企业管理中的一种国际发展趋势。

(四)分权管理的主要表现形式

分权管理的主要表现形式是事业部制,即在企业中建立一种具有半自主权的组织结构,通过企业管理中心向下或向外层层授权,使每一部门都拥有相应的权力、职责和利益。

分权管理思想和部门化企业组织结构的发展,使企业日常的经营决策权不断地向下属部门或各地区经营管理机构下放,从而使决策达到最大限度的有效性;但与此同时,企业经营管理的责任也随着经营决策权的下放层层落实到各级管理部门,使各级管理部门在充分享有经营决策权的同时,也对其经营管理的有效性承担经济责任。这种承担与其经营决策权相适应的经济责任的部门,被称之为责任中心。责任中心是为履行某种责任而设立的特定部门,它的基本特征是责、权、利相结合。为了有效地控制各责任中心职责的履行情况,并合理地确定与其职责履行相关的经济利益,就必须建立一套行之有效的,能及时和正确地反映、评价、考核各责任中心实际经营业绩的会计制度。这种会计制度就是我们所说的"责任会计制度"。

二、责任会计的内容

责任会计是在企业实行分权管理的体制下,以企业内部责任单位(或人)为主体,以提高企业经济效益,保证企业计划顺利落实为目的,以各责任单位(或人)的经济责任为对象,利用价值形式并采用专门的会计方法对各责任单位的行为及结果进行核算、考核与评价的一种会计。责任会计的主要内容包括以下四个方面:

(一)划分责任中心,确定责任范围

企业实行分权管理,需要在内部划分若干责任中心,即责任单位或责任实体。责任中心有专人负责,承担责任并具有相应的权利,它的划分取决于企业的组织管理体制。企业的组织管理体制则取决于企业的外部环境、企业的规模、企业的生产经营特点和企业的发展战略。实行责任会计,重要的不在于企业内部有哪些责任中心和如何划分这些责任中心,而在于如何确定责任中心的责任范围,以及使用哪些价值指标将其责任给予量化反映。

（二）编制责任预算，制定考核标准

责任预算是利用货币形式对责任中心的生产经营活动做出的计划安排。责任预算的编制是以企业的财务预算为基础进行的。如果将企业视作一个大的责任中心，财务预算便是其责任预算。财务预算要从企业全局出发来编制，立足于实现企业的整体经济效益。所以，企业内部责任中心的责任预算必须保证企业的财务预算顺利实现。编制责任预算可以明确责任中心在预算期内的具体奋斗目标，发挥目标的激励作用。为了落实责任预算，促使责任预算顺利实施并保证企业财务预算的顺利完成，必须对责任预算的承担者进行考核。考核的标准要事先确定，使责任承担者知道企业是如何根据它来评价自己的业绩的，知道自己的工作以及努力程度将会带来什么样的报酬，并以此来规范自己的行为，激励责任承担者为实现企业的目标和自身的利益而努力。

（三）建立核算系统，编制责任报告

责任中心的业绩考评是责任会计的核心。为了反映责任中心的业绩——具体表现为对责任预算和考核指标的完成情况，必须建立相应的核算系统，对反映责任中心业绩的会计信息进行归集、加工和整理，最后以责任报告的形式提交企业主管。

（四）根据业绩计酬，实施行为控制

行为科学理论认为，当行为主体的某种行为带来了有利于行为主体的结果时，行为主体就产生了加强该种行为的趋向；反之，当行为主体的某种行为带来了不利于行为主体的结果时，行为主体则会产生减弱甚至消除该种行为的趋势。如果某种行为既得不到有利结果，又得不到有利报酬，则该行为就会产生两种发展趋势：要么更加强化，以期引起注意，得到报酬；要么逐渐减弱，乃至消除。因此，根据责任承担者的业绩计酬，实际上是为了对责任承担者的行为实施控制，从而保证企业整体利益的实现。

三、责任会计的特点

（一）以分权管理为前提，使会计系统与企业组织结构相协调

责任会计与分权管理是互为前提的，没有责任会计，分权管理就失去了基础，或者说就不是现实意义上的分权管理。这是因为，有了分权管理，就要下放管理权限，并加强对责任中心的考核与控制。一方面，下放管理权限是将企业高层管理者的责、权逐级下放给所属各有关层次的管理人员，以加强对企业内部各部门和生产经营各环节的有效控制，发挥各级管理人员的积极性和创造性，增强企业的活力，提高企业的应变能力和发展能力；另一方面，基层管理人员及其责任中心的管理权限扩大，又会带来局部利益侵损整体利益的可能。所以，企业高层管理者必须加强对基层管理人员及其责任中心的考核与控制。为了公平合理，便于计量，并且反映各方利益与企业整体利益的关系，必须借助于价值指标来考核责任中心的

业绩和控制责任单位的行为，显然，传统的财务会计不能担当此任，而与企业组织结构相协调的会计系统，非责任会计莫属。

（二）以责任中心为主体，以经济责任为对象

如果将企业作为一个大的责任中心，那么现行的企业会计对于企业主管部门来说，便是责任会计。因为会计主体是企业，会计对象是企业所负责的资金及其运动，而责任会计通常又是对责任中心而言的，所以责任会计的主体便是企业下属的责任中心，责任会计的对象便是由责任中心负责并且可控的资金及其运动。

（三）利用会计信息反映经济责任

责任会计的本质特征是用会计信息（价值指标）来反映责任中心的经济责任。现代企业为了保证经营目标的顺利实现，通常是通过建立经济责任制的形式来分解未来一定期间的生产经营目标和工作任务，并将其落实到各责任中心。责任会计能够将责任中心所承担的具体生产经营目标和工作任务用价值指标反映出来（即所谓量化经济责任），并且能及时反映经济责任的完成情况，从而有利于考核与评价。因此，实行责任会计是贯彻落实经济责任制的必然要求。

（四）以建立激励机制为直接目的

虽然责任会计的最终目的同财务会计一样，是为了提高企业的经济效益，但是责任会计的直接目的却是建立激励机制。在生产力诸要素中，人是决定性的要素，企业之间的竞争最终是人的竞争，企业的活力也主要是来自企业职工的积极性。如何调动职工的积极性，这是有责任心的企业领导每时每刻都在关注的问题。实践证明，落实经济责任制，使职工的经济利益与经济责任挂钩，有功者奖，有过者罚，赏罚分明，多劳多得，这是现阶段行之有效的激励机制。无疑，责任会计正是有助于这种激励机制形成的必要条件。

四、责任会计的原则

责任会计是用于企业内部管理的会计，因而企业可以根据各自不同的特点来确定责任会计的具体形式。但是，无论建立或实施何种特定形式的责任会计，都应当考虑和遵循下述原则：

（一）责任主体原则

责任会计的核算应以企业内部的责任单位为对象，责任会计有关资料的搜集、记录、整理、计算、对比和分析等项工作，都必须按责任单位进行。

（二）可控原则

对各责任中心所赋予的责任，应以其能够控制为前提。各责任中心只对其能够控制的因素的指标负责，在考核时，应尽可能排除责任中心不能控制的因素。

（三）总体优化原则

企业责任单位内部权责范围的确定、责任预算的编制以及责任单位业绩的考

评,都应始终注意与企业的整体目标保持一致,避免因片面追求局部利益而影响整体利益,应促使企业内部各责任单位协调一致地为实现企业的总体目标而努力工作。

(四)激励原则

责任会计的目的之一在于激励管理人员提高效率和效益,更好地完成企业的总体目标。因此,责任目标和责任预算的确定应是合理的、切实可行的,经过努力完成目标后所得到的奖励和报酬与所付出的劳动相比是值得的。这样,就可以不断地激励各责任中心为实现预算目标而努力工作。

(五)信息畅通原则

为了保证各责任中心对其经营业绩的有效控制,必须及时、准确、可靠地反映生产经营过程中的各种信息。这种反馈,主要应向两个方向:一是向各责任中心反馈,使其能够及时了解预算的执行情况,不断调整偏离目标或预算的差异,以实现规定的目标;二是向上一级责任中心反馈,以便上一级责任中心能及时了解所辖责任范围的情况。

第二节　责任中心及其考核指标

责任中心是指企业内部由专人承担责任和行使权力的成本、利润或投资所发生的单位。划分责任中心并不依据成本、利润或投资发生数额的多少进行,而是根据成本、利润或投资发生与否和是否能够分清责任进行。凡是能够分清责任、辨明成绩的单位,大至分公司、地区、工厂,小至车间、班组,都可以定为责任中心。根据企业内部责任单位的权限范围及业务活动的特点不同,责任中心一般分为成本中心、利润中心、投资中心三大类。

一、成本中心

(一)成本中心的属性

成本中心是对成本或费用负责的责任中心,即只考核所发生的成本和费用,而不形成或不考核其收入的责任单位。这类责任中心大多是指只负责产品生产的生产部门、劳务提供部门,以及给予一定费用指标的企业管理科室。成本中心是责任中心中应用较为广泛的一种责任中心形式。上至工厂,下至车间、工段、班组,甚至个人都可划分为成本中心。也就是说,只要有费用支出的地方,就可以建立成本中心。由于成本中心的规模大小不一,因此各成本中心的控制、考核的内容也不相同。

(二)成本中心的表现形式

成本中心有标准成本中心和费用中心两种类型。

1. 标准成本中心,又称技术性成本中心。所谓技术性成本,通常是指成本发生的数额通过技术分析可以相对可靠地估算出来的成本,如产品成本中的直接材料、直接人工、间接制造费用等。其特点是投入量(耗费)与产出量有密切关系。技术性成本可通过标准成本或弹性预算予以控制。也就是说,标准成本中心是对那些实际产出量的标准成本负责的成本中心。

2. 费用中心,又称酌量性成本中心。酌量性成本通常是由部门经理决定其数额的成本项目,主要包括各种管理费用和某些间接成本项目,如研究开发费、广告宣传费、职工培训费等。其特点是投入量与产出量没有直接关系。酌量性成本的控制应放在弹性预算编制时对其预算的审批上。也就是说,费用中心是以控制经营管理费用为主的责任中心。

(三)成本中心的特点

1. 成本中心只衡量成本费用,不衡量收益。一般而言,成本中心没有经营权和销售权,其工作成果不会形成可以用货币计量的收入。例如,一个生产车间,由于其所生产的产品仅为企业生产过程的一个组成部分,不能单独出售,因而不可能计算货币收入;有的成本中心可能有少量的收入,但不是主要的考核内容,因而没有必要计算货币收入。由于这些原因,企业中大多数单个生产部门和大多数职能部门仅仅是成本(费用)中心,它们仅提供成本(费用)信息,而不提供收入信息。总之,只以货币形式衡量投入,而不以货币形式衡量产出是成本中心的基本特点。

2. 成本中心的责任成本必须是可控成本。可控成本是相对于不可控成本而言的。凡是责任中心能够控制的各种耗费,皆称为可控成本;凡责任中心不能控制的耗费,则称为不可控成本。具体而言,可控成本应具备如下几条基本特征:

(1)各种费用的发生,责任中心事先是知道的。

(2)各种费用的发生是能确切计量的。

(3)各种费用发生的多少,责任中心是能够控制的。

凡不符合以上条件的,即为不可控成本。一项费用是否为可控成本,不由费用本身确定,而是对成本中心而言的。对一个部门来说是可控成本,对另一个部门来说就可能是不可控成本。例如,材料价格,对供应部门来说是可控的,但对生产部门来说就是不可控的。所以,可控与不可控是针对责任中心而言的。

3. 成本中心控制和考核的内容是责任成本。责任中心当期发生的各项可控成本之和就是它的责任成本。对成本中心的工作业绩进行控制和考核,主要通过将责任中心实际发生的责任成本与其责任成本预算进行比较而实现的。

责任成本与产品成本是既有区别又有联系的两个概念。产品成本是以产品为对象归集产品的生产耗费,归集的原则是谁受益,谁承担。责任成本是以责任中心为对象归集的生产或经营管理的耗费,归集的原则是谁负责,谁承担。责任成本与产品成本虽有区别,但两者在性质上是相同的,都同是企业生产经营过程中的资金耗费。

（四）成本中心的考核指标

由于成本中心的职能比较单一，因此成本中心的考核也比较简单，往往集中于目标成本完成情况的考核，包括目标成本节约额和目标成本节约率。其计算公式如下：

目标成本节约额 = 目标（或预算）成本 − 实际成本

目标成本节约率 = 目标成本节约额 ÷ 目标（或预算）成本

显然，成本节约额与成本节约率的计算公式不同，前者只有在假定目标成本大于实际成本时才成立。

对成本中心进行考核时，需要注意的是：如果预算产量与实际产量不一致时，应按弹性预算的方法首先调整预算指标，然后再计算上述指标。

二、利润中心

（一）利润中心的含义和分类

利润中心是指不仅能对费用成本负责，而且能对收入和利润负责的责任中心，即利润中心的活动不仅会影响成本的高低、费用的大小，而且会影响收入的多少和利润的大小。利润中心适用于能够取得收入来源的责任单位。

按照收入来源的性质不同，利润中心可以分成自然利润中心和人为利润中心两种。自然利润中心可以对外开展销售业务，从企业外部取得销售收入，实际上是一个独立核算的法人企业。人为利润中心则只是在企业内部各责任中心之间开展“销售”业务，从其他责任中心那里取得“销售收入”，只能在企业内部市场上进行模拟经营。如果成本中心的产品或零部件采用内部转移价格“出售”给其他责任中心，则成本中心就可以变成人为利润中心。随着改革的不断深入，国内许多大企业纷纷采用建立人为利润中心的办法，将内部相对独立的基层单位模拟为“经营实体”，引入市场竞争机制，以此调动基层单位节约使用资源、扩大销售收入、提高经济效益的积极性。

还有一种混合型的利润中心，就是那些既能从企业外部取得销售收入，又能从企业内部取得“销售”收入的责任中心。

（二）对利润中心考核的指标

对利润中心考核的指标有“销售收入”“边际贡献”“税前净利”“责任利润”。

“销售收入”可分为“外部销售收入”和“内部销售收入”。“外部销售收入”指利润中心对企业外部的客户销售产品或劳务而取得的收入。“内部销售收入”则是指利润中心对企业内部其他责任中心“销售”产品、半成品或劳务而取得的“收入”。显然，对于自然利润中心所考核的是“外部销售收入”，对于人为利润中心则考核“内部销售收入”，对于混合型利润中心则考核外部的和内部的销售收入之和。

“边际贡献”,对自然利润中心而言,是外部销售收入减去变动成本后的余额;对人为利润中心而言,则是内部销售收入减去变动成本后的余额。

“税前净利”,是指缴纳所得税前的营业净利。这个指标通常只对自然利润中心进行考核。

“责任利润”,亦称内部利润,是内部销售收入扣除有关成本费用后的余额。这个指标通常只对人为利润中心进行考核。

在计算上述考核指标的过程中,凡不属于本利润中心的收入或成本,尽管已由本中心实际收进或支付,仍应予以剔除,并转给其他有关的责任中心。

三、投资中心

(一)投资中心的含义

投资中心是对投资负责的责任中心,其特点是既要对成本和利润负责,又要对投资效果负责。由于投资的目的是为了获得利润,因而投资中心同时也是利润中心。它与利润中心的区别主要在于:利润中心没有投资决策权,它是在企业确定投资方向后进行具体的经营;而投资中心则拥有投资决策权,即能够相对独立地运用其所掌握的资金,有权购置和处理固定资产,扩大或缩小生产能力。

投资中心在责任中心中处于最高层次,它具有最大的决策权,也承担最大的责任。投资中心是分权管理模式的最突出表现,在当今世界各国,大型集团公司下面的分公司和子公司往往都是投资中心。在组织形式上,成本中心基本上不是独立的法人;利润中心可以是独立的法人,也可以不是独立的法人;投资中心一般都是独立的法人。

(二)投资中心的考核指标

评价投资中心业绩的指标,主要是投资利润率和剩余收益。

1. 投资利润率,又称投资报酬率。它是指投资中心所获得的利润与投资额之间的比率。其计算公式为:

投资利润率 = 利润 ÷ 投资额 = 投资周转率 × 销售成本率 × 成本费用率

= 销售收入 ÷ 投资额 × 成本费用 ÷ 销售收入 × 利润 ÷ 成本费用

投资利润率这一指标是目前许多公司善于采用的一个指标,其优点主要体现在:能反映投资中心的综合盈利能力;具有横向可比性;可以作为选择投资机会的依据,有利于调整资本流量和存量,优化资源配置;以投资利润率作为评价投资中心经营业绩的尺度,有利于正确引导投资中心的管理行为,避免短期行为。投资利润率作为评价指标的不足之处是缺乏全局观念。各投资公司为达到较高的投资利润率,可能会采取减少投资的方式。克服这一不利因素的方法是采用剩余收益作为评价指标。

2. 剩余收益。它是指投资中心获得的利润扣减其最低投资收益后的余额。

其计算公式为：

剩余收益 = 利润 - 投资额 × 预期最低投资收益率

或　　剩余收益 = 息税前利润 - 占用资产 × 预期最低总资产息税前利润率

以剩余收益作为投资中心经营业绩评价指标的基本要求是：只要投资利润率大于预期的最低收益率，则该项投资便是可行的。剩余收益避免了投资利润率指标的缺陷，使各投资中心能够在千方百计增加收益的同时优化资本结构，合理使用资金；同时，以剩余收益作为评价指标，可以保持各投资中心经营目标和公司总体目标相一致。

需要注意的是：若以剩余收益作为评价指标，所采用的最低投资收益率的高低对剩余收益的影响很大。因此，通常应以总公司平均利润率作为基准收益率。

如果我们增加那些收益超过资本成本的投资或减少收益低于资本成本的投资，则剩余收益会增加。因此，对部门的业绩评价与使部门或公司价值最大化的活动存在一致性。公司希望部门有较高而不是较低的剩余收益，从这个意义上讲，剩余收益与投资报酬率相比，具有较大的优势。我们已经知道，提高部门投资报酬率的活动有时会降低公司的价值。而剩余收益评价指标却有较大的灵活性，原因是对于风险不同的投资项目可以选用不同的资本成本。不仅公司内不同业务单位的资本成本可能不同，而且同一部门内不同风险水平的资产其资本成本也有可能不同（试比较现金或应收账款与高价值长期专用固定资产的风险）。剩余收益允许管理者设定不同的风险调整资本成本，而投资报酬率则不能。

尽管剩余收益在计算与理论上均优于投资报酬率，但事实上各公司没有广泛地使用剩余收益评价部门业绩。到了20世纪80年代末期，当一些财务咨询公司发表了他们的研究成果，即公司剩余收益的变化与公司股票市值的变化关系密切时，各公司才对剩余收益开始了进一步的思索。有一家咨询公司（即斯特思·斯图尔特公司）提倡并最终将剩余收益改为另一个易于理解并易于接受的名字——经济附加值（Economic Value Added，简称EVA）。此时，对于剩余收益评价的应用才日渐广泛。经济附加值要求企业管理者制定公司全面的资本成本，或是制定某个部门或业务单元的资本成本，尤其是他们必须为部门或各类资产的适当风险调整进行明确性计算。

第三节　内部转移价格

一、内部转移价格的作用

制定内部转移价格的作用主要表现在以下四个方面：

（一）有助于经济责任的合理落实

内部转移价格利用其调节手段，通过内部交易的形式在各责任中心之间调节彼此的收入和负担，使得各责任中心的经济责任合理，从而使这些经济责任易于落实。

（二）对责任中心的激励提供一个公正和易于使用的基础

要使物质利益能起到鼓励先进和鞭策后进的作用，促进企业经济效益的提高，就必须联系履行责任来计算利益。责任明确合理，计算利益才能公平有效。内部转移价格提供了反映责任中心综合成果的内部利润额，也便于具体利益的计算和分配。

（三）使企业资源得到最佳利用

制定内部转移价格，再结合最优化生产计划，可使企业资源得到最佳利用，使企业整体取得最好的经济效益。

（四）为制定和调整新产品价格提供信息

内部转移价格还为制定新产品价格和今后调整产成品的外部销售价格等工作提供必要的信息。

二、定价原则

（一）等劳等价

责任会计主要是以价值指标来反映和评价责任单位工作业绩的。价值指标的计算必须以数量和价格为基础，它是数量指标和价格标准的乘积。数量和价格具有不同的特性。数量的确定是通过直接计量和记录来完成的，要保证反映责任中心业绩的数量指标真实可靠，就要完善计量检测和统计工作。价格的确定则不那么简单。价格更多地反映了人们之间的劳动交换关系，需要在对劳动计量的基础上来确定。在商品经济条件下，商品交换根据等价原则进行。因为商品所含价值量的大小，由生产商品所需的社会必要劳动量确定，所以等价交换的实质就是等劳交换。劳动量可用时间来衡量，不同性质的劳动对时间单位的比例不同，即复杂劳动要按简单劳动的倍数来计算，高质量劳动要按低质量劳动的倍数来计算。商品价格根据这样的要求来确定，才能如实地反映价值，才能为人们所公认，才能做到公平合理。相比之下，社会商品价值迂回曲折，影响价格的因素较多，劳动量与价格之间的关系不易确定，价格制定的难度较大；而企业内部“商品”价值的实现很直接，影响价格的因素较少，劳动量与价格之间的关系容易确定，价格制定的难度较小。因此，企业可以自觉遵从价值规律的要求，根据劳动量来制定价格，做到内部“等价交换”和“按劳分配”。

（二）整体效益最大化

整体效益最大化原则，既是责任会计的一般原则，也是制定企业内部价格的具体原则。各责任中心实行单独核算以后,不可避免地都要追求本中心的最大经济利益,因而总会要求把内部转移价格定得对自己有利。但是,某个局部单位的最大利益并不一定就带来整个企业的最大利益,甚至有时还会妨碍实现整体的最大利益。因此,制定企业内部价格时要从企业全局出发,使之有助于实现企业的最大利益。常常可以看到,企业内部各责任中心乃至责任者的忙闲程度、苦乐程度、责任大小等并不均衡。有的单位任务繁重,人手紧张,责任很大;有的单位任务较轻,人员富余,工作轻闲。为了保证责、权、利相称,合理配置内部资源,就应该把企业内部转移价格作为一种联系利益和明确责任的手段,围绕提高企业整体经济效益的目标,相对提高企业重要部门的内部转移价格,引导劳动力和劳动量的合理流动和分布。这样做有可能损害个别责任中心的既得利益,但只要实现了整体最大利益,就可以利用一定的手段和方式来给以应有的补偿。

(三)重要性原则

企业制定内部转移价格的具体对象往往成千上万,对每一个具体对象的价格都要细致、全面地考虑和严格确定在当前是很难做到的,这就需要根据具体对象的重要程度来定价。对于那些品种比重虽小,但价高量大,耗用较多的具体对象,应考虑细致、全面,从严定价;对于其他品种比重虽大,但却价低量小,不常耗用的具体对象,可以从简定价,不必烦琐计算。

(四)稳定性与实用性相结合的原则

制定企业内部转移价格,有利于划清不同责任中心之间的经济责任和简化成本核算工作。即便是根据产品对象来划分生产组织,也不可能完全割断责任中心之间的生产联系,何况供、产、销三个环节往往分属于不同的责任中心,因此,如果不对原材料、零配件、半成品、劳务和产成品制定统一的内部转移价格并保持相对稳定,各责任中心的成本和效益就会相互影响。例如,生产责任中心节约材料、减少物耗的功绩,会被供应责任中心不断上升的采购成本所淹没或干扰,后续责任中心很难确定成本上升或下降是谁的责任,同时也不能及时计算当期成本。制定企业内部转移价格,应该将影响不同责任中心成本升降的不可控的价格因素加以剔除;同时,各责任中心的成本核算工作无需相互等待,各自根据预先制定的价格和实际耗用的各种实物量或工作量,便可及时算出当期成本。正因为如此,内部转移价格一经制定,就要保持相对稳定,在考核期内不作调整。内部转移价格,尤其是成本中心和人为利润中心之间的内部转移价格,是一种计划价格,如果调整频繁,将会失去其原有的功效,等于变相地按实际价格进行核算,责任中心之间的责任将很难分清。但是,如果长期不调整,又将会给企业带来两个方面的不利影响:一方面,价格脱离价值,不能做到"等价交换""按劳分配"和有效调节内部资源配置;另一方面,形成较大的价格差异,会影响成本信息的准确程度。所以,必须定期对企业内部转移价格进行调整。调整工作应该在期末进行,以便在新一轮考核期(即责任会计期)开始时实行。

三、内部转移价格的类型

(一)市场价格

以市场价格作为内部转移价格的责任中心,应该是独立经营核算的利润中心,因为它们有权决定生产的数量、出售(或购买)的对象及其相应的价格。在西方国家,通常认为市场价格是制定内部转移价格的最好依据,因为市场价格最能体现责任中心的基本要求,即在企业内部引进市场机制,造成一种竞争气氛,使其中的每个利润中心实质上都成为独立的机构,各自经营,相互竞争,最终通过利润指标来考核和评价其工作成果。

以市场价格作为内部转移价格时,应注意以下两个问题:

第一,当中间产品有外部市场,可向外部单位销售或从外部单位购买时,以市场价格作为内部转移价格并不等于直接将市场价格用作结算,而应在此基础上对外部价格作一些必要的调整。外部销售价格一般包括销售费、广告费以及运费等,这些费用在产品内部转移时,一般可避免发生。若企业各责任中心不是独立核算的分厂而是车间或部门时,产品的内部转移还不必支付销售税金,而这些税金一般也是外部销售价格的组成部分。若直接用外部销售价格作为内部转移价格,这两方面的好处都将被制造方所得,而使用者却一无所获。为使利益分配更加公平,这些可避免的费用应从市场价格中扣除,即市场价格减去对外的销售费、广告费等费用后的余额,才是目前尚未销售的中间产品价格。以市场价格为基础的内部转移价格通常会低于市场价格,两者之间的差额反映了与外部销售有关的销售费、广告费等。因此,如果不考虑其他更复杂的因素,应当从企业的整体利益出发,鼓励中间产品的内部转移,即购买部门应当选择从内部取得产品,而不是从外部购买。

第二,以市场价格为依据制定内部转移价格时,通常假设:①中间产品有完全竞争的市场;②中间产品提供部门(即“卖”方)无闲置生产能力。以正常的市场价格作为内部转移价格有一个显著的优点,即:“购入”方的责任中心可以同外界购入相比较,如果内部转移价格高于现行的市价,则可舍内而求外,不必为此支付更多的代价。“出售”方的责任中心也是如此,应使它从内部单位转移不能比向外界出售得到更多的收入。这是正常评价各个利润(投资)中心的经营成果并更多地发挥其生产经营主动性的一个重要条件。

(二)以市场价格为基础的协商价格

直接以市场价格作为内部转移价格,实行起来也可能会碰到一些实际困难。例如,市场价格往往变动较大;产品(半成品)提供给内部单位,手续简便,比对外销售可节约较多的销售费。如果直接按现成的市场价格计价,这方面的节约将全部表现为产品(半成品)供应单位的工作成果,产品(半成品)接受单位得不到任何好处。为解决这类矛盾，有关单位也可以以正常的市场价格为基础，定期进行协商，确定一个双方都可以接受的价格。此价格称为经过协商的市场价格，可作为内部计价、结算的依据。

成功的协商价格依赖于下列条件：

第一，要有一个特定形式的外部市场，两个部门的经理可以自由地选择接受或是拒绝某一价格。如果根本没有可能从外部取得（或销售）中间产品，就会使一方或双方处于垄断状态，这样的谈判结果不是协商价格而是垄断价格。在垄断的情况下，最终价格的确定受谈判人员的实力和技巧的影响。

第二，谈判者之间共同分享所有的信息资源。这个条件能使协商价格接近一方的机会成本。如果双方都接近机会成本，则更为理想。

第三，最高管理阶层的必要干预。虽然尽可能让谈判双方自己来解决大多数问题，以发挥分散经营的优点，但是，对于双方的谈判可能导致企业非最优决策时，最高管理阶层要进行干预，对于双方不能自行解决的争论有必要进行调节。当然，这种干预必须是有限的、得体的，不能使整个谈判变成由上级领导裁决一切问题。

协商价格往往浪费时间和精力，可能会导致部门之间的矛盾。部门获利能力的大小与谈判人员的谈判技巧有很大关系是这种转移价格的缺陷。尽管协商转移价格有上述不足之处，但仍被广泛采用。它的好处是有一定的弹性，可以照顾双方利益并得到双方认可。

（三）双重内部转移价格

所谓双重内部转移价格，是指对产品（半成品）的供需双方分别采用不同的转移价格。例如，对产品（半成品）的“出售”部门，可按协商的市场价格计价；而对“购买”部门，则按“出售”部门的单位变动成本计价。其差额由会计部门进行调整。这样区别对待，有利于产品（半成品）接受部门正确地进行经营决策，避免因内部定价高于外部市场价格，接受部门从外部进货而不从内部“购买”的现象出现，使企业内部的产品（半成品）供应部门的生产能力得到充分利用；同时，也有利于供应单位在生产经营过程中充分发挥其主动性和积极性。这种方法通常在中间产品有外界市场，生产（供应）部门生产能力不受限制，且变动成本低于市场价格的情况下才会行之有效，才能提高企业的整体效益。

（四）以产品成本作为内部转移价格

以产品成本作为内部转移价格是制定转移价格的最简单的方法。在成本管理中经常使用不同的成本概念，如实际成本、标准成本、变动成本等，它们对转移价格的制定、业绩的评价将产生不同的影响。

1. 实际成本法。以中间产品生产时发生的生产成本作为其内部转移价格，即为实际成本法。这种方法尽管很简便，但严格地说只是一个实际成本的计算转让过程，还不能作为一种内部价格发挥其在各部门之间划清经济责任和调节企业内部利润的作用。在这种方法下,提供产品或劳务的部门将其工作的成绩与缺陷全都转给了使用部门,而使用部门本不应对这些成绩和缺陷承担责任。也就是说,接受产品或劳务的部门要承担不受它控制而由其他部门造成的工作效率上的责任。因此,这种方法对于产品或劳务的提供部门降低成本缺乏激励作用。

2. 实际成本加成法。实际成本法主要适用于各成本中心相互转移产品(半成品)或劳务时价格的确定。如果产品(半成品)或劳务的转移涉及的是利润中心或投资中心,为了让提供部门取得一定的利润,也可在实际成本的基础上加上一定的利润作为内部转移价格,即实际成本加成法。由于这种价格包含了实际成本,成绩和缺陷的转嫁现象不能消除,无助于调动提供部门降低成本和增加利润的积极性。此外,所加的利润带有一定的主观随意性,而利润的偏低或偏高又会影响双方经营业绩的正确评价。

3. 标准成本法。以各中间产品的标准成本作为其内部转移价格,即为标准成本法。这种方法适用于成本中心产品(半成品)的转移。标准成本法的最大优点是将管理和核算工作结合起来,可以避免功过转嫁之患,收到责任分明之效果,能调动双方降低成本的积极性。

4. 标准成本加成法。如果产品(半成品)的转移涉及利润中心或投资中心时,可将标准成本加利润作为转移价格,以分清双方责任。但是,确定利润的高低,仍需管理当局慎重斟酌。

5. 变动成本法。它是指以变动成本作为内部转移价格的方法。该法适用于采用变动成本法计算产品成本的成本中心之间的往来结算。这种方法的优点是符合成本性态,能够明确揭示成本与产量的关系,便于考核各责任中心的工作业绩,有利于企业和各责任中心进行生产经营决策。但是,这种方法也存在一定的不足。由于产品成本中不包含固定成本,不能反映劳动生产率的变化对单位固定成本的影响,从而割裂了固定成本与产量之间的关系,也不利于调动各责任中心增加产量的积极性。

6. 服务成本的分配。服务成本,又称共同成本。它是由服务部门(如动力部门、维修部门等)为生产部门提供服务所发生的成本。由于这些服务使各生产部门共同受益,其服务成本需要各受益部门共同负担,故称之为共同成本。服务成本的分配,可以看成是内部转移价格的一种转换形式,是一种“广义的转移价格”。

服务成本分配的方法主要包括以下几种:

(1)按固定比例分配全部服务成本。

(2)按受益部门实用劳务量和实际单位成本分配全部实际服务成本。

(3)按受益部门实用劳务量和预算单位成本分配服务成本。

第四节　责任考核与分析

一、费用中心责任考核与分析

对费用中心要考核其费用预算的执行情况，而费用预算分固定预算和弹性预算两种形式，分别举例说明如下：

(一)固定费用预算执行情况的考核与分析

由于费用预算数额是固定的，所以考核时只需用实际数额与预算数额进行逐项对比，确定其差异，剖析其原因。

【例 9－1】某费用中心对其费用预算执行情况的考核与分析如表 9－1 所示。

表 9－1　　××费用中心业绩报告

编号：　　2020 年 4 月　　单位：元

项目	实际数额	预算数额	差异(±)		原因分析
			差异额	差异率(%)	
办公费	14 000	15 000	－1 000	－6.7	控制使用办公用品，减少开会时间与次数
差旅费	68 000	60 000	+8 000	+13.3	报销标准提高，形成超支 6 000 元；张某外出绕道超支 2 000 元
水电费	1 600	1 200	+400	+33.3	收费标准提高
工　资	121 000	120 000	+1 000	+0.8	职工晋升与提职称
福利费	13 310	13 200	+110	+0.8	同上
⋮	⋮	⋮	⋮		⋮
合计	307 500	300 000	+7 500	+2.5	

根据表 9－1 进行分析：①分析实际总费用是否突破预算，如本例超支 7 500 元和差异率为 +2.5%。②根据总量分析结果，再进行分项分析，查明每个分项超支与节约的原因。③根据查明的原因决定奖惩的程度与方式。表 9－1 中的第一项，由于采取措施节约了办公费，应受表扬和奖励；对于第二项，张某为旅游而绕道出

差应该受批评或处罚；表中所示其余原因，均属责任中心不可控因素，不奖亦不罚。

（二）弹性费用预算执行情况的考核与分析

弹性预算的费用水平不是固定不变的，而是随着业务量的变动而变动，弹性大小取决于费用水平的控制幅度，控制幅度越小，弹性越大。弹性预算依据下列公式编制：

$$y + \Delta y = a + b(x + \Delta x)$$

式中：y——费用；

Δy——费用变动额；

a——固定费用，$a = \sum_{i=1}^{n} a_i$；

b——单位业务量变动费用，$b = \sum_{j=1}^{m} b_j$；

x——业务量；

Δx——业务量变动值。一般的，$\Delta x = (5\% \sim 10\%)x$。

【例9－2】某费用中心计划期间的业务量水平预计为40 000小时。已知该费用中心的活动涉及三项固定费用和四项变动费用。三项固定费用的预算数额分别为300 000 元、240 000元、260 000元，合计800 000元；四项变动费用的单位小时预算数额分别为 3 元/小时、4 元/小时、5. 50 元/小时、2. 50 元/小时，合计 15 元/小时。预计业务量的变化范围大约是 ±20%。假设预算控制幅度（弹性）选择 10%，则其弹性费用预算编制结果如表 9－2 所示。

期末，该费用中心实际完成的业务量为 45 000 小时，可以用第四栏的费用预算进行对比考核，其结果见表 9－3。

表 9－2　　**××费用中心弹性预算**

编号：　　2019 年 12 月　　单位：元

预算数额 / 业务量 / 项目	32 000 小时	36 000 小时	40 000 小时	44 000 小时	48 000 小时
a_1	300 000	300 000	300 000	300 000	300 000
a_2	240 000	240 000	240 000	240 000	240 000
a_3	260 000	260 000	260 000	260 000	260 000
a	800 000	800 000	800 000	800 000	800 000
b_1x	96 000	108 000	120 000	132 000	144 000
b_2x	128 000	144 000	160 000	176 000	192 000
b_3x	176 000	198 000	220 000	242 000	264 000

续表

预算数额 业务量 项目	32 000 小时	36 000 小时	40 000 小时	44 000 小时	48 000 小时
b_4x	80 000	90 000	100 000	110 000	120 000
bx	480 000	540 000	600 000	660 000	720 000
$y+\Delta y$	1 280 000	1 340 000	1 400 000	1 460 000	1 520 000
$(y+\Delta y)/(x+\Delta x)$	40	37.22	35	33.18	31.67

表 9-3　　××费用中心业绩报告

编号:　　2020 年 4 月　　单位:元

项目	实际数额	预算数额	差异		原因简析
			差异额	差异率(%)	
a_1	280 000	300 000	-20 000	-6.7	(略)
a_2	250 000	240 000	+10 000	+4.2	
a_3	260 000	260 000	0	0	
a	790 000	800 000	-10 000	-1.3	
b_1x	140 000	132 000	+8 000	+6.1	(略)
b_2x	180 000	176 000	+4 000	+2.3	
b_3x	250 000	242 000	+8 000	+3.3	
b_4x	100 000	110 000	-10 000	-9.1	
bx	670 000	660 000	+10 000	+1.5	
总费用	1 460 000	1 460 000	0	0	
单位费用(元/小时)	32.44	33.18	-0.74	-2.2	

要使考核尽可能合理,其办法是缩小控制幅度,增大预算的弹性。例如,本例可从 10% 的控制幅度缩小到 5%,甚至更小。但这样一来,会使预算表编制得很大。变通的办法是不缩小预算的控制幅度,最后考核时用实际业务量乘以单位变动费用的预测值,据此确定考核的预算标准比较合理(见表9-4)。

表 9－4　××费用中心业绩报告

编号：　2020 年 4 月　单位：元

项目	实际数额	预算数额	差　异		原因简析
			差异额	差异率（%）	
a_1	280 000	300 000	－20 000	－6.7	（略）
a_2	250 000	240 000	＋10 000	＋4.2	
a_3	260 000	260 000	0	0	
a	790 000	800 000	－10 000	－1.3	
b_1x	140 000	135 000	＋5 000	＋3.7	（略）
b_2x	180 000	180 000	0	0	
b_3x	250 000	247 500	＋2 500	＋1.0	
b_4x	100 000	112 500	－12 500	－11.1	
bx	670 000	675 000	－5 000	－0.7	
总费用	1 460 000	1 475 000	－15 000	－1.0	
单位费用（元/小时）	32.44	32.78	－0.34	－1.0	

二、成本中心的考核与分析

对成本中心要考核其责任成本。成本中心必须核算责任成本。如果成本中心只生产一种产品，则该产品当期负担的全部可控成本就是该成本中心的全部责任成本。如果成本中心生产多种产品，则各种产品所负担的可控成本之和才是该成本中心的全部责任成本。

【例 9－3】某成本中心生产 A，B 两种产品，为此，既需要根据财务会计的要求计算产品成本，又需要根据责任会计的要求计算责任成本。为便于说明问题，按"双轨核算制"①办法编制表 9－5、表 9－6 和表 9－7。

① "双轨核算制"是指在保留原有财务会计核算体系的同时，重新建立一套核算责任会计指标的体系。

表 9－5　**A 产品成本计算单**

产量:21 000 台　　2019 年 12 月　　单位:元

项　　目	直接材料	直接人工	制造费用	合　　计
期初在产品	2 536 000	184 000	106 000	2 826 000
本期发生额	8 744 000	596 000	406 000	9 746 000
合　　计	11 280 000	780 000	512 000	12 572 000
本期完工产品	10 045 000	659 000	456 000	1 1160 000
单位产品成本(元/台)	478. 33	31. 38	21. 71	531. 42
期末在产品	1 235 000	121 000	56 000	1 412 000

表 9－6　**B 产品成本计算单**

产量:3 500 台　　2019 年 12 月　　单位:元

项　　目	直接材料	直接人工	制造费用	合　　计
期初在产品	212 000	120 000	48 000	380 000
本期发生额	864 000	434 000	142 000	1 440 000
合计	1 076 000	554 000	190 000	1 820 000
本期完工产品	952 000	474 000	177 000	1 603 000
单位产品成本(元/台)	272. 00	135. 43	50. 57	458. 00
期末在产品	124 000	80 000	13 000	217 000

表 9－7　**××成本中心业绩报告**

编号:　　2020 年 4 月　　单位:元

成本项目	实际数额	预算数额	差　　异		原因简析
			差异额	差异率(%)	
直接材料	9 608 000	9 898 000	－290 000	－2. 93	(略)
直接人工	1 030 000	1 220 000	－190 000	－15. 57	
可控制造费用	406 000	426 000	－20 000	－4. 69	
责任转入	47 000				
责任成本合计	11 091 000				
责任转出	31 000				(略)
不可控费用	111 000				
非责任成本合计	142 000				
总计	11 233 000				

表9－5和表9－6是以产品为成本对象编制的成本计算单，本着“谁受益，谁承担”的原则来归集和分配费用。而表9－7则是以成本中心为对象来编制的业绩报告，本着“谁负责，谁承担”的原则来归集和分配费用。前者是为了计算产品的经济效益，后者则是为了考核责任中心的业绩。两者的联系在于：业绩报告中的“实际成本总计”减去“责任转入”所得的差额应该等于所有成本计算单中“本期发生额合计”之和。本例即为：

11 233 000 元－47 000 元＝9 746 000 元＋1 440 000 元

考核成本中心的业绩，首先需要确定责任成本预算。其计算公式如下：

$$\text{某责任成本项目的预算指标} = \sum_{i=1}^{n} \text{某成本对象(产品)数量} \times \text{该成本对象(产品)成本项目标准成本}$$

假如例9－3所列举的成本中心A产品的直接材料标准成本为417元/台，B产品的直接材料标准成本为326元/台，则：

$$\text{该成本中心直接材料预算数} = (21\,000 \times 417)\text{元} + (3\,500 \times 326)\text{元} = 9\,898\,000\text{元}$$

需要说明的是，“可控制造费用”的标准成本口径要小于“制造费用”的标准成本。成本中心执行责任预算的分析方法可比照费用中心进行。

三、利润中心的考核与分析

如前所述，利润中心分自然利润中心和人为利润中心两种。对自然利润中心，考核“销售收入”（外部）、“贡献毛益”和“税前净利”。对人为利润中心，则考核“销售收入”（内部）、“边际贡献”（内部）和“责任利润”。至于混合型的利润中心，可以分别从两个角度来考核。

【例9－4】自然利润中心业绩报告如表9－8所示。

表9－8　××利润中心业绩报告

编号：　　2020年4月　　单位：元

项　目	实际数额	预算数额	差异		原因简析
			差异额	差异率（%）	
销售收入	453 000	460 000	－7 000	－1.5	（略）
变动成本：					
变动生产成本	269 450	274 000	－4 550	－1.7	
变动推销及管理成本	47 550	52 000	－4 450	－8.6	
变动成本小计	317 000	326 000	－9 000	－2.8	
边际贡献	136 000	134 000	＋2 000	＋1.5	（略）
固定成本：					
固定生产成本	58 000	58 500	－500	－0.9	
固定推销及管理成本	14 000	13 600	＋400	＋2.9	
固定成本小计	72 000	72 100	－100	－0.1	
税前净利	64 000	61 900	＋2 100	＋3.4	

如果不考核“贡献毛益”,对自然利润中心的考核就可以利用“损益表”的计划数与实际数比较来完成。

【例9-5】人为利润中心的业绩报告如表9-9所示。

表9-9 **××利润中心业绩报告**

编号: 2020年4月 单位:元

项　　目	实际数额	预算数额	差　　异		原因简析
			差异额	差异率(%)	
内部销售收入	586 000	525 000	+61 000	+11.6	(略)
内部销售成本					
直接材料	389 000	312 000	+77 000	+24.7	
直接人工	146 000	110 000	+36 000	+32.7	
制造费用	36 400	35 200	+1 200	+3.4	
小　　计	571 400	457 200	+114 200	+25.0	
责任利润	14 600	67 800	-53 200	-78.5	

影响利润中心考核指标完成情况的因素主要有销售价格、销售量、各项成本、品种结构等,分析时可利用因素分析法逐项确定各因素的影响程度,然后再结合实际进一步分析哪些是可控因素?哪些是不可控因素?可控因素的影响程度如何?最后再决定奖罚的程度。

四、投资中心的考核与分析

对投资中心的考核指标是“投资报酬率”“剩余收益”。由于这两个指标的计算直接涉及“营业利润”“销售收入”“营业资产”指标以及“销售利润率”“投资周转率”。所以,为了便于分析,在业绩报告中也列入这些指标。

【例9-6】投资中心的业绩报告如表9-10所示。

表9-10 **××投资中心业绩报告**

编号: 2020年4月

项　　目	实际数额	预算数额	差　　异		原因简析
			差异额	差异率(%)	
销售收入(元)	4 248 000	3 828 000	+420 000	+10.9	(略)
营业利润(元)	849 600	689 040	+160 560	+23.3	
营业资产平均占用额(元)	2 655 000	2 552 000	+103 000	+4.0	
销售利润率(%)	20	18	+2		
投资周转率(次)	1.6	1.5	+0.1		
投资报酬率(%)	32	27	+5		
剩余收益(元)(设最低报酬率为12%)	531 000	382 800	+148 200	+38.7	

本例中,“投资报酬率”实际数为 32%,预算数为 27%,实际比预算高出 5 个百分点。分别测定有关因素变化的影响如下:

$$\text{销售利润率变动影响}=\left(\text{实际销售利润率}-\text{预算销售利润率}\right)\times\text{预算投资周转率(次)}=(20\%-18\%)\times 1.5=3\%$$

$$\text{投资周转率变动影响}=\text{实际销售利润率}\times\left[\text{实际投资周转率(次)}-\text{预算投资周转率(次)}\right]=20\%\times(1.6-1.5)=2\%$$

可见,由于实际销售利润率比预算销售利润率高出两个百分点(20% - 18% = 2%),所以使实际投资报酬率比预算投资报酬率高出 3 个百分点;又由于实际投资周转速度比预算投资周转速度快 0.1 次,所以影响实际投资报酬率比预算投资报酬率高出两个百分点。

进一步分析销售利润率差异的原因:

$$\text{销售利润率差异}=\text{实际销售利润率}-\text{预算销售利润率}=20\%-18\%=2\%$$

其中:

$$\text{销售收入变动影响}=\frac{\text{预算营业利润}}{\text{实际销售收入}}-\text{预算销售利润率}=\frac{689\ 040}{4\ 248\ 000}-18\%=-1.78\%$$

$$\text{营业利润变动影响}=\text{实际销售利润率}-\frac{\text{预算营业利润}}{\text{实际销售收入}}=20\%-\frac{689\ 040}{4\ 248\ 000}=+3.78\%$$

进一步分析投资周转率差异的原因:

$$\text{投资周转率差异}=\text{实际投资周转率}-\text{预算投资周转率}=1.6\text{ 次}-1.5\text{ 次}=0.1\text{ 次}$$

其中:

$$\text{营业资产变动影响}=\frac{\text{预算销售收入}}{\text{实际营业资产}}-\text{预算投资周转率}=\left(\frac{3\ 828\ 000}{2\ 655\ 000}-1.5\right)\text{次}=-0.058\text{ 次}$$

$$\text{销售收入变动影响}=\text{实际投资周转率}-\frac{\text{预算销售收入}}{\text{实际营业资产}}=\left(1.6-\frac{3\ 828\ 000}{2\ 655\ 000}\right)\text{次}=+0.158\text{ 次}$$

表 9 - 10 中的“剩余收益”实际数额为 531 000 元,预算数额为382 800元,实际比预算多148 200 元。下面进一步分析剩余差异产生的原因,即分别测定有关因素变动的影响程度。

营业资产变动影响 = (预算营业利润 - 实际营业资产 × 最低报酬率) - 预算剩余收益
= (689 040 元 - 2 655 000 元 × 12%) - 382 800 元 = - 12 360 元

营业利润变动影响 = 实际剩余收益 - (预算营业利润 - 实际营业资产 × 最低报酬率)
= 531 000 元 - (689 040 元 - 2 655 000 元 × 12%) = + 160 560 元

根据各因素变动的影响程度,还可以进一步分析有关原因。例如,“营业利润”变动差异为 160 560 元,决定其变动的因素有销售价格、销售量、单位变动成本、固定成本总额等,可以测定它们对利润的影响。在此基础上进一步区分可控因素与不可控因素的变动影响,以此作为奖罚的依据。

本章小结

责任会计是在企业实行分权管理的体制下,以企业内部责任单位(或人)为主体，以提高企业经济效益为目的的内部管理体制，是企业实施有效的内部控制的组织保障体系。责任会计的主要内容包括：划分责任中心，确定责任范围；编制责任预算，制定考核标准；建立核算系统，编制责任报告；根据业绩计酬，实施行为控制。在责任会计体系中，内部转移价格的合理制定要有利于责任的明确，同时也要促使各责任中心制定有利于企业整体利益最大化的决策。

案例分析

案例一　某投资中心投资项目的选择

一、资料

某公司的一个投资中心，今年有甲、乙两个投资项目可供选择。两个项目的投资、营业利润和投资报酬率如下：

	项目甲	项目乙
投资	1 000 万元	400 万元
营业利润	130 万元	64 万元
投资报酬率	13%	16%

该投资中心目前的投资报酬率为15%，营业资产为5 000万元，而营业利润为750万元。该中心可以申请到1 500万元的新增投资，公司总部要求每项投资至少应获利10%。该中心的闲置资金将由公司总部来进行投资，投资报酬率也为10%。

该中心负责人有四个备选方案：项目甲、项目乙、两个项目都选、两个项目都不选。他首先认定选择项目甲对本中心不利。根据上述资料，你认为该中心负责人应该怎样决策。

二、分析

该投资中心目前的剩余收益为250万元，投资报酬率为15%。

1. 若接受项目甲后，该投资中心目前的剩余收益为280万元，投资报酬率为14.7%。

2. 若接受项目乙后，该投资中心目前的剩余收益为274万元，投资报酬率为15.1%。

3. 若接受项目甲和项目乙后，该投资中心目前的剩余收益为304万元，投资报酬率为14.75%。

4. 若不接受项目甲和项目乙后，该投资中心仍有剩余收益250万元，投资报酬率为15%。

该投资中心应该同时接受项目甲和项目乙，虽然这时的投资报酬率略有降低，但可使公司的剩余收益最大限度地增加。

案例二　东方集团公司甲分部的招标决策

一、资料

东方股份有限责任公司作为一家集团公司，有甲、乙、丙、丁四个分部。各分部都有管理自主权，均以利润为导向。现甲分部根据公司政策，打算签订购建一条生产线的合同。其招标说明书已在集团内外散发传阅。

志远公司以360万元的报价准备签订这份合同，而且说明生产线所需的电子元件将从东方公司的丙分部购买。这条生产线共需电子元件100万元。

东方公司的乙分部也准备投标，其报价是：乙分部为这条生产线出价450万元，而且，也使用丙分部提供的电子元件，价格100万元；另外，某些工作分包给丁分部，丁分部为此报价80万元。经调查，还获知如下信息：丙分部生产电子元件的变动成本是70万元；丁分部的边际贡献率为40%；乙分部的报价是在变动成本的基础上加成20%；完成合同无需其他附加的固定成本支出。

请你根据上述资料并分别在以下情况下分析：哪家报价对甲分部及东方公司有利？若甲分部的决策与整个集团利益有冲突时，你认为如何解决这一矛盾？

1. 所有分部生产能力过剩。
2. 丙分部的市场需求强烈。

二、分析

1. 若甲分部根据报价的总价值做出决策，志远公司360万元的报价比较便宜。但是甲分部应当根据各方案相对于集团而言的净成本支出为基础来决策。各方案净成本的计算如下：

志远公司：集团净成本330万元（360万元－30万元）。

乙分部：集团净成本313万元（450万元－30万元－32万元－75万元）。

甲分部应该选择集团净成本较低的乙分部的投标报价。

2. 在丙分部产品市场需求强烈下：集团净成本345万元（450万元－30万元－75万元）。

此时，甲分部应该选择集团净成本较低的志远公司的投标报价。

案例三　责任中心业绩评价

一、资料

D 公司为投资中心，下设甲乙两个利润中心，相关财务资料如下：

资料一：甲利润中心营业收入为 38 000 元，变动成本总额为14 000元，利润中心负责人可控的固定成本为4 000元，利润中心负责人不可控但应由该中心负担的固定成本为7 000元。

资料二：乙利润中心负责人可控利润总额为 30 000 元，利润中心部门边际贡献为22 000元。

资料三：乙利润中心内部某车间为成本中心，生产 A 产品，预算产量3 500件，单位成本 150 元；实际产量4 000件，单位成本 145.5 元。

资料四：D 公司利润为 33 000 元，投资额为 200 000 元，该公司预期的最低投资报酬率为 12%。

要求：

(1)根据资料一计算甲利润中心的下列指标：①利润中心边际贡献总额；②利润中心负责人可控利润总额；③利润中心可控利润总额。

(2)根据资料二计算乙利润中心负责人不可控但应由该利润中心负担的固定成本。

(3)根据资料三计算该中心的预算成本节约额和预算成本节约率。

(4)根据资料四计算 D 公司的剩余收益。

二、分析

1. 甲利润中心的指标是：

利润中心边际贡献总额 = 38 000 − 14 000 = 24 000 元

可控边际贡献 = 24 000 − 4 000 = 20 000 元

部门边际贡献 = 20 000 − 7 000 = 13 000 元

2. 乙利润中心负责人不可控但应由该利润中心负担的固定成本是：

30 000 − 22 000 = 8 000 元

3. 该中心的指标：

预算成本节约额 = 150 × 4 000 − 145.5 × 4 000 = 18 000 元

预算成本节约率 = 18 000/(150 × 4 000) = 3%

4. D 公司的剩余收益是：

33 000 − 200 000 × 12% = 9 000 元

思考题

1. 什么是责任会计？它有何内容与特点？
2. 建立责任会计制度需要遵循哪些原则？应做好哪些基础工作？
3. 什么是责任中心？有何分类？
4. 什么是费用中心？如何考核其业绩？
5. 什么是成本中心？如何考核其业绩？
6. 什么是可控成本？如何确定？
7. 什么是利润中心？有何分类？如何分别考核其业绩？
8. 什么是投资中心？如何考核其业绩？
9. 为什么要制定内部转移价格？
10. 制定内部转移价格要遵循什么原则？可选用哪些方法？

练习题

1. 某公司下设甲、乙、丙、丁四个工厂，试根据表 9－11 中的资料填空。

表 9－11

项　　目	甲工厂	乙工厂	丙工厂	丁工厂
销售收入(元)	600 000	(　　)	500 000	(　　)
营业资产(元)	(　　)	300 000	90 000	(　　)
营业利润(元)	30 000	(　　)	30 000	20 000
销售利润率(%)	(　　)	5	(　　)	4
投资周转率(次)	(　　)	2	(　　)	(　　)
投资报酬率(%)	15	(　　)	(　　)	20

2. 某公司下设 A,B,C 三个子公司，有关资料如表 9－12 所示。该公司规定的投资报酬率不得低于 25%。

要求：

(1)计算各子公司应达到的最低资金周转率。

(2)计算各子公司应实现的最低销售收入。

(3)计算各子公司应获得的营业利润。

表 9－12

公　司	营业资产(万元)	预计销售利润率(%)
A	200	10
B	250	15
C	150	20%

3. 安华公司所属第一分公司是利润中心。试填制下列报告并对其业绩进行总评价(见表 9－13)。

表 9－13　　**安华公司第一分公司责任报告**

2020 年 12 月　　单位:元

项　　目	预算	实际	差异
销售收入	150 000	160 000	
变动生产成本	50 000	44 000	
变动推销及管理费	40 000	44 000	
变动成本小计	90 000	88 000	
边际贡献	60 000		
直接发生的固定成本	7 000	7 500	
上级分配的固定成本	6 000	5 100	
期间成本小计	13 000	12 600	
税前利润	47 000		

4. 某企业的下属甲分厂每年生产 A 产品 10 万件,该产品由 B 部件加工而成。B 部件原来从市场购买,单价为 15 元/件。该企业计划新建乙分厂专门生产 B 部件,其年产量为 15 万件。乙分厂建成后,不仅可以使甲分厂的年产量增加 4 万件,而且可以外销 B 部件 1 万件。经调查测算,生产 B 部件,单位直接材料为 5 元/件,单位直接人工为 2 元/件,单位变动制造费用为 2 元/件,全年固定性制造费用为300 000元。B 部件定价有 9 元/件、11 元/件、13 元/件、15 元/件、17 元/件五种价格水平可供选择。

要求:试说明选择哪种价格水平较适宜。

5. 某企业生产部门Ⅰ加工的半成品由生产部门Ⅱ继续加工成产成品出售。Ⅰ部门的单位变动成本为 6 元/件;Ⅱ部门的变动加工成本为 10 元/件,产成品在市场上的售价为 22 元/件。Ⅰ部门提出其半成品应按 9 元/件出售给Ⅱ部门才公平;Ⅱ部门认为应按 6 元/件购入才合理。企业认为双方都有道理,便准备对Ⅰ部门的半成品采用双重定价。

要求:试计算在双重定价条件下,产销量为 1 000 件时Ⅰ部门的“责任利润”和Ⅱ部门的“边际贡献”各为多少。

6. 某厂有加工和装配两个车间,加工车间生产的甲半成品经装配车间装配成乙产成品出售。1 件甲半成品可以装配成 1 件乙产成品。甲半成品的市场售价为 27.50 元/件,加工车间生产甲半成品每年要发生专属固定成本30 000元,单位变动成本为20 元/件。如果甲半成品的内部转移价格为 20 元/件,装配车间对甲半成品的年需要量为1 000件。

试问：

(1)企业是否有必要自己生产甲半成品？

(2)企业在什么条件下才有必要自己生产甲半成品？

7. 已知某集团公司下设三个投资中心，有关资料如下：

表 9 - 14

指标	集团公司	A 投资中心	B 投资中心	C 投资中心
净利润(万元)	34 650	10 400	15 800	8 450
净资产平均占用额(万元)	315 000	94 500	145 000	75 500
规定的最低投资报酬率	10%	10%	10%	10%

要求：

(1)计算该集团公司和各投资中心的投资利润率，并据此评价各投资中心的业绩。

(2)计算各投资中心的剩余收益，并据此评价各投资中心的业绩。

(3)综合评价各投资中心的业绩。

8. 某公司有三个投资中心，分别是 A，B，C 分公司，本年度财务报告如表 9 - 15 和表 9 - 16 所示。

该公司的费用不往分公司摊派，公司最低投资报酬率为 15%。

表 9 - 15　**损益表**　单位：万元

分公司	A	B	C
销售收入	150	80	60
变动成本	90	50	30
边际贡献	60	30	30
固定成本	10	8	6
税前利润	50	22	24

表 9 - 16　**资产负债表**　单位：万元

分公司	A	B	C
流动资产	100	40	60
固定资产	200	70	100
资产合计	300	110	160
流动负债	50	20	40
长期负债	100	30	50
公司权益	150	60	70
负债与权益合计	300	110	160

要求：请分别计算各分公司的投资报酬率和剩余收益，并根据投资报酬率、剩余收益和贡献毛益来排列三个分公司的名次。

练习题参考答案

1. 甲工厂：营业资产为 200 000 元；销售利润率为 5%；投资周转率为 3 次。乙工厂：销售收入为600 000元；营业利润为30 000元；投资报酬率为 10%。丙工厂：销售利润率为 6%；投资周转率为 5. 5 次；投资报酬率为 33. 33%。丁工厂：销售收入为500 000元；营业资产为100 000元；投资周转率为5次。

2.（1）A公司为2.5次；B公司为1.67次；C公司为1.25次。

（2）A公司为500万元；B公司为417.5万元；C公司为187.5万元。

（3）A公司为50万元；B公司为62.625万元；C公司为37.5万元。

3. 该分公司有利差异分别是：销售收入10 000元，贡献毛益12 000元，税前利润12 400元。业绩是好的。

4. 选择定价为9元/件、11元/件、13元/件，乙分厂都要向甲分厂让利，乙分厂不同意；选择定价为17元/件，甲分厂向乙分厂让利，甲分厂亦不乐意。所以，选择定价为15元/件较为适宜。

5. Ⅰ部门的责任利润为3 000元，Ⅱ部门的边际贡献为6 000元。

6.（1）因为自制成本50 000元>外购成本27 500元，所以从整体利益考虑，企业没必要自制。

（2）如果装配车间对甲半成品的年需要量超过4 000件，企业有必要自制。

7.（1）投资利润率：

集团公司投资利润率 = 34 650 ÷ 315 000 × 100% = 11%

A投资中心的投资利润率 = 10 400 ÷ 94 500 × 100% = 11.01%

B投资中心的投资利润率 = 15 800 ÷ 145 000 × 100% = 10.90%

C投资中心的投资利润率 = 8 450 ÷ 75 500 × 100% = 11%

评价：C投资中心的业绩最优，A投资中心次之，B投资中心业绩最差。

（2）剩余收益：

A投资中心的剩余收益 = 10 400 − 94 500 × 10% = 950万元

B投资中心的剩余收益 = 15 800 − 145 000 × 10% = 1 300万元

C投资中心的剩余收益 = 8 450 − 75 500 × 10% = 900万元

评价：B投资中心的业绩最优，A投资中心次之，C投资中心业绩最差。

（3）综合评价：综合考虑对企业的贡献看，B投资中心的业绩最优，A投资中心次之，C投资中心业绩最差。

8. A公司的投资报酬率为16.67%，剩余收益为50 000元；B公司的投资报酬率为20%，剩余收益为55 000元；C公司的投资报酬率为15%，剩余收益为0。其名次排列见表9－17。

表9－17

名次 指标	一	二	三
投资报酬率	B	A	C
剩余收益	B	A	C
边际贡献	A	B,C	

附表1

复利终值系数表

n \ i	1%	2%	3%	4%	5%	6%	7%	8%	9%	10%
1	1.0100	1.0200	1.0300	1.0400	1.0500	1.0600	1.0700	1.0800	1.0900	1.1 000
2	1.0201	1.0404	1.0609	1.0816	1.1025	1.1236	1.1449	1.1664	1.1881	1.2100
3	1.0303	1.0612	1.0927	1.1249	1.1576	1.1910	1.2250	1.2597	1.2950	1.3310
4	1.0406	1.0824	1.1255	1.1699	1.2155	1.2625	1.3108	1.3605	1.4116	1.4641
5	1.0510	1.1041	1.1593	1.2167	1.2763	1.3382	1.4026	1.4693	1.5386	1.6105
6	1.0615	1.1262	1.1941	1.2653	1.3401	1.4185	1.5007	1.5869	1.6771	1.7716
7	1.0721	1.1487	1.2299	1.3159	1.4071	1.5036	1.6058	1.7138	1.8280	1.9487
8	1.0829	1.1717	1.2668	1.3686	1.4775	1.5938	1.7182	1.8509	1.9926	2.1436
9	1.0937	1.1951	1.3048	1.4233	1.5513	1.6895	1.8385	1.9990	2.1719	2.3579
10	1.1046	1.2190	1.3439	1.4802	1.6289	1.7908	1.9672	2.1589	2.3674	2.5937
11	1.1157	1.2434	1.3842	1.5395	1.7103	1.8983	2.1049	2.3316	2.5804	2.8531
12	1.1268	1.2682	1.4258	1.6010	1.7959	2.0122	2.2522	2.5182	2.8127	3.1384
13	1.1381	1.2936	1.4685	1.6651	1.8856	2.1329	2.4098	2.7196	3.0658	3.4523
14	1.1495	1.3195	1.5126	1.7317	1.9799	2.2609	2.5785	2.9372	3.3417	3.7975
15	1.1610	1.3459	1.5580	1.8009	2.0789	2.3966	2.7590	3.1722	3.6425	4.1772
16	1.1726	1.3728	1.6047	1.8730	2.1829	2.5404	2.9522	3.4259	3.9703	4.5950
17	1.1843	1.4002	1.6528	1.9479	2.2920	2.6928	3.1588	3.7000	4.3276	5.0545
18	1.1961	1.4282	1.7024	2.0258	2.4066	2.8543	3.3799	3.9960	4.7171	5.5599
19	1.2081	1.4568	1.7535	2.1068	2.5270	3.0256	3.6165	4.3157	5.1417	6.1159
20	1.2202	1.4859	1.8061	2.1911	2.6533	3.2071	3.8697	4.6610	5.6044	6.7275
21	1.2324	1.5157	1.8603	2.2788	2.7860	3.3996	4.1406	5.0338	6.1088	7.4002
22	1.2447	1.5460	1.9161	2.3699	2.9253	3.6035	4.4304	5.4365	6.6586	8.1403
23	1.2572	1.5769	1.9736	2.4647	3.0715	3.8197	4.7405	5.8715	7.2579	8.9543
24	1.2697	1.6084	2.0328	2.5633	3.2251	4.0489	5.0724	6.3412	7.9111	9.8497
25	1.2824	1.6406	2.0938	2.6658	3.3864	4.2919	5.4274	6.8485	8.6231	10.835
26	1.2953	1.6734	2.1566	2.7725	3.5557	4.5494	5.8074	7.3964	9.3992	11.918
27	1.3082	1.7069	2.2213	2.8834	3.7335	4.8223	6.2139	7.9881	10.245	13.110
28	1.3213	1.7410	2.2879	2.9987	3.9201	5.1117	6.6488	8.6271	11.167	14.421
29	1.3345	1.7758	2.3566	3.1187	4.1161	5.4184	7.1143	9.3173	12.172	15.863
30	1.3478	1.8114	2.4273	3.2434	4.3219	5.7435	7.6123	10.063	13.268	17.449
40	1.4889	2.2080	3.2620	4.8010	7.0400	10.286	14.974	21.725	31.409	45.259
50	1.6446	2.6916	4.3839	7.1067	11.467	18.420	29.457	46.902	74.358	117.39
60	1.8167	3.2810	5.8916	10.520	18.679	32.988	57.946	101.26	176.03	304.48

续表

i / n	12%	14%	15%	16%	18%	20%	24%	28%	32%	36%
1	1.1200	1.1400	1.1500	1.1600	1.1800	1.2 000	1.2400	1.2800	1.3200	1.3600
2	1.2544	1.2996	1.3225	1.3456	1.3924	1.4400	1.5376	1.6384	1.7424	1.8496
3	1.4049	1.4815	1.5209	1.5609	1.6430	1.7280	1.9066	2.0972	2.3 000	2.5155
4	1.5735	1.6890	1.7490	1.8106	1.9388	2.0736	2.3642	2.6844	3.0360	3.4210
5	1.7623	1.9254	2.0114	2.1003	2.2878	2.4883	2.9316	3.4360	4.0075	4.6526
6	1.9738	2.1950	2.3131	2.4364	2.6996	2.9860	3.6352	4.3980	5.2899	6.3275
7	2.2107	2.5023	2.6600	2.8262	3.1855	3.5832	4.5077	5.6295	6.9826	8.6054
8	2.4760	2.8526	3.0590	3.2784	3.7589	4.2998	5.5895	7.2058	9.2170	11.703
9	2.7731	3.2519	3.5179	3.8030	4.4355	5.1598	6.9310	9.2234	12.166	15.917
10	3.1058	3.7072	4.0456	4.4114	5.2338	6.1917	8.5944	11.806	16.060	21.647
11	3.4785	4.2262	4.6524	5.1173	6.1759	7.4301	10.657	15.112	21.199	29.439
12	3.8960	4.8179	5.3503	5.9360	7.2876	8.9161	13.215	19.343	27.983	40.037
13	4.3635	5.4924	6.1528	6.8858	8.5994	10.699	16.386	24.759	36.937	54.451
14	4.8871	6.2613	7.0757	7.9875	10.147	12.839	20.319	31.691	48.757	74.053
15	5.4736	7.1379	8.1371	9.2655	11.974	15.407	25.196	40.565	64.359	100.71
16	6.1304	8.1372	9.3576	10.748	14.129	18.488	31.243	51.923	84.954	136.97
17	6.8660	9.2765	10.761	12.468	16.672	22.186	38.741	66.461	112.14	186.28
18	7.6900	10.575	12.375	14.463	19.673	26.623	48.039	85.071	148.02	253.34
19	8.6128	12.056	14.232	16.777	23.214	31.948	59.568	108.89	195.39	344.54
20	9.6463	13.743	16.367	19.461	27.393	38.338	73.864	139.38	257.92	468.57
21	10.804	15.668	18.822	22.574	32.324	46.005	91.592	178.41	340.45	637.26
22	12.100	17.861	21.645	26.186	38.142	55.206	113.57	228.36	449.39	866.67
23	13.552	20.362	24.891	30.376	45.008	66.247	140.83	292.30	593.20	1178.7
24	15.179	23.212	28.625	35.236	53.109	79.497	174.63	374.14	783.02	1603.0
25	17.000	26.462	32.919	40.874	62.669	95.396	216.54	478.90	1033.6	2180.1
26	19.040	30.167	37.857	47.414	73.949	114.48	268.51	613.00	1364.3	2964.9
27	21.325	34.390	43.535	55.000	87.260	137.37	332.95	784.64	1800.9	4032.3
28	23.884	39.204	50.066	63.800	102.97	164.84	412.86	1004.3	2377.2	5483.9
29	26.750	44.693	57.575	74.009	121.50	197.81	511.95	1285.6	3137.9	7458.1
30	29.960	50.950	66.212	85.850	143.37	237.38	634.82	1645.5	4142.1	10143.0
40	93.051	188.88	267.86	378.72	750.38	1469.8	5455.9	19427	66521	*
50	289.00	700.23	1083.7	1670.7	3927.4	9100.4	46890	*	*	*
60	897.60	2595.9	4384.0	7370.2	20555	56348	*	*	*	*

* >99 999

附表 2

复利现值系数表

n \ i	1%	2%	3%	4%	5%	6%	7%	8%	9%	10%
1	0. 9901	0. 9804	0. 9709	0. 9615	0. 9524	0. 9434	0. 9346	0. 9259	0. 9174	0. 9091
2	0. 9803	0. 9612	0. 9426	0. 9246	0. 9070	0. 8900	0. 8734	0. 8573	0. 8417	0. 8264
3	0. 9706	0. 9423	0. 9151	0. 8890	0. 8638	0. 8396	0. 8163	0. 7938	0. 7722	0. 7513
4	0. 9610	0. 9238	0. 8885	0. 8548	0. 8227	0. 7921	0. 7629	0. 7350	0. 7084	0. 6830
5	0. 9515	0. 9057	0. 8626	0. 8219	0. 7835	0. 7473	0. 7130	0. 6806	0. 6499	0. 6209
6	0. 9420	0. 8880	0. 8375	0. 7903	0. 7462	0. 7050	0. 6663	0. 6302	0. 5963	0. 5645
7	0. 9327	0. 8706	0. 8131	0. 7599	0. 7107	0. 6651	0. 6227	0. 5835	0. 5470	0. 5132
8	0. 9235	0. 8535	0. 7894	0. 7307	0. 6768	0. 6274	0. 5820	0. 5403	0. 5019	0. 4665
9	0. 9143	0. 8368	0. 7664	0. 7026	0. 6446	0. 5919	0. 5439	0. 5002	0. 4604	0. 4241
10	0. 9053	0. 8203	0. 7441	0. 6756	0. 6139	0. 5584	0. 5083	0. 4632	0. 4224	0. 3855
11	0. 8963	0. 8043	0. 7224	0. 6496	0. 5847	0. 5268	0. 4751	0. 4289	0. 3875	0. 3505
12	0. 8874	0. 7885	0. 7014	0. 6246	0. 5568	0. 4970	0. 4440	0. 3971	0. 3555	0. 3186
13	0. 8787	0. 7730	0. 6810	0. 6006	0. 5303	0. 4688	0. 4150	0. 3677	0. 3262	0. 2897
14	0. 8700	0. 7579	0. 6611	0. 5775	0. 5051	0. 4423	0. 3878	0. 3405	0. 2992	0. 2633
15	0. 8613	0. 7430	0. 6419	0. 5553	0. 4810	0. 4173	0. 3624	0. 3152	0. 2745	0. 2394
16	0. 8528	0. 7284	0. 6232	0. 5339	0. 4581	0. 3936	0. 3387	0. 2919	0. 2519	0. 2176
17	0. 8444	0. 7142	0. 6050	0. 5134	0. 4363	0. 3714	0. 3166	0. 2703	0. 2311	0. 1978
18	0. 8360	0. 7002	0. 5874	0. 4936	0. 4155	0. 3503	0. 2959	0. 2502	0. 2120	0. 1799
19	0. 8277	0. 6864	0. 5703	0. 4746	0. 3957	0. 3305	0. 2765	0. 2317	0. 1945	0. 1635
20	0. 8195	0. 6730	0. 5537	0. 4564	0. 3769	0. 3118	0. 2584	0. 2145	0. 1784	0. 1486
21	0. 8114	0. 6598	0. 5375	0. 4388	0. 3589	0. 2942	0. 2415	0. 1987	0. 1637	0. 1351
22	0. 8034	0. 6468	0. 5219	0. 4220	0. 3418	0. 2775	0. 2257	0. 1839	0. 1502	0. 1228
23	0. 7954	0. 6342	0. 5067	0. 4057	0. 3256	0. 2618	0. 2109	0. 1703	0. 1378	0. 1117
24	0. 7876	0. 6217	0. 4919	0. 3901	0. 3101	0. 2470	0. 1971	0. 1577	0. 1264	0. 1015
25	0. 7798	0. 6095	0. 4776	0. 3751	0. 2953	0. 2330	0. 1842	0. 1460	0. 1160	0. 0923
26	0. 7720	0. 5976	0. 4637	0. 3604	0. 2812	0. 2198	0. 1722	0. 1352	0. 1064	0. 0839
27	0. 7644	0. 5859	0. 4502	0. 3468	0. 2678	0. 2074	0. 1609	0. 1252	0. 0976	0. 0763
28	0. 7568	0. 5744	0. 4371	0. 3335	0. 2551	0. 1956	0. 1504	0. 1159	0. 0895	0. 0693
29	0. 7493	0. 5631	0. 4243	0. 3207	0. 2429	0. 1846	0. 1406	0. 1073	0. 0822	0. 0630
30	0. 7419	0. 5521	0. 4120	0. 3083	0. 2314	0. 1741	0. 1314	0. 0994	0. 0754	0. 0573
35	0. 7059	0. 5 000	0. 3554	0. 2534	0. 1813	0. 1301	0. 0937	0. 0676	0. 0490	0. 0356
40	0. 6717	0. 4529	0. 3066	0. 2083	0. 1420	0. 0972	0. 0668	0. 0460	0. 0318	0. 0221
45	0. 6391	0. 4102	0. 2644	0. 1712	0. 1113	0. 0727	0. 0476	0. 0313	0. 0207	0. 0137
50	0. 6080	0. 3715	0. 2281	0. 1407	0. 0872	0. 0543	0. 0339	0. 0213	0. 0134	0. 0085
55	0. 5785	0. 3365	0. 1968	0. 1157	0. 0683	0. 0406	0. 0242	0. 0145	0. 0087	0. 0053

续表

n \ i	12%	14%	15%	16%	18%	20%	24%	28%	32%	36%
1	0.8929	0.8772	0.8696	0.8621	0.8475	0.8333	0.8065	0.7813	0.7576	0.7353
2	0.7972	0.7695	0.7561	0.7432	0.7182	0.6944	0.6504	0.6104	0.5739	0.5407
3	0.7118	0.6750	0.6575	0.6407	0.6086	0.5787	0.5245	0.4768	0.4348	0.3975
4	0.6355	0.5921	0.5718	0.5523	0.5158	0.4823	0.4230	0.3725	0.3294	0.2923
5	0.5674	0.5194	0.4972	0.4761	0.4371	0.4019	0.3411	0.2910	0.2495	0.2149
6	0.5066	0.4556	0.4323	0.4104	0.3704	0.3349	0.2751	0.2274	0.1890	0.1580
7	0.4523	0.3996	0.3759	0.3538	0.3139	0.2791	0.2218	0.1776	0.1432	0.1162
8	0.4039	0.3506	0.3269	0.3050	0.2660	0.2326	0.1789	0.1388	0.1085	0.0854
9	0.3606	0.3075	0.2843	0.2630	0.2255	0.1938	0.1443	0.1084	0.0822	0.0628
10	0.3220	0.2697	0.2472	0.2267	0.1911	0.1615	0.1164	0.0847	0.0623	0.0462
11	0.2875	0.2366	0.2149	0.1954	0.1619	0.1346	0.0938	0.0662	0.0472	0.0340
12	0.2567	0.2076	0.1869	0.1685	0.1373	0.1122	0.0757	0.0517	0.0357	0.0250
13	0.2292	0.1821	0.1625	0.1452	0.1163	0.0935	0.0610	0.0404	0.0271	0.0184
14	0.2046	0.1597	0.1413	0.1252	0.0985	0.0779	0.0492	0.0316	0.0205	0.0135
15	0.1827	0.1401	0.1229	0.1079	0.0835	0.0649	0.0397	0.0247	0.0155	0.0099
16	0.1631	0.1229	0.1069	0.0930	0.0708	0.0541	0.0320	0.0193	0.0118	0.0073
17	0.1456	0.1078	0.0922	0.0802	0.0600	0.0451	0.0258	0.0150	0.0089	0.0054
18	0.1300	0.0946	0.0808	0.0691	0.0508	0.0376	0.0208	0.0118	0.0068	0.0039
19	0.1161	0.0829	0.0703	0.0596	0.0431	0.0313	0.0168	0.0092	0.0051	0.0029
20	0.1037	0.0728	0.0611	0.0514	0.0365	0.0261	0.0135	0.0072	0.0039	0.0021
21	0.0926	0.0638	0.0531	0.0443	0.0309	0.0217	0.0109	0.0056	0.0029	0.0016
22	0.0826	0.0560	0.0462	0.0382	0.0262	0.0181	0.0088	0.0044	0.0022	0.0012
23	0.0738	0.0491	0.0402	0.0329	0.0222	0.0151	0.0071	0.0034	0.0017	0.0008
24	0.0659	0.0431	0.0349	0.0284	0.0188	0.0126	0.0057	0.0027	0.0013	0.0006
25	0.0588	0.0378	0.0304	0.0245	0.0160	0.0105	0.0046	0.0021	0.0010	0.0005
26	0.0525	0.0331	0.0264	0.0211	0.0135	0.0087	0.0037	0.0016	0.0007	0.0003
27	0.0469	0.0291	0.0230	0.0182	0.0115	0.0073	0.0030	0.0013	0.0006	0.0002
28	0.0419	0.0255	0.0200	0.0157	0.0097	0.0061	0.0024	0.0010	0.0004	0.0002
29	0.0374	0.0224	0.0174	0.0135	0.0082	0.0051	0.0020	0.0008	0.0003	0.0001
30	0.0334	0.0196	0.0151	0.0116	0.0070	0.0042	0.0016	0.0006	0.0002	0.0001
35	0.0189	0.0102	0.0075	0.0055	0.0030	0.0017	0.0005	0.0002	0.0001	*
40	0.0107	0.0053	0.0037	0.0026	0.0013	0.0007	0.0002	0.0001	*	*
45	0.0061	0.0027	0.0019	0.0013	0.0006	0.0003	0.0001	*	*	*
50	0.0035	0.0014	0.0009	0.0006	0.0003	0.0001	*	*	*	*
55	0.0020	0.0007	0.0005	0.0003	0.0001	*	*	*	*	*

* <0.0001

附表3

年金终值系数表

n \ i	1%	2%	3%	4%	5%	6%	7%	8%	9%	10%
1	1.0000	1.0000	1.0000	1.0000	1.00000	1.0000	1.0000	1.0000	1.0000	1.0000
2	2.0100	2.0200	2.0300	2.0400	2.0500	2.0600	2.0700	2.0800	2.0900	2.1000
3	3.0301	3.0604	3.0909	3.1216	3.1525	3.1836	3.2149	3.2464	3.2781	3.3100
4	4.0604	4.1216	4.1836	4.2465	4.3101	4.3746	4.4399	4.5061	4.5731	4.6410
5	5.1010	5.2040	5.3091	5.4163	5.5256	5.6371	5.7507	5.8666	5.9847	6.1051
6	6.1520	6.3081	6.4684	6.6330	6.8019	6.9753	7.1533	7.3359	7.5233	7.7156
7	7.2135	7.4343	7.6625	7.8983	8.1420	8.3938	8.6540	8.9228	9.2004	9.4872
8	8.2857	8.5830	8.8923	9.2142	9.5491	9.8975	10.260	10.637	11.028	11.436
9	9.3685	9.7546	10.159	10.583	11.027	11.491	11.978	12.488	13.021	13.579
10	10.462	10.950	11.464	12.006	12.578	13.181	13.816	14.487	15.193	15.937
11	11.567	12.169	12.808	13.486	14.207	14.972	15.784	16.645	17.560	18.531
12	12.683	13.412	14.192	15.026	15.917	16.870	17.888	18.977	20.141	21.384
13	13.809	14.680	15.618	16.627	17.713	18.882	20.141	21.495	22.953	24.523
14	14.947	15.974	17.086	18.292	19.599	21.015	22.550	24.215	26.019	27.975
15	16.097	17.293	18.599	20.024	21.579	23.276	25.129	27.152	29.361	31.772
16	17.258	18.639	20.157	21.825	23.657	25.673	27.888	30.324	33.003	35.950
17	18.430	20.012	21.762	23.698	25.840	28.213	30.840	33.750	36.974	40.545
18	19.615	21.412	23.414	25.645	28.132	30.906	33.999	37.450	41.301	45.599
19	20.811	22.841	25.117	27.671	30.539	33.760	37.379	41.446	46.018	51.159
20	22.019	24.297	26.870	29.778	33.066	36.786	40.995	45.762	51.160	57.275
21	23.239	25.783	28.676	31.969	35.719	39.993	44.865	50.423	56.765	64.002
22	24.472	27.299	30.537	34.248	38.505	43.392	49.006	55.457	62.873	71.403
23	25.716	28.845	32.453	36.618	41.430	46.996	53.436	60.893	69.532	79.543
24	26.973	30.422	34.426	39.083	44.502	50.816	58.177	66.765	76.790	88.497
25	28.243	32.030	36.459	41.646	47.727	54.865	63.249	73.106	84.701	98.347
26	29.526	33.671	38.553	44.312	51.113	59.156	68.676	79.954	93.324	109.18
27	30.821	35.344	40.710	47.084	54.669	63.706	74.484	87.351	102.72	121.10
28	32.129	37.051	42.931	49.968	58.403	68.528	80.698	95.339	112.97	134.21
29	33.450	38.792	45.219	52.966	62.323	73.640	87.347	103.97	124.14	148.63
30	34.785	40.568	47.575	56.085	66.439	79.058	94.461	113.28	136.31	164.49
40	48.886	60.402	75.401	95.026	120.80	154.76	199.64	259.06	337.88	442.59
50	64.463	84.579	112.80	152.67	209.35	290.34	406.53	573.77	815.08	1163.9
60	81.670	114.05	163.05	237.99	353.58	533.13	813.52	1253.2	1944.8	3034.8

续表

i / n	12%	14%	15%	16%	18%	20%	24%	28%	32%	36%
1	1.0000	1.0000	1.0000	1.0000	1.0000	1.0000	1.0000	1.0000	1.0000	1.0000
2	2.1200	2.1400	2.1500	2.1600	2.1800	2.2 000	2.2400	2.2800	2.3200	2.3600
3	3.3744	3.4396	3.4725	3.5056	3.5724	3.6400	3.7776	3.9184	3.0624	3.2096
4	4.7793	4.9211	4.9934	5.0665	5.2154	5.3680	5.6842	6.0156	6.3624	6.7251
5	6.3528	6.6101	6.7424	6.8771	7.1542	7.4416	8.0484	8.6999	9.3983	10.146
6	8.1152	8.5355	8.7537	8.9775	9.4420	9.9299	10.980	12.136	13.406	14.799
7	10.089	10.730	11.067	11.414	12.142	12.916	14.615	16.534	18.696	21.126
8	12.300	13.233	13.727	14.240	15.327	16.499	19.123	22.163	25.678	29.732
9	14.776	16.085	16.786	17.519	19.086	20.799	24.712	29.369	34.895	41.435
10	17.549	19.337	20.304	21.321	23.521	25.959	31.643	38.593	47.062	57.352
11	20.655	23.045	24.349	25.733	28.755	32.150	40.238	50.398	63.122	78.998
12	24.133	27.271	29.002	30.850	34.931	39.581	50.895	65.510	84.320	108.44
13	28.029	32.089	34.352	36.786	42.219	48.497	64.110	84.853	112.30	148.47
14	32.393	37.581	40.505	43.672	50.818	59.196	80.496	109.61	149.24	202.93
15	37.280	43.842	47.580	51.660	60.965	72.035	100.82	141.30	198.00	276.98
16	42.753	50.980	55.717	60.925	72.939	87.442	126.01	181.87	262.36	377.69
17	48.884	59.118	65.075	71.673	87.068	105.93	157.25	233.79	347.31	514.66
18	55.750	68.394	75.836	84.141	103.74	128.12	195.99	300.25	459.45	700.94
19	63.440	78.969	88.212	98.603	123.41	154.74	244.03	385.32	607.47	954.28
20	72.052	91.025	102.44	115.38	146.63	186.69	303.60	494.21	802.86	1298.8
21	81.699	104.77	118.81	134.84	174.02	225.03	377.46	633.59	1060.8	1767.4
22	92.503	120.44	137.63	157.41	206.34	271.03	469.06	812.00	1401.2	2404.7
23	104.60	138.30	159.28	183.60	244.49	326.24	582.63	1040.4	1850.6	3271.3
24	118.16	158.66	184.17	213.98	289.49	392.48	723.46	1332.7	2443.8	4450.0
25	133.33	181.87	212.79	249.21	342.60	471.98	898.09	1706.8	3226.8	6053.0
26	150.33	208.33	245.71	290.09	405.27	567.38	1114.6	2185.7	4260.4	8233.1
27	169.37	238.50	283.57	337.50	479.22	681.85	1383.1	2798.7	5624.8	11198.0
28	190.70	272.89	327.10	392.50	566.48	819.22	1716.1	3583.3	7425.7	15230.3
29	214.58	312.09	377.17	456.30	669.45	984.07	2129.0	4587.7	9802.9	20714.2
30	241.33	356.79	434.75	530.31	790.95	1181.9	2640.9	5873.2	12941	28172.3
40	767.09	1342.0	1779.1	2360.8	4163.2	7343.9	22729	69377	*	*
50	2400.0	4994.5	7217.7	10436	21813	45497	*	*	*	*
60	7471.6	18535	29220	46058	*	*	*	*	*	*

* >99 999

附表 4

年金现值系数表

n \ i	1%	2%	3%	4%	5%	6%	7%	8%	9%
1	0.9901	0.9804	0.9709	0.9615	0.9524	0.9434	0.9346	0.9259	0.9174
2	1.9704	1.9416	1.9135	1.8861	1.8594	1.8334	1.8080	1.7833	1.7591
3	2.9410	2.8839	2.8286	2.7751	2.7232	2.6730	2.6243	2.5771	2.5313
4	3.9020	3.8077	3.7171	3.6299	3.5460	3.4651	3.3872	3.3121	3.2397
5	4.8534	4.7135	4.5797	4.4518	4.3295	4.2124	4.1002	3.9927	3.8897
6	5.7955	5.6014	5.4172	5.2421	5.0757	4.9173	4.7665	4.6229	4.4859
7	6.7282	6.4720	6.2303	6.0021	5.7864	5.5824	5.3893	5.2064	5.0330
8	7.6517	7.3255	7.0197	6.7327	6.4632	6.2098	5.9713	5.7466	5.5348
9	8.5660	8.1622	7.7861	7.4353	7.1078	6.8017	6.5152	6.2469	5.9952
10	9.4713	8.9826	8.5302	8.1109	7.7217	7.3601	7.0236	6.7101	6.4177
11	10.3676	9.7868	9.2526	8.7605	8.3064	7.8869	7.4987	7.1390	6.8052
12	11.2551	10.5753	9.9540	9.3851	8.8633	8.3838	7.9427	7.5361	7.1607
13	12.1337	11.3484	10.6350	9.9856	9.3936	8.8527	8.3577	7.9038	7.4869
14	13.0037	12.1062	11.2961	10.5631	9.8986	9.2950	8.7455	8.2442	7.7862
15	13.8651	12.8493	11.9379	11.1184	10.3797	9.7122	9.1079	8.5598	8.0607
16	14.7179	13.5777	12.5611	11.6523	10.8378	10.1059	9.4466	8.8514	8.3126
17	15.5623	14.2919	13.1661	12.1657	11.2741	10.4773	9.7632	9.1216	8.5436
18	16.3983	14.9920	13.7535	12.6593	11.6896	10.8276	10.0591	9.3719	8.7556
19	17.2260	15.6785	14.3238	13.1339	12.0853	11.1581	10.3356	9.6036	8.9501
20	18.0456	16.3514	14.8775	13.5903	12.4622	11.4699	10.5940	9.8181	9.1285
21	18.8570	17.0112	15.4150	14.0292	12.8212	11.7641	10.8355	10.0168	9.2922
22	19.6604	17.6580	15.9369	14.4511	13.1630	12.0416	11.0612	10.2007	9.4424
23	20.4558	18.2922	16.4436	14.8568	13.4886	12.3034	11.2722	10.3711	9.5802
24	21.2434	18.9139	16.9355	15.2470	13.7986	12.5504	11.4693	10.5288	9.7066
25	22.0232	19.5235	17.4131	15.6221	14.0939	12.7834	11.6536	10.6748	9.8226
26	22.7952	20.1210	17.8768	15.9828	14.3752	13.0032	11.8258	10.8100	9.9290
27	23.5596	20.7069	18.3270	16.3296	14.6430	13.2105	11.9867	10.9352	10.0266
28	24.3164	21.2813	18.7641	16.6631	14.8981	13.4062	12.1371	11.0511	10.1161
29	25.0658	21.8444	19.1885	16.9837	15.1411	13.5907	12.2777	11.1584	10.1983
30	25.8077	22.3965	19.6004	17.2920	15.3725	13.7648	12.4090	11.2578	10.2737
35	29.4086	24.9986	21.4872	18.6646	16.3742	14.4982	12.9477	11.6546	10.5668
40	32.8347	27.3555	23.1148	19.7928	17.1591	15.0463	13.3317	11.9246	10.7574
45	36.0945	29.4902	24.5187	20.7200	17.7741	15.4558	13.6055	12.1084	10.8812
50	39.1961	31.4236	25.7298	21.4822	18.2559	15.7619	13.8007	12.2335	10.9617
55	42.1472	33.1748	26.7744	22.1086	18.6335	15.9905	13.9399	12.3186	11.0140

续表

n \ i	10%	12%	14%	15%	16%	18%	20%	24%	28%	32%
1	0.9091	0.8929	0.8772	0.8696	0.8621	0.8475	0.8333	0.8065	0.7813	0.7576
2	1.7355	1.6901	1.6467	1.6257	1.6052	1.5656	1.5278	1.4568	1.3916	1.3315
3	2.4869	2.4018	2.3216	2.2832	2.2459	2.1743	2.1065	1.9813	1.8684	1.7663
4	3.1699	3.0373	2.9137	2.8550	2.7982	2.6901	2.5887	2.4043	2.2410	2.0957
5	3.7908	3.6048	3.4331	3.3522	3.2743	3.1272	2.9906	2.7454	2.5320	2.3452
6	4.3553	4.1114	3.8887	3.7845	3.6847	3.4976	3.3255	3.0205	2.7594	2.5342
7	4.8684	4.5638	4.2882	4.1604	4.0386	3.8115	3.6046	3.2423	2.9370	2.6775
8	5.3349	4.9676	4.6389	4.4873	4.3436	4.0776	3.8372	3.4212	3.0758	2.7860
9	5.7590	5.3282	4.9464	4.7716	4.6065	4.3030	4.0310	3.5655	3.1842	2.8681
10	6.1446	5.6502	5.2161	5.0188	4.8332	4.4941	4.1925	3.6819	3.2689	2.9304
11	6.4951	5.9377	5.4527	5.2337	5.0286	4.6560	4.3271	3.7757	3.3351	2.9776
12	6.8137	6.1944	5.6603	5.4206	5.1971	4.7932	4.4392	3.8514	3.3868	3.0133
13	7.1034	6.4235	5.8424	5.5831	5.3423	4.9095	4.5327	3.9124	3.4272	3.0404
14	7.3667	6.6282	6.0021	5.7245	5.4675	5.0081	4.6106	3.9616	3.4587	3.0609
15	7.6061	6.8109	6.1422	5.8474	5.5755	5.0916	4.6755	4.0013	3.4834	3.0764
16	7.8237	6.9740	6.2651	5.9542	5.6685	5.1624	4.7296	4.0333	3.5026	3.0882
17	8.0216	7.1196	6.3729	6.0472	5.7487	5.2223	4.7746	4.0591	3.5177	3.0971
18	8.2014	7.2497	6.4674	6.1280	5.8178	5.2732	4.8122	4.0799	3.5294	3.1039
19	8.3649	7.3658	6.5504	6.1982	5.8775	5.3162	4.8435	4.0967	3.5386	3.1090
20	8.5136	7.4694	6.6231	6.2593	5.9288	5.3527	4.8696	4.1103	3.5458	3.1129
21	8.6487	7.5620	6.6870	6.3125	5.9731	5.3837	4.8913	4.1212	3.5514	3.1158
22	8.7715	7.6446	6.7429	6.3587	6.0113	5.4099	4.9094	4.1300	3.5558	3.1180
23	8.8832	7.7184	6.7921	6.3988	6.0442	5.4321	4.9245	4.1371	3.5592	3.1197
24	8.9847	7.7843	6.8351	6.4338	6.0726	5.4509	4.9371	4.1428	3.5619	3.1210
25	9.0770	7.8431	6.8729	6.4641	6.0971	5.4669	4.9476	4.1474	3.5640	3.1220
26	9.1609	7.8957	6.9061	6.4906	6.1182	5.4804	4.9563	4.1511	3.5656	3.1227
27	9.2372	7.9426	6.9352	6.5135	6.1364	5.4919	4.9636	4.1542	3.5669	3.1233
28	9.3066	7.9844	6.9607	6.5335	6.1520	5.5016	4.9697	4.1566	3.5679	3.1237
29	9.3696	8.0218	6.9830	6.5509	6.1656	5.5098	4.9747	4.1585	3.5687	3.1240
30	9.4269	8.0552	7.0027	6.5660	6.1772	5.5168	4.9789	4.1601	3.5693	3.1242
35	9.6442	8.1755	7.0700	6.6166	6.2153	5.5386	4.9915	4.1644	3.5708	3.1248
40	9.7791	8.2438	7.1050	6.6418	6.2335	5.5482	4.9966	4.1659	3.5712	3.1250
45	9.8628	8.2825	7.1232	6.6543	6.2421	5.5523	4.9986	4.1664	3.5714	3.1250
50	9.9148	8.3045	7.1327	6.6605	6.2463	5.5541	4.9995	4.1666	3.5714	3.1250
55	9.9471	8.3170	7.1376	6.6636	6.2482	5.5549	4.9998	4.1666	3.5714	3.1250

参考文献

[1]丁豪梁．管理会计[M]．北京:中国财政经济出版社,1997.

[2]石人瑾,林宝．管理会计[M]．上海:上海三联书店,1999.

[3]李天民．管理会计研究[M]．上海:立信会计出版社,1994.

[4]杨世忠,徐兴恩．管理会计基础[M]．北京:首都经济贸易大学出版社,2000.

[5]李宏健．现代管理会计[M]．北京:中国财政经济出版社,1998.

[6]杨济华,周首华．现代西方财务管理[M]．北京:北京出版社,1992.

[7]李殿富,汤谷良等．管理会计学[M]．北京:北京广播电视大学出版社,1998.

[8]张盛国．管理会计学[M]．北京:中国商业出版社,1992.

[9]余绪缨．管理会计[M]．沈阳:辽宁人民出版社,1996.

[10]林钢,杜祎清．经济活页文选[M](会计版)．作业成本法及其应用．北京:中国财政经济出版社,2000:7.

[11]曹冈．管理会计[M]．北京:北京经济学院出版社,1991.

[12]韩文连．管理会计[M]．北京:首都经济贸易大学出版社,1998.

[13]中国注册会计师教育教材编审委员会．成本管理会计[M]．北京:中国人民大学出版社,1995.

[14]全国会计专业技术资格考试领导小组办公室．管理会计[M]．大连:东北财经大学出版社,1998.

[15]罗杰·朗．管理会计(ACCA 财会资格证书培训教材)[M]．章国富,丁平译．北京:三联书店,1997.

[16]唐·汉森,玛丽安·莫文．管理会计[M]．王光远校译．北京:北京大学出版社,2000.

[17]戴维·怀特．管理会计[M]．王瑞华,杨金观等译．北京:中国经济出版社,1999.